中等职业学校汽车类专业教材

汽车车身电气检测与维修

主　编　江　帆　韦耀华
副主编　郑　凯　覃有森　叶文海
参　编　张驰国　陶建德　覃雨亮

电子工业出版社

Publishing House of Electronics Industry

北京·BEIJING

内 容 简 介

本书主要面向中等职业学校汽车运用与维修专业学生，以培养汽车维修电工和汽车机电维修工等岗位技术人才的汽车电气设备维修能力为目的，内容包括：汽车电工电子学基础知识如汽车电气元件的识别与检测和汽车电气设备的认识与电路图的识读，以及汽车电源系统、启动系统和点火系统的检测、维护与故障排除等学习单元。编写原则以就业为导向，以学生为主体，以培养技术应用型人才为根本任务，以汽车电气设备维修人员必备的能力和基本素质为主线。在内容安排方面，以汽车电气设备维修实际工作任务为依据，设计理论与实践一体化的学习任务，使学生在完成一个个学习任务的过程中获得实际工作的知识和技能，体现"做中学、学中做"的教育教学改革特点。在每一个单元的学习中，主要培养学生的两种技能：一是检测和诊断技能——学会找到故障点，二是拆装检修技能——学会更换和拆装检修故障部件。在教材呈现形式方面，力求图文并茂、通俗易懂，使学生易于接受。

本书也可作为农村劳动力转移培训教材或汽车使用维修人员自学教材。

图书在版编目（CIP）数据

汽车车身电气检测与维修/江帆，韦耀华主编. —北京：电子工业出版社，2011.2
中等职业学校汽车类专业教材
ISBN 978-7-121-12869-1

Ⅰ. ①汽… Ⅱ. ①江…②韦… Ⅲ. ①汽车—电气设备—检测—专业学校—教材②汽车—电气设备—维修—专业学校—教材 Ⅳ. ①U472.41

中国版本图书馆 CIP 数据核字（2011）第 015109 号

策划编辑：杨宏利
责任编辑：杨宏利　　特约编辑：赵红梅
印　　刷：北京七彩京通数码快印有限公司
装　　订：北京七彩京通数码快印有限公司
出版发行：电子工业出版社
　　　　　北京市海淀区万寿路 173 信箱　邮编：100036
开　　本：787×1092　1/16　印张：20.5　字数：524.8 千字
版　　次：2011 年 2 月第 1 版
印　　次：2018 年 8 月第 5 次印刷
定　　价：33.80 元

前　言

随着我国现代化建设的深入和全面建设小康社会的逐步实现，我国的汽车产业进入了快速发展阶段，汽车保有量大幅度递增，汽车领域先进技术不断涌现，使我国的汽车维修行业迎来了新的发展机遇和挑战，这对汽车专业技能人才的数量和素质都提出了更高、更新的要求。

为了更好地满足中等职业学校汽车类专业的教学要求，适应职业教育特色，促进汽车专业人才的培养，我们一线教师和行业专家在广泛调研的基础上，编写了这套中等职业学校汽车类专业教材。共计有 11 本，分别为《汽车装饰与美容》、《汽车钣金与涂装》、《汽车文化》、《汽车电控发动机检测与维修》、《汽车发动机构造与维修》、《汽车底盘构造与维修》、《机械识图》、《汽车维修基础》、《汽车电子控制系统检测与维修》、《汽车发动机电气检测与维修》、《汽车车身电气检测与维修》。

在整个教材编写的过程中，我们力求体现以下原则：

一是以企业需求为依据，以就业为导向，以学生为主体，以培养技术应用型人才为根本任务，以汽车维修人员必备的能力和基本素质为主线；二是反映汽车专业的发展，突出表现该领域的新知识、新技术、新工艺、新方法，使学生更多地了解或掌握最新技术的发展及相关技能；三是教材体系在学习内容、教学组织、学习评价等方面为学校提供较大的选择空间，以满足各地区不同的教学需要。

基于以上原则，在坚持培养学生综合素质的同时，在内容设置方面，以国家有关职业标准为基本依据，摒弃"繁难偏旧"的内容；在结构安排方面，突出学生岗位能力的培养，不单纯强调学科体系的完整；在确定实习车型方面，兼顾汽车工业发展的现状和学校的办学条件，尽量多地介绍不同层次的车型，给学校较大的选择空间；在教材呈现形式方面，力求图文并茂、通俗易懂，使学生容易接受。

本书由江帆、韦耀华任主编，由郑凯、覃有森、叶文海任副主编，由张驰国、陶建德、覃雨亮参编。

由于编者水平有限，书中难免有不妥之处，敬请读者批评与指正。

编　者
2010 年 12 月

目　　录

项目一

照明系统的维护与故障排除

知识目标

1. 能辨认照明系统的各组成部件，并说出它们的名称和作用。
2. 能掌握各种灯光的正确开启和检测方法,熟悉各种灯光线路的故障诊断方法
3. 会分析常见车型的照明系统电路。

能力目标

1. 能对灯光系统进行检查、并学会更换灯泡。
2. 学会对组合灯的拆卸安装、调整。
3. 会诊断和排除照明系统故障。

情感目标

1. 体验安全生产规范，遵守操作规程，感受合作与交流的乐趣。
2. 在项目学习中逐步养成自主学习新知识、新技术的良好习惯。
3. 在操作学习中不断积累维修经验，从个案中寻找共性。

任务 1　汽车停车灯故障诊断与排除

任务要求

要求选用万用表、试灯等工量具，就车检查判断停车灯的故障。

完成检查更换作业后，停车灯能正常工作。

作业时间：15 分钟。

情境创设

老师把有故障的汽车开过来，说明汽车的灯光出现故障，要求学生就车检查修复，引导学生按汽修厂的工作过程完成灯光故障的检查维修工作。从而在完成任务的过程中学习停车灯故障的检查诊断技能，以及相关的理论知识。

教学资料准备：教学用车使用说明书、维修手册等。

任务引导

相关知识点学习：要求学生实训课前参考"知识链接"独立完成。

1．**灯光开关认识**：将灯光开关上的图标含义填写在图 1-1 所示的方框内。

图 1-1　调节杆式灯光开关的外观

2．**车灯的认识**：将前后车灯的名称填写在图 1-2 及 1-3 中的方框内。

图 1-2　五菱皮卡车前车灯的外观

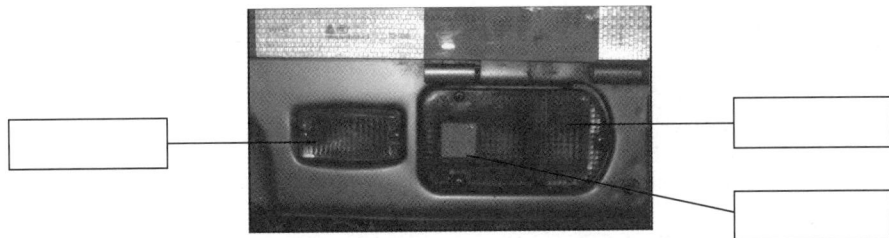

图 1-3　五菱皮卡车后车灯的外观

任务实施

1. 工作安排

养成合作完成工作任务的习惯，请你将工作分工与完成时间记录在表 1-1 中。

表 1-1　组员工作分工表

姓　　名	任 务 分 工	完 成 时 间	备　　注

图 1-4　工位准备

2. 准备工作（以五菱皮卡汽车为例）

如图 1-4 所示，
（1）检查车辆，安装车轮挡块；　　□完成
（2）检查车灯外观。　　　　　　　□完成

图 1-5　验证故障情况

3. 验证故障情况

把灯光操纵杆拨到停车灯位置，验证故障情况，如图 1-5 所示。

故障现象＿＿＿＿＿＿＿＿＿＿＿＿＿

＿＿＿＿＿＿＿＿＿＿＿＿＿＿＿。

图 1-6　拆卸胶条中间螺钉

4. 拆除前保险杠上方胶条

五菱皮卡车保险杠上方胶条的螺钉有胶塞挡住，要先把胶塞拆掉，然后才能看见螺钉，固定胶条的螺钉一共有 4 个，中间两个，左右两边各有一个，其拆卸方法如图 1-6 和图 1-7 所示。

说明：这里演示的拆胶条、前车灯和后车灯的方法和步骤同样适用下面示宽灯和前照灯的拆装，以下不再重复。

图 1-7　拆卸胶条两边螺钉

图 1-8　拆卸前车灯固定螺钉

5. 拆下前车灯

如图 1-8 所示，把前车灯的两个固定螺钉拆下来。

图 1-9　取下前车灯

然后把灯座轻轻向下压，等灯座完全脱离螺丝孔之后，再把车灯取下来，取的时候要小心，不要刮花灯罩以及不要让灯座掉落，以防摔坏灯罩，如图 1-9 所示。

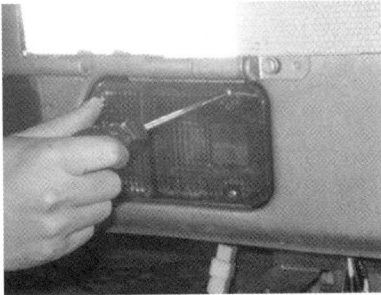

图 1-10　拆卸后车灯

6. 拆下后车灯

如图 1-10 所示，用螺丝刀拆卸组合尾灯上的螺钉。

图 1-11　取下组合尾灯的灯罩

取下组合尾灯的灯罩，即可看见灯泡，如图 1-11 所示。

图 1-12　测量灯泡电阻

7. 停车灯不亮的故障检测步骤

1）单个停车灯不亮的故障诊断

（1）先检查灯泡的电阻，看灯泡是否烧坏，如图 1-12 所示。

灯泡的电阻值为＿＿＿＿＿＿＿＿＿Ω；

灯泡的判断：正常□，烧坏□。

备注： 停车灯灯泡电阻为 3Ω 左右。

图 1-13　更换停车灯灯泡

（2）如果灯泡损坏，从灯座上取下灯泡并更换，如图 1-13 所示。

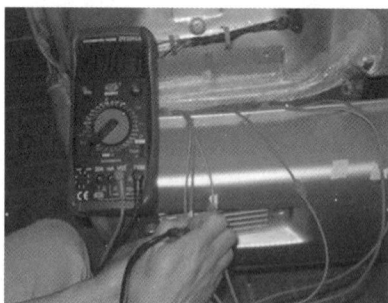

图 1-14　停车灯线路电压的检测

（3）如果灯泡正常，再检测线路的电压。如图 1-14 所示，先找到连接灯泡的 2 条线，把灯光操纵杆拨到停车挡的位置，然后用万用表直流电压挡 20V 量程检测停车灯线路之间的电压。

停车灯线路间的电压为_____V。

线路电压判断：正常□，不正常□。

想一想：如果用试灯来检测应该如何操作？

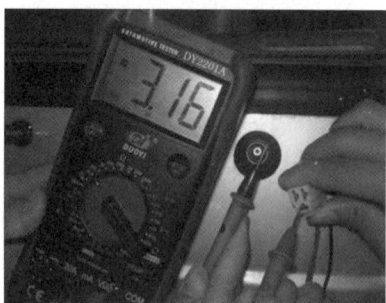

图 1-15　负极线对地电阻测量

（4）如果线路间没有电压，再检查电源线是否到电，电源线有电后，再用电阻挡来检测线路的负极线的通断情况（负极线通断比正极线容易检测），如图 1-15 所示。

负极线对地电阻值为_____Ω。

负极线接地情况：正常□，不正常□。

备注：表值显示"1"表示线路断路，当表值显示"3Ω"左右或更小，表示线路良好。

想一想：如果电源线不到电，应如何检查？

图 1-16　检测蓄电池电压

2）所有停车灯不亮的故障诊断

（1）如图 1-16 所示，先检查蓄电池电压，如果蓄电池没有电压，先把蓄电池充足电或者更换一个新的蓄电池。

蓄电池电压为_____V，

蓄电池电压：正常□，不正常□。

图 1-17 对照熔丝盒盖找到相应熔丝

（2）如果蓄电池电压正常，再检测熔丝的好坏情况。如图 1-17 所示，先找到熔丝的盒子,拆下熔丝盒盖，对照并查找盒盖上标注有"小灯"的熔丝。

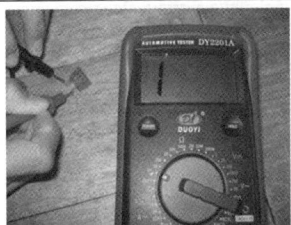

图 1-18 熔丝的检查

（3）拆下熔丝，检查是否良好，如图 1-18 所示。

熔丝电阻值为_____Ω。

熔丝：正常□，不正常□。

注意：当表值显示"1"，表示烧断；当表值显示"002"左右，表示良好。

（4）把烧断的熔丝更换（注意新的熔丝的额定电流要和原来的相符——熔丝盖子上标注有额定电流值），故障排除。

想一想：如果熔丝正常，故障点还有哪里？（参考灯光电路图）

8. 现场 5S，完成任务，交车

实训报告 1-1 停车灯故障的检查

表 1-2

实训车型			实训任务	停车灯故障的检查	
	基本步骤		观察与测量结果	分析处理意见	完成情况
1	检查车辆状况，安装车轮挡块				□是 □否
2	检查车灯外观				□是 □否
3	把灯光操纵杆拨到停车灯位置				□是 □否
4	拆除保险杠上方胶条				□是 □否
5	拆下前车灯				□是 □否
6	拆下后车灯				□是 □否
7	检查灯泡电阻值				□是 □否
8	检查线路电压				□是 □否
9	检查线路通断				□是 □否
10	测量蓄电池电压				□是 □否
11	检查熔丝的通断				□是 □否
教师评语					
成绩		指导教师签名		日期	

任务考核单 1-1　停车灯故障的检查

表 1-3

班　级			姓　名		学　号		
考核内容		单个（前）停车灯不亮故障的检查			规定考核时间	15 分钟	
					实际考核时间		
序　号		检查维修内容/评分标准		配分	考核及评分记录		得　分
1	准备	检查车辆状况，安装车轮挡块		5			
		检查车灯外观		5			
2	验证故障	把灯光操纵杆拨到停车灯位置，检查验证故障		10			
3	拆除诊断	拆除保险杠上方胶条		10			
		拆下前车灯		10			
		检查灯泡电阻，视情况更换灯泡		10			
		检查停车灯线路的电压		10			
		检查停车灯电路搭铁情况		10			
		判断故障点并排除故障		10			
		装复拆卸件，现场 5S		10			
4	安全文明	防护措施得当，作业规范安全整洁		3			
		工具、零件不落地		2			
5	工具使用	工具选用合理		2			
		工具使用规范		3			
6	考核时间	每超 1 分钟扣 3 分，超时 3 分钟终止考核					
合计				100			
监考教师			考核日期		年　　月　　日		

任务 2　汽车示宽灯故障诊断与排除

🚗 任务要求

在学习停车灯故障诊断与排除的基础上，选用万用表、试灯等工量具，独立或小组合作完成示宽灯的故障诊断与排除工作。

将检查诊断过程填入表 1-4 和表 1-5 中。

完成检查维修作业后，示宽灯能正常工作。

作业时间：15 分钟。

表 1-4　示宽灯线路技术状况检查记录表

检 查 项 目	示宽灯线路技术状况		
	标准值（要求）	测量值（现状）	评　价
灯泡电阻值检查			□合格　□不合格
线路电压的检查			□合格　□不合格
线路通断检查			□合格　□不合格
蓄电池电压检查			□合格　□不合格
熔丝的检查			□合格　□不合格
综合评定：			

实训报告 1-2　示宽灯故障的检查

表 1-5

实 训 车 型			实 训 任 务	示宽灯故障的检查	
	基 本 步 骤		观察与测量结果	分析与处理意见	完 成 情 况
1	检查车辆状况，安装车轮挡块				□是　□否
2	检查车灯外观				□是　□否
3	把灯光操纵杆拨到位置灯挡位				□是　□否
4	拆除保险杠上方胶条				□是　□否
5	拆下前车灯				□是　□否
6	拆下后车灯				□是　□否
7	检查灯泡电阻值				□是　□否
8	检查线路电压				□是　□否
9	检查线路通断				□是　□否
10	测量蓄电池电压				□是　□否
11	检查熔丝的通断				□是　□否
教师评语					
成绩		指导教师签名		日期	

任务考核单 1-2　示宽灯故障的检查

表 1-6

班　级			姓　名		学　号		
考核内容			示宽灯故障的检查		规定考核时间	15 分钟	
					实际考核时间		
序　号		检查维修内容/评分标准		配分	考核及评分记录		得　分
1	准备	检查车辆状况，安装车轮挡块		5			
		检查车灯外观		5			
2	验证故障	把灯光操纵杆拨到位置灯挡位，检查验证故障		10			
3	拆除诊断	拆除保险杠上方胶条		10			
		拆下前车灯		10			
		检查灯泡电阻，视情况更换灯泡		10			
		检查停车灯线路的电压		10			
		检查停车灯电路搭铁情况		10			
		判断故障点并排除故障		10			
		装复拆卸件，现场 5S		10			
4	安全文明	防护措施得当，作业规范安全整洁		3			
		工具、零件不落地		2			
5	工具使用	工具选用合理		2			
		工具使用规范		3			
6	考核时间	每超 1 分钟扣 3 分，超时 3 分钟终止考核					
合计				100			
监考教师			考核日期		年　　月　　日		

![知识链接图标] **知识链接**

一、汽车灯光的种类、特点及用途

汽车外部照明灯及信号灯有前照灯（大灯）、雾灯、位置灯（示宽灯、小灯）、停车灯及制动灯、倒车灯等。

停车灯装于车头和车尾两侧，一共有 4 盏，要求从车前和车尾 150m 远处能确认灯光信号，要求车前处光色为白色，车尾处为红色。其作用是夜间停车时，将停车灯打开以标识车辆形位。图 1-19 所示为五菱 6360 汽车前车灯的配置情况。

位置灯（示宽灯、小灯）在车上与停车灯实际上是同一种灯具，只是开关的位置不一样，控制的方式不一样而已。有些汽车没有专门的停车灯开关，停车时用位置灯代替停车灯的功能。位置灯的灯泡功率一般为 5～20W。前位置灯俗称"小灯"，光色为白色或黄色，后位置灯俗称"尾灯"，光色为红色，通常与制动灯共用一个灯泡（双丝灯泡）；侧位置灯光色为琥珀色。

图 1-19　五菱 6360 汽车前车灯的配置情况

汽车照明灯及信号灯的种类、特点及用途如表 1-7 和 1-8 所示。

表 1-7　汽车照明灯的种类、特点及用途

种　类	外照明灯			内照明灯		
	前照灯	雾灯	牌照灯	顶灯	仪表灯	行李厢灯
工作时的特点	白色常亮远近光变化	黄色或白色单丝常亮	白色常亮	白色常亮	白色、黄色或蓝色常亮	白色常亮
用　途	为驾驶员安全行车提供保障	雨、雪、雾天保证有效照明及提供信号	用于照亮汽车尾部牌照	用于夜间车内照明	用于夜间观察仪表时的照明	用于夜间拿取行李物品时的照明

表 1-8　汽车信号灯的种类、特点及用途

种　类	外信号灯					内信号灯	
	转向灯	示宽灯	停车灯	制动灯	倒车灯	转向指示灯	其他指示灯
工作时的特点	琥珀色交替闪亮	白色或黄色常亮	白色或红色常亮	红色常亮	白色常亮	绿色闪亮	红色、蓝色或黄色常亮
用　途	告知路人或其他车辆将转弯	标志汽车宽度和轮廓	标明汽车已经停驶	表示已减速或将停车	告知路人或其他车辆将倒车	提示驾驶员车辆的行驶方向	提示驾驶员车辆的状况

二、汽车灯光开关

汽车灯光开关的常见类型有旋钮式和调节杆式两种，如图 1-20 和图 1-21 所示。

图 1-20　宝马 325 i 轿车的旋钮式灯光开关

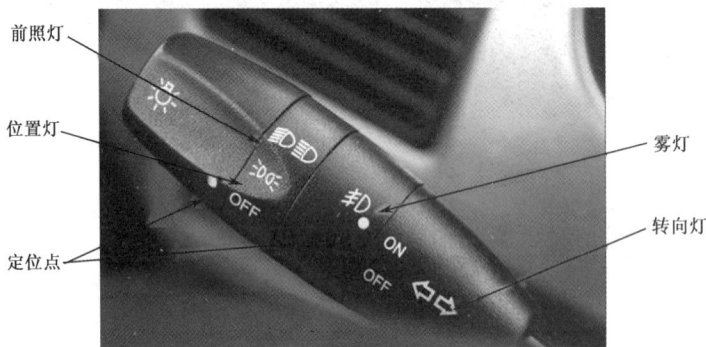

图 1-21　调节杆式汽车灯光开关

汽车灯光开关上的图标含义如图 1-22 所示。

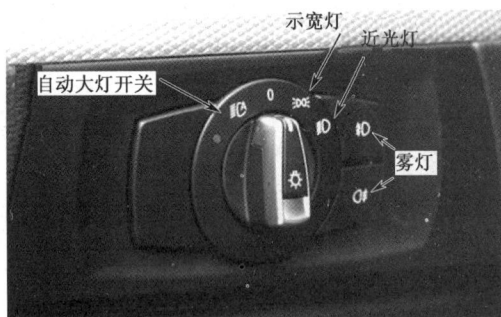

图 1-22　汽车灯光开关上的图标含义

三、停车灯及位置灯控制电路分析

五菱之光汽车灯光电路如图 1-23 所示。

当把灯光开关拨到 $\rlap{P}\!\!\downarrow$ 挡位时，停车灯电路接通，前后左右位置灯同时点亮，指示汽车停驶时的车辆宽度。其电流的流向为：蓄电池"＋"→总保险→F2→灯光开关"1"接柱→灯光开关"2"接柱→（前后左右）位置灯→蓄电池"－"。

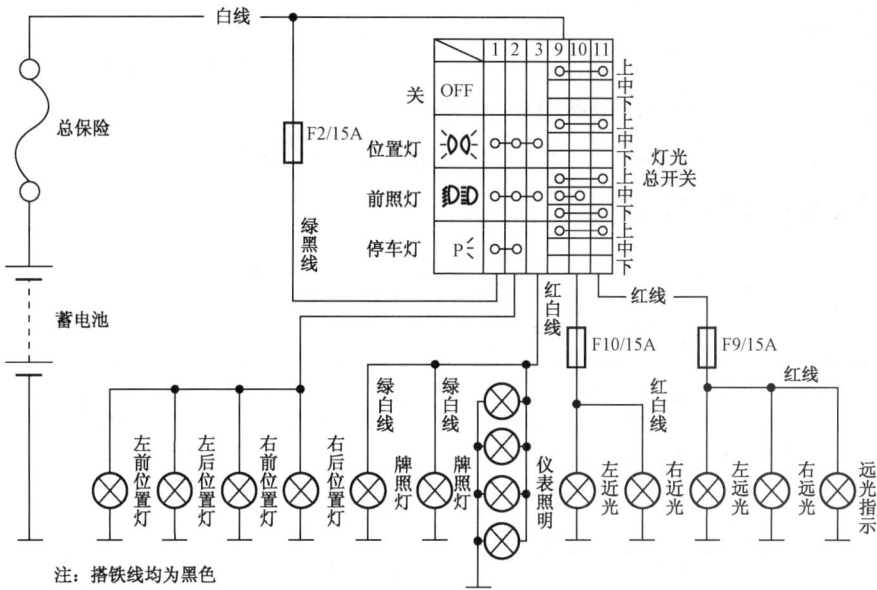

图 1-23 五菱之光汽车灯光电路

当把灯光开关拨到 $\exists O\subset$ 挡位时，位置灯电路接通，前后左右位置灯同时点亮，指示汽车的位置及宽度。其电流的流向为：蓄电池"+"→总保险→F2→灯光开关"1"接柱→灯光开关"2"接柱→（前后左右）位置灯→蓄电池"–"。同时，通过灯光开关"3"接柱送电给牌照灯和仪表照明灯，将牌照灯和仪表照明灯点亮。

五菱鸿途汽车的小灯电路由继电器控制，如图 1-24 所示。

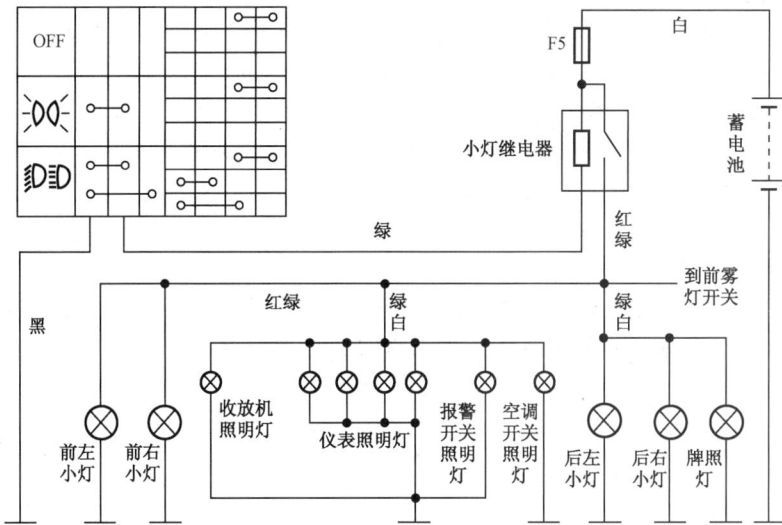

图 1-24 五菱鸿途汽车小灯控制电路

当把灯光开关拨到 $O\subset$ 挡位时，首先接通小灯继电器线圈电路（控制电路），使小灯继电器常开触点闭合，从而接通小灯、仪表灯及牌照灯电路（主电路）。

控制电路的电流为：蓄电池"+"→F5→小灯继电器线圈→绿线→灯光开关→黑线→搭铁。

主电路电流为：

蓄电池 "+" → F5 → 小灯继电器触点 → 红绿线

红绿线 → 前左、右小灯 → 搭铁。

绿白线 → 仪表灯、后左右小灯 → 搭铁。

四、停车灯及位置灯故障诊断

停车灯及位置灯（小灯、尾灯）、牌照灯故障诊断表如表1-9所示。

表1-9 停车灯及位置灯（小灯、尾灯）、牌照灯故障诊断表

故 障 现 象	检 查 内 容	处 理 方 法
全部不亮	尾灯、停车灯熔丝是否熔断	必要时更换熔丝（更换前，应查出原因并消除）
	导线或接地线是否出故障	修理线路
	开关是否损坏	修理或更换开关
	灯泡是否损坏	必要时更换坏灯泡
有些灯不亮	灯泡是否损坏	必要时更换坏灯泡
	导线或接地线是否出故障	修理线路

任务3 汽车前照灯故障诊断与排除

任务要求

要求选用万用表、试灯等工量具，就车检查判断前照灯的故障。

完成检查维修作业后，前照灯能正常工作。

作业时间：20分钟。

情境创设

某汽车的前照灯出现故障，要求检查维修。老师引导学生按汽修厂前照灯的维修过程诊断和排除故障，从而在完成任务的过程中学习前照灯故障的检查诊断技能，以及相关的理论知识。

教学资料准备：教学用车使用说明书、维修手册等。

任务引导

相关知识点学习：要求学生实训课前参考"知识链接"独立完成。

1. 前照灯装于汽车两侧，用来_____，有_____灯制和_____灯制之分。

2. 远光灯一般为_____W，近光灯一般为_____W。

3. 灯光开关在 ⟍⟋⟋ 位置时，_____灯点亮。

    A. 位置灯   B. 牌照灯   C. 仪表灯   D. A，B 和 C

4. 灯光开关在 ⟍⟋⟋ 位置时，_____灯点亮。

    A. 前照灯（近光）   B. 前照灯（远光）   C. 前照灯（近光和远光）

    D. 前照灯（近光）及位置灯、牌照灯、仪表灯

5. 阅读图 1-21 和 1-23，灯光开关在_____时，可以往上抬变光开关使闪烁远光点亮。

    A. ⟍⟋⟋ 位置   B. ⟍⟋⟋ 位置   C. 任何位置

任务实施

1. 工作安排

养成合作完成工作任务的习惯，请你将工作分工与完成时间记录在表 1-10 中。

表 1-10 组员工作分工表

姓　　名	任　务　分　工	完　成　时　间	备　　注

图 1-25 工位准备

2. 准备工作（以五菱皮卡汽车为例）

如图 1-25 所示，

（1）车辆开进工位;   □合格

（2）停车，检查车灯外观。   □完成

图 1-26 验证故障

3. 验证故障情况

如图 1-26 所示，把钥匙插进点火开关并转到"ON"挡，然后把灯光操纵杆拨到前照灯位置，验证故障情况。

故障现象_____

_____。

图 1-27　检查灯泡的电阻

4．前照灯不亮的故障检测步骤

1）单个前照灯不亮的故障诊断

（1）先检查灯泡的电阻，看灯泡是否损坏。远近光灯泡的电阻是 0.5Ω左右（见图 1-27），如果灯泡损坏，直接更换灯泡。

灯泡的电阻值为＿＿＿＿＿＿＿＿Ω。

灯泡的电阻：正常□，不正常□

图 1-28　拆卸灯泡防尘罩

（2）如果灯泡损坏，取下灯泡防尘罩，如图 1-28 所示。

图 1-29　更换灯泡

（3）扳开卡簧，取出旧灯泡，更换新灯泡，如图 1-29 所示。

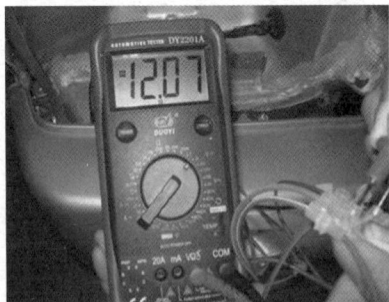

图 1-30　检查近光灯电源线与地线间电压值

（4）如果灯泡正常，再检测远（近）灯光的线路电压。

把灯关操纵杆拨到前照灯挡位（此时为近光位置，见图 1-26）。如图 1-30 所示，用万用表检测前照灯插接器中近光电源线与地线之间的电压值。

近光灯线路电压为＿＿＿＿＿＿＿V。

近光灯线路电压：正常□，不正常□

想一想：用试灯检查可以吗？怎么检查？

图 1-31　检查电源线对地电压值

（5）如果电源线与地线间没有电压，再检查电源线是否到电。

如图 1-31 所示，检查电源线对地电压值。

电源线对地电压值为＿＿＿＿＿＿V。

近光灯电源线：正常□，不正常□

想一想：用试灯检查可以吗？怎么检查？

如果电源线没有到电。可能的故障点有哪些？

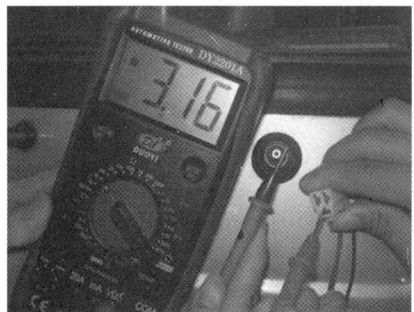

图 1-32　检查近光灯搭铁线的搭铁情况

（6）如果电源线电压正常,再用电阻挡来检查近光灯搭铁线的通断情况，如图 1-32 所示。

搭铁线对地电阻值为＿＿＿＿＿＿＿＿＿Ω。

搭铁线：正常□，不正常□

说明：表值显示"1"，表示线路断路，当表值显示 3Ω 左右或更小，表示线路良好。

想一想：

用试灯检查可以吗？怎么检查？

如果要检查远光灯，灯光操纵杆如何操作？

图 1-33　检查蓄电池电压

2）所有前照灯不亮的故障诊断

（1）先检查电源电压，如图 1-33 所示。如果蓄电池电压异常，请先把蓄电池充足电或者更换一个新的蓄电池。

蓄电池电压为＿＿＿＿＿＿＿＿＿V。

蓄电池电压：正常□，不正常□

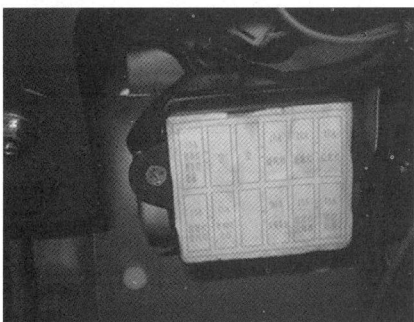

图 1-34　找到近光灯熔丝

（2）如果蓄电池电压正常，再检测熔丝的好坏情况。如图 1-34 所示，拆下熔丝盒盖，对照并查找盒盖上标注有"近光灯"位置的熔丝。

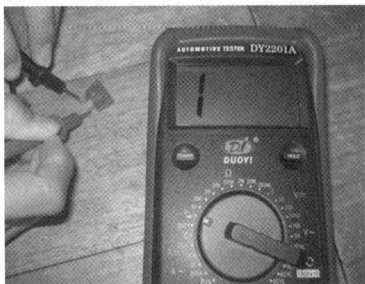

图 1-35　检查近光灯熔丝

（3）拆下近光灯熔丝，检查是否良好，如图 1-35 所示。

若熔丝烧断，更换同型号的熔丝（更换前查找烧熔丝的原因并排除）。

熔丝电阻值为＿＿＿＿＿＿＿＿＿Ω。

熔丝：正常□，不正常□

说明：当表值显示"1"，表示烧断；当表值显示"002"左右，表示良好。

图 1-36　完成任务，交车

5. 现场 5S，完成任务，交车

（1）按照后拆的先装，先拆的后装的顺序把车灯和胶条装好；

（2）收集整理车辆护套和工具；

（3）清洁车辆，清理现场；

（4）车辆开出工位，交车，如图 1-36 所示。

实训报告 1-3　前照灯故障的检查

表 1-11

实训车型			实训任务	前照灯故障的检查	
	基本步骤		观察与测量结果	分析与处理意见	完成情况
1	把车开进工位，停车				□是 □否
2	检查车灯外观				□是 □否
3	验证故障情况				□是 □否
4	拆除保险杠上方胶条				□是 □否
5	拆下前车灯				□是 □否
6	检查灯泡电阻值				□是 □否
7	更换灯泡				□是 □否
8	检查线路电压				□是 □否
9	检查线路通断				□是 □否
10	测量蓄电池电压				□是 □否
11	检查熔丝的通断				□是 □否
教师评语					
成绩		指导教师签名		日期	

任务考核单 1-3　前照灯故障的检查

表 1-12

班　级		姓　名			学　号	
考核内容		前照灯故障的检查			规定考核时间	20分钟
					实际考核时间	
序号		检查维修内容/评分标准		配分	考核及评分记录	得　分
1	准备	把车开进工位，停车，准备工具		5		
2	检查诊断	检查车灯外观		5		
		验证故障情况		10		
		拆除保险杠上方胶条		10		
		拆下前车灯		10		
		检查灯泡电阻		10		
		更换灯泡		10		
		检查线路的电压		10		
		检查线路的通断		10		
		检查蓄电池的电压		5		
		检查熔丝的通断		5		
3	安全文明	防护措施得当，作业规范安全整洁		3		
		工具、零件不落地		2		
4	工具使用	工具选用合理		2		
		工具使用规范		3		
5	考核时间	每超1分钟扣3分，超时3分钟终止考核				
		合计		100		
监考教师		考核日期			年　月　日	

知识链接

一、前照灯的作用

前照灯俗称"大灯"，装在汽车头部两侧，用来照明车前道路，有两灯制、四灯制之分。四灯制前照灯并排安装时，装于外侧的一对应为近、远光双光束灯；装于内侧的一对应为远光单光束灯。远光灯一般为 40～60W，近光灯一般为 35～55W。

二、前照灯的基本要求

由于汽车前照灯的照明效果对夜间行车安全影响很大，故世界各国多以法律的形式规定了前照灯的照明标准，其基本要求主要有以下两个方面。

（1）前照灯应能保证车前有明亮而又均匀的照明，使驾驶员能够看清车前 100m 内路面上的物体。随着现代汽车行驶速度的不断提高，对前照灯的要求也越来越高，现代高速汽车前照灯的照明距离应为 200~~250m。

（2）前照灯应防止眩目，以避免夜间两车相会时，使对方驾驶员眩目，而造成交通事故。

三、前照灯的组成

前照灯由反射镜、配光镜和灯泡三部分组成，如图 1-37 所示。

组合前照灯的结构如图 1-38 所示。

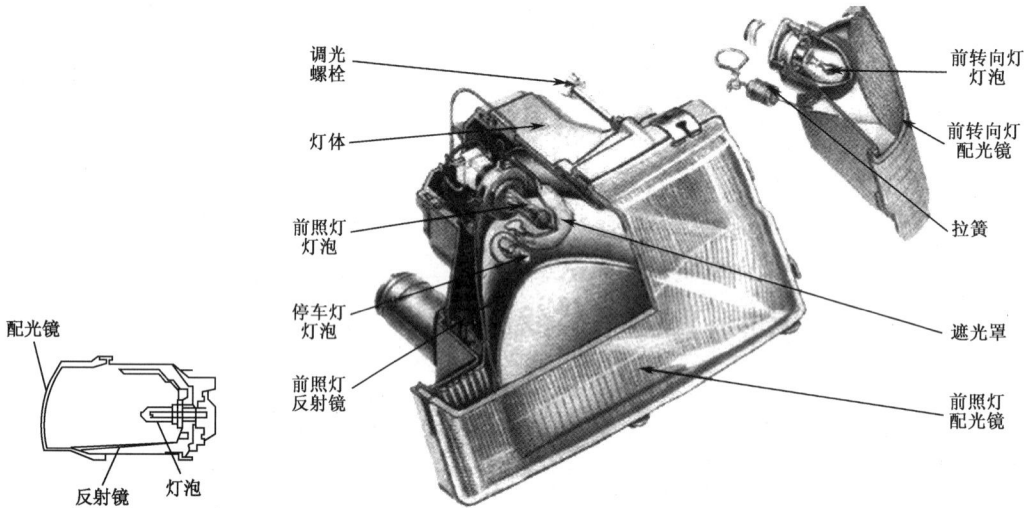

图 1-37　前照灯的组成　　　　图 1-38　汽车组合前照灯的结构

1. 反射镜

反射镜的作用是最大限度地将灯泡发出的光线聚合成强光束，以增加照射距离。它一般呈抛物面状，内表面镀铬、铝或银，然后抛光，目前多采用真空镀铝。灯丝位于反射镜的焦点处，其大部分光线经反射后，成为平行光束射向远方，其距离可达 150m 或更远，如图 1-39所示。

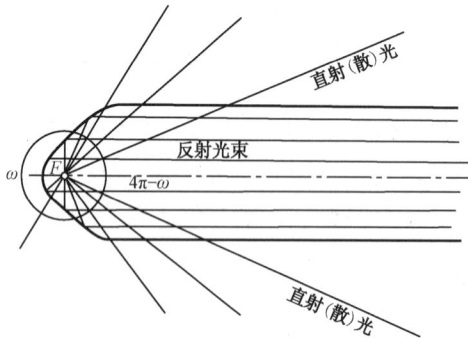

图 1-39　反射镜的聚光示意图

2. 配光镜

配光镜又称为散光玻璃，装于反射镜之前，作用是将反射镜反射出的平行光束进行折射，使车前路面和路线都有良好而均匀的照明。配光镜是由透明玻璃压制而成的棱镜和透镜的组合体，如图 1-40 所示。

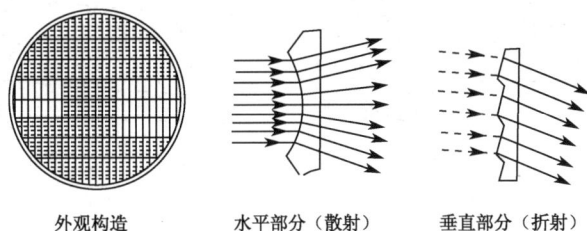

图 1-40 配光镜的构造与作用

3. 灯泡

汽车前照灯的灯泡主要有两种，即白炽灯泡和卤钨灯泡，两种灯泡的灯丝都是用钨丝制成的。由于钨丝在使用时蒸发损耗，使灯泡的使用寿命缩短，为延长其寿命，将玻璃泡中的空气抽出，然后充入其他气体。若充入玻璃泡中的气体为惰性气体，即为白炽灯泡；若充入的是卤族元素（一般为碘或溴）即为卤钨灯泡，如图 1-41 所示。我国生产的大部分是溴钨灯。

图 1-41 前照灯的灯泡

卤钨灯泡在使用时，从灯丝上蒸发出来的气态钨，与卤素反应生成一种挥发性的卤化钨，它扩散到灯丝附近的高温区又受热分解，使钨重新回到钨丝上，防止了钨的蒸发和钨灯泡的黑化现象。因此，卤钨灯泡与白炽灯泡相比较具有寿命长、亮度大的特点。

三、前照灯的防眩目措施

夜间会车时，前照灯强烈的灯光可造成迎面驾驶员眩目，容易引发交通事故，所以为了避免前照灯的眩目作用，一般在汽车上都采用双丝灯泡的前照灯，可以通过变光开关切换远光和近光。我国交通法规规定，夜间会车时，须在距对面来车 150m 以外互闭远光灯，改用防眩目近光灯。

国内外生产的双丝灯泡的前照灯，按近光的配光不同，分为对称形和非对称形两种不同的配光形式。

1. 对称形配光（SAE 方式）

远光灯丝功率较大（45～60W），位于反射镜的焦点位置，射出的光线远而亮；近光灯丝功率较小（22～55W），位于反射镜焦点的上方并稍向右偏斜，由于其光线弱，且经反射镜反射后光线大部分向下倾斜，从而减少了对迎面来车驾驶员的眩目作用，如图 1-42 所示。美国、日本采用这一配光方式。

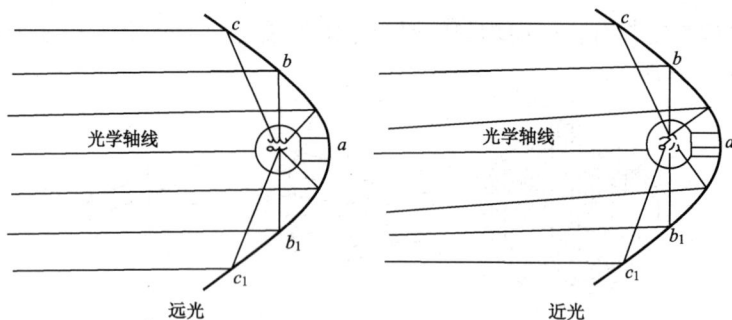

图 1-42　对称形配光前照灯的工作情况

2. 非对称形配光（ECE 方式）

远光灯丝位于反射镜的焦点处，近光灯丝则位于焦点前方且稍高出光学轴线，其下方装有金属配光屏，如图 1-43 所示。我国及欧洲采用这种配光方式。

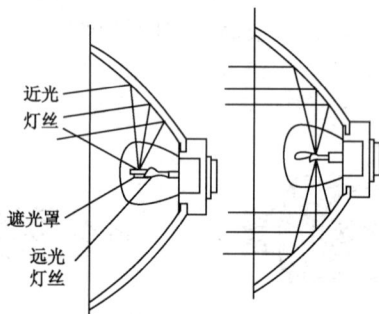

图 1-43　具有金属配光屏的非对称形配光前照灯的工作情况

由近光灯丝射向反射镜上部的光线，反射后倾向路面，而配光屏（遮光罩）挡住了灯丝射向反射镜下半部的光线，故没有向上反射能引起眩目的光线。配光屏（遮光罩）在安装时偏转一定的角度，使其近光的光形分布不对称，形成一条明显的明暗截止线。

还有一种更优良的非对称配光方式，因其配光光形的明暗截止线呈 Z 形，故称为 Z 形配光，不仅可以避免迎面来车的驾驶员的眩目，还可以防止迎面而来的行人和非机动车使用者的眩目，更加保证了汽车夜间行驶的安全。各种前照灯的配光光形如图 1-44 所示。

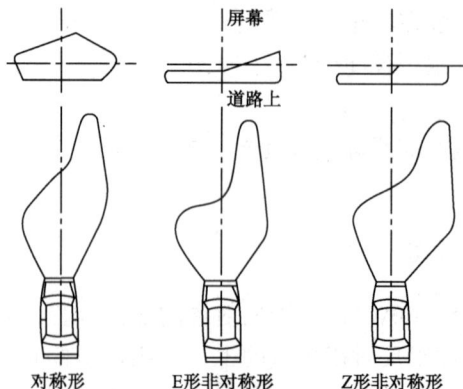

图 1-44　前照灯的配光光形

四、前照灯的分类、检测与调整

1. 前照灯的分类

（1）可拆式前照灯。这是最早使用的一种前照灯，其反射镜边缘的齿簧与配光镜组合，再用箍圈和螺钉安装于灯壳上，灯泡的装拆必须将全部光学组件取出后才能进行，因而密封性很差，反射镜易受外界环境气候的影响而污染变黑，严重降低照明效果，目前已很少使用。

（2）半封闭式前照灯。半封闭式前照灯的结构如图 1-45 所示，配光镜是靠卷曲反射镜周沿的牙齿而紧固在反射镜上，两者之间垫有橡皮密封圈，其灯泡拆卸只可从反射镜的后方进行。

半封闭式前照灯内部灯泡可以单独更换，最常见的故障就是更换灯泡。若半封闭式前照灯的配光镜等损坏，需要更换整个前照灯。更换时，先拔下灯泡上的插座，取下密封罩、卡簧，即可取下灯泡。

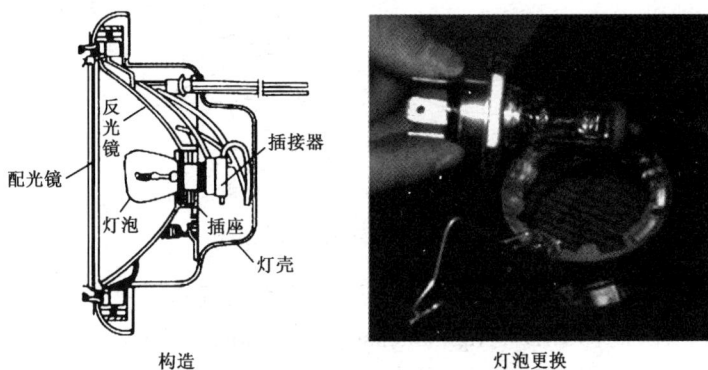

构造　　　　　　　　　　　　　　灯泡更换

图 1-45　半封闭式前照灯

（3）封闭式前照灯。封闭式前照灯没有分开的灯泡，其整个总成本身就是一个灯泡。灯丝安装在反射镜前面，配光镜则与反射镜焊接在一起，如图 1-46（a）所示。更换时，先拔下灯脚与线束连接的插座，然后拆下灯圈，即可取下灯芯，如图 1-46（b）所示；安装灯芯时，应注意配光镜上的标记（如向上的箭头或字符），不应出现倒置或偏斜现象。

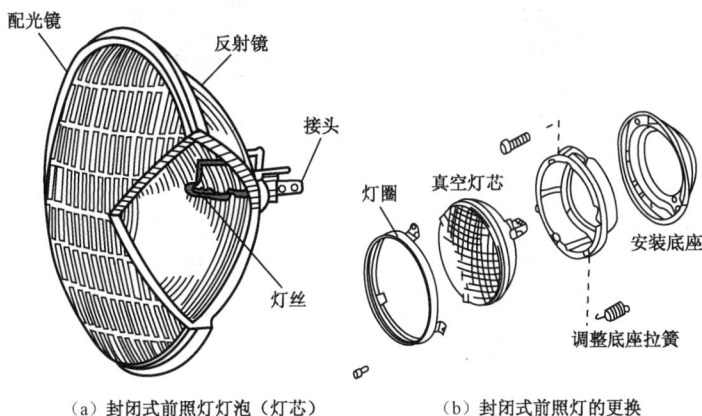

（a）封闭式前照灯灯泡（灯芯）　　　（b）封闭式前照灯的更换

图 1-46　封闭式前照灯

封闭式前照灯完全避免了反射镜的污染，但价格较高。

为使前照灯更亮、更远、更美观，现代轿车上出现了投射式前照灯和高亮度弧光灯。

（4）投射式前照灯。投射式前照灯采用了凸形配光镜，反射镜为椭圆形，所以其外径很小，结构如图 1-47 所示。

由于投射式前照灯的反射镜呈椭圆形状，有两个焦点。在第一个焦点处放置灯泡，光束经反射会聚至第二个焦点。凸形配光镜的焦点与第二焦点相重合，灯泡发出的光被反射镜聚成第二焦点，再通过配光镜将聚集的光投射到远方。投射式前照灯使用的光源为卤素灯泡。

在第二焦点附近设有遮光板，可用于遮住投向上半部分的光，形成明暗分明的配光。它的这种配光特性可适用于前照灯近、远光灯，也可用做雾灯。

采用投射式前照灯，可利用的光束增多，若将反射镜做成扁长断面，很多光束便可横向扩散，不仅结构紧凑，而且经济实用。

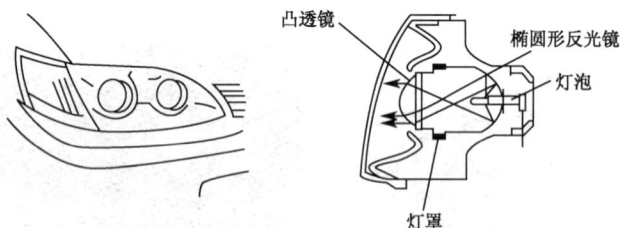

图 1-47　投射式前照灯的结构

（5）氙灯。氙灯结构如图 1-48 所示，是一种含有氙气的新型前大灯，又称高强度放电灯或气体放电灯，英文简称 HID（High Intensity Discharge Lamp）。目前很多中高挡轿车都使用了这种新型前大灯。氙灯亮度大，发出的亮色调与太阳光比较接近，消耗功率低，可靠性高，不受车上电压波动影响。

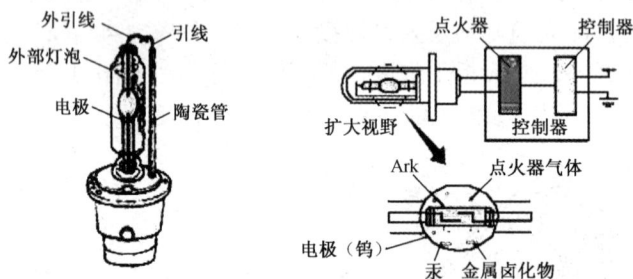

图 1-48　氙灯结构

氙灯由小型石英灯泡、变压器和电子单元组成。接通电源后，通过变压器，在几微秒内升压到 20000V 以上的高压脉冲电加在石英灯泡内的金属电极之间，激励灯泡内的物质（氙气、少量的水银蒸气、金属卤化物）在电弧中电离产生光亮。由于高温导致碰撞激发，并随压力升高使线光谱变宽形成带光谱。灯开关接通的一瞬间，氙灯即产生与 55W 卤素灯一样的亮度，约 3 秒达到全部光通量。

氙灯灯泡的玻璃用坚硬的耐温耐压石英玻璃（二氧化硅）做成，灯内充入高压氙气缩短灯被点亮的时间，灯的发光颜色则由充入灯泡内的氙气、水银蒸气和少量金属卤化物所决定。

电子控制器系统是一个独立的系统，包括变压器和电子控制单元，具有产生点火电压和工作电压两种功能。变压器将低电压变为高电压输出，电子控制单元的主要功能是限制氙灯灯泡的工作电流，向灯泡提供 20000V 以上的点火电压和维持工作的低电压（80V 左右）。

氙灯与卤素灯的主要区别在于，前者通过气体电离发光，后者通过加热钨丝发光。虽然氙灯的发光电弧与卤素灯的钨丝长度直径一样，但发光效率和亮度提高了两倍。由于不用灯丝，没有了传统灯丝易脆断的缺陷，寿命也提高了 4 倍。据测试，一个 35W 的氙灯光源可产生 55W 卤素灯两倍的光通量，使用寿命与汽车差不多。因此，安装氙灯不但可以减少电能消耗，还相应提高了车辆的性能，这对于轿车而言具有很重要的意义。

2. 前照灯的检测与调整

前照灯在使用过程中，会因灯泡老化、反射镜变暗、照射位置不正确而使前照灯的发光强度不足或照射位置不正确，影响汽车行驶速度和行车安全，因此必须对前照灯进行检测和调整。

前照灯的检测项目有发光强度和光束照射位置。

前照灯的发光强度是指光源在给定方向上所能发出的光线强度（单位：坎，代号 cd）。国家标准对汽车前照灯远光光束的发光强度有明确的要求，具体标准如表 1-13 所示。

表 1-13　前照灯远光光束发光强度要求（单位：cd）

车辆类型	新注册机动车		在用机动车	
	两灯制	四灯制	两灯制	四灯制
汽车、无轨电车	15000	12000	12000	10000
四轮农用运输车	10000	10000	8000	6000

注：采用四灯制的机动车其中两只对称的灯达到两灯制的要求时视为合格。

前照灯的发光强度一般用前照灯检测仪进行检测。

前照灯的光束照射位置是光轴中心相对于前照灯配光镜几何中心在垂直方向偏上或偏下、水平方向偏左或偏右的距离。对于对称配光特性的前照灯，一般把光束最亮区域的中心作为光轴中心，用此检测光束的照射位置。

对于非对称配光特性的前照灯，一般以光束明暗截止线交点或中心作为光轴中心，用此检测光束照射位置。前照灯的远光一般都采用对称式配光，光形分布具有水平方向宽、垂直方向窄等特点。前照灯的近光，我国规定采用非对称式配光，光形分布使近光光束最亮部分向右下偏移，在配光屏幕上具有明显的明暗截止线。

用屏幕可以检测前照灯的光束照射位置，国家标准对汽车前照灯光束照射位置的规定是：机动车在检验前照灯的近光光束照射位置时，被测车辆空载（允许乘坐一名驾驶员），轮胎气压正常，汽车正对屏幕 10m 处，光束明暗截止线转角或中心的高度应为 0.6～0.8H（H 为前照灯中心高度），其水平方向位置向左偏或向右偏均不得超过 100mm。四灯制前照灯远光单束灯的调整，要求在屏幕上光束中心离地面高度为 0.85～0.90H，水平位置要求左灯向左或向右偏均不得大于 170mm。前照灯光束照射位置不符合规定要求时应利用上下、左右调整螺钉进行调整。

图 1-49 所示为五菱之光汽车前照灯光束的检查调整方法。

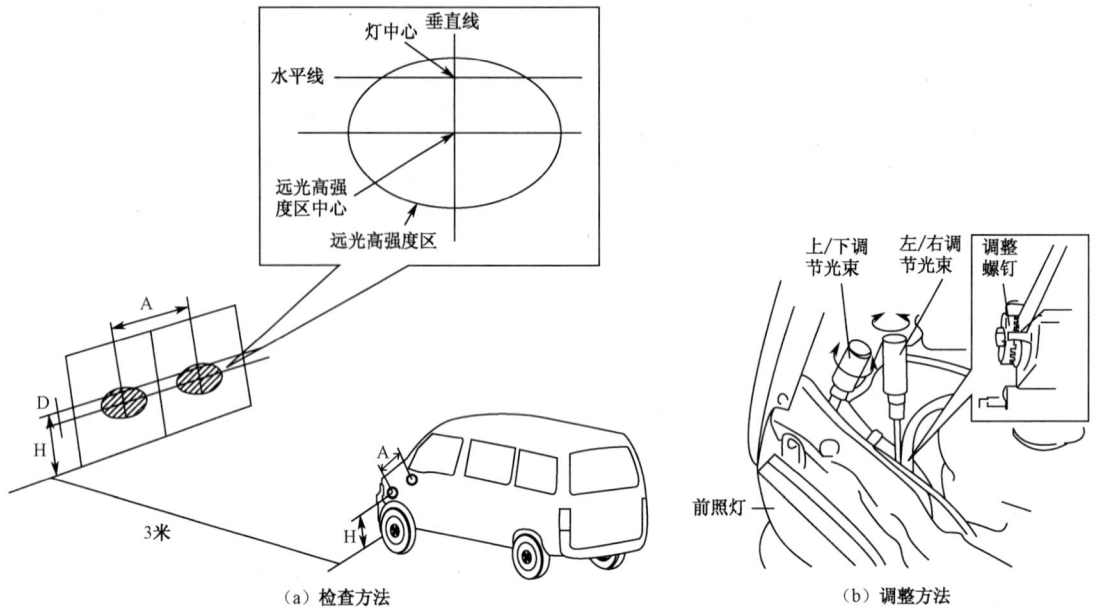

（a）检查方法   （b）调整方法

图 1-49　五菱之光汽车前照灯光束的检查调整方法

检查时，将车子停在平坦的地面上，面对着距前照灯 3m 的屏幕或墙壁，轮胎充气至所规定的压力并卸除负荷（除司机外），使发动机的转速在充电指示灯处于充电状态下。在屏幕上画出水平线和垂直线，拧动调整螺钉，使远光灯光束的高强度中心与水平线距离为 22mm 即可，然后换成近光灯，这时近光灯的光线应能满足大灯的防眩目要求。

用屏幕只能检测前照灯的光束照射位置，不能检测发光强度。目前汽车维修企业和汽车检测站广泛采用前照灯检测仪来检测前照灯的发光强度和光束照射位置，据此来检验和调整汽车前照灯的发光强度和光轴偏斜量。前照灯检测仪检测前照灯的光束位置一般是将 4 块光电池组合在一起，位于上、下的光电池接有上下偏斜指示计，位于左、右的光电池接有作用偏斜指示计，当前照灯照射在光电池上后，上下偏斜指示计和左右指示计将发生摆动，据此可测出前照灯的光束照射位置。前照灯检测仪按测量方法不同分为聚光式、屏幕式、投影式、自动追踪光轴式、全自动式等多种，使用方法虽各不相同，但检测原理大同小异，具体的使用方法可以参考其说明书操作。目前应用较多的是全自动式检测仪。

五、前照灯控制电路

五菱鸿途汽车带大灯继电器的前照灯控制电路如图 1-50 所示。

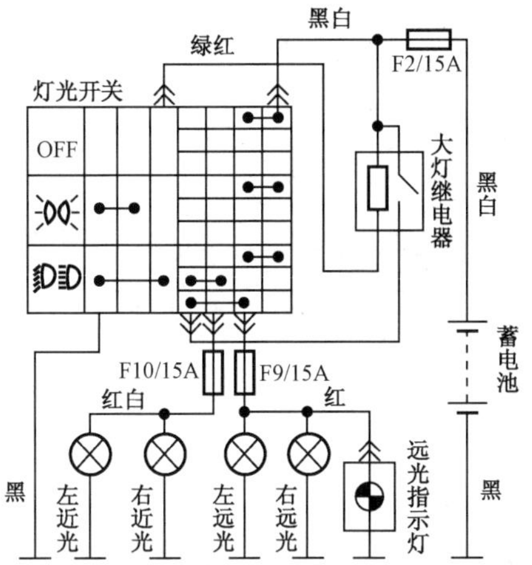

图 1-50 五菱鸿途汽车带大灯继电器的前照灯控制电路

当灯光开关转到彡Ｄ㠯Ｄ位置时，近光灯点亮，此时若把灯光开关手柄往下压——变光，远光灯点亮。

当灯光开关转到彡Ｄ㠯Ｄ位置时，首先接通大灯继电器线圈电路（控制电路），使大灯继电器常开触点闭合，从而接通近光灯电路（主电路）。

控制电路的电流为：蓄电池"+"→F2→大灯继电器线圈→绿红线→灯光开关→黑线→搭铁。

主电路的电流为：蓄电池"+"→F2→大灯继电器触点→灯光开关→F10→左、右近光灯→搭铁。

远光灯的控制电路分析请同学们自己完成。

六、灯光开关的使用与检查

1. 灯光开关的使用

以五菱汽车的调节杆式组合开关为例，如图 1-51 所示，在任意位置往上抬操纵杆，前照灯远光点亮，松手熄灭——可以实现远光灯的点动控制，以向前车发出超车或优先通过信号。

当灯光开关转到彡Ｄ㠯Ｄ或Ｄ位置时，前照灯近光点亮，此时往下压操纵杆，远光灯点亮，如需回到近光位置，必须手动抬起操纵杆——此时作为变光开关使用。

在点火开关打开时，将组合开关操纵杆平移拉向驾驶员侧，左转向灯点亮；平移推离驾驶员侧，右转向灯点亮——此时作为转向灯开关使用。

2. 灯光开关的检查方法

由图 1-51 可见，灯光组合开关有两把线束，通过两个插接器与外电路连接。根据图 1-51 中插接器端子号和图 1-52 中开关动作与接通位置，使用万用表检查每个开关位置的电路是否接通，便可判断灯光开关的好坏。

检查时，从蓄电池上拆下负极导线，从线束上脱开组合开关导线插头便可开始检查。例如，当开关处于"OFF"位置时，把灯光开关手柄往上抬，用万用表测量开关插接器的端子9 和 11 应导通。

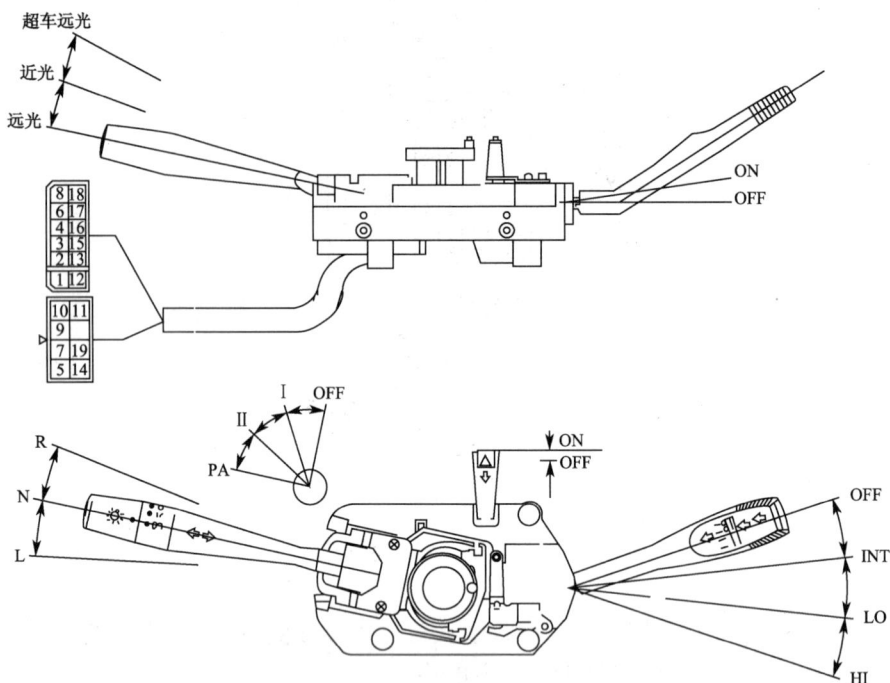

图 1-51　五菱汽车组合开关的使用

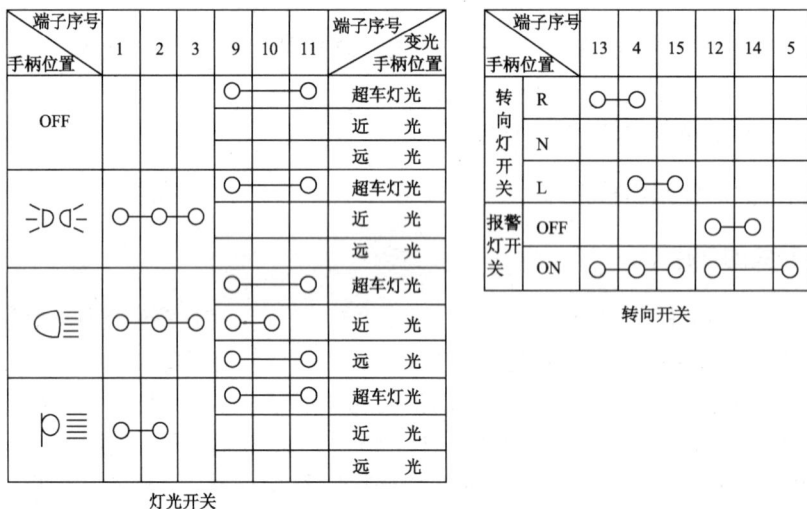

图 1-52　灯光开关动作与接通位置图

七、前照灯故障诊断的一般思路（见表 1-14）

表 1-14　前照灯故障诊断思路

故　障　现　象	检　查　内　容	处　理　方　法
一只前照灯不亮或左右前照灯都不亮	前照灯左右熔丝熔断情况	必要时更换坏灯泡
	灯泡是否损坏	必要时更换熔丝（更换前，应查出原因并消除）
	前照灯开关	必要时更换前照灯开关
	导线或接地是否损坏或其他故障	修理线路

任务 4　汽车雾灯故障诊断与排除

情境创设

顾客把汽车开进修理厂，报修雾灯故障，老师组织学生按汽修厂的工作过程完成雾灯故障的检查和排除工作，并在完成任务的过程中学习雾灯故障的检查诊断技能，以及相关的理论知识。

教学资料准备：教学用车使用说明书、维修手册等。

任务引导

相关知识点学习：要求学生实训课前参考"知识链接"独立完成。

1. 雾灯装于汽车_____和_____，前雾灯光色为_____色，用于_____。后雾灯光色为_____色，以警示尾随车辆保持安全间距。

2. 雾灯的认识：将五菱之光前、后车灯的名称填写在图 1-53 和图 1-54 中的方框内。

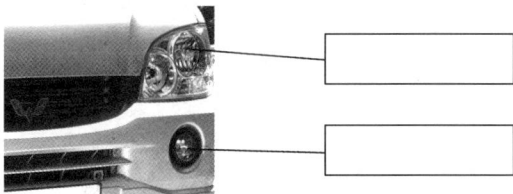

图 1-53　五菱之光前车灯　　　　　　　　图 1-54　五菱之光后车灯

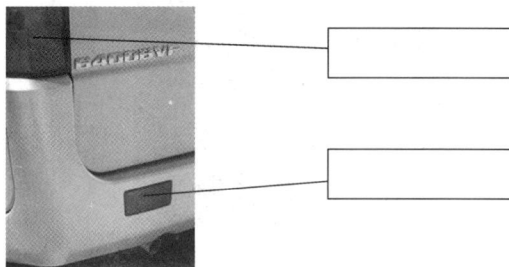

3. 雾灯开关认识：把雾灯开关的名称填写在图 1-55 中的方框内。

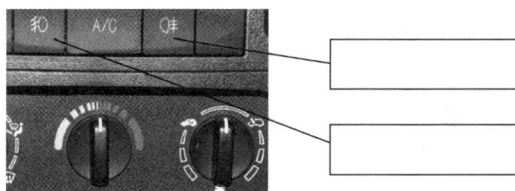

图 1-55　五菱之光的雾灯开关

任务实施

1. 工作安排

养成合作完成工作任务的习惯，请你将工作分工与完成时间记录在表 1-15 中。

表 1-15　组员工作分工表

姓　　名	任　务　分　工	完　成　时　间	备　　注

图 1-56　工位准备

2. 准备工作（以五菱汽车为例）

如图 1-56 所示，

（1）车辆开进工位；　　　　　　　□合格

（2）停车，检查车灯外观。　　　　□完成

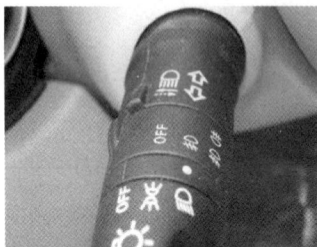

图 1-57　启动验证故障

3. 验证故障情况

如图 1-57 所示，开小灯，并把灯光操纵杆拨到雾灯及后雾灯位置，验证故障情况。

故障现象＿＿＿＿＿＿＿＿＿＿＿＿＿＿＿

＿＿＿＿＿＿＿＿＿＿＿＿＿＿＿＿＿＿。

想一想：如果不开小灯，直接开雾灯，雾灯会亮吗？

图 1-58　拆卸前雾灯

4. 雾灯的拆卸

（1）前雾灯的拆卸。如图 1-58 所示，拆卸前雾灯的固定螺钉，取下前雾灯。

注意：很多汽车是先拆前保险杠蒙皮，才能拆雾灯。

图 1-59　拆卸后雾灯

（2）后雾灯的拆卸。如图 1-59 所示，拆卸后雾灯的固定螺钉，取下后雾灯。

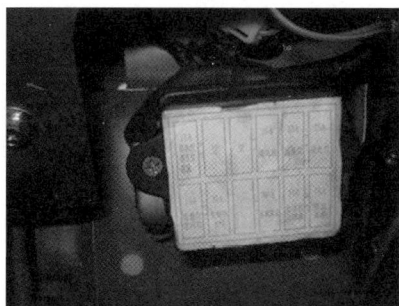

图 1-60　检查雾灯熔丝

5. 雾灯故障检查步骤

1）前雾灯或后雾灯全部不亮

（1）检查熔丝。找到熔丝盒，拆下熔丝盒盖，对照并查找盒盖上标注有雾灯位置的熔丝（见图 1-60）。

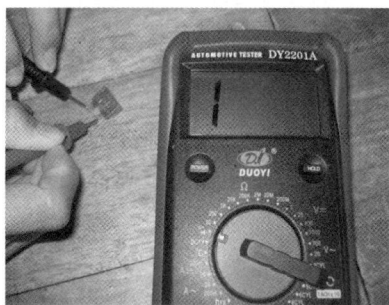

图 1-61　检查熔丝

（2）拆下雾灯熔丝，检查是否良好，如图 1-61 所示。

若熔丝烧断，更换同型号的熔丝（更换前查找烧熔丝的原因并消除）。

熔丝电阻值为＿＿＿＿＿＿＿＿＿Ω。

熔丝：正常□，不正常□

说明：当表值显示"1"，表示烧断；当表值显示"002"左右，表示良好。

想一想：如果熔丝正常，还有哪些可能的故障点？

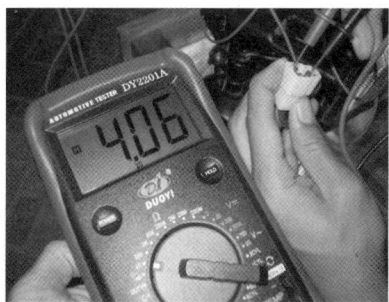

图 1-62　检查灯泡电阻

2）单个雾灯不亮

（1）检查灯泡。查看灯泡是否损坏，可以测量灯泡的电阻。正常的灯泡电阻值为 4Ω左右（如图 1-62 所示）。如果灯泡烧坏，直接更换灯泡。

雾灯灯泡电阻值为＿＿＿＿＿＿＿Ω。

雾灯灯泡：正常□，不正常□

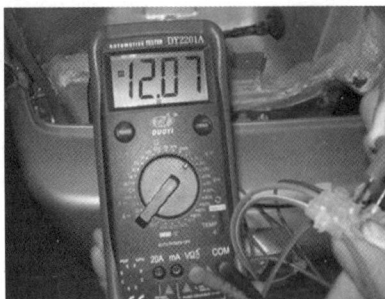

图 1-63 检查雾灯电源线与地线间电压

（2）如果灯泡正常，再检测雾灯的线路电压。

打开小灯和雾灯开关，用万用表检测雾灯插接器中电源线与地线之间的电压值，如图 1-63 所示。

雾灯线路电压为_____V。

雾灯线路电压：正常□，不正常□

想一想： 用试灯检查可以吗？怎么检查？

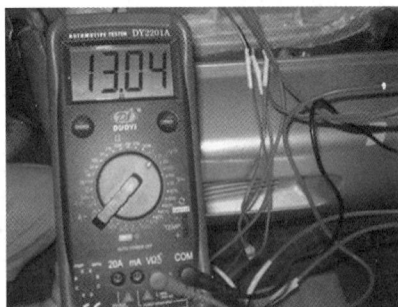

图 1-64 检查电源线对地电压值

（3）如果电源线与地线间没有电压，再检查电源线是否到电。

如图 1-64 所示，检查电源线对地电压值。

电源线对地电压值为_____V。

雾灯电源线：正常□，不正常□

想一想：

用试灯检查可以吗？怎么检查？

如果雾灯电源线电压不正常，可能的故障点有哪些？

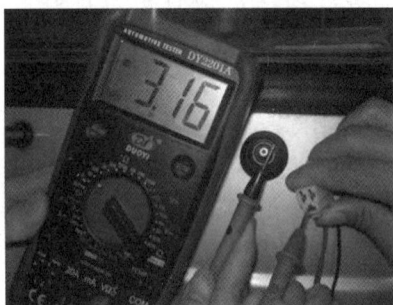

图 1-65 检查雾灯搭铁线的搭铁情况

（4）如果电源线电压正常，再用电阻挡来检测雾灯搭铁线的通断情况，如图 1-65 所示。

搭铁线对地电阻值为_____Ω。

搭铁线：正常□，不正常□

说明： 表值显示"1"，表示线路断路，当表值显示"3Ω"左右或更小，表示线路良好。

想一想：

用试灯检查可以吗？怎么检查？

6. 现场 5S，交车。

实训报告 1-4 雾灯故障的检查

表 1-16

实训车型		实训任务	雾灯故障的检查	
基本步骤		观察与测量结果	分析与处理意见	完成情况
1	把车开进工位，停车			□是 □否
2	检查车灯外观			□是 □否
3	开雾灯，验证故障			□是 □否
4	视情况拆下前雾灯			□是 □否

实 训 车 型		实 训 任 务	雾灯故障的检查	
基 本 步 骤		观察与测量结果	分析与处理意见	完 成 情 况
5	视情况拆下后雾灯			□是 □否
6	检查雾灯熔丝			□是 □否
7	检查雾灯灯泡电阻			□是 □否
8	检查雾灯线路电压			□是 □否
9	检查雾灯线路通断			□是 □否
10	检查雾灯开关			□是 □否
教师评语				
成绩		指导教师签名		日期	

任务考核单 1-4 雾灯故障的检查

表 1-17

班　级			姓　名		学　号	
考 核 内 容		雾灯故障的检查		规定考核时间	20分钟	
				实际考核时间		
序号	检查维修内容/评分标准		配分	考核及评分记录		得分
1	准备	把车开进工位，停车	5			
2	验证故障	检查车灯外观	5			
		开雾灯，验证故障情况	10			
3	拆卸	视情况拆下前雾灯	10			
		视情况拆下后雾灯	10			
4	检查维修	检查雾灯熔丝是否良好	10			
		检查雾灯灯泡	10			
		检查雾灯线路电压	10			
		检查雾灯线路通断	10			
		检查雾灯开关	10			
5	安全文明	防护措施得当，作业规范安全整洁	3			
		工具、零件不落地	2			
6	工具使用	工具选用合理	2			
		工具使用规范	3			
7	考核时间	每超1分钟扣3分，超时3分钟终止考核				
合计			100			
监考教师		考核日期		年　月　日		

知识链接

一、雾灯的作用和安装位置

雾灯安装在汽车头部和尾部。在雾天、下雪、暴雨或尘埃弥漫等情况下，用来提醒对面驾驶员，也可以改善车前道路的照明情况。前雾灯为双灯布置，功率为 45～55W，光色为橙黄色，安装在车辆头部比前照灯稍低的地方。后雾灯为双灯或单灯布置，功率一般是 21W，光色为红色，以警示尾随车辆保持安全间距。

在使用中需要注意的是：雾灯的主要作用是警示而不是照明，所以晴好天气即使黑夜也不要随意使用，否则会令对面驾驶员炫目，或令后面驾驶员分不清制动灯（后雾灯的功率与制动灯的功率一样），反而影响交通安全。

二、雾灯控制电路

汽车雾灯电路受小灯控制，而后雾灯电路又受前雾灯控制，如图 1-66 所示。

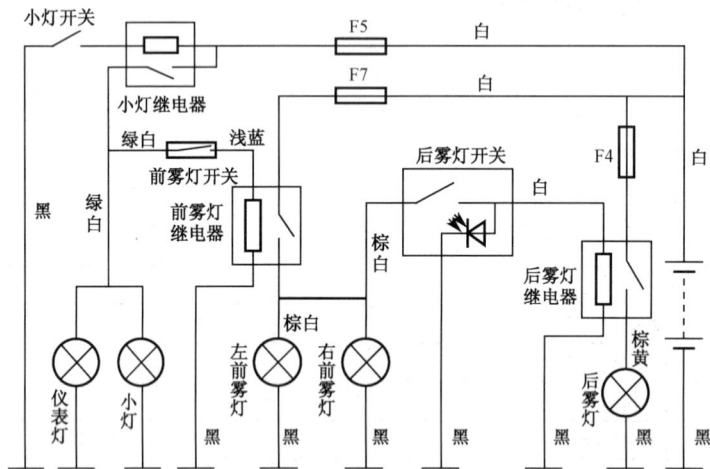

图 1-66　五菱鸿途汽车雾灯电路

开雾灯前先开小灯，小灯开关闭合，小灯继电器线圈经 F5 得电，常开触点闭合，电源经 F5 和小灯继电器触点向小灯、仪表灯与前雾灯开关送电。

闭合前雾灯开关，前雾灯继电器线圈得电，常开触点闭合，电源经 F7 和前雾灯继电器触点向左右前雾灯与后雾灯开关送电。

闭合后雾灯开关，后雾灯继电器线圈得电，常开触点闭合，电源经 F4 和后雾灯继电器触点向后雾灯送电。

三、雾灯的操作方法

1. 旋钮式组合开关

打开雾灯的方法：先把组合开关转到小灯挡位，再往外拉动开关打开雾灯，如图 1-67 所示。

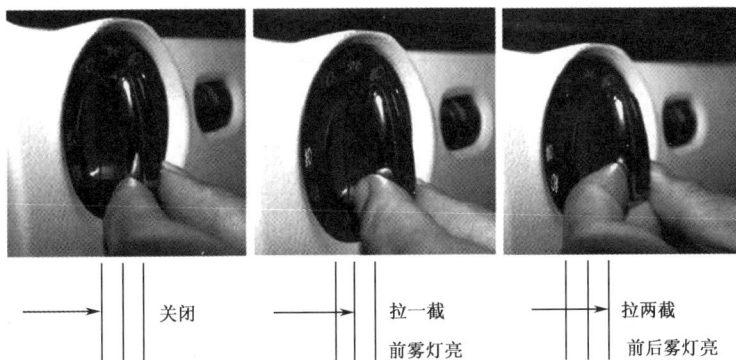

图 1-67　旋钮式组合开关雾灯的打开方法

2. 调节杆式组合开关

打开雾灯的方法：先开小灯（把灯开关定位点转到"$\cdot\underset{\cdot}{\text{∋O}\subset}\cdot$"位置），再把前雾灯开关转到"ON"的位置，如图 1-68 所示。如需开后雾灯，再打开后雾灯开关（有些后雾灯开关单独设在雨刮开关手柄上或仪表台上）。

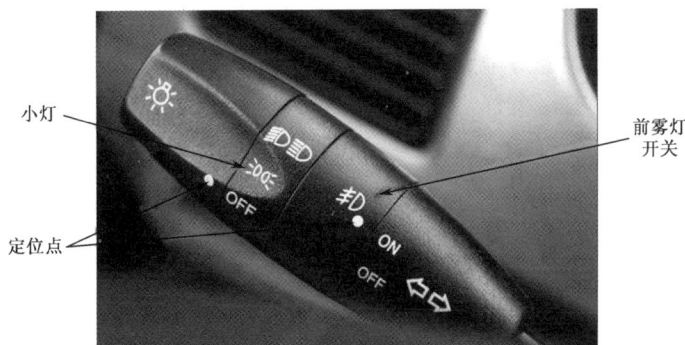

图 1-68　调节杆式组合开关雾灯的打开方法

如果前、后雾灯开关单独设置，则打开小灯之后再开雾灯。

四、雾灯故障诊断的一般思路（见表 1-18、表 1-19）

表 1-18　前雾灯故障诊断思路

故障现象	检查内容	处理方法
前雾灯不亮	灯泡是否损坏	必要时更换坏灯泡
	雾灯熔丝是否熔断	必要时更换熔丝（更换前，应查出原因并消除）
	前雾灯开关是否损坏	修理，必要时更换前雾灯开关
	前雾灯继电器是否损坏	修理，必要时更换前雾灯继电器
	前大灯开关是否损坏	修理，必要时更换前大灯开关
	导线或接地线是否损坏或其他故障	修理线路
仅一只前雾灯不亮	灯泡是否损坏	必要时更换坏灯泡
	导线或接地线是否损坏或其他故障	修理线路

表 1-19　后雾灯故障诊断思路

故 障 现 象	检 查 内 容	处 理 方 法
后雾灯不亮	灯泡是否损坏	必要时更换坏灯泡
	后雾灯开关是否损坏	修理，必要时更换后雾灯开关
	导线或接地线是否损坏或其他故障	修理线路

思考与练习

一、判断题（对的画"√"，错的画"×"）

1. 灯泡选择瓦数越高越好。（　　　　　）

2. 远光灯照射越远越好。（　　　　　）

3. 为了电气线路安全，汽车的任意一条线路都安装有熔丝。（　　　　　）

4. 五菱之光汽车的前雾灯不亮会导致后雾灯不亮。（　　　　　）

5. 五菱之光的近光灯和远光灯共用一个保险。（　　　　　）

6. 如果桑塔纳的车门没关好，顶灯会亮。（　　　　　）

二、问答题

1. 为什么在灯具中采用了较多的多丝灯泡？

2. 写出五菱鸿途汽车远光灯电路的电流路径。

3. 检修或更换灯开关时，怎样识别各灯线接头？

三、分析题

1. 分析图 1-69 中的顶灯电路的工作过程（用文字写出接通、关闭和门控三种状况下顶灯的工作情况，并用色笔描出门控状态下电路接通时电流的流向）。

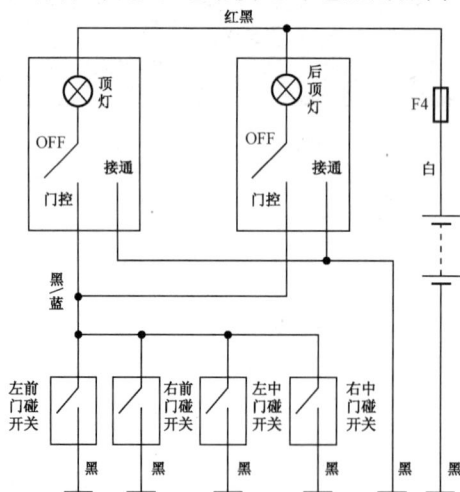

图 1-69　五菱鸿途汽车顶灯电路

2. 试分析桑塔纳 2000 轿车停车灯电路和雾灯电路的工作过程（见图 1-70），在图 1-70 上用红、蓝两色笔描出前后雾灯的主电路，用铅笔描出控制电路，用其他颜色的笔描出停车灯电路。

3. 试分析别克凯越轿车前、后雾灯电路（见图 1-71），在图 1-71 上用红、蓝两色笔描出前后雾灯的主电路，用铅笔描出控制电路。

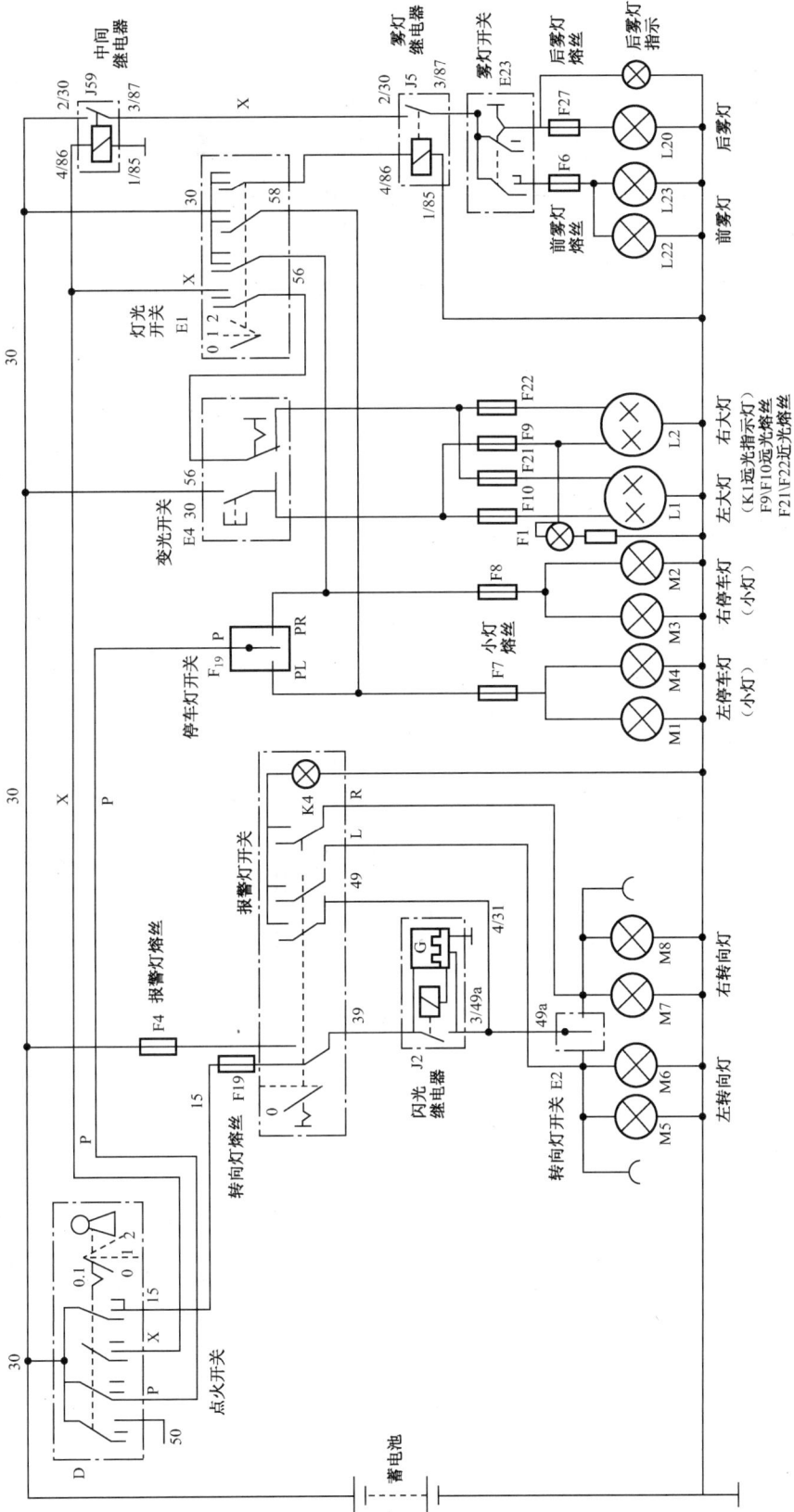

图1-70　桑塔纳2000轿车灯光电路

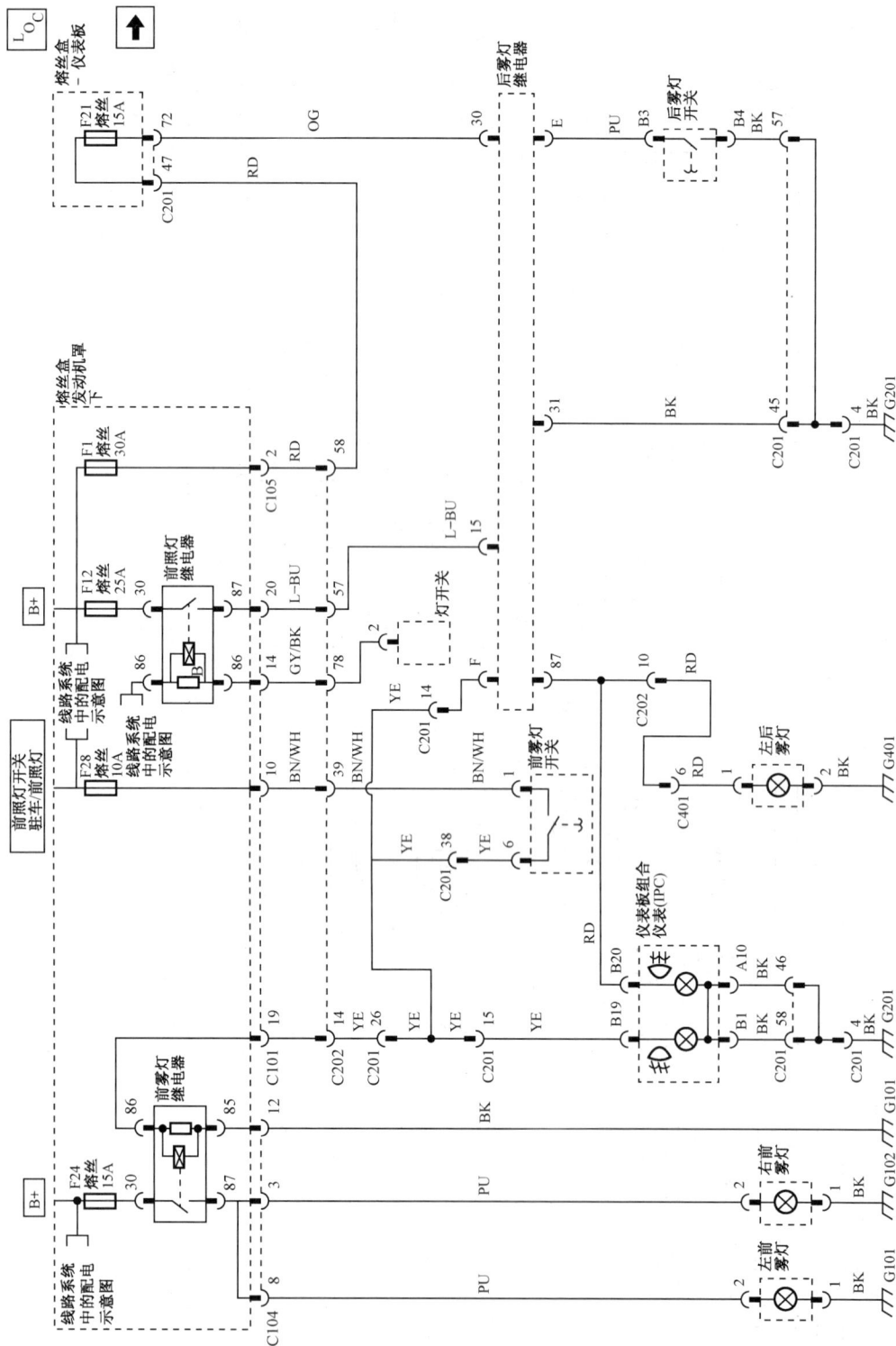

图 1-71 别克凯越轿车雾灯电路

4. 试分析 SPARK 轿车的前照灯电路（见图 1-72，用色笔分别描出远、近光电流的流向）。

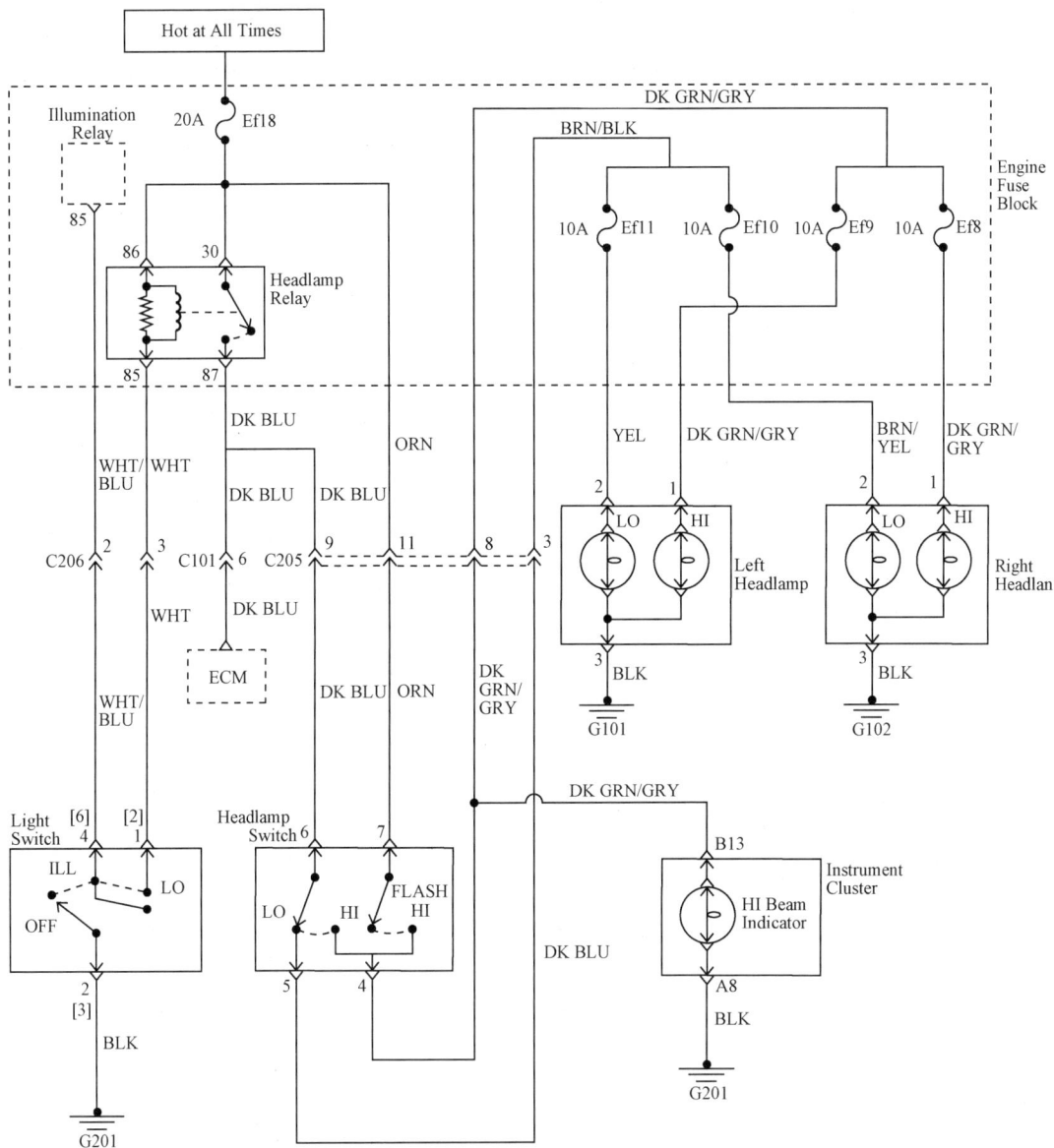

图 1-72 Spark 轿车前照灯电路

5. 试分析别克凯越轿车（L91 型 1.6L BOSCH）前照灯电路图（见图 1-73，在图下写出控制过程）。

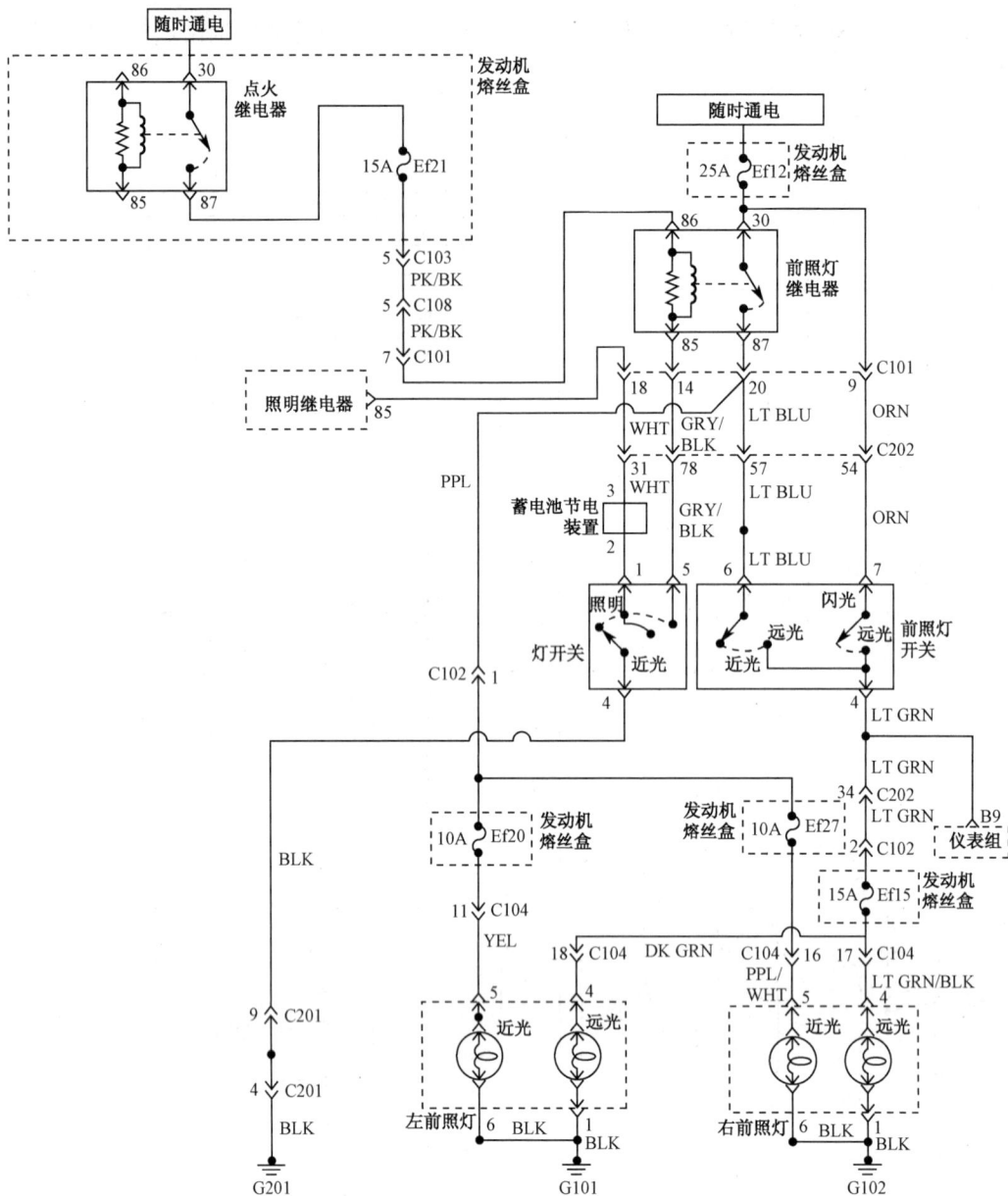

图 1-73 别克凯越轿车（2008 款 L91 型 1.6L BOSCH）前照灯电路图

项目二

信号系统的维护与故障排除

知识目标

1. 能辨认信号系统的各组成部件，并说出它们的名称和作用。

2. 能简单描述信号系统的结构和工作原理，以及喇叭的发声、转向灯、倒灯车等原理。

3. 会分析常见车型的信号系统电路。

能力目标

1. 能对信号系统功能进行检查、更换和维护。

2. 会就车检查和更换喇叭、闪光器、继电器、组合开关，能对各个元件进行检修。

3. 会诊断和排除信号系统故障。

情感目标

1. 体验安全生产规范，遵守操作规程，感受合作与交流的乐趣。
2. 在项目学习中逐步养成自主学习新知识、新技术的良好习惯。
3. 在操作学习中不断积累维修经验，从个案中寻找共性。

任务 1　电喇叭故障诊断与调整

任务要求

要求选用万用表、声级计、试灯、拆装常用工量具，就车检查判断喇叭的技术状况，并完成喇叭的更换和测试操作。

完成检查更换作业后，喇叭应固定牢靠，发声响亮，能正常工作。

作业时间：15分钟。

情境创设

客户反映他的车"电喇叭没有响声或是发声沙哑"，要求检修电喇叭。老师引导学生按汽修厂的工作过程完成电喇叭的检查、更换和调整操作，使学生在完成任务的过程中学习电喇叭的检查诊断技能、更换操作和电喇叭元件检测方法，以及相关的理论知识。

也可以播放电喇叭的检查与更换案例视频，激发学生学习的兴趣。

教学资料准备：教学用车使用说明书、维修手册等。

任务引导

相关知识点学习：要求学生实训课前参考"知识链接"独立完成。

1. 电喇叭的认识：填写图2-1中的方框。

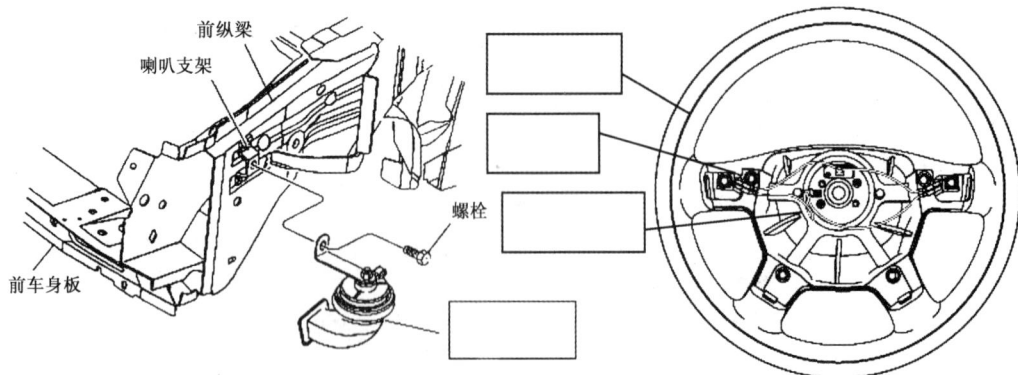

图2-1　电喇叭的外观及安装

2. 电喇叭主要由＿＿＿＿＿＿＿＿、＿＿＿＿＿＿＿＿和＿＿＿＿＿＿＿＿等组成。电喇叭按外形分＿＿＿＿＿＿、＿＿＿＿＿＿＿和＿＿＿＿＿＿＿三种类型。

3. 观察实训车辆的电喇叭，它的类型是＿＿＿，有无喇叭继电器：有＿＿ 无＿＿＿。

4. 观察一个盆形喇叭的背面，可以观察到有两个调整螺钉，分别是＿＿＿、＿＿＿。按喇叭听响声，听喇叭发声情况是否异常（如，不发声、沙哑等）＿＿＿＿＿＿＿＿＿，处理办法：＿＿＿＿＿＿＿＿＿＿＿。

5. 据有关规定城市用机动车辆喇叭声级在距车前 2m，离地面高 1.2m 处应为＿＿级，即＿＿＿＿＿＿＿dB，电喇叭声级可用便携式声级计测量。

6. 按喇叭的声频来分，可分为＿＿＿＿＿和＿＿＿＿＿＿两种。

7. 螺旋形电喇叭由 ＿＿＿＿＿ 和＿＿＿＿＿＿两部分组成。

8. 盆形电喇叭具有体积小、＿＿＿＿、＿＿＿＿、＿＿＿＿、＿＿＿＿和＿＿＿等优点。

9. 使用喇叭的时间不应过长，一般连续发音不超过＿＿＿＿＿s。

10. 使用喇叭时，由于消耗的电流过大，为了更好的保护电路，以防电路过载，一般都会在电路上安装＿＿＿＿＿＿、＿＿＿＿＿＿＿以用来保护电路。

11. 由于喇叭的按钮安装在方向盘上，而方向盘需要旋转，在电路上会使用哪些方法对按钮与线路之间进行连接呢？方法1：＿＿＿＿＿＿＿＿＿＿＿＿＿＿方法2：＿＿＿＿＿＿＿＿＿＿＿＿＿＿＿＿＿＿。

任务实施

1. 工作安排

养成工作分工表完成工作任务的习惯，请你将工作分工与完成时间记录在表2-1中。

表2-1 组员工作分工表

姓　名	任 务 分 工	完 成 时 间	备　注

图 2-2　工位准备

2. 准备工作

（1）检查举升机；　　　　　　　□合格

（2）车辆开进工位；　　　　　　□完成

（3）停车，打开发动机罩；　　　□完成

（4）安装车辆护套；　　　　　　□完成

（5）举升臂对准车辆举升位置；　□完成

（6）稍微举升车辆（车轮稍离开地面）。

　　　　　　　　　　　　　　　□完成

注意： 如果不使用举升机，应在驱动轮前后安装好车轮挡块（三角木），如图 2-2 所示。

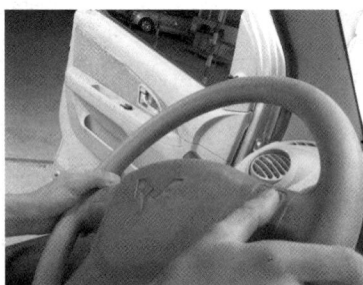

图 2-3　启动验证故障

3. 验证故障情况

按动喇叭开关，验证故障情况（见图 2-3）。

故障现象＿＿＿＿＿＿＿＿＿＿＿＿

＿＿＿＿＿＿＿＿＿＿＿＿＿＿＿＿。

注意： 如汽车需要启动操作必须在老师许可下进行（确认挂空挡、拉手刹、踩离合器，无安全隐患等）。

图 2-4　检查喇叭的外观

4. 检查喇叭及其电路的安装状况

1）检查喇叭外观（见图 2-4）

喇叭外观应完好，喇叭应保持干净，连接器良好无腐蚀、无松动，喇叭安装牢固。

检查喇叭，看喇叭内是否有水。

有水＿＿＿＿＿＿＿。　　无水＿＿＿＿＿＿＿。

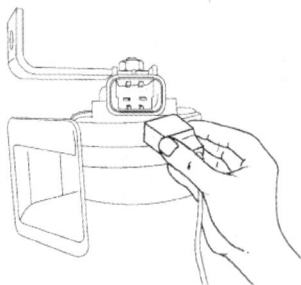

图 2-5　检查喇叭的线束

2）检查喇叭的线束（见图 2-5）

用手推拉喇叭接头，看是否有松动，接头上是否脏污，如有松动，应重新连接，有脏污应拔下接头，清理接头到重新连接。

检查喇叭接头：

有松动＿＿＿＿＿＿＿。无松动＿＿＿＿＿＿＿。

有脏污＿＿＿＿＿＿＿。无脏污＿＿＿＿＿＿＿。

图 2-6 检查熔丝和断电器

3）检查熔丝和继电器（见图 2-6）

观察熔丝盒上的标注，找到喇叭熔丝和喇叭继电器，检查熔丝和继电器。

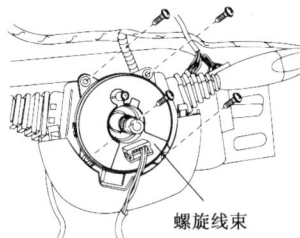

螺旋线束

图 2-7 检查螺旋线束

4）检查螺旋线束（见图 2-7）

用手推拉螺旋线束接头，看是否有松动，如有松动，应先断开蓄电池电极接头 2min 后，再重新连接。

检查螺旋线束接头：

有松动_____。无松动_____。

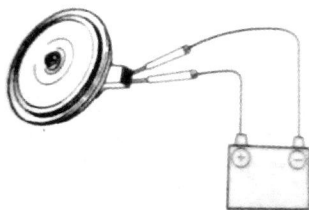

图 2-8 喇叭检测

5. 元件检测

1）喇叭检测

方法 1（见图 2-8）：

将喇叭拆下来，使用跨接线如图 2-8 所示，让喇叭接到蓄电池上，如能听到响声，说明喇叭是良好的。

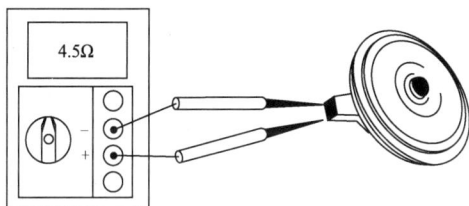

4.5Ω

图 2-9 喇叭检测

方法 2（见图 2-9）：

将喇叭拆下来，使用跨接线如图 2-9 所示，使用万用表检测喇叭的电阻值，测得的电阻值应符合标准值，标准值可以在喇叭的背面找到。

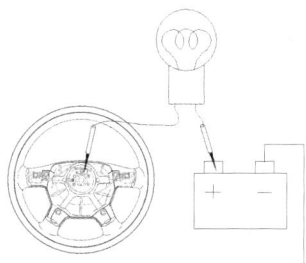

图 2-10 喇叭按钮检测

2）喇叭按钮检测（见图 2-10）

就车检测时，先将方向盘上盖拆下，一只手按下按钮，用试灯检测，试灯一端接蓄电池正极，一端接按钮引线，如试灯能点亮说明按钮良好。

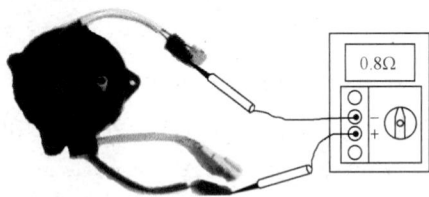
图 2-11　螺旋线束检测

3）螺旋线束检测

如图 2-11 所示，万用表连接在喇叭的线束上，观察万用表的阻值，阻值应小于等于 2Ω，为良好。

说明：如需要就车检测时，不要随意检测黄色的线束，预防安全气囊误爆。

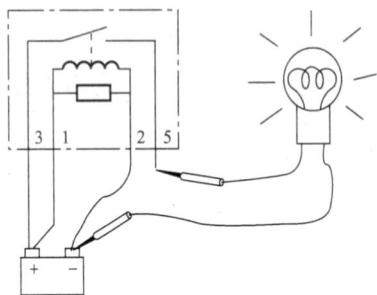
图 2-12　继电器的检测

4）继电器的检测

（1）方法 1：

如图 2-12 所示，给继电器的磁场绕组两端 1＃和 2＃通电，使之产生磁场，令触点闭合；将触点 3＃脚接蓄电池正极，5＃脚接试灯一端，再将试灯另一端接蓄电池负极，如果试灯点亮，说明继电器良好。

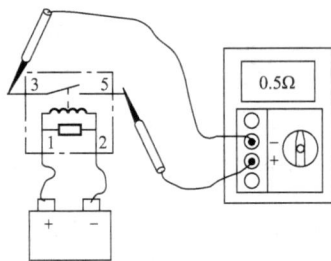
图 2-13　继电器的检测

（2）方法 2：

如图 2-13 所示，给继电器的磁场绕组两端 1＃和 2＃通电，使之产生磁场，令触点闭合；将触点 3＃和 5＃脚与万用表连接，如果电阻值符合标准，为良好。

触点标准电阻，断开时：∞；闭合时：1Ω。磁场绕组电阻为 30～100Ω。

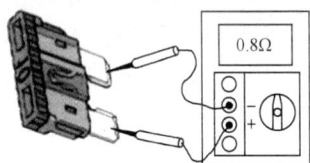
图 2-14　熔丝的检测

5）熔丝的检测

（1）方法 1（见图 2-14）：

将万用表打到电阻挡，两根表笔与熔丝两个端脚连接，如果电阻值小于 1Ω，为良好。

图 2-15　熔丝的检测

（2）方法 2（见图 2-15）：

如图 2-15 所示，将熔丝一只脚与蓄电池一端相连，另一端与试灯连接，试灯一端接蓄电池另一端，如果试灯点亮，说明熔丝良好。

6. 汽车喇叭典型故障诊断流程：（以五菱汽车喇叭不响为例）

1）按下喇叭按钮，听喇叭是否发出声，或是发声沙哑

→ 发声沙哑 → 检查或调整喇叭

↓ 不发声

2）熔丝检查

将试灯一端接负极，另一端与 F5 熔丝（两个端子）连接，如灯能点亮，说明熔丝良好，如图 2-16 所示。

保险盒示意图

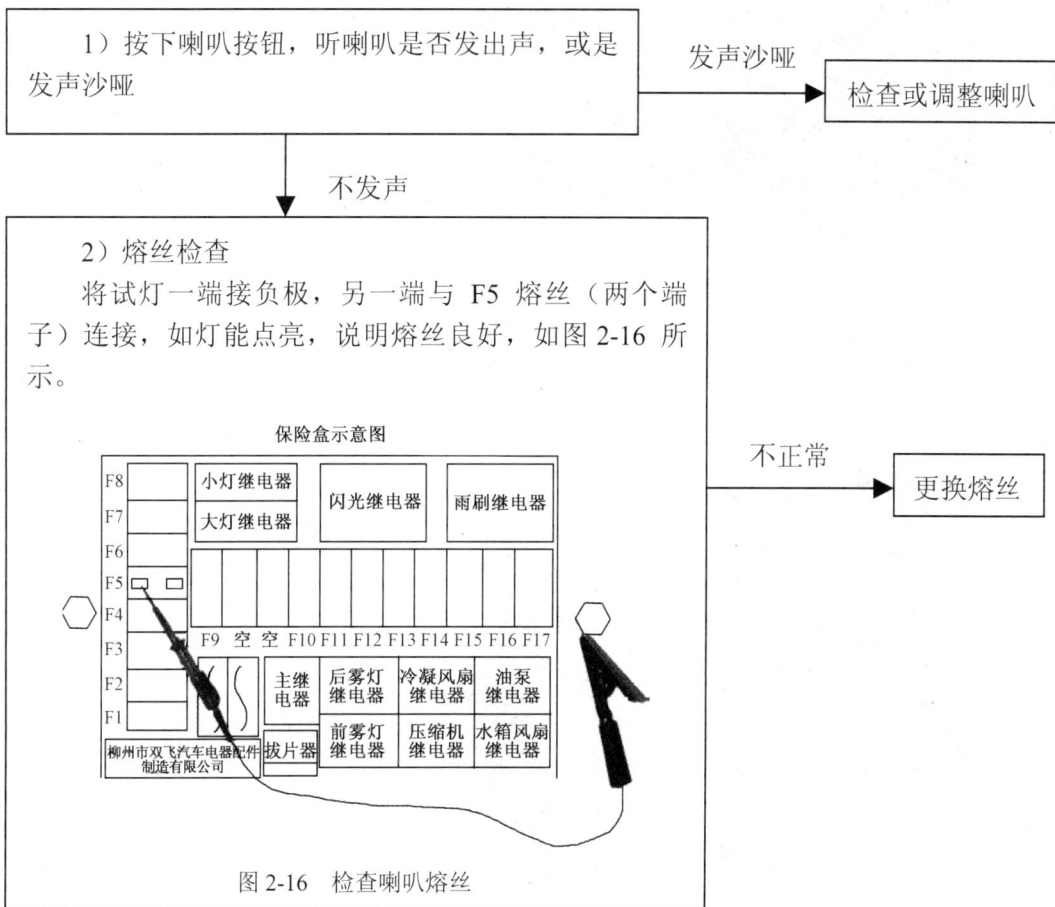

F8	小灯继电器	闪光继电器	雨刷继电器
F7	大灯继电器		
F6			
F5			
F4	F9 空 空 F10 F11 F12 F13 F14 F15 F16 F17
F3	
F2	主继电器 后雾灯继电器 冷凝风扇继电器 油泵继电器
F1	
柳州市双飞汽车电器配件制造有限公司 拔片器	前雾灯继电器 压缩机继电器 水箱风扇继电器

→ 不正常 → 更换熔丝

图 2-16　检查喇叭熔丝

3）拆卸前格栅

图 2-17　拉起引擎盖拉手

（1）拉起引擎盖拉手，打开引擎盖，如图 2-17 所示。

图 2-18　打开引擎盖

（2）打开引擎盖，注意用引擎盖支撑杆支起引擎盖，如图 2-18 所示。

图 2-19　拧下前格栅螺钉

（3）拧下前格栅的 4 个塑料螺钉，如图 2-19 所示。

图 2-20　取下前格栅

（4）如图 2-20 所示把手指插到前格栅的方孔里，用力往外拉，将前格栅取下，放到工作台上，预防刮花前格栅表面。

4）检查喇叭线路

（1）将试灯接到喇叭的电源端，如灯亮，说明电源线路良好，如图 2-21 所示。

图 2-21　检查喇叭电源

不正常 → 检查喇叭到熔丝的线路是否有断路

正常 ↓

（2）将试灯一端接负极，另一端接喇叭的输出端，如果试灯点亮，说明电源线及喇叭良好，如图 2-22 所示。

图 2-22　检查喇叭

不正常 → 检查喇叭，或更换喇叭

正常 ↓

（3）将试灯两端分别与喇叭的两个接线柱连接，按下喇叭按钮，观察试灯是否点亮（见图 2-23）？

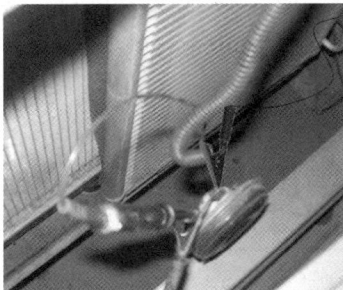

图 2-23　检查喇叭搭铁线路

正常 → 说明喇叭线路及开关良好

不正常，用万用表确认喇叭触点没有烧蚀，再到步骤 5）

5）检查喇叭到开关线路

 图 2-24　检查喇叭按钮外观	（1）检查喇叭按钮及方向盘上盖外观，有无破损，如图 2-24 所示。
 图 2-25　拆卸方向盘上盖	（2）拆卸方向盘上盖：用手握住方向盘上盖，用力往上拉，如图 2-25 所示。
 图 2-26　取出方向盘上盖	（3）取出方向盘上盖，如图 2-26 所示。
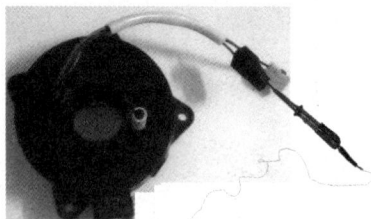 图 2-27　检查螺旋线束	（4）检查螺旋线束。 　　如图 2-27 所示，将试灯一端接负极，另一端接螺旋线束黑色接线柱，观察试灯是否点亮，如试灯点亮，说明喇叭电源→喇叭→方向盘喇叭线束良好；如试灯不亮，检查螺旋线束，或更换螺旋线束。 **（注意：**有 SRS 类型汽车）。

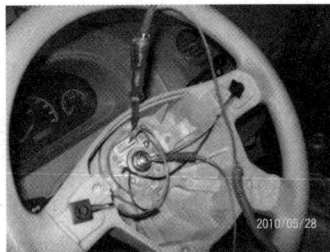

图 2-28　检查方向盘上喇叭线束

（5）检查方向盘上喇叭线束：如图 2-28 所示，将试灯接到线束上，如果试灯亮，说明有电流流过，线路连接良好；如试灯不亮，检查方向盘上喇叭线束到喇叭线路是否断路。

6）检查喇叭开关

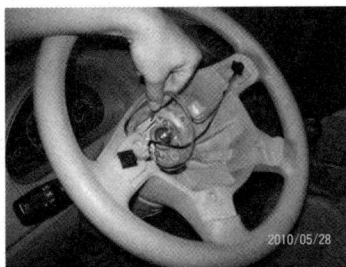

图 2-29　拆卸方向盘上喇叭线束

（1）用手拔起方向盘上喇叭线束，如图 2-29 所示。同时检查喇叭按钮外观，看是否有损坏。

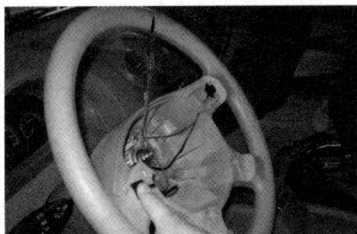

图 2-30　检查喇叭按钮

（2）检查喇叭按钮。

如图 2-30 所示，将试灯一端接到线束上，另一端接到蓄电池正极上，按下喇叭开关，如果试灯点亮，说明喇叭开关正常，否则更换喇叭按钮。

7）检查喇叭按钮搭铁线

用万用表欧姆挡测量搭铁线的电阻值，如果阻值小于 10Ω 说明良好，反之为断路；如果经过以上检测，故障未排除，应该更换喇叭或者调节喇叭。

7．喇叭的调整

汽车喇叭的调整主要是调整喇叭的音量和音调，可以通过喇叭调节螺钉来调整。

 图 2-31　喇叭音量调整	1）喇叭音量调整 （1）如图 2-31 所示，先找到喇叭的音量调节螺钉，用十字螺丝刀顺时针旋转调节螺钉。
音调调整螺钉  图 2-32　喇叭音量调整	（2）如图 2-32 所示，将万用表的两根表笔与喇叭的两个接线柱连接，打到欧姆挡，用十字螺丝刀逆时针旋转调节螺钉，当观察到万用表显示阻值由无穷大变为有阻值时，再转动 1/3～3/4 圈后，通电试验喇叭发声情况。直至发声响亮为止。 2）喇叭音调的调整 必要时松开中间音调调整螺钉，转动调整螺钉直至喇叭声音响亮悦耳。将电喇叭技术状况检查情况填入表 2-2 中。

表 2-2　电喇叭技术状况检查记录表

检查项目	电喇叭检查测量记录情况		
	标准值（要求）	测量值（现状）	评价
电喇叭电阻值检查			□合格　□不合格
线路电压的检查			□合格　□不合格
螺旋线束状况检查			□合格　□不合格
线路通断检查			□合格　□不合格
蓄电池电压检查			□合格　□不合格
熔丝的检查			□合格　□不合格
综合评定：			

实训报告 2-1　电喇叭线路的检查

表 2-3

实训车型		实训任务	电喇叭的检查与维修	
基本步骤		观察与测量结果	分析与处理意见	完成情况
1	把车开进工位，停车			□是　□否
2	检查熔丝的通断			□是　□否

实 训 车 型		实 训 任 务	电喇叭的检查与维修	
基 本 步 骤		观察与测量结果	分析与处理意见	完 成 情 况
3	拉起引擎盖拉手，打开引擎盖			□是 □否
4	拆下前格栅的塑料螺钉			□是 □否
5	拆下前格栅			□是 □否
6	检查电喇叭外观			□是 □否
7	检查电喇叭的电阻值			□是 □否
8	检查线路电压			□是 □否
9	检查电源线线路通断			□是 □否
10	检查螺旋线束电阻值			□是 □否
11	检查喇叭至开关线路通断			□是 □否
12	电喇叭开关检查			□是 □否
13	检查喇叭按钮线路通断			□是 □否
14	开关灵敏性检查			□是 □否
15	测量蓄电池电压			□是 □否
教师评语				
成绩		指导教师签名		日期

任务考核单 2-1 电喇叭线路的检查与更换

表 2-4

班 级			姓 名		学 号	
考 核 内 容		电喇叭线路的检查与更换			规定考核时间	15分钟
					实际考核时间	
序号		检查维修内容/评分标准		配分	考核及评分记录	得分
1	准备	把车开进工位，停车		5		
2	拆卸检查	检查熔丝的通断		5		
		拉起引擎盖拉手		3		
		打开引擎盖		3		
		拆下前格栅的塑料螺钉		5		
		拆下前格栅		5		
		检查电喇叭外观		3		
		检查电喇叭的电阻值		10		
		检查线路电压		7		
		检查电源线线路通断		7		
		检查螺旋线束电阻值		10		
		检查喇叭至开关线路通断		7		
		电喇叭开关检查		3		
		检查喇叭按钮线路通断		7		
		开关灵敏性检查		3		
		测量蓄电池电压		7		

续表

班 级		姓 名		学 号		
考 核 内 容		电喇叭线路的检查与更换		规定考核时间		15 分钟
				实际考核时间		
序号		检查维修内容/评分标准	配分	考核及评分记录		得分
3	安全文明	防护措施得当，作业规范安全整洁	3			
		工具、零件不落地	2			
4	工具使用	工具选用合理	2			
		工具使用规范	3			
5	考核时间	每超 1 分钟扣 3 分，超时 3 分钟终止考核				
		合计	100			
监考教师			考核日期		年 月 日	

知识链接

1. 电喇叭的作用、分类

电喇叭一般安装在汽车前部的车架上，当按下喇叭按钮时，发出响声，用来警告行人和其他车辆，以保证行车安全。汽车电喇叭按外形不同可分为双线螺旋形、盆形和单线螺旋形，目前国产汽车使用的多为螺旋形和盆形电喇叭，其外形如图 2-33 所示。若按声频分为高音和低音两种；按接线方式分为单线制和双线制两种。

(a) 盆形　　　　　　　(b) 双线螺旋形　　　　　　　(c) 单线螺旋形

图 2-33　喇叭的外形

2. 电喇叭的工作原理

1) 螺旋形电喇叭的工作原理

螺旋形电喇叭由振动部分和电路断续机构两部分组成，其结构如图 2-34 所示。

振动机构由振动膜片、底板、山字形铁心、电磁线圈、衔铁、中心杆和共鸣板等组成。为防止中心杆在振动时与铁心相碰，用弹簧片支撑在螺柱上，衔铁与铁心间具有一定的间隙，其大小可用旋转衔铁进行调整。

（1）电路断续机构：主要由串联在电磁线圈中的一对触点组成，为了使触点打开与关闭，在中心杆的一端装有压开触点调整螺母及锁紧螺母，触点在开、闭时，由于线圈的自感电动势会在触点间产生火花，易烧蚀触点，为了保护触点，在触点间并联一个电容器，或并联一只灭弧电阻。

（2）工作原理如下：当按下喇叭按钮时，电流由蓄电池正极→线圈→活动触点臂→触点→固定触点臂→按钮→搭铁→蓄电池负极。当电流通过线圈时，将铁心磁化，便吸动衔铁下行，使中心杆推动振动膜，膜片向前拱曲。与此同时，中心杆上的调整螺母便压下活动触点臂，使触点分开，从而切断了线圈的电流，当线圈电流被切断后，铁心磁性消失，衔铁在振动膜和弹簧片的作用下，回到原位，触点又重新闭合，线圈电路再次被接通。如此循环工作，使振动膜与共鸣板产生高频振动，振动空气而发出一定频率的声波，由喇叭筒传出。共鸣板与振动膜刚性连接，此板在振动时发出"陪"音，使喇叭的声音更加悦耳。

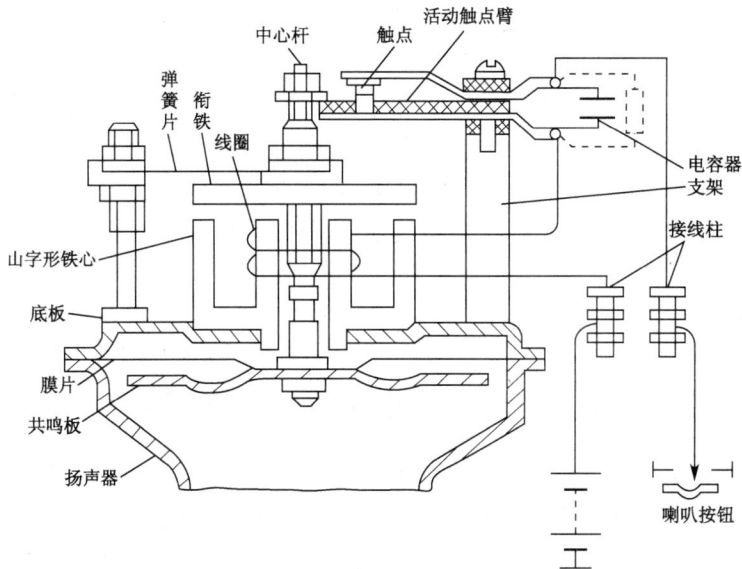

图 2-34　螺旋形电喇叭的结构及电路

2）盆形电喇叭工作原理

盆形电喇叭具有体积小、质量小、安装方便、耐水、防尘、音色悦耳、噪声低等优点。其结构如图 2-35 所示，工作原理与螺旋形电喇叭相同，在此不再赘述。

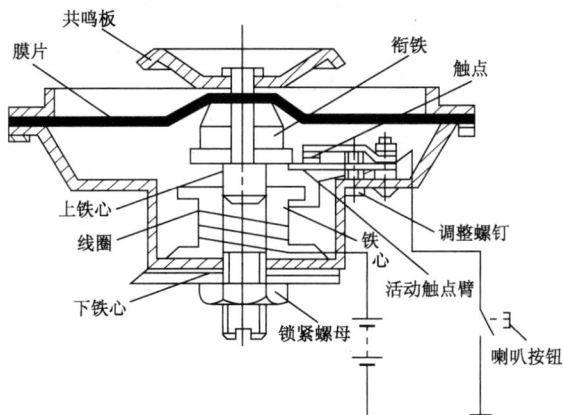

图 2-35　盆形电喇叭的结构及电路

3. 电喇叭基本控制电路

喇叭控制电路一般分单线制喇叭和双线制喇叭，或不带继电器控制和带继电器控制。双线、单线制喇叭接线方法如图 2-36 所示。

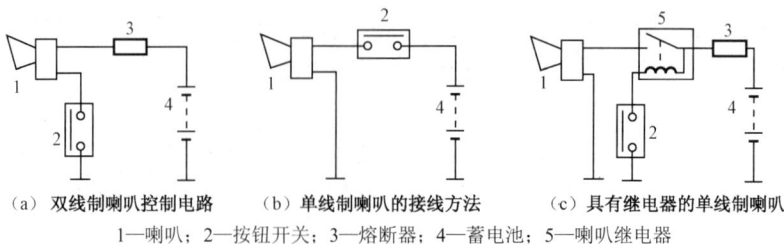

（a）双线制喇叭控制电路　（b）单线制喇叭的接线方法　（c）具有继电器的单线制喇叭

1—喇叭；2—按钮开关；3—熔断器；4—蓄电池；5—喇叭继电器

图 2-36　喇叭控制电路接线方法

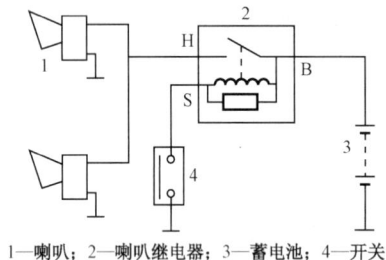

1—喇叭；2—喇叭继电器；3—蓄电池；4—开关

图 2-37　带喇叭继电器的控制电路

当汽车上安装两个喇叭时，由于消耗的电流过大，如果直接用喇叭按钮操纵，按钮容易烧坏，为此采用了喇叭继电器，其结构和接线方法如图 2-37 所示，继电器由线圈、铁心、触点臂，触点副组成，在外部有喇叭、电源、按钮三个接线柱。

当按下喇叭按钮后，电流从蓄电池正极→继电器 B 接线柱→线圈→继电器 S 接线柱→按钮→搭铁→蓄电池负极。由于继电器线圈有电流通过，铁心被磁化将活动触点臂吸下使其触点闭合，便接通了喇叭电路。电流从蓄电池正极→继电器 B 接线柱→触点臂→触点→继电器 H 接线柱→喇叭→搭铁→蓄电池负极。这时因电流通过了喇叭线圈，便发出了声响，当放开按钮时，继电器线圈的电流被切断，电磁铁的磁性消失，触点在弹簧的作用下分开，从而切断了喇叭电路。

4. 部分常见车型电喇叭控制电路

1）丰田威驰汽车喇叭电路

图 2-38 所示为丰田威驰汽车喇叭电路原理图，当按下喇叭按钮后，电流从蓄电池正极→喇叭熔丝→喇叭继电器绕组→喇叭按钮→搭铁→蓄电池负极，由于继电器绕组有电流通过，喇叭继电器触点闭合，此时接通了喇叭电路。电流从蓄电池正极→喇叭熔丝→喇叭继电器触点→高音喇叭和低音喇叭→搭铁→蓄电池负极。

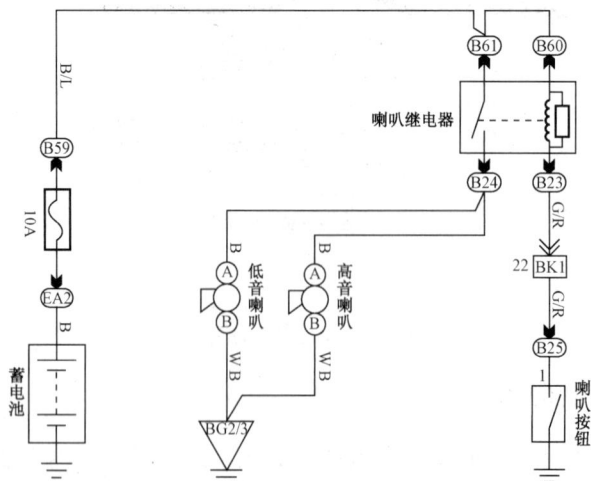

图 2-38　丰田威驰汽车喇叭电路原理图

2）桑塔纳 2000GSI 汽车双音喇叭电路

图 2-39 所示为上海桑塔纳 2000GSI 型轿车双音喇叭电路原理图，当按下喇叭按钮后，电流从蓄电池正极→点火开关 30#→打开点火开关→点火开关 15#→F18 熔丝→喇叭继电器绕组→喇叭按钮→搭铁→蓄电池负极，由于继电器绕组有电流通过，喇叭继电器触点闭合，此时接通了喇叭电路。电流从蓄电池正极→点火开关 30#→打开点火开关→点火开关 15#→F16 熔丝→高音喇叭和低音喇叭→继电器电器触点→搭铁→蓄电池负极。

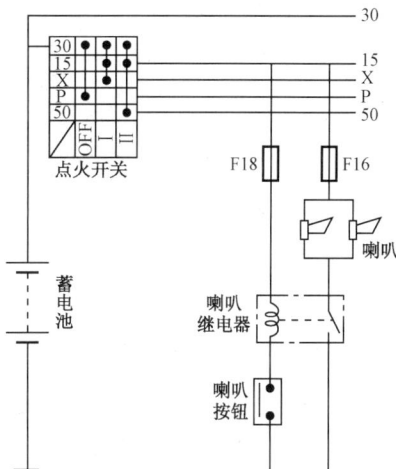

图 2-39　桑塔纳 2000GSI 型轿车双音喇叭电路原理图

3）五菱鸿途汽车喇叭电路

图 2-40 所示为五菱鸿途汽车喇叭电路原理图，当按下喇叭按钮后，电流从蓄电池正极→喇叭熔丝→喇叭→喇叭开关→搭铁→蓄电池负极，形成回路，喇叭因有电流流过，发出响声。

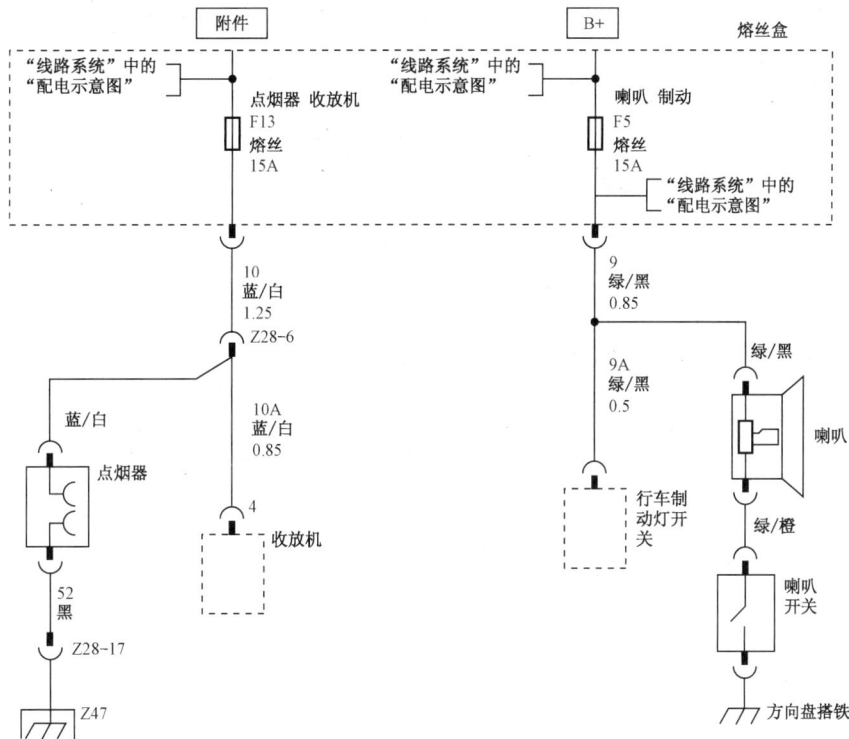

图 2-40　五菱鸿途汽车喇叭电路原理图

4）别克凯越轿车喇叭电路

图 2-41 所示为上汽通用别克凯越轿车喇叭电路原理图，当按下喇叭按钮后，电流从蓄电池正极→F1 熔丝→喇叭继电器绕组→方向盘接触线圈→喇叭开关→搭铁→蓄电池负极，由于继电器绕组有电流通过，喇叭继电器触点闭合，此时接通喇叭电路。电流从蓄电池正极→F1 熔丝→继电器触点→主喇叭和辅助喇叭→搭铁→蓄电池负极，形成回路，喇叭因有

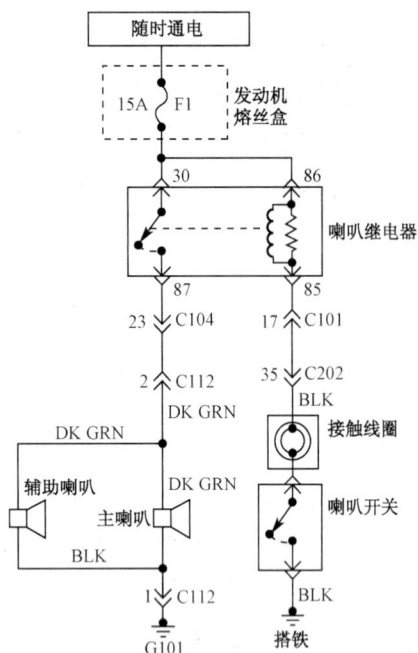

图 2-41　别克凯越轿车喇叭电路原理图

电流流过，发出响声。

5. 汽车电喇叭的调整

检测汽车电喇叭的声响时，发现的主要故障是喇叭音质和音量不佳。调整时，应先检查触点是否平整清洁，其接触面积不应少于原接触面积的 80%，如有严重烧蚀，应打磨并擦干净或更换。

1）喇叭音调的调整

减少衔铁与铁心间的间隙，可以提高音调；反之，增大该间隙，则音调降低。为此，可先旋松锁紧螺母，再旋松调整螺母，并转动衔铁，则可减小或增大衔铁与铁心的间隙，该间隙一般为 0.8mm，调整时要注意铁心必须平整，铁心与衔铁四周的间隙要均匀，其不均匀度最大不应超过 0.2mm，否则会产生杂音。

2）喇叭音量的调整

喇叭音量大小与通过喇叭线圈中的电流大小有关。喇叭音量如偏小，可先松开锁紧螺母，再旋松调整螺钉，使触点压力增大。由于触点压力增大，因而触点的接触电阻减小，触点闭合的时间增长，通过线圈的电流增大，喇叭的音量也就相应增大；反之，拧紧调整螺钉，减小触点的压力，则喇叭音量就减小。

如经反复调整仍无效果，可检查膜片是否破裂、损坏或弯曲。电喇叭音调和音量的调整是相互影响的，因此要反复调整，直到符合要求为止。

据有关规定城市用机动车辆喇叭声级在距车前 2m，离地面高 1.2m 处应为 A 级，即 90～105dB，电喇叭声级可用便携式声级计测量。

6. 电喇叭常见故障分析

电喇叭常见故障的诊断思路如表 2-5 所示。

表 2-5　电喇叭常见故障的诊断思路

故障现象	可能的原因	检查及排除方法
按下喇叭按钮喇叭不响	熔丝烧断	更换熔丝
	喇叭按钮接地不良或损坏	检查喇叭按钮，如有不良应清洁或更换之
	喇叭继电器损坏	更换喇叭继电器
	喇叭损坏	更换喇叭
	线路插头连接不良或脱落	用万用表检查线路有无断路及电阻过大现象
喇叭变音	继电器触点不良	更换继电器
	电喇叭故障	调整或更换电喇叭
	电喇叭固定方法不当	重新固定电喇叭
喇叭常响	喇叭按钮卡死	重新安装及调整按钮间隙
	继电器触点烧结	更换继电器
	继电器按钮线搭铁	检查电路将搭铁点清除

续表

故障现象	可能的原因	检查及排除方法
按下或放松按钮时，只响一声以后不再响	喇叭调整不当或损坏	调整或更换喇叭
喇叭时响时不响	喇叭继电器触点不良 喇叭按钮接触不良 喇叭线路松动及接触不良	更换喇叭继电器 清洁或更换喇叭按钮 抖动线束，用万用表检查线路有无断路及电阻过大现象并处理异常点
喇叭触点经常烧坏	发动机电压过高 电喇叭内部故障	检查发电动机的发电量是否过高 更换电喇叭

阅读知识

1. 电喇叭的使用注意事项

（1）喇叭的固定方法对其发音影响很大，安装时应有合理的避振结构和正确的安装位置，喇叭应固定在避振片上（一般用 0.5～0.8mm 厚的弹簧钢片制成）。再由避振片或者避振结构与车身相接，不可直接作刚性的连接。安装时不可随意改变原装喇叭避振片，安装盆形喇叭时，避振片应垂直向下；一般安装在汽车前方保险杠附近。

（2）喇叭安装时扬声筒向车辆的前方，应稍向下倾斜，以防雨水或洗车水进入其内而影响发音效果。

（3）使用喇叭的时间不应过长。一般连续发音不超过10s。

2. 电喇叭的型号

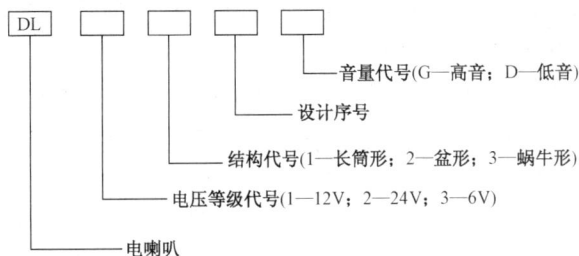

DL □ □ □ □

音量代号(G—高音；D—低音)
设计序号
结构代号(1—长筒形；2—盆形；3—蜗牛形)
电压等级代号(1—12V；2—24V；3—6V)
电喇叭

例如：DL129DG 表示，该电喇叭额定电压为 12V，盆形外形结构，设计序号为9，具有高、低音的双音电喇叭。

3. 电喇叭的主要技术参数（见表2-6）

表 2-6　电喇叭的主要技术参数

喇叭型号	形式	电压（V）	U_e 时 I_{max}（A）	允许电压范围（V）	音量（dB）	音频（Hz）	灭弧电阻（Ω）	灭弧电容（μF）
DL34 DG-6	双音螺旋	6	21	5～7	>110	350～420	4	0.11～0.15
DL34 DG12	双音螺旋	12	15	10.5～14	>110	350～420	4	0.11～0.15
DL34 DG24	双音螺旋	24	10	21～28	>110	350～420	4	0.11～0.15
DL32 DG-6	双音长筒	6	21	5.5～7.2	>110	300～350	4.8	无
DL32 DG12	双音长筒	12	15	10.5～14.5	>110	300～350	4.8	无
DL62 9DG	双音盆形	6	5	5.4～7.5	105	310	3.9	0.08～0.12
DL12 9DG	双音盆形	12	4	10.8～15	105	310	3.9	0.08～0.12
DL22 9DG	双音盆形	24	3	21.6～39	105	310	3.9	0.08～0.12

任务 2　转向及危险报警信号装置的故障诊断与排除

任务要求

要求选用万用表、试灯、拆装常用工具，就车检查判断转向信号灯的技术状况，并完成转向信号灯的更换和故障排除操作。

完成检查更换作业后，灯具应固定牢靠，灯光闪烁频率正常，能正常工作。

作业时间：20 分钟。

情境创设

客户把有故障的汽车开到厂里，说明是"转向及危险报警信号装置"有故障，要求检修。教师引导学生就车检查转向及危险报警信号装置，按汽修厂的工作过程完成转向及危险报警信号装置的检查、更换和调整操作，从而在完成任务的过程中学习转向及危险报警信号装置的检查诊断技能、更换操作和排除故障方法，以及相关的理论知识。

也可以播放转向及危险报警信号装置的检查与更换案例视频，激发学生学习的兴趣。

教学资料准备：教学用车使用说明书、维修手册等。

任务引导

相关知识点学习：要求学生实训课前参考"知识链接"独立完成。

1. 转向及危险报警信号装置的认识：填写图 2-42、图 2-43 和图 2-44 中的方框。

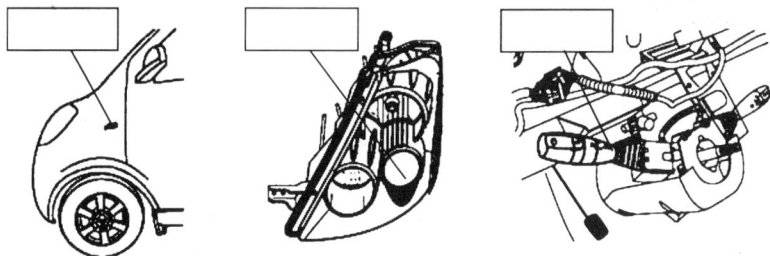

图 2-42　转向及危险报警信号装置组成元件

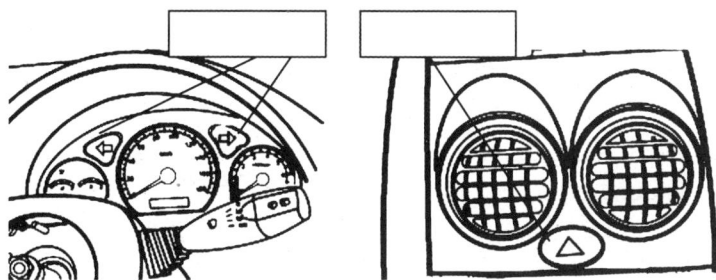

图 2-43　转向及危险报警信号装置图标识别

图 2-44　转向及危险报警信号装置元件

2. 转向信号灯主要由＿＿＿＿＿＿＿＿、＿＿＿＿＿＿＿＿和＿＿＿＿＿＿＿＿等组成。转向灯闪光器分＿＿＿＿＿＿、＿＿＿＿＿＿和＿＿＿＿＿＿三种类型。

3. 观察实训车辆的转向灯闪光器，它的类型是＿＿＿＿＿＿，有＿＿＿＿＿＿个接线柱。

4. 观察一个普通转向灯闪光器插脚面，可以观察到有 3 个接线柱，分别是＿＿＿＿＿＿、＿＿＿＿＿＿和＿＿＿＿＿＿。

5. 认真观察一辆汽车，转向信号灯由右前转向灯、＿＿＿＿＿＿、＿＿＿＿＿＿、左侧转向灯、＿＿＿＿＿＿＿＿和仪表指示灯组成。

6. 认真观察一辆汽车，转向信号灯发光时是＿＿＿＿＿＿＿＿颜色，转向指示灯闪亮时是＿＿＿＿＿＿＿＿颜色。

7. 观察一辆汽车转向信号灯的闪烁频率，1 分钟内闪烁约＿＿＿＿次，频率是否＿＿＿＿（过快、过慢、正常)。

8. 观察一辆汽车转向信号灯的闪烁频率，左侧与右侧的闪烁频率情况，_____（左侧快、右侧快、一样），打开危险警告灯观察闪烁频率，与转向信号灯对比闪烁频率情况_____（左侧快、右侧快、一样）。

9. 观察一辆汽车转向信号灯的灯光亮度，左前与左后亮度_____（一样、不一样），右前与右后亮度_____（一样、不一样）。

10. 观察实训车辆，打开危险警告灯不需要打开点火开关_____（×、√），打开转向信号灯不需要打开点火开关_____（×、√）。

11. 打开右边转向灯，当方向盘打向左边时，转向灯不会自动关闭_____（×、√）。

任务实施

1. 工作安排

养成工作分工表完成工作任务的习惯，请你将工作分工与完成时间记录在表2-7中。

表 2-7　组员工作分工表

姓　名	任 务 分 工	完 成 时 间	备　注

图 2-45　工位准备

2. 准备工作

（1）检查举升机；　　　　　□合格

（2）车辆开进工位；　　　　□完成

（3）停车，打开发动机罩；　□完成

（4）安装车辆护套；　　　　□完成

（5）举升臂对准车辆举升位置；□完成

（6）稍微举升车辆（车轮稍离开地面）。

□完成

注意：如果不使用举升机，应在驱动轮前后安装好车轮挡块（三角木），如图2-45所示。

图 2-46　点火开关位置

3. 验证故障情况

（1）如图 2-46 所示，找到点火开关，把钥匙插入锁孔内。

图 2-47　打开点火开关

（2）如图 2-47 所示，把钥匙从 OFF 挡打到 ACC 挡，再打到 ON 挡。

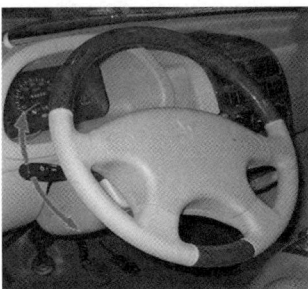

图 2-48　验证故障

（3）如图 2-48 所示，将转向信号灯开关往左或往右拨动，观察转向信号灯的点亮情况。

故障现象＿＿＿＿＿＿＿＿＿＿＿＿＿＿＿＿

＿＿＿＿＿＿＿＿＿＿＿＿＿＿＿＿＿＿＿。

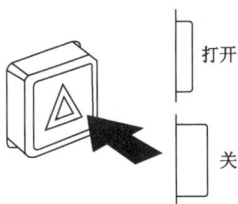

图 2-49　危险警告灯开关

（4）如图 2-49 所示，按下危险警告灯开关，观察转向信号灯的点亮情况。

故障现象＿＿＿＿＿＿＿＿＿＿＿＿＿＿＿＿

＿＿＿＿＿＿＿＿＿＿＿＿＿＿＿＿＿＿＿。

注意： 如汽车需要启动操作必须在老师许可下进行（确认挂空挡、拉手刹、踩离合器，无安全隐患等）。

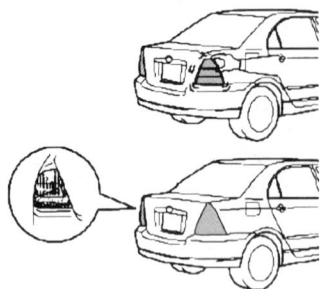

图 2-50　检查灯具安装状况

4. 检查转向及危险报警信号装置的安装状况

1）检查前后车灯安装情况

如图 2-50 所示，用手检查车灯是否松动，目测检查灯具，确保各灯的灯罩和反光镜没有褪色或者因为碰撞而损坏。同时，检查灯内是否有污物或者有水进入。

注意： 同时需要检查左前灯具、右前灯具、左后灯具、右后灯具、左侧边转向灯和右侧边转向灯。

图 2-51　检查组合开关

2）检查组合开关

如图 2-51 所示，用手轻轻摇动组合开关，检查其安装的牢固状况，再顺着组合开关找到线束，检查连接是否良好。

图 2-52　电子闪光器

3）检查电子闪光器

在汽车仪表台的左下方处找到电子闪光器（见图 2-52），检查其外观是否有损坏，安装是否牢固。

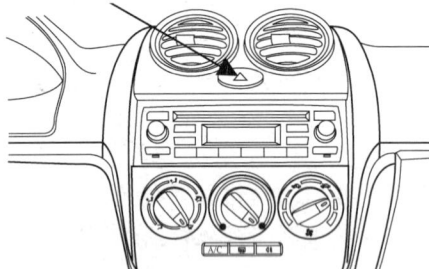

图 2-53　危险警告灯开关

4）检查危险警告灯开关

按下开关（见图 2-53），检查开关按动时是否灵活，安装是否良好。

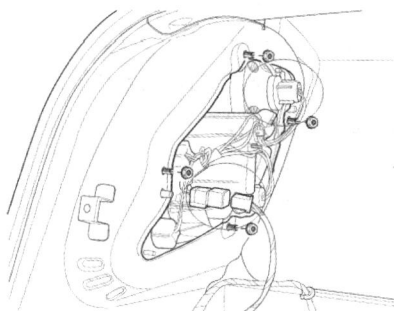

图 2-54　前照大灯总成

5）检查灯具的线束

如图 2-54 所示，检查灯具的线束接头连接是否良好，接头是否损坏，是否有脏污等。

注意：同时需要检查左前灯具、右前灯具、左后灯具、右后灯具、左侧边转向灯和右侧边转向灯的线束。

图 2-55　熔丝盒上的标注

6）检查熔丝

观察熔丝盒上的标注（见图 2-55），找到转向信号灯和危险警告灯保险，检查熔丝的牢固状况，是否有烧焦等。

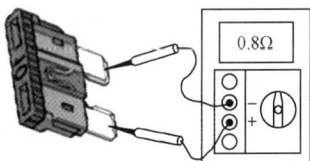

图 2-56　熔丝的检测

5. 元件检测

1）熔丝的检测

（1）方法 1：如图 2-56 所示将万用表打到电阻挡，两表笔分别接熔丝两脚，如果电阻值小于 1Ω，为良好。

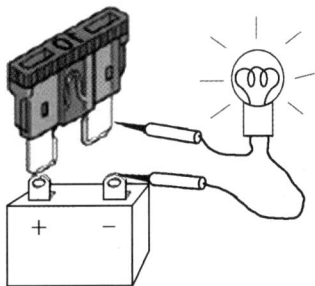

图 2-57　熔丝的检测

（2）方法 2：如图 2-57 所示，将熔丝一个脚与蓄电池一端相连，别一端与试灯连接，试灯一端接蓄电池另一端，如果试灯点亮，说明熔丝良好。

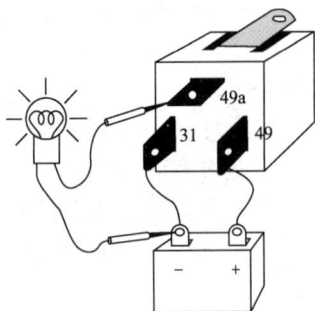

图 2-58　电子闪光器检测

2）电子闪光器检测

（1）方法 1：如图 2-58 所示，将电子闪光器的 49＃端子接蓄电池正极，31＃端子接蓄电池负极，49a＃端子接试灯一端，试灯另一端接到蓄电池负极上，这时注意观察试灯是否闪烁，如果闪烁，说明电子闪光器良好。

注意：由于试灯功率低，闪烁频率可能会很快。请不要长时间测试。

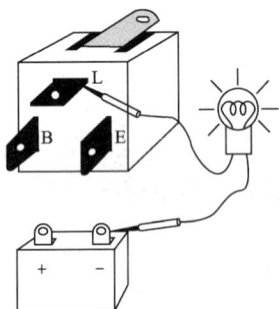

图 2-59　电子闪光器检测

（2）方法 2：如图 2-59 所示，将电子闪光器的 B 端子接蓄电池正极，E 端子接蓄电池负极，L 端子接试灯一端，试灯另一端接到蓄电池负极上，这时注意观察试灯是否闪烁，如果闪烁，说明电子闪光器良好。

注意：由于试灯功率低，闪烁频率可能会很快。请不要长时间测试。

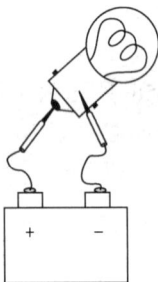

图 2-60　灯泡的检测

3）灯泡的检测

（1）方法 1：如图 2-60 所示，将灯泡接到蓄电池上，如果灯泡发亮，说明良好，否则为损坏。

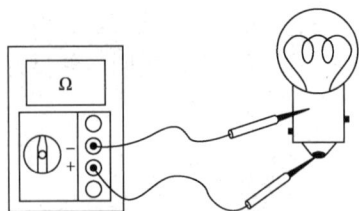

图 2-61　灯泡的检测

（2）方法 2：如图 2-61 所示，将万用表打到电阻挡，两表笔与灯泡连接，检测其电阻值，阻值应小于 3Ω。过大说明灯泡损坏。

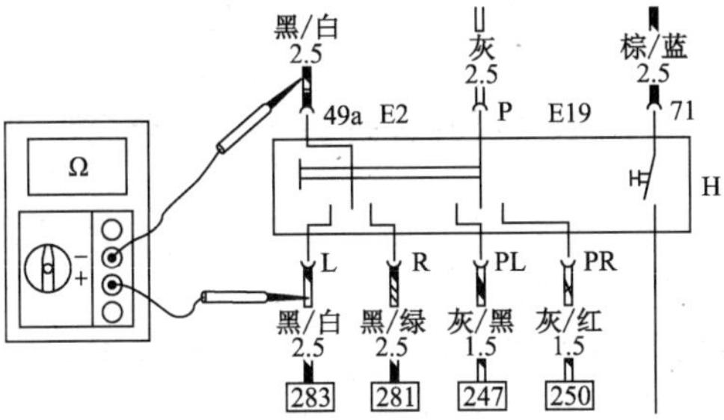

图 2-62 转向信号灯开关检测（左）

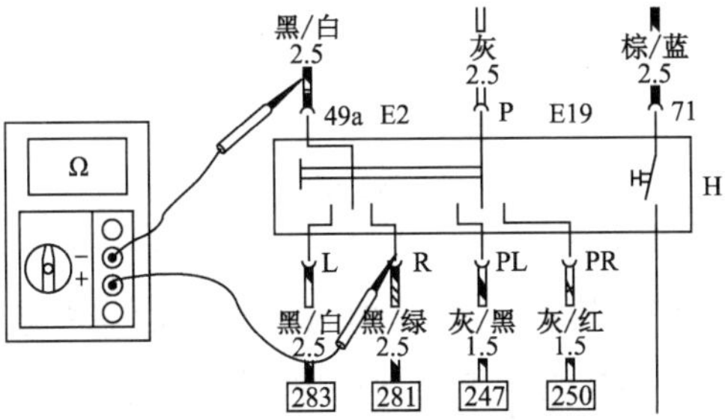

图 2-63 转向信号灯开关检测（右）

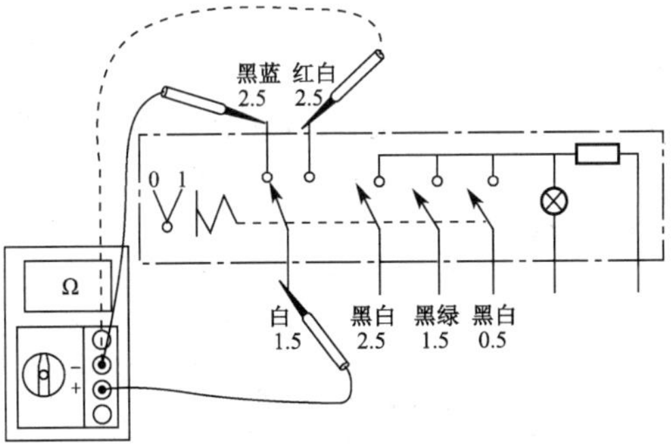

图 2-64 危险警告灯开关检测 1

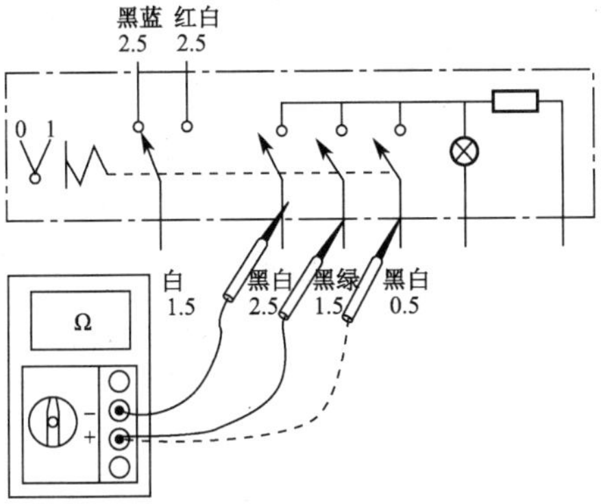

图 2-65 危险警告灯开关检测 2

4）转向信号灯开关检测（以桑塔纳 2000 为例）

（1）如图 2-62 所示，在开关线束上找到两根黑白色导线，将万用表两表笔与其相连接，把开关打到左转向位置，测量两导线间的电阻值，应小于 1Ω，如阻值过大，说明开关接触不良或是损坏。

（2）如图 2-63 所示，在开关线束上找到黑白色和黑绿色导线，将万用表两表笔与其相连接，把开关打到右转向位置，测量两导线间的电阻值，应小于 1Ω，如阻值过大，说明开关接触不良或是损坏。

5）危险警告灯开关检测（以桑塔纳 2000 为例）

（1）如图 2-64 所示，在关闭危险警告灯开关时，在开关线束上找到白色和黑蓝色导线，将万用表两表笔与其相连接，测量其电阻值，应小于 1Ω；当打开危险警告灯开关时，检测白色导线和红白色导线间的阻值，应小于 1Ω，如阻值过大，说明开关接触不良或是损坏。

（2）如图 2-65 所示，当打开危险警告灯开关时，检测黑白色 2.5 的导线与黑绿色 1.5 的导线及黑白色 0.5 的导线之间的电阻值，应小于 1Ω，如阻值过大，说明开关接触不良或是损坏。

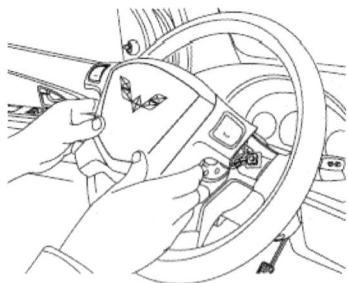

图 2-66　拆卸方向盘上盖

6. 转向信号灯开关拆卸（以五菱汽车为例）

1）拆卸方向盘上盖

如图 2-66 所示，用手握住方向盘上盖，用力往上拉，取下方向盘上盖合件。

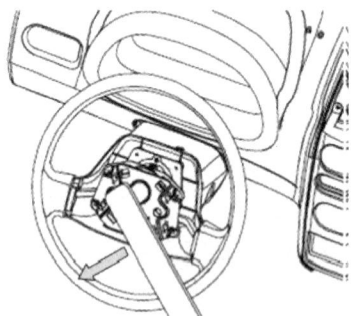

图 2-67　拆卸方向盘锁紧螺母

2）拆卸方向盘锁紧螺母

如图 2-67 所示，从方向盘的凹槽中拆下喇叭的线束插头，松开喇叭的线束插头并取出，用扭力扳手拧下方向盘锁紧螺母。

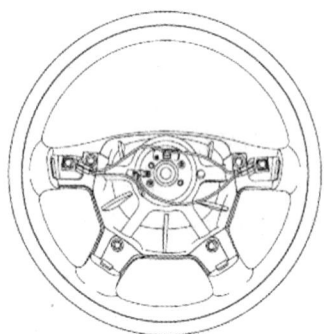

图 2-68　拆卸方向盘

3）拆卸方向盘

在方向盘上做好方向盘和转向轴对齐标记，使用专用工具——方向盘拉模拆卸方向盘（见图 2-68）。

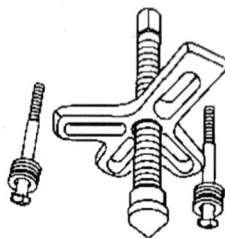

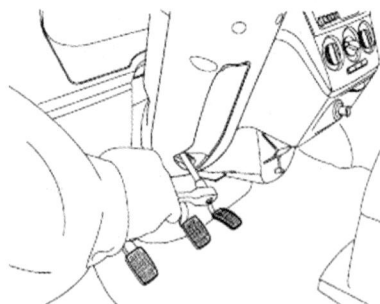

图 2-69　拆卸转向立柱支架两个螺栓

4）拆卸转向立柱支架两个螺栓。

如图 2-69 所示，松开上装饰盖合件安装螺母，拆卸转向立柱上装饰盖合件。

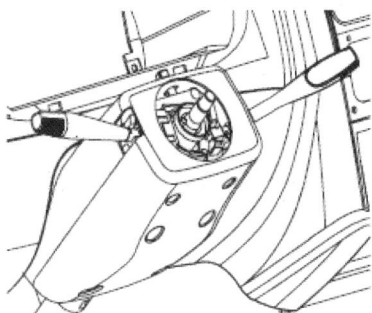

图 2-70　拆卸上/下装饰盖合件

5）拆卸上/下装饰盖合件

如图 2-70 所示，从转向管柱上拆卸上/下装饰盖合件。

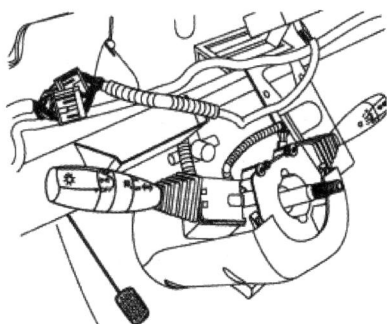

图 2-71　断开组合开关接插件

6）断开组合开关接插件

如图 2-71 所示，断开组合开关接插件。

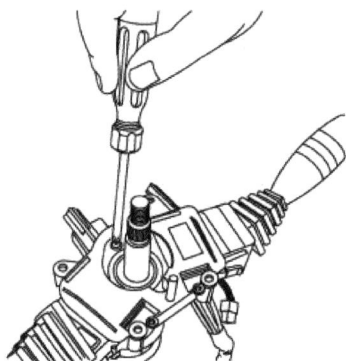

图 2-72　拆卸组合开关

7）拆卸组合开关

如图 2-72 所示，拆卸组合开关固定螺栓，并取下组合开关。

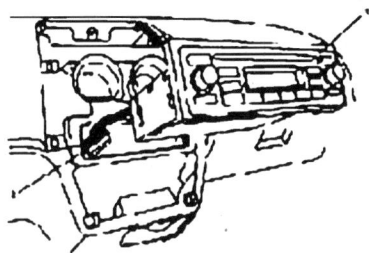

图 2-73　拆卸收音机

7. 危险警告灯开关拆卸

1）拆卸收音机

如图 2-73 所示，用专用工具按平收音机身上卡子，直到可以完全拔出收音机，再拔下收音机线束连接器。

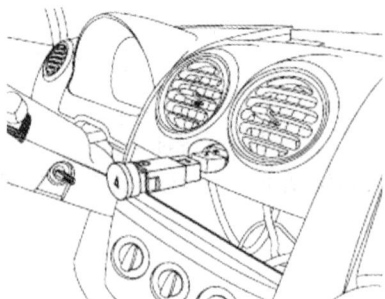

图 2-74　拆卸危险警告灯开关

2）拆卸危险警告灯开关

如图 2-74 所示，拔下危险警告灯开关连接器，取出危险警告灯开关。

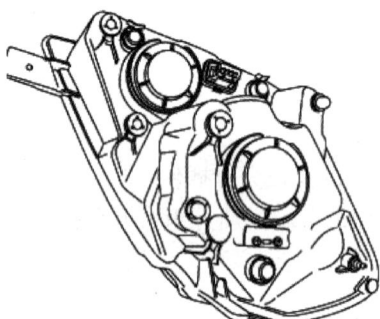

图 2-75　转向信号灯灯泡更换

8. 转向信号灯灯泡更换

1）转向信号灯灯泡更换

如图 2-75 所示，打开发动机罩，逆时针旋转灯泡座，然后取出坏灯泡。

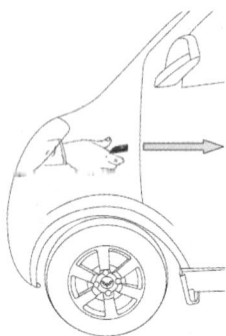

图 2-76　拆卸侧转向信号灯

2）拆卸侧转向信号灯

如图 2-76 所示，用手压住侧转向信号灯，用力住后推，再把灯的前端撬起。

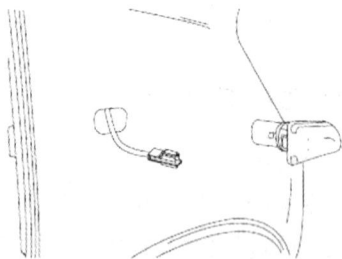

图 2-77　取下侧转向信号灯

3）取下侧转向信号灯

将侧转向信号灯从翼子板上拆去，拆去电气接插件，取下侧转向信号灯，如图 2-77 所示。

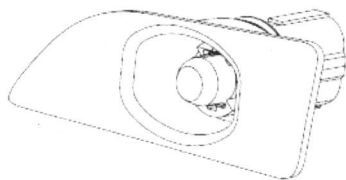　图 2-78　更换侧转向信号灯	4）更换侧转向信号灯 　　如图 2-78 所示，从灯座中取出灯泡，用新灯泡替换坏灯泡。
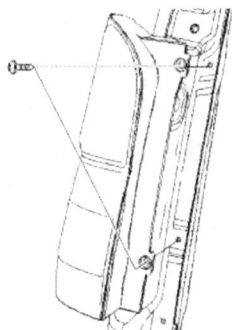　图 2-79　拆卸尾灯	5）拆卸尾灯 　　先打开尾门，拆卸尾灯固定螺栓（见图 2-79），取下尾灯，拆卸接插件。
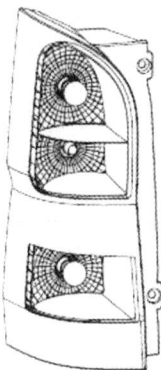　图 2-80　拆下后尾灯	6）拆下后尾灯 　　如图 2-80 所示，拆卸尾灯总成后，找到转向信号灯，逆时针转动灯座，然后从灯座上拆去灯泡。

9. 转向信号灯典型故障诊断流程（如五菱鸿途汽车转向信号灯不闪烁）

操作提示：
在我们排除汽车电气系统故障时，应做到以下几点：
（1）首先需要了解该电气系统有哪些元件组成。
（2）各个元件所安装的位置在哪里，能够准确的找出元件。
（3）需要了解该电气系统有什么特征或功能。
（4）验证该电气系统的故障现象。
（5）再根据故障现象分析故障的原因，故障有可能产生的部位。

（6）借助该电气系统的电路原理图，具体分析故障产生的原因和部位。

五菱鸿途转向信号系统功能和特征分析：

（1）打开转向信号灯前需要打开点火开关，转向信号开关打至左边时，左前、左侧、左后转向信号灯和左仪表指示灯点亮；转向信号开关打至右边时，右前、右侧、右后转向信号灯和右仪表指示灯点亮。

（2）打开危险警告灯前不需要打开点火开关，打开开关后，所有的转向信号灯和仪表指示灯点亮。

（3）当打开转向信号灯之后，旋转方向盘时，顺着打开转向信号灯方向转动时，信号灯不会自动关闭；逆着打开转向信号灯方向转动时，信号灯就会自动关闭。

（4）转向信号灯和危险警告灯不共用同一熔丝，打开转向信号灯需要打开点火开关，打开危险警告灯不需要打开点火开关。

（5）打开转向信号灯或危险警告灯时，灯光亮度应一致，闪烁频率也应一致。

（6）打开左边转向信号灯或右边转向信号灯时，灯光亮度应一致，闪烁频率也应一致。

（7）打开转向信号灯或危险警告灯时，驾驶员应能清淅地听到电子闪光器发出的响声。

（8）车外转向信号灯颜色应为黄色，仪表指示灯应为绿色，不管在任何天气情况下，应能让行人或行车人员清淅观察到该车辆状况。

首先打开危险警告灯开关和转向信号灯开关观察转向信号灯的情况，通过灯具是否闪烁点亮来分析故障、故障原因和故障部位。

检查故障时，请根据图 2-93 所示五菱鸿途转向信号系统电路原理图分析。

如图 2-81 所示，打开转向信号灯开关（左边和右边），观察转向信号灯是否点亮闪烁；再打开危险警告灯开关，观察转向信号灯是否点亮闪烁。

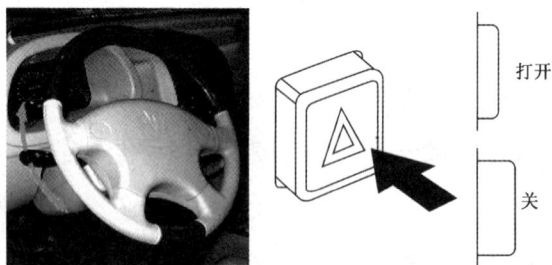

图 2-81　打开转向信号灯和危险警告灯开关

如转向信号灯或危险警告灯正常时　　　　　　　　　不正常

用试灯检测 F4 熔丝（危险警告灯）如图 2-82 所示，熔丝两端应点亮。

下转至检查闪光器步骤

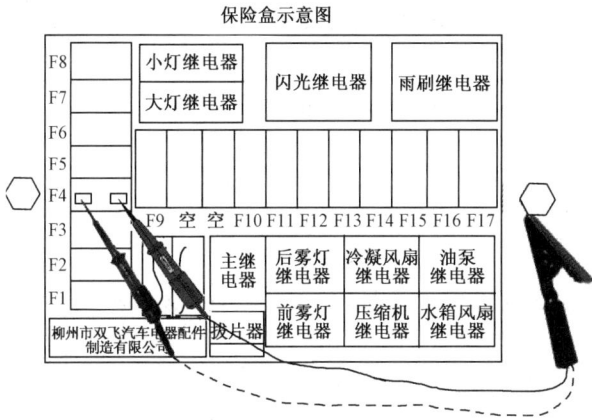

保险盒示意图

F8
F7
F6
F5
F4
F3
F2
F1

小灯继电器
大灯继电器

闪光继电器

雨刷继电器

F9　空　空　F10 F11 F12 F13 F14 F15 F16 F17

主继电器

后雾灯继电器
前雾灯继电器

冷凝风扇继电器
压缩机继电器

油泵继电器
水箱风扇继电器

拨片器

柳州市双飞汽车电器配件制造有限公司

不正常 → 更换熔丝

图 2-82　检查 F4 熔丝

正常

用试灯检测 F11 熔丝（转向信号灯）如图 2-83 所示，熔丝两端应点亮。

熔丝盒示意图

F8
F7
F6
F5
F4
F3
F2
F1

小灯继电器
大灯继电器

闪光继电器

雨刷继电器

F9　空　空　F10 F11 F12 F13 F14 F15 F16 F17

主继电器

后雾灯继电器
前雾灯继电器

冷凝风扇继电器
压缩机继电器

油泵继电器
水箱风扇继电器

拨片器

柳州市双飞汽车电器配件制造有限公司

不正常 → 更换熔丝

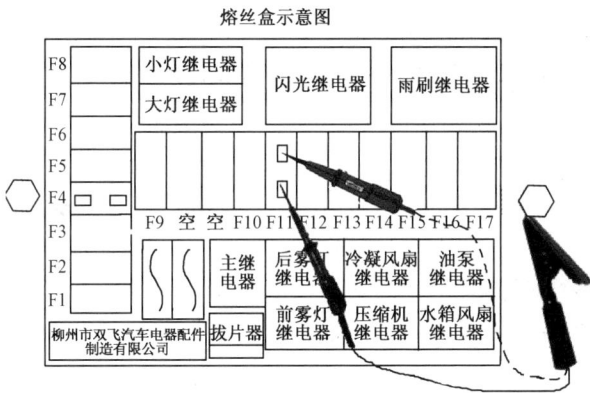

图 2-83　检查 F11 熔丝

正常

检测电子闪光器，如图 2-84 所示，将电子闪光器的 B 端子接蓄电池正极，E 端子接蓄电池负极，L 端子接试灯一端，另一端接到蓄电池负极上，这时注意观察试灯是否闪烁，如果闪烁，说明电子闪光器良好。

注意： 由于试灯功率低，闪烁频率可能会很快。请不要长时间测试。

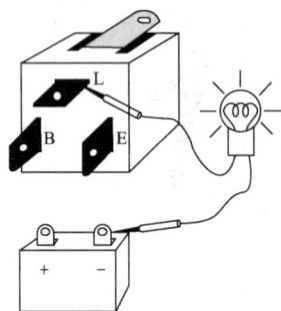

图 2-84 检测电子闪光器

不正常 → 更换电子闪光器

正常

检查电子闪光器插座，将试灯一端接到插座 E 端子孔上，如图 2-85 所示，另一端接到蓄电池正极上，如果试灯点亮，说明搭铁点良好。

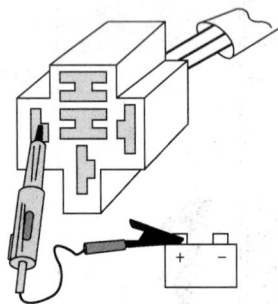

图 2-85 检查电子闪光器 E 端子插座

不正常 → 重新连接搭铁线

正常

检查电子闪光器插座，将试灯一端接到插座 B 端子孔上，如图 2-86 所示，另一端接到车身搭铁点上，如果试灯点亮，说明线路良好。

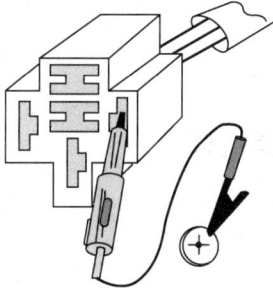

图 2-86　检查电子闪光器 B 端子插座

不正常 → 检查插到熔丝之间的线路

正常

检查电子闪光器插座，将试灯一端接到插座 L 端子孔上，另一端接到左边或右边转向灯的插座上，如图 2-87 所示，打开转向开关时，使用万用表检测其电阻值时，阻值应小于 3Ω，如过大可能是接触不良造成，如阻值为∞，说明转向开关损坏或是线路断路造成。

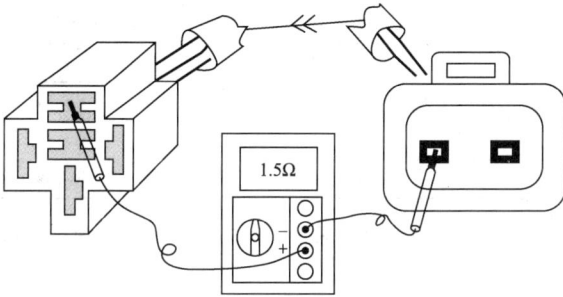

图 2-87　检查转向信号灯开关线路

不正常 → 更换转向灯开关

正常

检查电子闪光器插座，将试灯一端接到插座 L 端子孔上，另一端接到左边或右边转向灯的插座上，如图 2-88 所示，打开危险警告灯开关时，使用万用表检测其电阻值时，阻值应小于 3Ω，如过大可能是接触不良造成，如阻值为∞，说明危险警告灯开关损坏或是线路断路造成。

不正常 → 更换危险警告灯开关

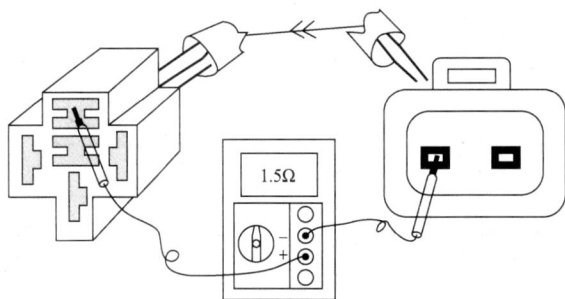

图 2-88　检查危险警告灯开关线路

表 2-8　转向信号系统技术状况检查记录表

检 查 项 目	转向信号系统检查测量记录情况		
	标准值（要求）	测量值（现状）	评　价
灯泡功率检查			□合格　□不合格
线路电压的检查			□合格　□不合格
转向开关灵活性检查			□合格　□不合格
危险警告灯开关灵活性检查			□合格　□不合格
左前灯具安装状况检查			□合格　□不合格
右前灯具安装状况检查			□合格　□不合格
左后灯具安装状况检查			□合格　□不合格
右后灯具安装状况检查			□合格　□不合格
左侧灯安装状况检查			□合格　□不合格
右侧灯安装状况检查			□合格　□不合格
线路通断检查			□合格　□不合格
熔丝的检查			□合格　□不合格
闪光器的检查			□合格　□不合格
综合评定：			

实训报告2-2　转向信号系统线路的检查

表2-9

实 训 车 型		实 训 任 务	转向灯线路的检查与更换	
	基 本 步 骤	观察与测量结果	分析与处理意见	完 成 情 况
1	把车开进工位，停车			□是 □否
2	检查熔丝的通断			□是 □否
3	拉起引擎盖拉手，打开引擎盖			□是 □否
4	拆下左前转向信号灯泡			□是 □否
5	检查左前灯泡的功率			□是 □否
6	拆下右前转向信号灯泡			□是 □否
7	检查右前灯泡的功率			□是 □否
8	拆下左后转向信号灯泡			□是 □否
9	检查左后灯泡的功率			□是 □否
10	拆下右后转向信号灯泡			□是 □否
11	检查右后灯泡的功率			□是 □否
12	拆下左侧转向信号灯泡			□是 □否
13	检查左侧灯泡的功率			□是 □否
14	拆下右侧转向信号灯泡			□是 □否
15	检查右侧灯泡的功率			□是 □否
16	拆下闪光器检查外观			□是 □否
17	检测闪光器工作状况			□是 □否
18	检查熔丝			□是 □否
19	检查转向信号灯开关灵活性			□是 □否
20	检查危险警告灯开关灵活性			□是 □否
21	检查转向信号灯闪烁频率			□是 □否
22	检查危险警告灯闪烁频率			□是 □否
23	比较左、右转向灯之间的频率			□是 □否
24	检查转向信号系统的线束			□是 □否
25	检查仪表指示灯是否正常			□是 □否
教师评语				
成绩		指导教师签名		日期

任务考核单 2-2-1　转向信号系统线路的检查与更换

表 2-10

班　级			姓　　名			学　号		
考核内容		转向信号系统线路的检查与更换				规定考核时间	10 分钟	
						实际考核时间		
序号		检查维修内容/评分标准			配分	考核及评分记录		得分
1	准备	把车开进工位，停车			5			
2	拆除检查	检查熔丝的通断			5			
		拉起引擎盖拉手，打开引擎盖			5			
		检查灯具状况			5			
		检查线束（插座）			5			
		拆下灯泡			5			
		检查灯泡的功率值			5			
		检查线路通断			5			
		检查线路电压			5			
		检查闪光器			5			
		检查闪光器线路通断			5			
		检查转向信号灯开关灵活性			5			
		检查危险警告灯开关灵活性			5			
		更换危险警告灯开关			5			
		更换转向信号灯开关			10			
		测量蓄电池电压			10			
3	安全文明	防护措施得当，作业规范安全整洁			3			
		工具、零件不落地			2			
4	工具使用	工具选用合理			2			
		工具使用规范			3			
5	考核时间	每超 1 分钟扣 3 分，超时 3 分钟终止考核						
合计					100			
监考教师			考核日期			年　　月　　日		

任务考核单 2-2-2　转向信号系统故障排除评分表

表 2-11

班级			姓名		学　号		
序号	考核内容		配分	评分标准	评分记录		得分
1	正确使用工具仪器		10	使用错误扣 10 分			
				使用不当酌情扣分			
2	根据故障现象，分析故障原因		20	检查方法错误扣 10 分			
				检查程序错误扣 5 分			
				检查结果错误扣 10 分			

续表

班级			姓名			学　号	
序号	考核内容	配分		评分标准		评分记录	得分
3	明确故障部位	10		不能确定故障部位扣5分			
4	排除汽车转向信号系统的故障	40		不能排除扣40分			
				自制一处故障扣10分			
5	验证排除效果	10		不进行验证扣5分			
6	遵守安全操作规程，正确使用工量具，操作现场整洁	10		每项扣2分，扣完为止			
	安全用电，防火，无人身、设备事故			因违规操作发生重大人身和设备事故，此题按0分计			
7	分数总计	100					
监考教师				考核日期　　　年　　月　　日			

任务考核单 2-2-3　转向信号系统故障排除任务单

表 2-12

班　级		姓　名		学　号		
一	检查判断		检查观察灯具，请正确选择灯光的状态			备　注
1	检查左前转向灯		正常（　）	不正常（　）		
2	检查右前转向灯		正常（　）	不正常（　）		
3	检查左后转向灯		正常（　）	不正常（　）		
4	检查右后转向灯		正常（　）	不正常（　）		
5	检查左侧转向灯		正常（　）	不正常（　）		
6	检查右侧转向灯		正常（　）	不正常（　）		
7	检查仪表指示灯		正常（　）	不正常（　）		
8	检查危险警告灯		正常（　）	不正常（　）		
9	灯光闪烁频率是否正常		正常（　）　　过快（　）　　过慢（　）			
10	转向信号系统是否存在异常，（如灯光变暗，闪光器发出异响等）		是（　）　　　　　　无（　）			
11	灯具点亮是否存在异常，（如有串光等现象）		是（　）　　　　　　无（　）			
二	故障的排除					
	故障现象	故障部位		故障原因		排除方法
	监考教师			考核日期		年　月　日

知识链接

1. 转向信号灯、危险警告灯、闪光器

1）转向信号灯

用以显示行驶方向。前、后转向灯各两个，中间一边各一个侧灯，前转向灯为橙色，后转向灯为橙色，驾驶室内还有两个转向信号指示灯。转向信号灯的闪光频率应控制在每分钟50～110次范围内，一般为每分钟60～95次。转向信号灯由转向开关控制。

2）危险警告灯

汽车在行驶过程中如遇危险或紧急情况，可由该车的信号系统使所有转向灯同时发出闪光信号或由蜂鸣器发出响声，以作为危险报警信号。

汽车转向信号灯和危险警告信号灯是汽车灯光信号系统的一个重要组成部分，主要由转向（组合）开关、危险警告灯开关、闪光器和转向灯组成，如图 2-89 所示，其中闪光器又是转向信号装置的一个主要装置。

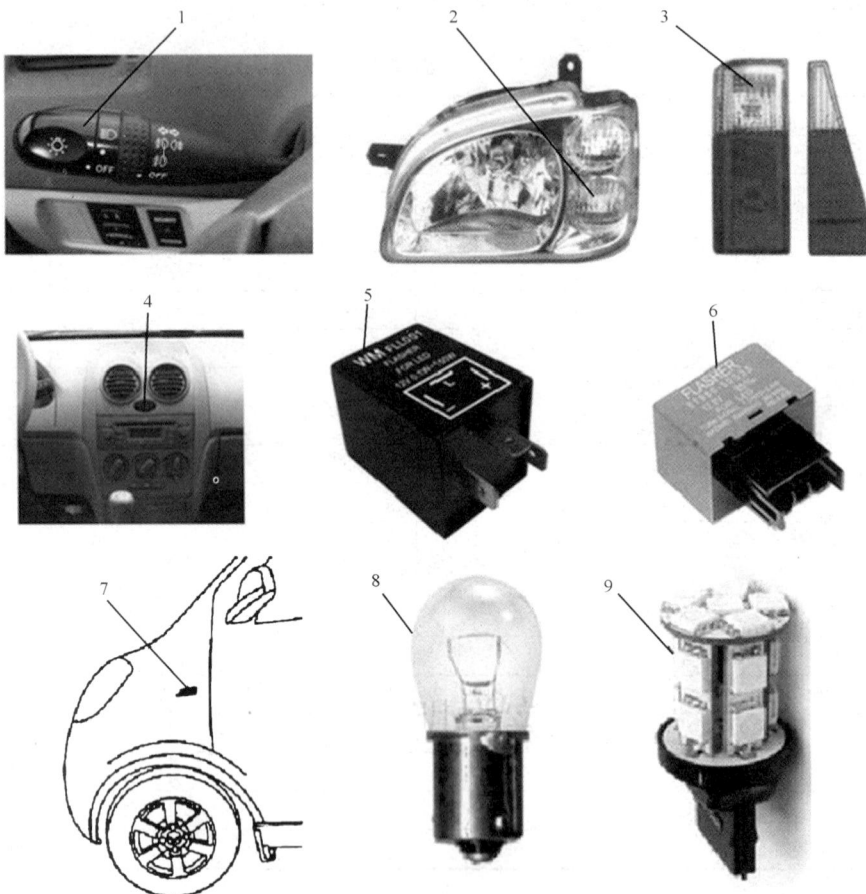

1—转向（组合）开关；2—转向灯；3—后转向灯；4—危险警告灯开关；5、6—闪光器；
7—侧转向灯；8—普通白炽灯泡式转向灯泡；9—LED式转向灯泡

图 2-89　汽车转向信号系统组成

闪光器用以控制转向信号灯的闪烁。常见闪光器有电容式、翼片式、晶体管式三类。翼片式、晶体管式结构简单、体积小、闪光频率稳定、监控作用明显、工作时伴有响声，故被广泛使用。常见闪光器外形如图 2-90 所示。

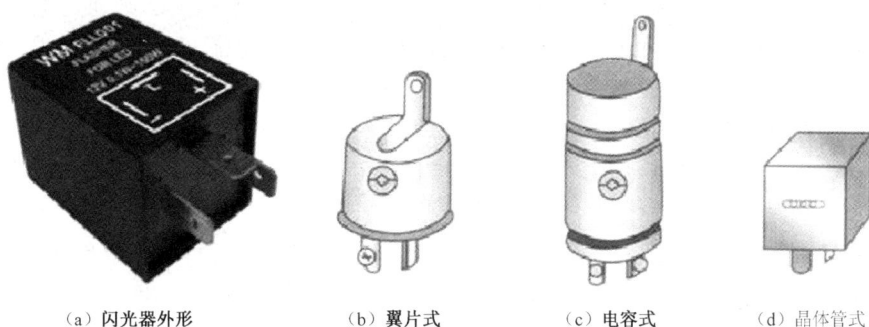

（a）闪光器外形　　　（b）翼片式　　　（c）电容式　　　（d）晶体管式

图 2-90　常见闪光器外形

3）闪光器

目前晶体管式闪光器结构繁多，线路简单，应用很广泛。按照构成闪光器的主要电子元器件来看，有晶体管（分有触点、无触点）闪光器、集成电路闪光器、晶闸管（可控硅）闪光器三种。目前使用广泛的电子闪光器是有触点带继电器的电子闪光器，这种闪光器的特点是使用的电子元件少，成本较低，特别是继电器衔铁可周期性地吸合和释放，且能发出有节奏的响声，也可作为闪光器工作时的声响信号，所以应用得较多。

（1）有触点晶体管式闪光器。

图 2-91 所示为有触点（带继电器）晶体管闪光器的电路图。

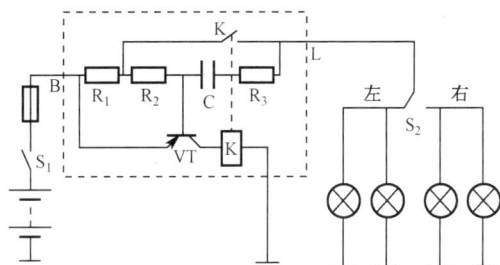

图 2-91　有触点（带继电器）晶体管闪光器的电路图

它主要由一个晶体三极管 VT 所组成的开关电路和一小型（触点式）继电器构成。其工作原理如下：

当汽车向右转弯时，接通开关 S_2 时，此时右转向灯电路接通，且点亮。电路为：由蓄电池"+"极→点火开关开关 S_1→电阻 R_1→继电器常闭触点 K→转向灯开关 S_2→右转向信号灯→搭铁→蓄电池"—"。

当电流通过 R_1 时，在 R_1 上产生电压降，于是晶体管 VT 因正向偏压而导通，集电极电流 I_c 通过继电器 K 的线圈，产生电磁吸力，使继电器常闭触点立即断开，右转向信号灯熄灭。

当晶体三极管 VT 导通时，其基极电流 I_b 向容电器 C 充电、充电电路为：蓄电池"+"→

点火开关 S_1→接线柱 B→VT 的发射极 e、基极 b→电容 C→电阻 R_3→转向灯开关 S_2→右转向灯→搭铁→蓄电池"－"。随着电容器 C 两端电荷的积累，充电电流逐渐减小，三极管 VT 的集电极电流 I_c 也随之减小，当此电流减小到不足以维持继电器衔铁的吸合而释放时，继电器 K 的常闭触点又重新闭合，右转向灯两次发亮。这时电容器 C 则通过电阻 R_2、继电器 K 常闭触点、电阻 R_3 组成放电回路而进行放电，其放电电流在 R_2 上的电压降为三极管 VT 提供反向偏压，加速了三极管 VT 的截止，使继电器触点保持闭合，从而延长了（或维持）右转向灯点亮的时间。

当容电器 C 接近放电终了时，电源加于电阻 R_1 上的电压降又为三极管 VT 提供偏压而使其导通，继电器常闭触点断开，右转向信号灯又熄灭。

由此可见，随着电容器 C 的不断充电和放电，晶体管 VT 不断的导通和截止，控制着继电器的常闭触点不断打开与闭合，从而使汽车转向灯发出闪光信号，并由于继电器衔铁周期性的吸合或释放而发出有节奏的响声。

（2）无触点晶体管式闪光器。

图 2-92 所示为无触点晶体管式闪光器原理图，其工作原理是，打开点火开关后，再接通转向灯开关，VT_1 因正向偏压而饱和导通，VT_2、VT_3 则截止。由于 VT_1 的发射极电流流经 R_3，所以电流很少，使转向灯较暗。同时，电源通过 R_1 对 C 充电，使得 VT_1 的基极电位下降，当低于其导通所需正向偏置电压时 VT_1 截止。VT_1 截止后，VT_2 通过 R_3 得到正向偏置电压导通，VT_3 也随之饱和和导通，转向灯变亮。此时，C 经 R_1、R_2 放电，使 VT_1 仍保持截止，转向信号灯继续发亮。随着 C 放电电流减小，VT_1 基极电位又逐渐升高，当高于其正向导通电压时，VT_1 又导通，VT_2、VT_3 又截止，转向信号灯又变暗。随着电容的充电放电，VT_3 不断的导通、截止，如此循环，使转向信号灯闪烁。

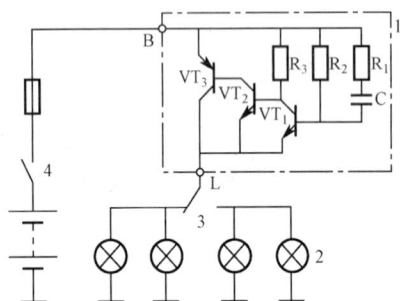

1—闪光器控制电路；2—转向信号灯；
3—转向灯开关；4—点火开关

图 2-92　无触点晶体管式闪光器

2. 部分常见车型转向信号系统控制电路

1）五菱鸿途 6381B3 转向信号系统电路原理图

图 2-93 所示为五菱鸿途 6381B3 转向信号系统电路原理图，它主要由蓄电池、熔丝、闪光器、转向开关、危险警告灯开关、点火开关、左转向灯、右转向灯和仪表指示灯等组成。

（1）右转向信号灯工作原理：当打开点火开关，再将转向手柄置于右转向位置，右转向灯亮；电流流向为蓄电池→点火开关→熔丝 F11→危险警告开关 14→危险警告开关 12→闪光器 B→闪光器 L→转向开关 2→转向开关 1→右转向灯→搭铁。

（2）左转向信号灯工作原理：当打开点火开关，将转向手柄置于左转向位置，左转向灯亮；电流流向为蓄电池→点火开关→熔丝 F11→危险警告开关 14→危险警告开关 12→闪光器 B→闪光器 L→转向开关 2→转向开关 3→左转向灯→搭铁。

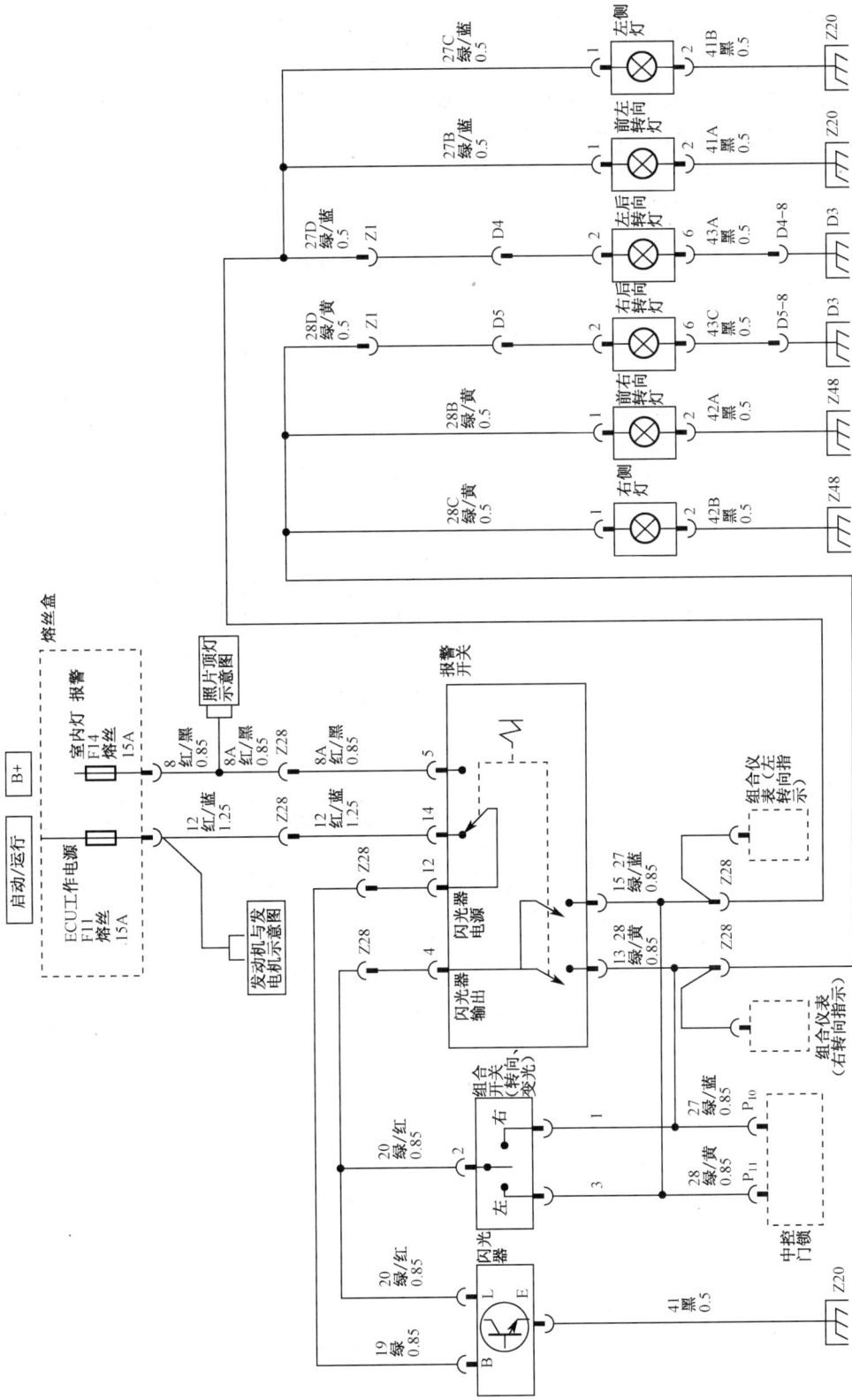

图 2-93　五菱鸿途 6381B3 转向信号系统电路原理图

（3）危险警告灯工作原理：当按下危险警告开关，左右转向灯都将同时闪亮。其电流流向为蓄电池→熔丝 F14→危险警告开关 5→危险警告开关 12→闪光器 B→闪光器 L→危险警告灯开关 4→危险警告灯开关 15、13→左、右转向灯→搭铁。

注意： 向左或向右打开转向灯时必须首先打开点火开关；而危险警告灯与点火开关无关。

2）五菱荣光转向信号系统电路原理图

图 2-94 所示为五菱荣光转向信号系统电路原理图，其工作原理如下。

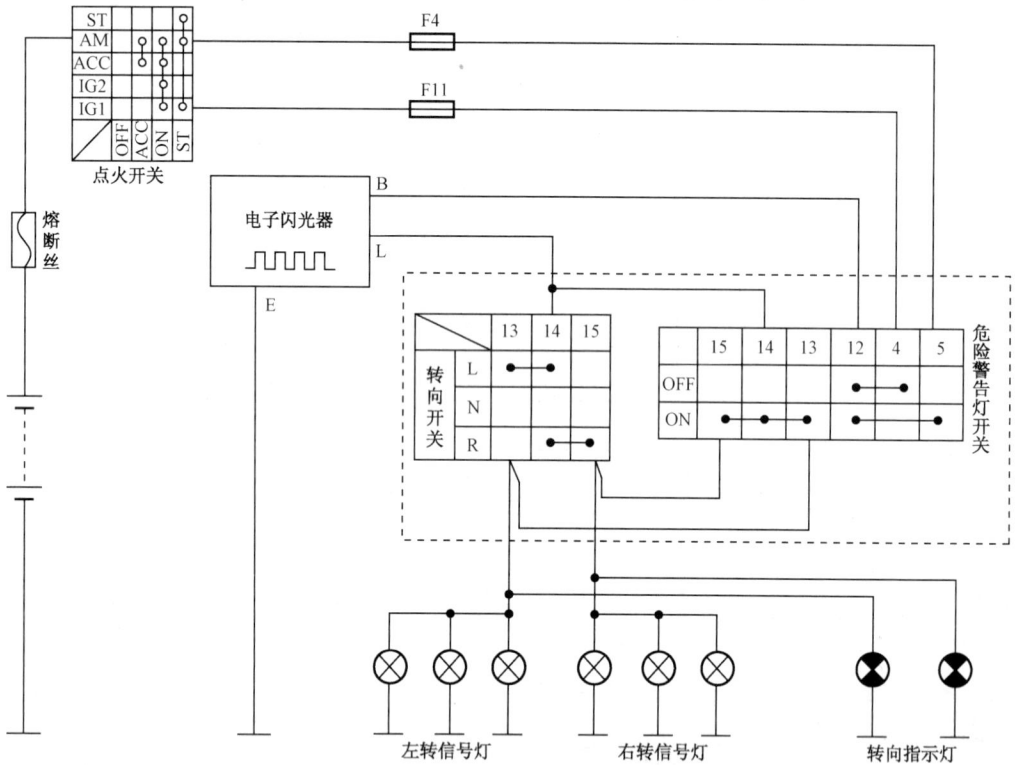

图 2-94　五菱荣光转向信号系统电路原理图

（1）右转向信号灯工作原理：当打开点火开关，再将转向手柄置于右转向位置，右转向灯亮；电流流向为蓄电池→熔丝→点火开关 AM→点火开关 IG1→熔丝 F11→危险警告开关 14→危险警告开关 12→闪光器 B→闪光器 L→转向开关 14→转向开关 13→右转向灯→搭铁。

（2）左转向信号灯工作原理：当打开点火开关，再将转向手柄置于左转向位置，左转向灯亮；电流流向为蓄电池→熔丝→点火开关 AM→点火开关 IG1→熔丝 F11→危险警告开关 14→危险警告开关 12→闪光器 B→闪光器 L→转向开关 14→转向开关 15→左转向灯→搭铁。

（3）危险警告灯工作原理：当按下危险警告开关，左右转向灯都将同时闪亮。其电流流向为蓄电池→熔丝→点火开关 AM→熔丝 F4→危险警告开关 5→危险警告开关 12→闪光器 B→闪光器 L→危险警告灯开关 14→危险警告灯开关 13、15→左、右转向灯→搭铁。

3）桑塔纳 2000GSI 转向信号系统电路原理图

图 2-95 所示为上海大众桑塔纳 2000GSI 转向信号系统电路原理图。

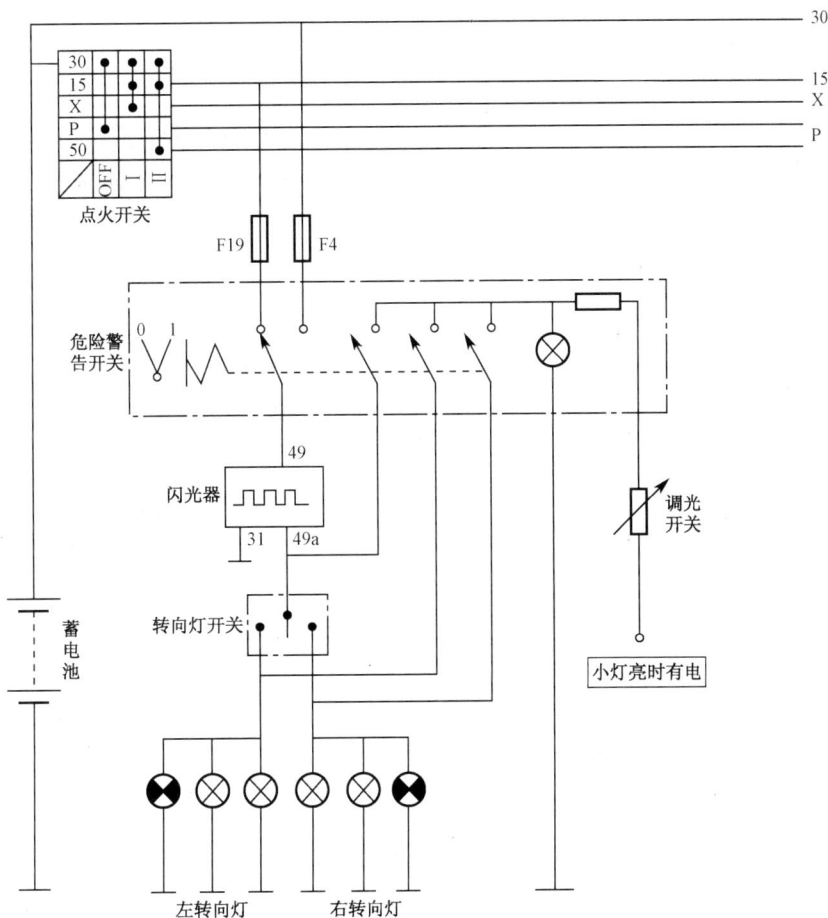

图 2-95　上海大众桑塔纳 2000GSI 转向信号系统电路原理图

（1）左转向信号灯工作原理：当打开点火开关，再将转向手柄置于左转向位置，左转向信号灯亮；电流流向为蓄电池"+"→点火开关 30→点火开关 15→熔丝 F19→危险警告灯开关→电子闪光器 49→电子闪光器 31，此时电子闪光器进入待工作状态，当将转向手柄置于左转向位置时，电子闪光器进入工作状态，电流从电子闪光器 49a→转向信号灯开关→左边转向灯→搭铁，形成完整回路，左边转向信号灯开始闪烁。

（2）右转向信号灯工作原理：当打开点火开关，再将转向手柄置于右转向位置，右转向信号灯亮；电流流向为蓄电池"+"→点火开关 30→点火开关 15→熔丝 F19→危险警告灯开关→电子闪光器 49→电子闪光器 31，此时电子闪光器进入待工作状态，当将转向手柄置于右转向位置时，电子闪光器进入工作状态，电流从电子闪光器 49a→转向信号灯开关→右边转向信号灯→搭铁，形成完整回路，右边转向信号灯开始闪烁。

（3）危险警告灯工作原理：当按下危险警告开关，左右转向灯都将同时闪亮。其电流流向为蓄电池"+"→熔丝 F4→危险警告灯开关→电子闪光器 49→电子闪光器 31，此时电子闪光器进入待工作状态，当按下危险警告灯开关时，电子闪光器进入工作状态，电流从电子闪光器 49a→危险警告灯开关→左、右两边转向灯→搭铁，形成完整回路，全部转向信号灯开始闪烁。

4）别克凯越转向信号系统电路原理图

图 2-96 所示为上汽通用别克凯越转向信号系统电路原理图，其工作原理如下。

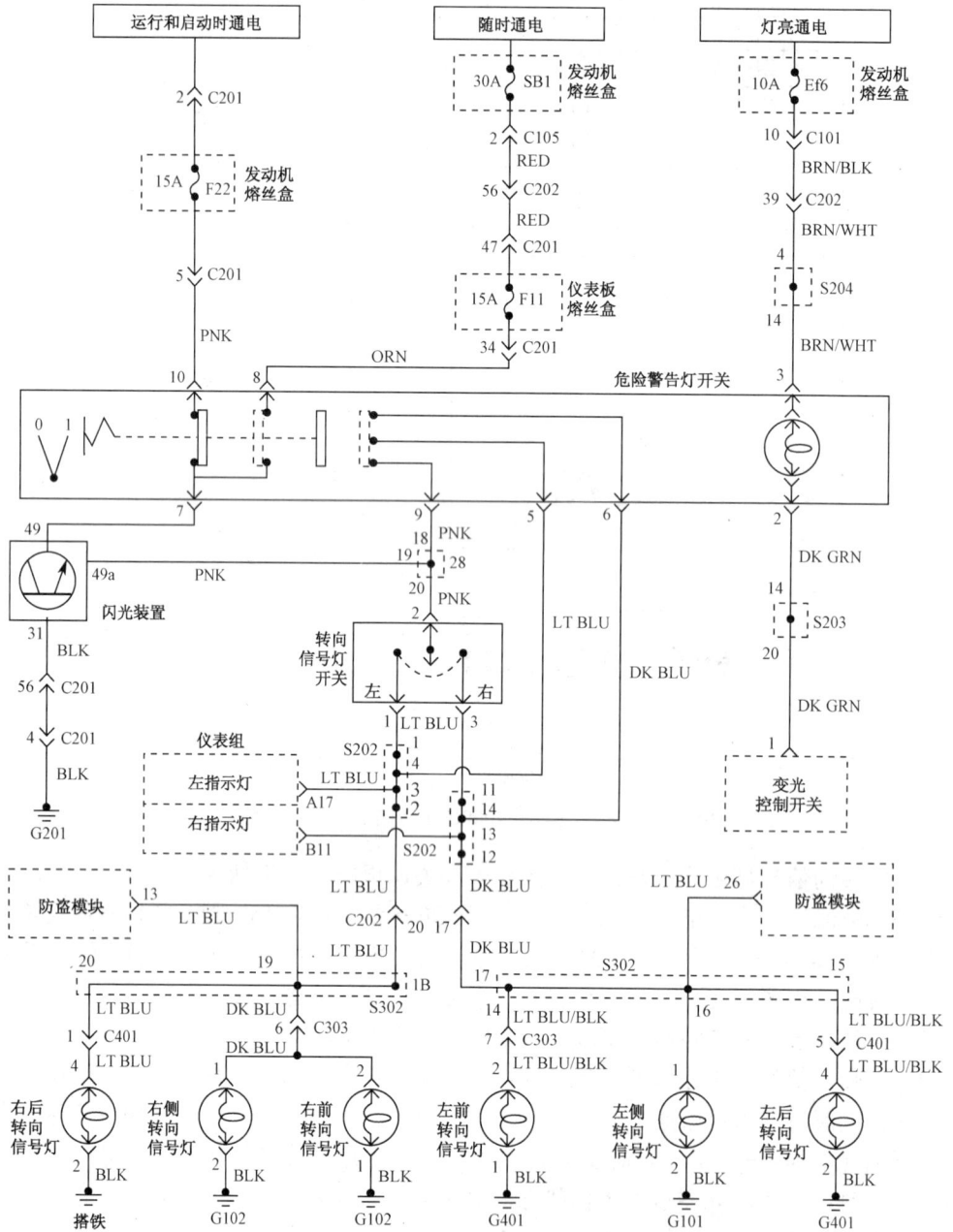

图 2-96　上汽通用别克凯越转向信号系统电路原理图

（1）右转向信号灯工作原理：当打开点火开关，再将转向手柄置于右转向位置，右转向灯亮；电流流向为蓄电池"+"→点火开关→熔丝 F22→危险警告开关 10→危险警告开关 7→闪光器 49→电子闪光器 31，此时电子闪光器进入待工作状态，当将转向手柄置于右转向位置时，电子闪光器进入工作状态，电流从电子闪光器 49a→转向信号灯开关 2→转向信号灯开关 3→右转向信号灯→搭铁。形成完整回路，右边转向信号灯开始闪烁。

（2）左转向信号灯工作原理：当打开点火开关，再将转向手柄置于右转向位置，右转向灯亮；电流流向为蓄电池"+"→点火开关→熔丝 F22→危险警告开关 10→危险警告开关 7→闪光器 49→电子闪光器 31，此时电子闪光器进入待工作状态，当将转向手柄置于右转向位置时，电子闪光器进入工作状态，电流从电子闪光器 49a→转向信号灯开关 2→转向信号灯开关 1→左转向信号灯→搭铁。形成完整回路，左边转向信号灯开始闪烁。

（3）危险警告灯工作原理：当按下危险警告开关，左右转向灯都将同时闪亮。其电流流向为蓄电池"+"→熔丝 SB1→熔丝 F11→危险警告灯开关 8→危险警告灯开关 7→电子闪光器 49→电子闪光器 31，此时电子闪光器进入待工作状态，当按下危险警告灯开关时，电子闪光器进入工作状态，电流从电子闪光器 49a→危险警告灯开关 9→危险警告灯开关 5、6→左、右两边转向灯→搭铁，形成完整回路，全部转向信号灯开始闪烁。

（4）防盗闪烁模式：当打开或关闭防盗系统时，所有的转向信号灯会闪烁，其电流流向为蓄电池"+"→防盗系统模块 13、26→S302 插座 16、19→左、右转向信号灯→搭铁。

注意：向左或向右打开转向灯时首先要打开点火开关；而危险警告灯不需打开点火开关。

5）丰田威驰汽车转向信号系统电路原理图

图 2-97 为一汽丰田威驰汽车转向信号系统电路原理图，此车使用的电子闪光器为 8 脚的类型，工作方式与普通 3 脚式电子闪光器有所不同，其工作原理是：

（1）左转向信号灯工作原理：当打开左转向信号灯开关时，转向信号闪光器接到一个左转向信号，信号电路为转向信号闪光器 EL→C8 转向信号灯开关 TL→TB→J2 中继线连接器→IE→搭铁，此时转向信号闪光器接到左转向信号；

主电源控制电路：蓄电池"+"→FL MAIN 熔丝→ALT 熔丝→AM1 熔丝→点火开关 AM1→IG1→IG1 继电器 1→IG1 继电器线圈→IG1 继电器 2→J2 中继线连接器→IE→搭铁，此时 IG1 继电器开始工作，使用其触点闭合。

转向信号灯主电路：蓄电池"+"→FL MAIN 熔丝→ALT 熔丝→IG1 继电器 5→IG1 继电器 3→GAUGE 熔丝→J33 中继线连接器→转向信号闪光器 IG→转向信号闪光器 LL→左前转向信号灯、左前转向信号灯、左后转向信号灯和左转向信号指示灯→搭铁。

（2）右转向信号灯工作原理：当打开右转向信号灯开关时，转向信号闪光器接到一个右转向信号，信号电路为转向信号闪光器 EL→C8 转向信号灯开关 TR→TB→J2 中继线连接器→IE→搭铁，此时转向信号闪光器接到右转向信号；

主电源控制电路：蓄电池"+"→FL MAIN 熔丝→ALT 熔丝→AM1 熔丝→点火开关 AM1→IG1→IG1 继电器 1→IG1 继电器线圈→IG1 继电器 2→J2 中继线连接器→IE→搭铁，此时 IG1 继电器开始工作，使用其触点闭合。

转向信号灯主电路：蓄电池"+"→FL MAIN 熔丝→ALT 熔丝→IG1 继电器 5→IG1 继电器 3→GAUGE 熔丝→J33 中继线连接器→转向信号闪光器 IG→转向信号闪光器 LR→右前转向信号灯、右前转向信号灯、右后转向信号灯和右转向信号指示灯→搭铁。

（3）危险警告灯和防盗闪烁模式，当按下危险警告灯开关或是打开（关闭）防盗系统时，转向信号闪光器会接到一个信号，接到此信号后，转向信号闪光器会使所有的转向信号灯会闪烁，其信号电路为：转向信号闪光器 EHW→J25 中继线连接器→危险警告灯开关或是防盗 ECU→J2 中继线连接器→IE→搭铁，此时转向信号闪光器接到危险警告信号或是防盗信号，转向信号灯就会闪烁。

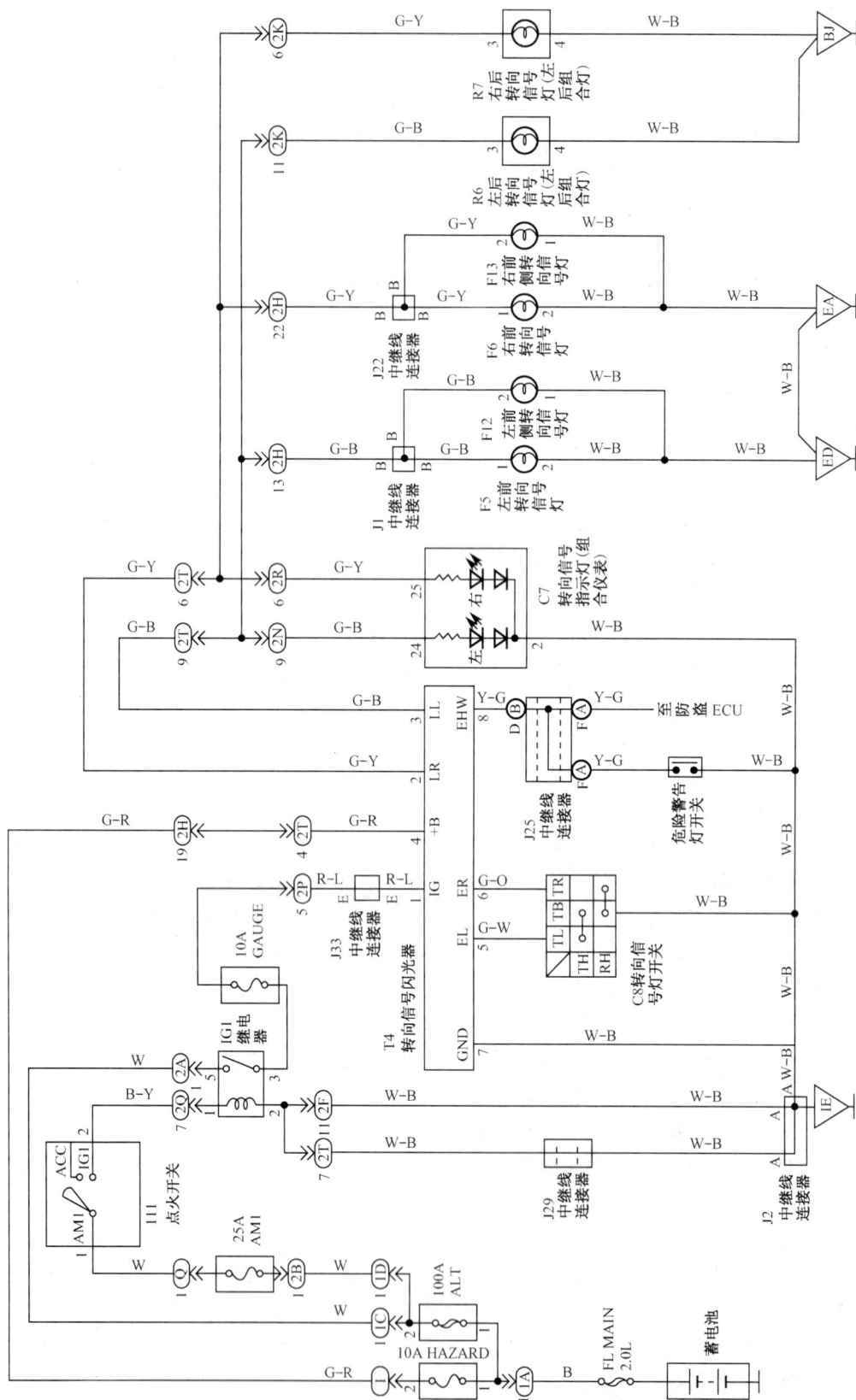

图 2-97 一汽丰田威驰汽车转向信号系统电路原理图

主电路电流流向为：蓄电池"+"→FL MAIN 熔丝→HAZARD 熔丝→转向信号闪光器+B→转向信号闪光器 LL、LR→左前转向信号灯、左前转向信号灯、左后转向信号灯、左转向信号指示灯、右前转向信号灯、右前转向信号灯、右后转向信号灯和右转向信号指示灯→搭铁。形成完整回路，转向信号灯闪烁。

注意：此车型的防盗闪烁模式，是由防盗 ECU 给一个信号给转向信号闪光器，由转向信号闪光器控制转向信号灯闪烁。与上面所说的五菱鸿途中控系统和上汽通用别克凯越防盗模块的控制模式有所不同，他们是由中控系统和防盗模块直接按制转向信号灯闪烁，即由中控系统和防盗模块控制转向信号灯闪烁，而不经过电子闪光器控制。

阅读知识

1. 闪光器的使用注意事项

因闪光器型式各异，在信号灯泡损坏、接铁不良出现故障时，闪光频率有的加快，有的减小，有的不闪光，只要仔细检查即可发现。

使用闪光器必须注意下列事项：

（1）选用闪光器时，应严格按其额定电压和额定功率来考虑，尤其是热丝式和电容式闪光器的闪光频率与使用灯泡的功率有关。额定功率的选择，应按汽车前、中（侧）、后转向信号灯和仪表板上的转向指示灯功率的总和来选。

（2）按制造厂的规定安装闪光器，如安装 SD56A 型，其接线柱应向下，否则工作性能不良。

（3）闪光器标有"L"或"信号灯"的接线柱应与转向开并相连；标有"B"或"电源"的接线柱应同电源相连；标有"P"或"指示灯"的接线柱应与转向指示灯相连。

（4）使用电容式闪光器，应注意搭铁极性，SC112F 型为负极搭铁，SG112Z 型是正极搭铁，若闪光器接线错就不能工作，并且还会损坏电容器。

（5）在装有警告灯的闪光器中，其警告灯的工作时间不易过长，否则易烧坏闪光器。

（6）在检修转向灯电路时，不允许用划火的方法来检验闪光器及有关电路，以免闪光器烧坏。

2. 国产闪光继电器型号标准（见图 2-98）

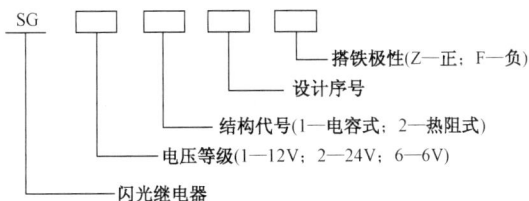

图 2-98 国产闪光器型号标准

3. 国产闪光继电器的主要技术参数（见表 2-13）

表 2-13　国产闪光继电器的主要技术参数

型　　　号		额定电压/V	闪光频率/次·min^{-1}	额定负载，适用车型/W
热丝式	SD56	12	50～110	43　解放东风 BM021
	SD56A	6		43　250 摩托车
	SD56B	24		50
	SD56C	12		52
	SD57	12		43
	SD57A	12		
电容式	SG112	12	50～110	43
	SG112B	12		50　红旗轿车
	SG112L	12		43
	SG112K	12		86　红旗轿车、红旗 630
	SG212	24		46.5
置片式	SG124B	12	60～120	42　切诺基 XJ213
	SG124L	12		44　CA141
	SG124L	24		88　CA141 柴油机
	SG124C	6		17.5　长汽 AX100
	SG124L	24		88　黄河 DD680
	SG124C	12		42　成都 130
	SG124A	21		47　二汽 EQF153
	SG624	6		17.5　摩托车
	SG224	24		47　成都成工牌
电子式	JSG154	12	60～120	奥连　100
	JSG152B	12		夏利　750
	JSG145	12		长江　750
	JSG142	12		44（88）桑塔纳轿车

3. 转向信号系统故障分析方法

当转向信号系统发生故障时，应根据故障的现象进行分析故障的原因诊断故障的大概位置，然后再去排除，降低排除故障的难度，准确的排除故障。排除故障的方法一般采用如下方法。

（1）电阻法：测量线路中的阻值大小来判断故障；

（2）电压法：测量线路是否有电压或是前支路与后支路电压下降值判断故障；

（3）试灯法：使用试灯测量线路是否到电，来判断故障；

（4）跨接法：使用跨接线来跨接线路，使某些元件工作来诊断故障。

4. 转向信号系统常见的故障分析表

表 2-14　转向信号灯电路故障分析表

故　障　现　象	可能的原因	检查及排除方法
所有转向灯都不亮	转向灯熔丝烧断	更换熔丝
	转向灯信号开关不良	拆检或更换之
	闪光器损坏	更换闪光器
	电池线路插头连接不良或脱落	用万用表检查线路有无断路及电阻过大现象

故障现象	可能的原因	检查及排除方法
左转或右转向灯不亮	转向开关损坏或接触不良	拆检或更换转向开关
	连接器接触不良	处理连接器
转向灯闪烁频率过高或过低	灯炮功率不当	更换灯泡
	闪光器故障	更闪光器
	线路接触不良	检查线路有无电阻过大现象
	电源电压过高或过低	调整或更换调节器
转向指示灯不亮	转向指示灯损坏或线路不良	更换灯泡或处理线路
转向灯常亮	闪光器故障	更换闪光器
	转向灯开关故障	拆检或更换转向开关
	发动机输出电压过高	调整或调节器
	接错线或短路	重接或处理短路点
有时灯亮有时亮不亮	闪光器故障	更换闪光器
	导线接触不良	处理线路
危险警告灯不亮，转向灯正常	危险警告灯熔丝烧断	更换熔丝
	危险警告开关号开关不良	拆检或更换之
	电源线路插头连接不良或脱落	用万用表检查线路有无断路及电阻过大现象
危险警告灯、转向灯均不工作	转向灯熔丝和危险警告灯熔丝烧断	更换熔丝
	闪光器损坏	更换闪光器
	线路故障	检修线路
按下危险警告开关，仅一侧灯工作	危险警告开关一侧触点不良	拆检或更换危险警告开关
	一侧线路故障	检修线路
患光，即打开关时，不是相应的灯具点亮	电气系统搭铁线接触不良	检查电气系统搭铁线，搭铁点

5. 转向信号系统常见的故障分析（以桑塔纳 2000GSI 为例）

注意：排除故障时，请对照图 2-95 桑塔纳 2000GSI 转向信号系统电路原理图。

1）所有转向灯都不亮

（1）检修步骤一：如图 2-99 所示，用试灯检查相熔丝是否损坏；A 和 B 两点试灯都亮说明熔丝是好的，若 A 和 B 两点灯都不亮则说明点火开关线或线路有故障，若只一点试灯亮则说明熔丝损坏。

（2）检修步骤二：如图 2-100 所示，用试灯检查闪光器的好坏，若试灯闪亮说明闪光器良好，否则是闪光器损坏。

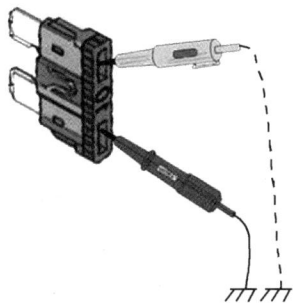

图 2-99　检查熔丝

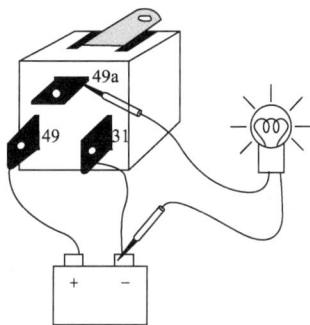

图 2-100　检查闪光器

（3）检修步骤三：检查转向开关好坏。

① 方法一，如图 2-101 所示，使用电阻法检查转向开关，关闭点火开关，分别将转向开关置于右转向和左转向位置，用万用表欧姆挡分别测量 49a——L、49a——R 之间的电阻值，若阻值小于 0.5Ω说明转向开关是好的，反之开关损坏。

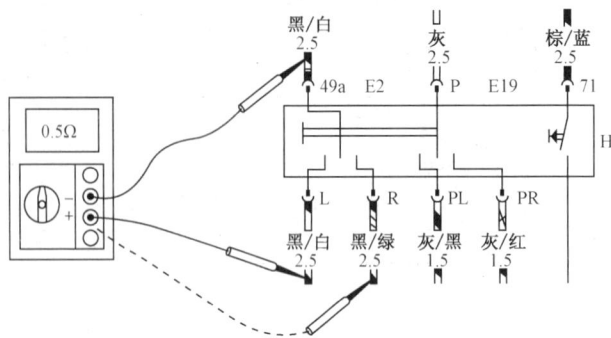

图 2-101　电阻法检查转向开关好坏

② 方法二，如图 2-102 所示，使用试灯法检查转向开关，打开点火开关，分别将转向开关置于右转向和左转向位置，用试灯分别测试 L、R 两根引线，若两处试灯都闪亮说明转向开关良好；若两点试灯都不亮，则转向开关损坏；若只有一处灯亮，说明另一转向开关损坏。

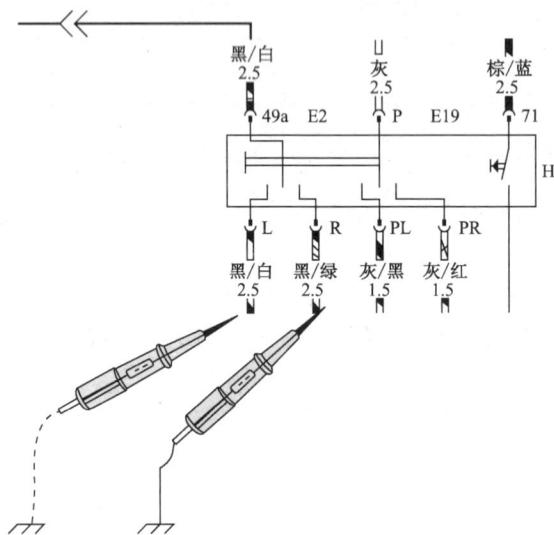

图 2-102　试灯法检查转向开关好坏

2）转向灯常亮

故障现象：打左和右转向时，转向灯只亮不闪。

（1）检修步骤一：拔下闪光器或断开转向灯与转向开关线束进行检查，如图 2-103 所示。打开点火开关，检查闪光器工作情况。若试灯常亮则为闪光器故障，否则故障在转向开关或线路。

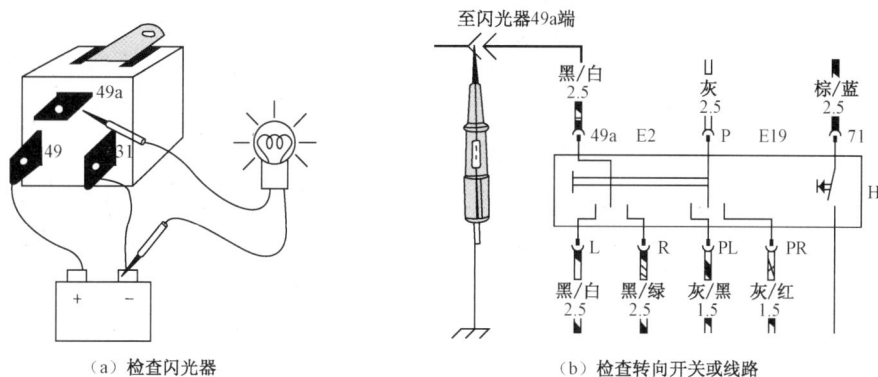

（a）检查闪光器　　　　　　（b）检查转向开关或线路

图 2-103　检查闪光器是否起振

（2）检修步骤二：断开转向灯与转向开关线束进行检查，如图 2-104 所示。

① 方法一：关闭点火开关，用万用表欧姆挡测量危险警告灯开关 49 号与 49a 号端子的电阻值，若阻值为∞，则转向开关为好的，若阻值为 0Ω，则危险警告灯开关损坏。

② 方法二：打开点火开关，用试灯检查转向开关 49a 号端子情况，若试灯亮，则转向开关损坏，若试灯不亮，则转向开关为良好。

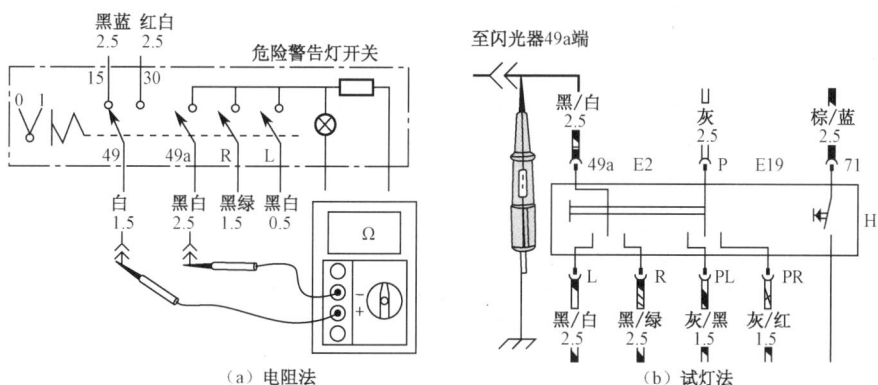

（a）电阻法　　　　　　　　（b）试灯法

图 2-104　检查转向开关触点是否短路

（3）检修步骤三：将闪光器拔掉，断开转向灯与转向开关线束进行检查如图 2-105 所示，若试灯亮，则表明线路有与电源短路现象。

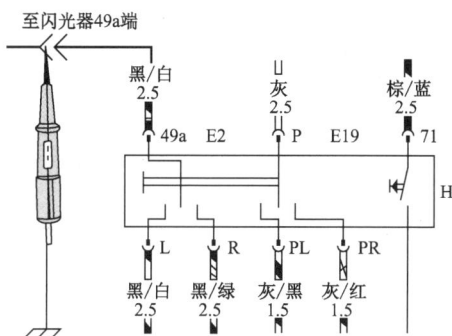

图 2-105　检查线路有无与电源短路

3）危险警告灯不亮，转向灯正常故障排除方法

（1）检修步骤一：检查危险警告灯熔断器，如图 2-106 所示，用试灯检查相应熔丝是否损坏；A,B 两点试灯都亮说明熔丝是好的，若 A 和 B 两点灯都不亮则说明点火开关线或线路有故障，若只一点试灯亮则说明熔丝损坏。

（2）检修步骤二：检查危险警告开关电源触点好坏。如图 2-107 所示，将危险警告开关按下，用试灯检查 30# 和 49# 两点，若 30#、49# 两点试灯亮，说明危险警告开关电源触点良好，若 30# 点试灯不亮，说明熔丝已损坏，若 30# 点亮，49# 点不亮，说明危险警告开关电源触点损坏。

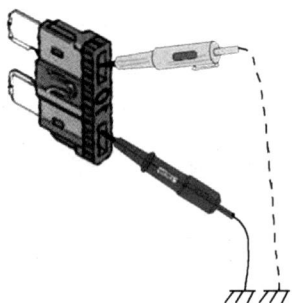

图 2-106　检查熔丝

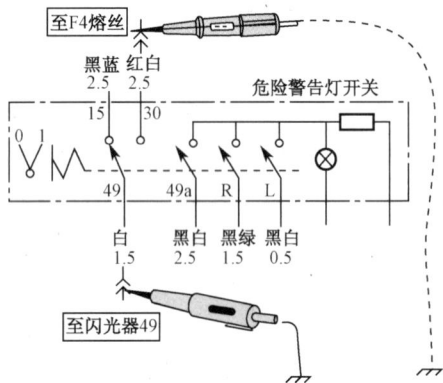

图 2-107　检查危险警告开关电源触点好坏

（3）检修步骤三：检查危险警告开关信号灯触点好坏。

① 方法一：如图 2-108 所示，将危险警告开关按下，用万用表欧姆挡分别测量 49a、R 和 L 端子间的电阻值，若阻值为 0Ω 说明开关信号灯触点是良好，反之开关损坏。

② 方法二：如图 2-109 所示，按下危险警告开关，用试灯分别测试 49a，再测试 R 和 L 端子，若测量 49a 时试灯闪烁说明电流已流到危险警告灯开关，再测量 R 和 L 时，试灯闪烁，说明开关信号灯触点是好的；若两点试灯都不亮，则两个开关信号灯触点损坏；若只有一点灯闪亮，说明另开关信号灯触点损坏。

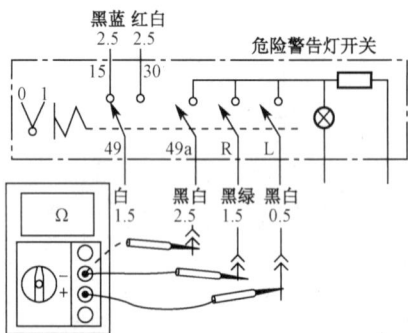

图 2-108　电阻法危险警告开关信号灯触点好坏

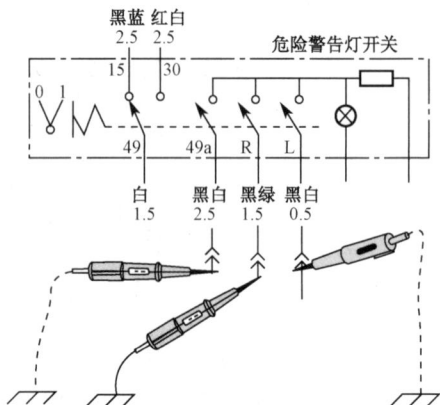

图 2-109　试灯法检查危险警告开关信号灯触点好坏

思考： 当按下危险警告灯开关后，只有一侧信号灯工作，请列出此故障的诊断流程。

4）LZW6371 型汽车转向及危险警告灯典型故障诊断流程

（1）打开转向开关，所有转向灯都不工作故障的诊断流程：

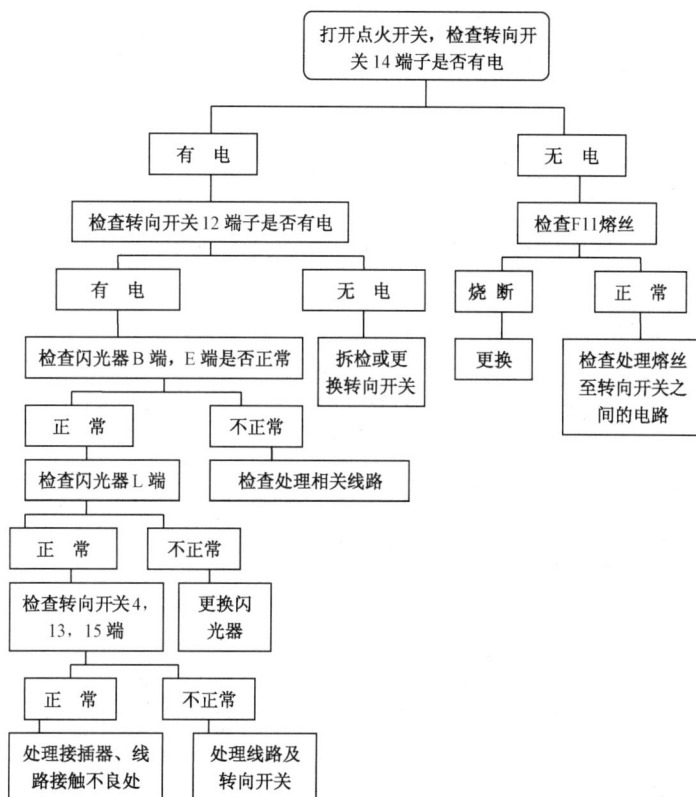

```
                      打开点火开关，检查转向开
                       关14端子是否有电
                   ┌───────────────┴────────────────┐
                 有  电                            无  电
                   │                                │
         检查转向开关12端子是否有电                检查F11熔丝
          ┌────────┴────────┐              ┌────────┴────────┐
        有  电            无  电           烧  断            正  常
          │                │              │                │
  检查闪光器B端，E端是否正常   拆检或更换        更换        检查处理熔丝
    ┌──────┴──────┐        转向开关                       至转向开关之
  正  常        不正常                                     间的电路
    │            │
检查闪光器L端   检查处理相关线路
┌───┴────┐
正  常   不正常
  │       │
检查转向开关4，  更换闪
13，15端       光器
┌───┴────┐
正  常   不正常
  │       │
处理接插器、线   处理线路及
路接触不良处    转向开关
```

（2）打开转向开关时，只有一个转向信号灯不闪烁的故障诊断流程：

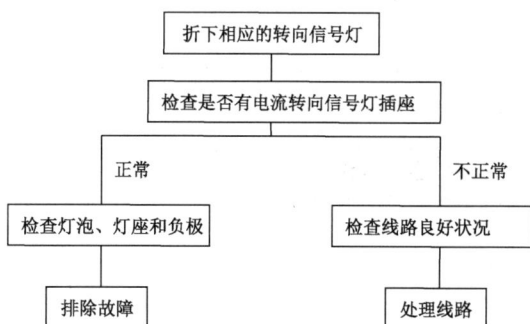

```
            折下相应的转向信号灯
                  │
         检查是否有电流转向信号灯插座
         ┌────────┴────────┐
       正常                不正常
         │                  │
  检查灯泡、灯座和负极      检查线路良好状况
         │                  │
      排除故障             处理线路
```

（3）打开转向开关，所有转向灯常亮的故障的诊断流程：

```
                    ┌─────────────────────────┐
                    │ 打开点火开关，拔下闪光器 │
                    │   检查转向灯是否常亮     │
                    └─────────────────────────┘
                         │                 │
                ┌────────┘                 └────────┐
            ┌───────┐                           ┌───────┐
            │ 常 亮 │                           │ 熄 灭 │
            └───────┘                           └───────┘
                │                                   │
    ┌───────────────────────┐              ┌──────────────┐
    │ 打开点火开关，检查4号端子 │              │ 更换闪光器   │
    │       是否常亮         │              └──────────────┘
    └───────────────────────┘
         │               │
    ┌───────┐       ┌───────┐
    │ 常 亮 │       │ 熄 灭 │
    └───────┘       └───────┘
        │               │
┌─────────────────┐ ┌──────────────────────┐
│ 断开转向开关插头，检查│ │ 处理13，15号端子相关  │
│ 开关处4端子是否常亮 │ │ 线路与电源线短路处    │
└─────────────────┘ └──────────────────────┘
     │         │
┌───────┐ ┌───────┐
│ 常 亮 │ │ 熄 灭 │
└───────┘ └───────┘
    │         │
┌──────────┐ ┌──────────────────┐
│ 拆检或更换转向│ │ 处理4号端子相关线  │
│    开关    │ │ 路与电源线短路处   │
└──────────┘ └──────────────────┘
```

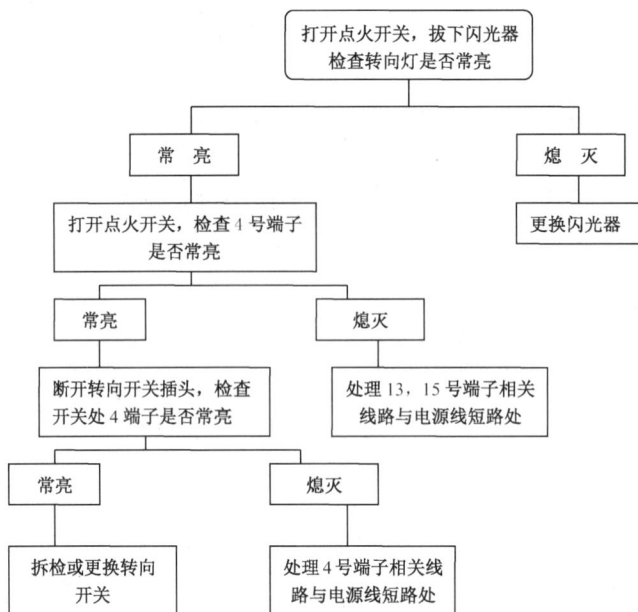

（4）危险警告灯不亮，转向灯正常的故障的诊断流程：

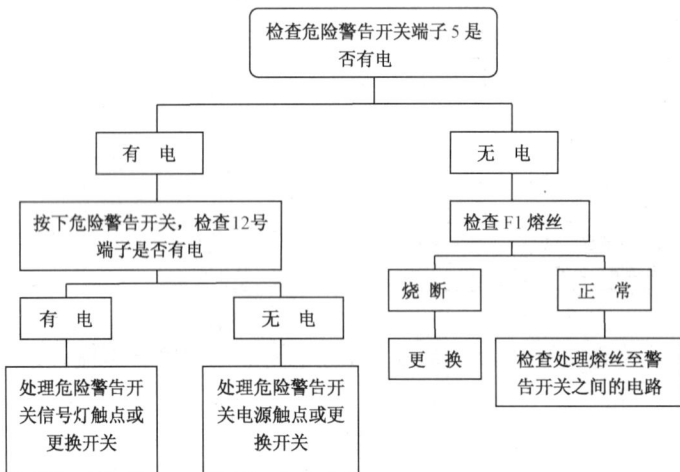

```
                    ┌─────────────────────────┐
                    │ 检查危险警告开关端子5是   │
                    │        否有电           │
                    └─────────────────────────┘
                      │                     │
              ┌───────┘                     └───────┐
          ┌───────┐                             ┌───────┐
          │ 有 电 │                             │ 无 电 │
          └───────┘                             └───────┘
              │                                     │
    ┌──────────────────────┐              ┌──────────────┐
    │ 按下危险警告开关，检查12号│              │ 检查F1熔丝   │
    │   端子是否有电        │              └──────────────┘
    └──────────────────────┘                │         │
       │             │                  ┌───────┐ ┌───────┐
   ┌───────┐     ┌───────┐              │ 烧 断 │ │ 正 常 │
   │ 有 电 │     │ 无 电 │              └───────┘ └───────┘
   └───────┘     └───────┘                  │         │
       │             │                  ┌───────┐ ┌──────────────────┐
┌──────────────┐ ┌──────────────┐       │ 更 换 │ │ 检查处理熔丝至警    │
│ 处理危险警告开  │ │ 处理危险警告开  │       └───────┘ │ 告开关之间的电路    │
│ 关信号灯触点或  │ │ 关电源触点或更  │                 └──────────────────┘
│   更换开关    │ │   换开关      │
└──────────────┘ └──────────────┘
```

任务3 制动信号装置的故障诊断与排除

任务要求

要求选用万用表、试灯、拆装常用工量具，就车检查判断制动信号装置的技术状况，并完成制动信号灯的更换和测试操作。

完成检查更换作业后，灯具应固定牢靠，制动信号灯响应应灵敏，能正常工作。

作业时间：20分钟。

客户把有故障的汽车开进车间，反映"制动信号装置"有故障，要求检修。老师引导学生按汽修厂的工作过程完成制动信号装置的检查、更换和调整操作，从而在完成任务的过程中学习制动信号装置的检查诊断技能、更换操作和排除故障方法，正确排除制动信号装置的故障，以及相关的理论知识。

也可以播放制动信号装置的检查与更换案例视频，激发学生学习的兴趣。

教学资料准备：教学用车使用说明书、维修手册等。

任务引导

相关知识点学习：要求学生实训课前参考"知识链接"独立完成。

1. 制动、驻车信号装置的认识：填写图 2-110 和图 2-111 中的方框。

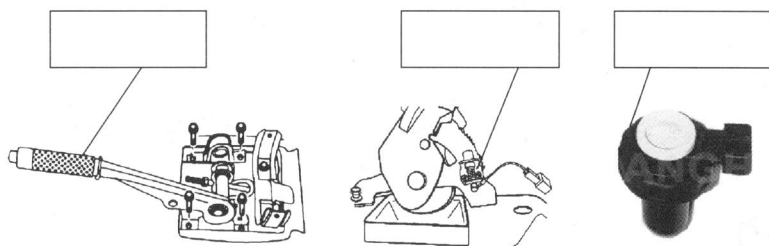

图 2-110 制动、驻车信号装置元件与安装图

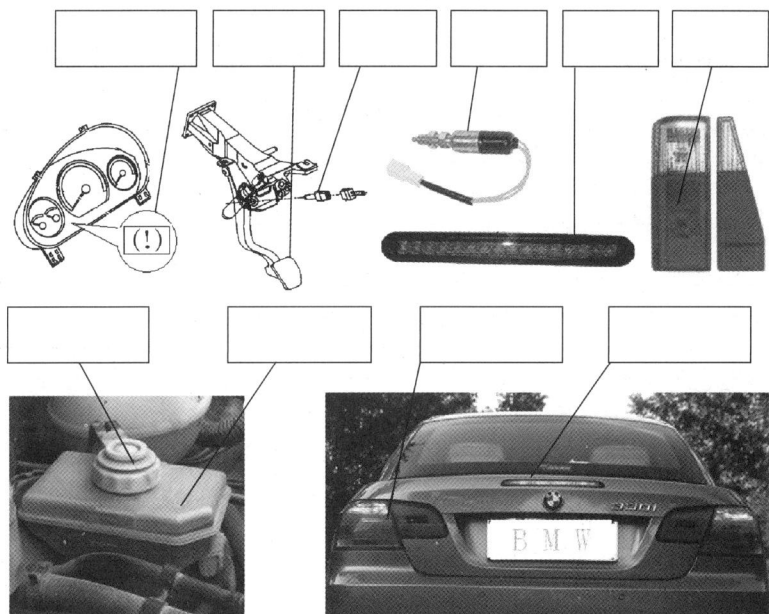

图 2-111 制动、驻车信号装置元件与安装图

2. 制动信号灯主要由_____、_____和_____等组成。制动开关主要有_____和_____两种类型。

3. 驻车警告灯装置主要由_____、_____和制动液液面过低报警开关等组成。

4. 观察实训车辆，制动灯的颜色？_____。灯光的亮度与小灯相比哪个灯比较亮？_____。

5. 观察实训车辆，是否安装有高位制动灯？（有_____、无_____）。如果安装有高位制动灯，它的类型是（LED型_____、普通灯泡型_____）。

6. 驻车灯警告灯是在什么情况下点亮？（1）_____
_____。

（2）_____
_____。

7. 检查实训车辆，放下手制动时，再拉起手制动_____响后，驻车制动能拉紧。

8. 检查实训车辆，如果在没有打开点火开关时，驻车灯警告灯会点亮吗？____（会、不会）；当踩下制动踏板时，制动信号灯会点亮吗？_____（会、不会）。

9. 当前车踩下制动时，后车或行人应能清淅地看清前车制动信号灯点亮。（×、√）

10. 当驾驶员踩下制动踏板时制动信号灯发亮，能发出很明显的强烈红光，即使是在白天也能清楚地看到。（×、√）

11. 如果前车的制动信号灯损坏后，因前车突然制动而导致后车追尾，主要责任应是_____（前车、后车）。

任务实施

1. 工作安排

养成工作分工表完成工作任务的习惯，请你将工作分工与完成时间记录在表2-15中。

表2-15　组员工作分工表

姓　名	任务分工	完成时间	备　注

图2-112　工位准备

2. 准备工作

（1）检查举升机；　　　　　　　□合格
（2）车辆开进工位；　　　　　　□完成
（3）停车，打开发动机罩；　　　□完成
（4）安装车辆护套；　　　　　　□完成
（5）举升臂对准车辆举升位置；　□完成
（6）稍微举升车辆（车轮稍离开地面）。□完成

注意：如果不使用举升机，应在驱动轮前后安装好车轮挡块（三角木），如图2-112所示。

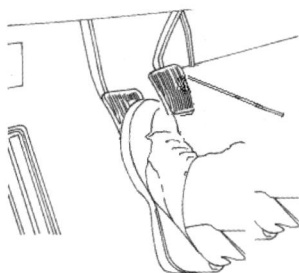 图 2-113　检查制动信号灯	**3. 验证故障情况** （1）踩下制动踏板，如图 2-113 所示，验证故障情况。 ① 左制动信号灯＿＿＿＿＿＿（亮、不亮）； ② 左制动信号灯＿＿＿＿＿＿（亮、不亮）； ③ 高位制动信号灯＿＿＿＿（亮、不亮）； ④ 制动信号灯是否存在异常：有（　）无（　）。 **注意：** 如汽车需要启动操作必须在老师许可下进行（确认挂空挡、拉手刹、踩离合器，无安全隐患等）。
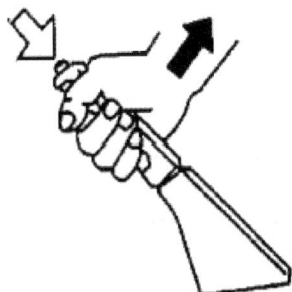 图 2-114　检查驻车信号灯	（2）如图 2-114 所示拉紧驻车制动手把，观察组合仪表上驻车信号灯是否点亮。 驻车信号灯＿＿＿＿＿＿（亮、不亮）
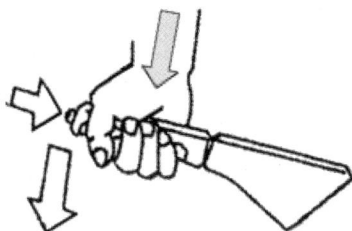 图 2-115　检查驻车信号灯	（3）如图 2-115 所示，完全放下驻车制动手把，观察组合仪表上驻车信号灯是否点亮。 驻车信号灯＿＿＿＿＿＿（亮、不亮） 再轻轻拉起驻车制动手把，听手把的响声，在＿＿＿＿＿＿（1、2、3、4、5、6）响后驻车信号灯熄灭。
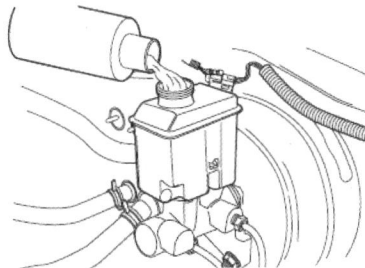 图 2-116　检查制动液面	（4）检查制动液面，观察制动液是否在正常范围内，如果低于正常范围，应补充制动液，如图 2-116 所示。

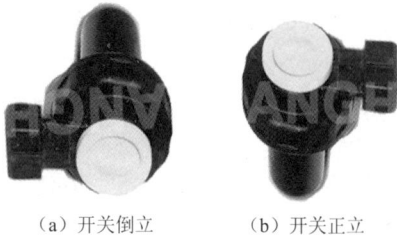

（a）开关倒立　　（b）开关正立

图 2-117　检查制动液面过低报警开关

（5）将制动液面过低报警开关线束拔下，再从储液罐上拆下制动液面过低报警开关，拆下后将线束再次连接，打开点火开关，放下驻车制动手把。

①方法 1：如图 2-117（a）所示，将开关倒立时，观察驻车信号灯是否点亮_____（亮、不亮）。

②方法 2：如图 2-116（b）所示，将开关正立时，观察驻车信号灯是否点亮_____（亮、不亮）。

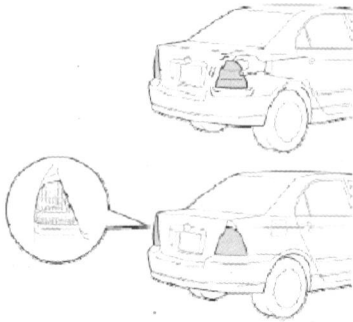

图 2-118　检查灯具安装状况

4. 检查制动信号灯、驻车灯警告灯的安装状况

（1）如图 2-118 所示，用手检查车灯是否松动，目测检查灯具，确保各灯的灯罩和反光镜没有褪色或者因为碰撞而损坏。同时，检查灯内是否有污物或者有水进入。

注意：同时需要检查左后灯灯具、右后灯灯具和高位制动灯。

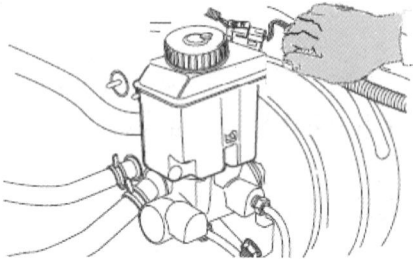

图 2-119　检查制动液面过低报警开关线束

（2）如图 2-119 所示，用手推拉一下线束插座，验证线束是否存在松动或接触不良。

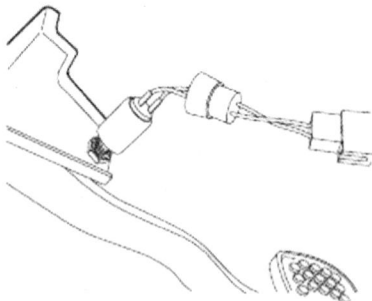

图 2-120　检查制动信号灯开关线束

（3）如图 2-120 所示，用手推拉一下线束插座，验证线束是否存在松动或接触不良。

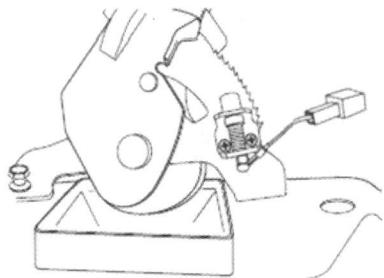 图 2-121　检查驻车信号灯开关线束	（4）如图 2-121 所示，用手推拉驻车制动线束插座，验证线束是否存在松动或接触不良。
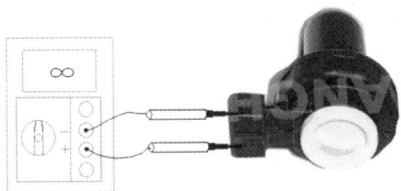 图 2-122　检测制动液面过低报警开关	**5. 元件检测** 1）检测制动液面过低报警开关 　　如图 2-122 所示，将制动液面过低报警开关两个接线柱与万用表的两根表笔相连接，万用表打到电阻挡，再将制动液面过低报警开关倒立，如果阻值是"∞"为正常。
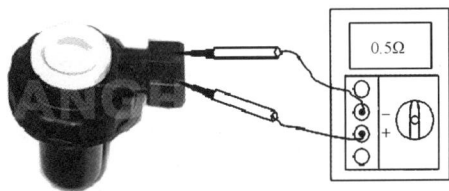 图 2-123　检测制动液面过低报警开关	2）检测制动液面过低报警开关 　　如图 2-123 所示，将制动液面过低报警开关两个接线柱与万用表的两根表笔相连接，万用表打到电阻挡，正立制动液面过低报警开关，如果阻值为 0.5Ω 左右为正常。
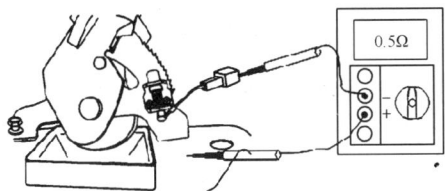 图 2-124　检测驻车信号灯开关	3）检测驻车信号灯开关 　　如图 2-124 所示，拉起驻车制动手把，将万用表的一根表笔与驻车制动开关线束连接，另一根与车身连接，如阻值为 0.5Ω 左右为正常。
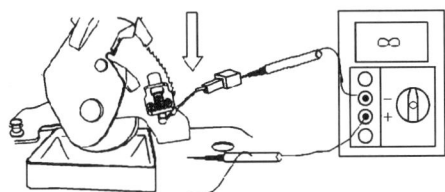 图 2-125　检测驻车信号灯开关	4）检测驻车信号灯开关 　　如图 2-125 所示，放下驻车制动手把，将万用表的一根表笔与驻车制动开关线束连接，另一根与车身连接，如果阻值是"∞"为正常。

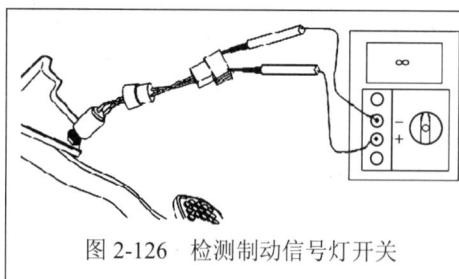

图 2-126　检测制动信号灯开关

5）检测制动信号灯开关

如图 2-126 所示，把制动开关线束拔下，将万用表的两根表笔与制动开关接线柱连接，如果测得的阻值是"∞"为正常。

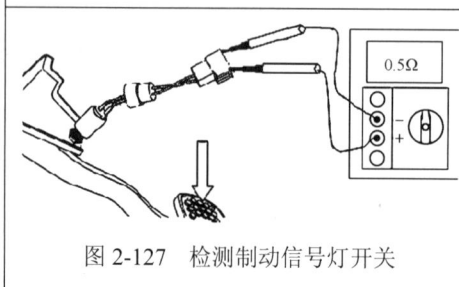

图 2-127　检测制动信号灯开关

6）检测制动信号灯开关

如图 2-127 所示，当踩下制动踏板时，测量制动开关的阻值为 0.5Ω左右为正常。

6. 制动、驻车信号装置典型故障诊断流程

操作提示：

在我们排除汽车电气系统故障时，应做到以下几点。

（1）首先需要了解该电气系统有哪些元件组成。

（2）各个元件所安装的位置在哪里，能够准确的找出元件。

（3）需要了解该电气系统有什么特征或功能。

（4）找出该电气系统的故障现象。

（5）再根据故障现象分析故障的原因，故障有可能产生的部位。

（6）借助该电气系统的的电路原理图，具体分析故障产生原因和部位。

五菱鸿途制动、驻车信号装置功能和特征分析：

（1）当踩下制动踏板时，左后制动信号灯、右后制动信号灯和高位制动信号灯点亮。

（2）当踩下制动踏板时，不需要打开点火开关，只要踩下制动踏板就可以让制动信号灯点亮。

（3）制动信号灯和小灯的颜色都是红色，当踩下制动踏板时，制动信号灯的亮度比小灯的亮度更强。

（4）拉紧驻车制动手把，打开点火开关，观察驻车信号灯应点亮。

（5）完全放下驻车制动手把，打开点火开关，观察驻车信号灯应熄灭。

（6）完全放下驻车制动手把，再拉起驻车制动手把时，观察驻车信号灯应会点亮。

（7）当制动液液面过低时，驻车信号灯也会点亮。

1）制动信号装置故障分析方法

当制动信号灯发生故障时，应根据故障的现象分析故障的原因，诊断故障的大概位置，然后再去排除，降低排除故障的难度，准确的排除故障。排除故障的方法一般采用如下方法。

（1）电阻法：测量线路中的阻值大小来判断故障；

（2）电压法：测量线路是否有电压或是前支路与后支路电压下降值判断故障；

（3）试灯法：使用试灯测量线路是否到电，来判断故障；

（4）跨接法：使用跨接线来跨接线路，使某些元件工作来诊断故障。

2）制动信号灯典型故障诊断流程

（1）所有制动信号灯不亮故障诊断流程如下。

检查熔丝

方法 1：如图 2-128（a）所示，找出相应的熔丝用万用表欧姆挡测量熔丝的阻值，如果阻值小于 10Ω 说明良好，反之为损坏。

不正常 → 更换熔丝

（a）万用表欧姆挡测熔丝阻值　　（b）跨接两个接口观察制动灯

图 2-128　熔丝检测

方法 2：如图 2-128（b）所示，用跨接线跨接相应的熔丝插座的两个插座接口，观察制动灯是否亮，亮说明熔丝损坏。

正常 ↓

检查制动灯开关

方法 1：如图 2-129（a）所示，使用万用表连接制动开关插座，踩下制动踏板用欧姆挡测量制动灯开关阻值，如果阻值小于 10Ω 说明良好，反之为损坏。

不正常 → 更换制动开关

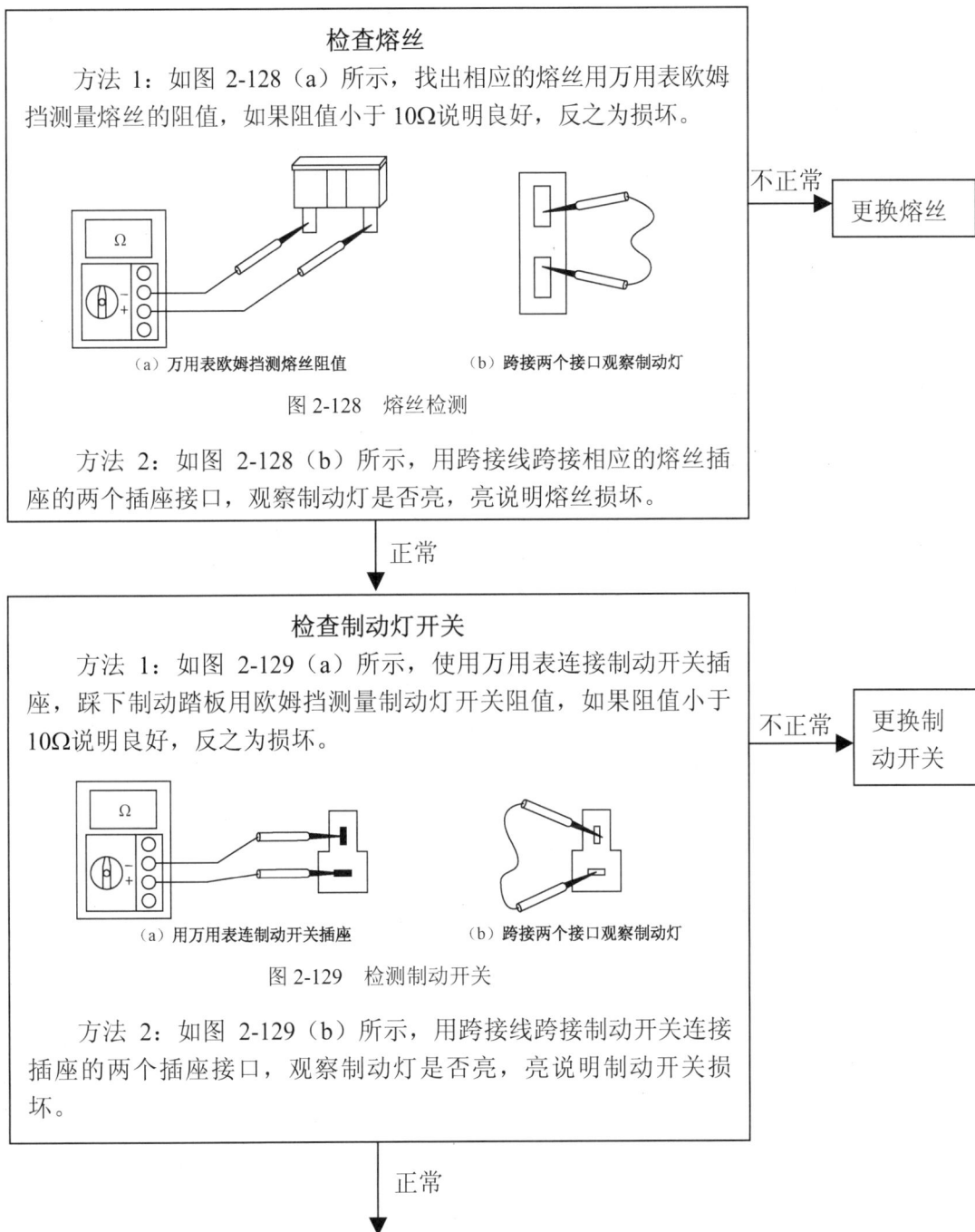

（a）用万用表连制动开关插座　　（b）跨接两个接口观察制动灯

图 2-129　检测制动开关

方法 2：如图 2-129（b）所示，用跨接线跨接制动开关连接插座的两个插座接口，观察制动灯是否亮，亮说明制动开关损坏。

正常 ↓

检查线路

方法：如图 2-130 所示，踩下制动踏板，使用试灯测量制动灯的插座相应的接线头，如果试灯亮，说明有电流流过，线路连接良好。

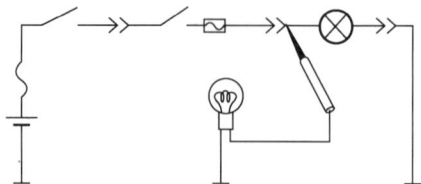

图 2-130　检查制动灯线路

试灯不亮 → 重新连接线路

（2）某个制动信号灯不亮的故障诊断流程如下。

观察判断哪一个灯不亮
（其中一个灯亮说明总线路连接良好）

检查灯泡是否烧坏

方法：观察灯泡灯丝是否烧断或通电试验；如图 2-131 所示，将灯泡连接到蓄电池上，如果灯亮说明灯泡良好。

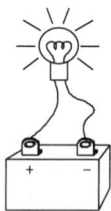

图 2-131　检查灯泡

不正常 → 更换灯泡

正常

检查灯座

方法：如图 2-132 所示，踩下制动踏板，使用试灯测量制动信号灯的灯座，试灯一端与灯座外壳接触，另一端与灯座中心连接点连接，如果试灯亮，说明灯座良好。

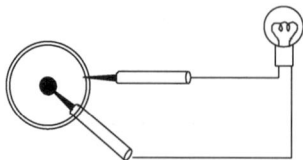

图 2-132　检查灯座

不正常 → 修复灯座或更换灯座

正常

检查线路支路

方法：如图 2-133 所示，踩下制动踏板，使用试灯测量制动信号灯的插座相应的接线头，如果试灯亮，说明有电流流过，线路连接良好。

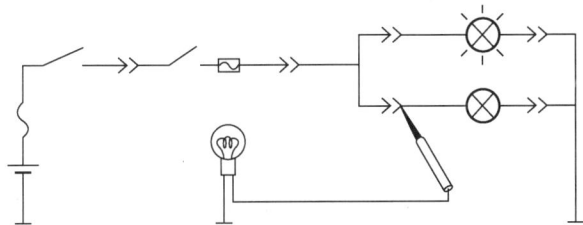

不正常 → 重新连接线路

图 2-133 检查线路支路

将制动、驻车信号系统技术状况检查情况填入表 2-16 中。

表 2-16 制动、驻车信号系统技术状况检查记录表

检查项目	转向信号系统检查测量记录情况		
	标准值（要求）	测量值（现状）	评 价
灯泡功率检查			□合格 □不合格
线路电压的检查			□合格 □不合格
制动开关灵活性检查			□合格 □不合格
驻车信号开关灵活性检查			□合格 □不合格
制动液面过低报警开关检查			□合格 □不合格
左后灯具安装状况检查			□合格 □不合格
右后灯具安装状况检查			□合格 □不合格
高位制动灯状况检查			□合格 □不合格
线路通断检查			□合格 □不合格
熔丝的检查			□合格 □不合格
综合评定：			

实训报告 2-3 制动、驻车信号系统线路的检查

表 2-17

实训车型		实训任务	停车灯线路的检查与更换	
基本步骤		观察与测量结果	分析与处理意见	完成情况
1	把车开进工位，停车			□是 □否
2	检查熔丝的通断			□是 □否
3	拉起引擎盖拉手，打开引擎盖			□是 □否
4	打开引擎盖			□是 □否

续表

实训车型			实训任务	停车灯线路的检查与更换	
基本步骤			观察与测量结果	分析与处理意见	完成情况
5	检查制动液液面高度				□是 □否
6	检查制动液面过低报警开关				□是 □否
7	检查制动灯开关安装状况				□是 □否
8	检查制动灯开关线束状况				□是 □否
9	检查制动灯开关灵活性				□是 □否
10	检查驻车灯开关安装状况				□是 □否
11	检查驻车灯开关线束状况				□是 □否
12	检查驻车灯开关灵活性				□是 □否
13	检查驻车信号灯状况				□是 □否
14	拆下左后组合灯具				□是 □否
15	检查左后制动信号灯状况				□是 □否
16	拆下右后组合灯具				□是 □否
17	检查右后制动信号灯状况				□是 □否
18	检查高位制动灯状况				□是 □否
19	比较制动灯与小灯之间亮度				□是 □否
20	检查左右两边制动灯的亮度				□是 □否
教师评语					
成绩		指导教师签名		日期	

任务考核单 2-3-1　制动、驻车信号系统线路的检查与更换

表 2-18

班级			姓名		学号		
考核内容		制动、驻车信号系统线路的检查与更换			规定考核时间		10分钟
					实际考核时间		
序号		检查维修内容/评分标准		配分	考核及评分记录		得分
1	准备	把车开进工位，停车		2			
2	拆除检查	检查熔丝的通断		5			
		拉起引擎盖拉手，打开引擎盖		5			
		打开引擎盖		5			
		制动液液面高度		5			
		检查制动液面过低报警开关		5			
		更换制动液面过低报警开关		5			
		检查制动灯开关线束状况		5			
		更换制动灯开关		5			
		调整制动灯开关		8			
		检查驻车灯开关线束状况		5			
		更换驻车灯开关		5			

班 级		姓 名				学 号	
考核内容		制动、驻车信号系统线路的检查与更换			规定考核时间		10分钟
					实际考核时间		
序号		检查维修内容/评分标准		配分	考核及评分记录		得 分
2	拆除检查	检查驻车信号灯状况		5			
		拆下左后组合灯具		5			
		更换左后制动灯		5			
		拆下右后组合灯具		5			
		更换右后制动灯		5			
		更换高位制动灯		5			
3	安全文明	防护措施得当，作业规范安全整洁		3			
		工具、零件不落地		2			
4	使用工具	工具选用合理		2			
		工具使用规范		3			
5	考核时间	每超1分钟扣3分，超时3分钟终止考核					
		合计		100			
监考教师			考核日期			年 月 日	

任务考核单 2-3-2　制动、驻车信号系统故障排除评分表

表2-19

班级			姓名			学 号	
序号	考核内容	配分	评分标准		评分记录		得分
1	正确使用工具仪器	10	使用错误扣10分				
			使用不当酌情扣分				
2	根据故障现象，分析故障原因	20	检查方法错误扣10分				
			检查程序错误扣5分				
			检查结果错误扣10分				
3	明确故障部位	10	不能确定故障部位扣5分				
4	排除汽车汽车制动、驻车信号系统的故障	40	不能排除扣40分				
			自制一处故障扣10分				
5	验证排除效果	10	不进行验证扣5分				
6	遵守安全操作规程，正确使用工量具，操作现场整洁	10	每项扣2分，扣完为止				
	安全用电，防火，无人身、设备事故		因违规操作发生重大人和设备事故，此题按0分计				
7	分数总计	100					
	监考教师		考核日期	年 月 日			

任务考核单 2-3-3　制动、驻车信号系统故障排除任务单

表 2-20

班　级			姓　名		学　号	
一		检查判断		检查观察灯具，请正确选择灯光的状态		备注
1	检查制动液面高度		正常（　）		不正常（　）	
2	检查驻车信号灯		正常（　）		不正常（　）	
3	放下手制动手把，检查驻车信号灯是否正常		正常（　）		不正常（　）	
4	检查左后制动灯		正常（　）		不正常（　）	
5	检查右后制动灯		正常（　）		不正常（　）	
6	检查高位制动灯		正常（　）		不正常（　）	
7	制动、驻车信号系统是否存在异常，（如：灯光变暗，左右灯光不一致，有焦味等）		是（　）		无（　）	
8	灯具点亮是否存在异常，（如：有串光等现象）		是（　）		无（　）	
二			故障的排除			
故障现象		故障部位		故障原因		排除方法
监考教师				考核日期		年　月　日

知识链接

一、制动、驻车信号装置的作用和组成

1. 制动信号装置的作用

当驾驶员踩下制动踏板时制动信号灯发亮，发出很明显的强烈红光，即使是在白天也能清楚地看到；当在晚上打开大灯时，同样能发出比小灯即示宽灯更亮更为明显的红光，以提醒后车驾驶员的注意，起到警告作用，减少汽车追尾事故的发生，消除安全隐患。

2. 制动信号装置的组成

制动、驻车信号装置主要由制动信号灯、制动信号灯开关、驻车信号灯、驻车信号开关和制动液面过低报警开关等组成，如图 2-134 所示。

1）制动信号灯

制动信号灯简称制动灯。它装在汽车的尾部，由左右各一个信号灯组成，现代的轿车一般多安装一个高位刹车灯，在后挡风玻璃中上部或中下部。灯泡的组成有使用普通灯炮的，也有使用由若干个 LED 管组成的制动灯，高位刹车灯一般都是由 LED 管制成的，如图 2-135 所示。采用 LED 管的灯泡发光度要比普通灯炮的亮度好，寿命长，更为安全，这类 LED 管灯泡在汽车的应用将会日益广泛。

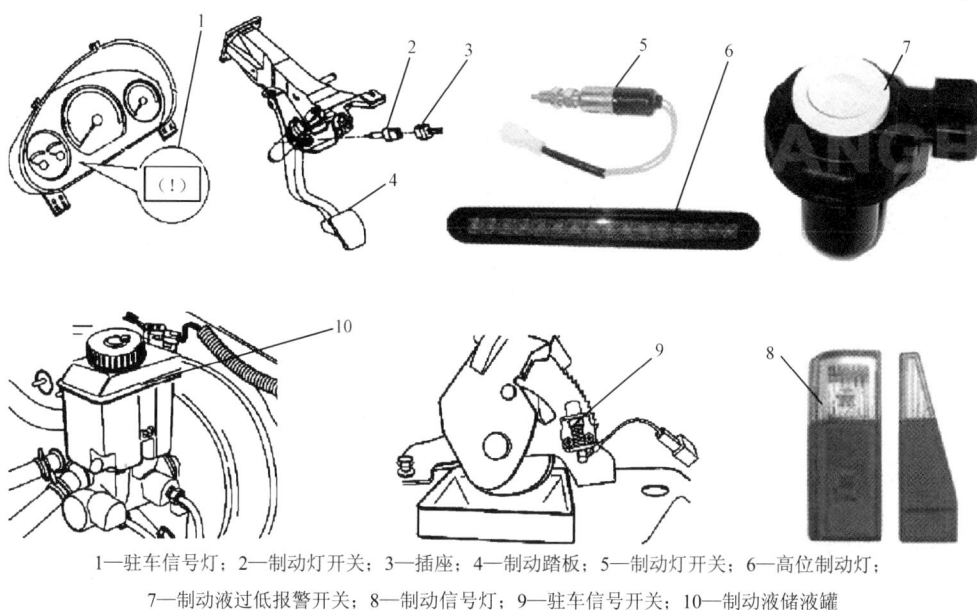

1—驻车信号灯；2—制动灯开关；3—插座；4—制动踏板；5—制动灯开关；6—高位制动灯；

7—制动液过低报警开关；8—制动信号灯；9—驻车信号开关；10—制动液储液罐

图 2-134　制动、驻车信号系统的安装位置和组成

图 2-135　各种 LED 管制动灯泡

2）制动信号灯开关

一般安装在汽车制动踏板上方或汽车制动回路中，视制动能源不同，可以采用机械式，液压式和气压式三种。由于现代的轿车都是采用液压制动的方式，大部分制动灯开关都是采用液压式制动开关。

液压式制动开关装在制动总泵的前端，其结构如图 2-136 所示。当驾驶员踩下制动踏板时，制动液压系统中的液压增大，膜片 5 向上拱曲，克服弹簧 3 的作用力使动触片 4 与两个静触头 2 接通，制动灯通电发亮，当松开制动踏板时，制动液压系统中的液压降低，动触片 4 在弹簧的作用力下复位，制动信号灯断电熄灭。

本田雅阁采用四线式的制动开关，与一般的汽车使用的制动开关有所不同，开关的导通特性如表 2-21 所示。

表 2-21　本田雅阁制动开关导通特性

抽动开关的位置	端口导通性			
	1	2	3	4
压下		●——●		
释放	●——●			●——●

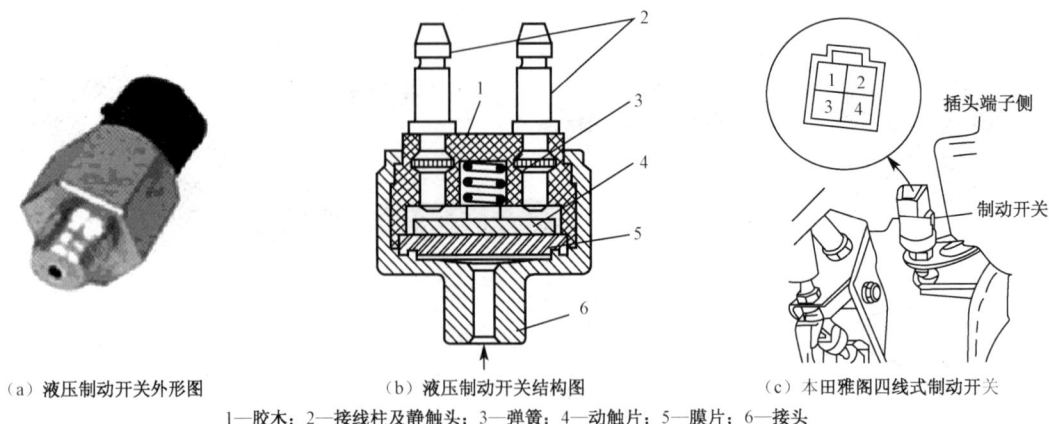

(a) 液压制动开关外形图　　　　　(b) 液压制动开关结构图　　　　　(c) 本田雅阁四线式制动开关

1—胶木；2—接线柱及静触头；3—弹簧；4—动触片；5—膜片；6—接头

图 2-136　液压式制动开关和液压式制动开关结构图

当松开制动踩板时，端口 1 与 4 导通，当踩下制动踏板时，端口 2 与 3 导通。

图 2-137 所示为本田雅阁制动信号系统原理图，其工作原理是：当打开巡航主开关时，电流从巡航主开关→制动开关 1→制动开关 4→定速巡航控制单元 2 端子，给定速巡航控制单元一个巡航信号。当踩下制动踏板时，电流+12V→制动开关 2→制动开关 3→（定速巡航控制单元 5、ECM/PCM、制动信号灯）→负极。给定速巡航控制单元的信号为解除定速巡航信号，给 ECM/PCM 为一个制动信号，另外通电使制动信号灯点亮。

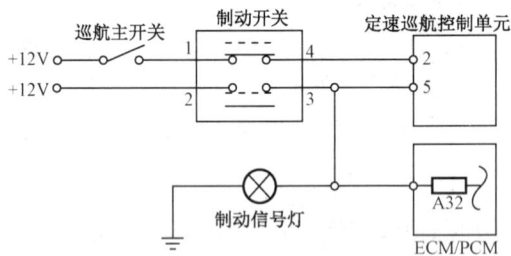

图 2-137　本田雅阁制动信号系统原理图

3. 制动信号灯监视电路

因为制动信号灯安装在汽车的尾部，制动信号灯灯泡烧坏，不易被驾驶员发现，而在制动信号灯一旦烧坏的情况下，在汽车紧急制动过程中，出现制动信号灯不亮故障，就会失去对后车驾驶员的警告作用，很容易发生汽车追尾事故，危险性很大。因此在汽车上安装制动信号灯监视电路，及时提醒驾驶员注意，有效地降低事故的发生。

如图 2-138 所示，当驾驶员踩下制动踏板时，制动信号灯 6 和 7、电磁线圈 5 和 8 及舌簧开关 4，报警指示灯 3 与舌簧开关 4 串联，在正常情况下踩下制动踏板，制动灯开关 2 接通，电流分别经电磁线圈 5 和 8 使左右制动信号灯亮；此时，两线圈所产生的磁场互相抵消，报警指示灯不亮，如果有其中一个制动信号灯丝烧断时，则电磁线圈 5（或 8）无电流通过，而通电的电磁线圈所产生磁场吸力吸动舌簧开关触点闭合，报警指示灯 3 就会亮，提醒驾驶员注意。

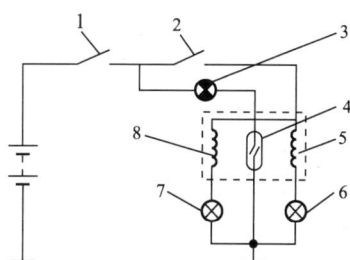

1—点火开关；2—制动灯开关；3—报警指示灯；4—舌簧开关；5、8—电磁线圈；6、7—制动信号灯

图 2-138　制动信号灯监视电路

4. 制动液面过低报警装置

制动液面过低报警装置作用反映制动系统储液罐里的存液量，当制动液液面过低时，报警指示灯亮，提醒司机及时加注制动液，预防因制动液过少而出现制动失灵事故。

制动液面过低报警灯传感器装在储液罐内，其结构如图 2-139 所示，外壳内装有舌簧开关 5，舌簧开关 5 的两个接线柱 2 与液面警告灯 3、电源相接，浮子 6 内安装有永久磁铁 7；当浮子 6 随着制动液面下降到规定值以下时，永久磁铁 7 的吸力吸动舌簧开关 5，使之闭合，接通报警指示灯，发出警告，制动液面在规定值以上时浮子上升，吸力不足，舌簧开关在自身弹力的作用下，断开警告灯电路。

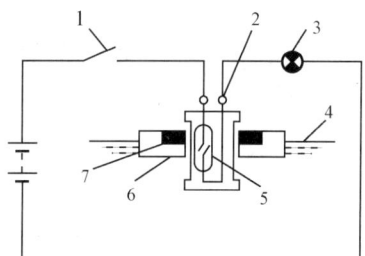

1—点火开关；2—接线柱；3—报警指示灯；4—制动液液面；5—舌簧开关；6—浮子；7—永久磁铁

图 2-139　制动液面过低报警装置

二、制动、驻车信号装置的工作原理及常见故障

1. 制动、驻车信号装置工作原理

图 2-140 所示为制动信号装置原理电路。在正常情况下，当驾驶员踩下制动踏板时，制动灯开关闭合，电流从蓄电池正极→点火开关→熔丝→制动灯开关→左、右后组合灯和高位制动灯→搭铁。形成回路使制动灯亮；当制动液下降到规定值下限时，制动液过低传感器就会闭合起来，电流从蓄电池正极→点火开关→熔丝→制动液过低传感器→搭铁。形成回路，警告灯就会亮，拉起手刹时，警告灯也会亮，表示汽车现在是制动液过少或是驻车，提醒驾驶员注意或应检查制动液是否过少。

2. 常见车型制动、驻车信号系统控制电路

1）五菱鸿途制动信号灯电路原理图

图 2-141 所示为五菱鸿途制动信号灯电路原理图，其工作原理是，当打开行车制动开关时，电流从蓄电池"+"→F5 熔丝→行车制动开关→左后制动灯、中央高位制动灯、右后制动灯→搭铁。

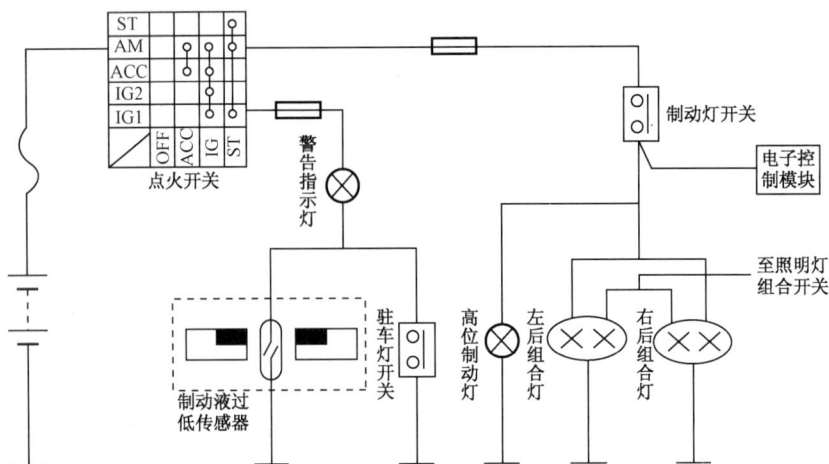

图 2-140　制动信号装置原理电路

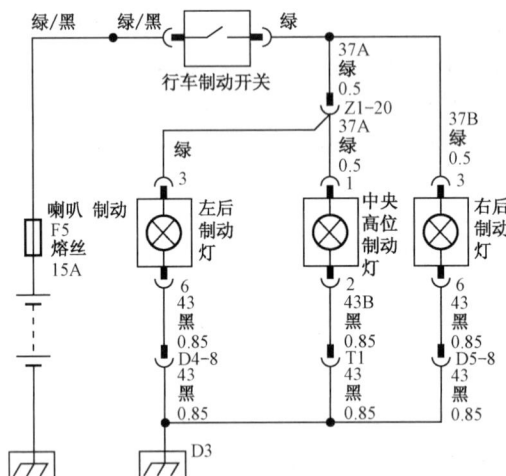

图 2-141　五菱鸿途制动信号灯电路原理图

2）Spark 制动信号灯电路原理图

图 2-142 所示为上汽通用五菱 Spark 制动信号灯电路原理图。

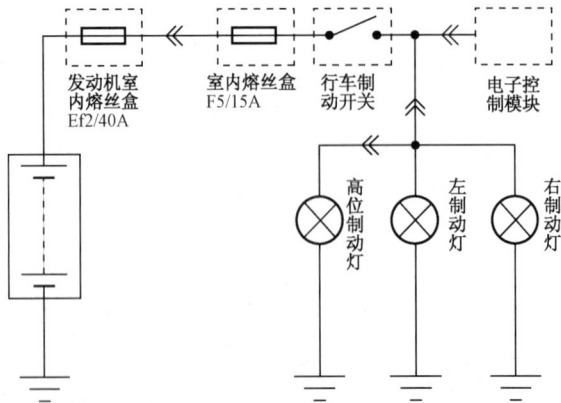

图 2-142　上汽通用五菱 Spark 制动信号灯电路原理图

Spark 制动信号灯工作原理是，电流从蓄电池"+"→发动机室内熔丝盒 Ef2/40A→室内熔丝盒 F5/15A→行车制动开关→高位制动灯、左制动灯、右制动灯→搭铁，这时制动灯点亮。

3）威驰汽车制动信号灯原理图

图 2-143 所示为丰田威驰汽车制动信号灯原理图，其工作原理如下。

（1）制动灯原理：踩下制动踏板时，制动灯开关闭合，电流从蓄电池"+"→FL MAIN 熔丝→ALT 熔丝→STOP 熔丝→制动灯开关→高位制动灯、左制动灯、右制动灯→BI 搭铁，制动灯点亮。

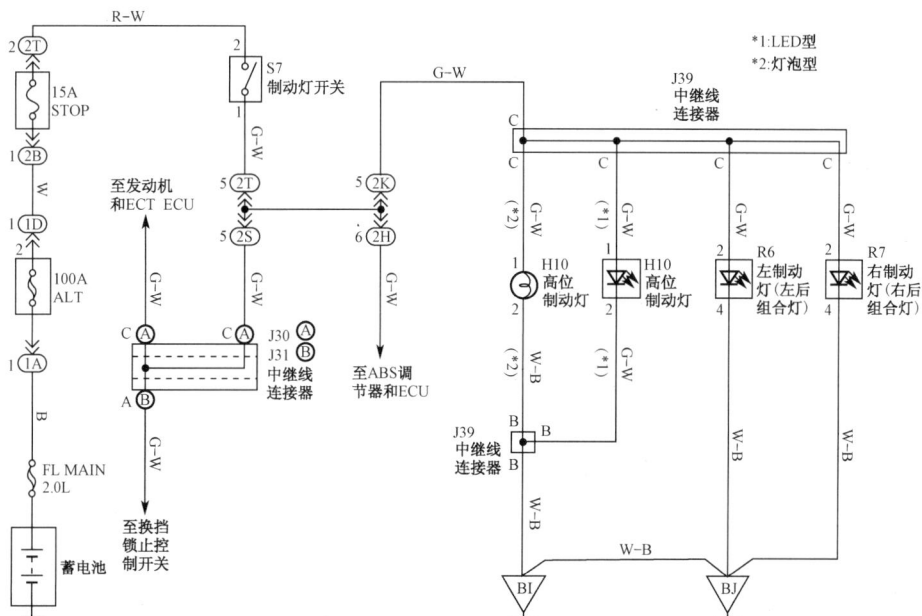

图 2-143 丰田威驰汽车制动信号灯原理图

（2）制动信号原理：踩下制动踏板时，制动灯开关闭合，电流从蓄电池"+"→FL MAIN 熔丝→ALT 熔丝→STOP 熔丝→制动灯开关→ABS 调节器和 ECU、发动机和 ECT ECU、换挡锁止控制开关，给其一个制动信号，当得到这一信号时，ABS 会调整制动力，ECT ECU 会降速和降低变速器的挡位，会使换挡锁止控制开关打开，所以自动挡汽车需要踩下制动踏板才能挂进挡位。

4）桑塔纳 2000GSI 制动、驻车信号灯原理图

图 2-144 所示为上海大众桑塔纳 2000GSI 制动、驻车信号灯原理图，其工作原理如下。

（1）制动灯原理：踩下制动踏板时，制动灯开关闭合，电流从蓄电池"+"→点火开关 30→F2 熔丝→制动灯开关→左制动灯、右制动灯、高位制动灯→搭铁，回到蓄电池负极，形成完整回路，使用制动灯点亮。

（2）驻车信号灯原理：当拉起手制动时，电流从蓄电池"+"→点火开关 30→点火开关 15→F18 熔丝→驻车指示灯→驻车开关→搭铁。

当制动液过低时，制动液面开关就会闭合，此时电流从蓄电池"+"→点火开关 30→点火开关 15→F18 熔丝→驻车指示灯→制动液面开关→搭铁，回到蓄电池负极，形成完整回路，使驻车指示灯点亮。因此在看到驻车指示灯亮时，也有可能是由于制动液过低造成的。

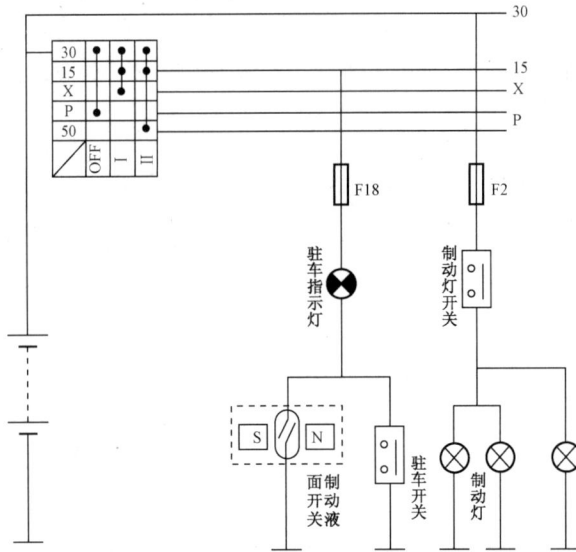

图 2-144　桑塔纳 2000GSI 制动、驻车信号灯原理图

5）别克凯越制动、驻车信号灯原理图（见图 2-145）

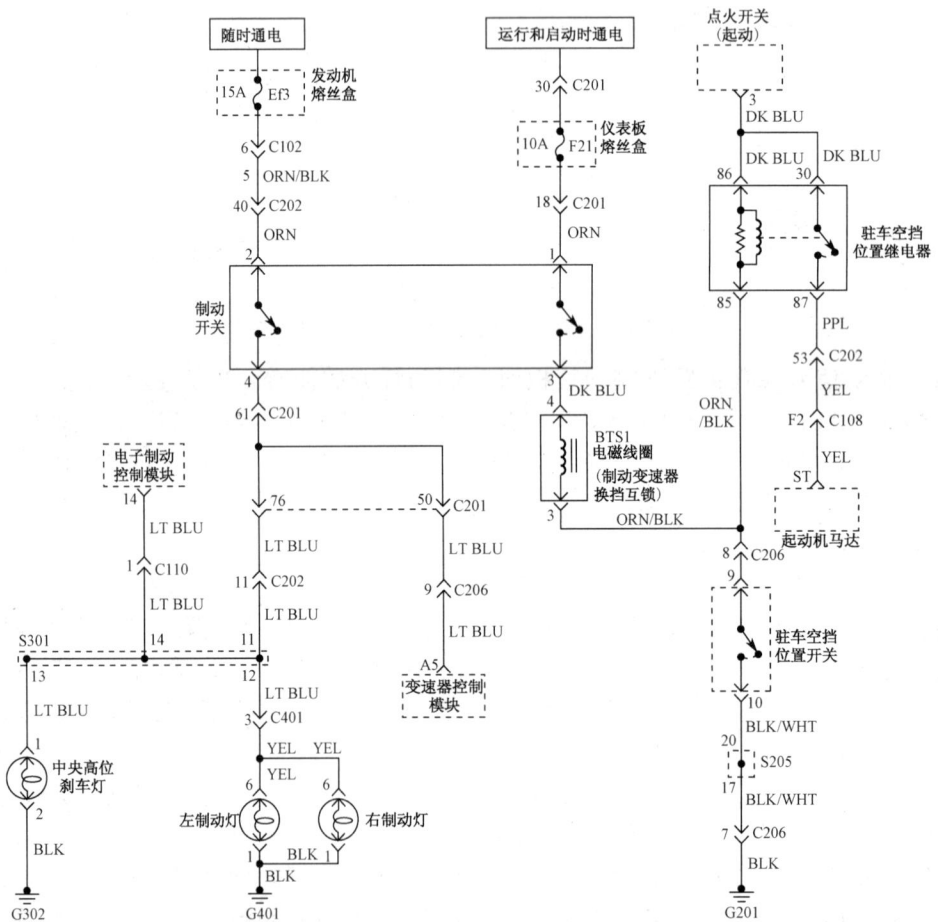

图 2-145　上汽通用别克凯越制动、驻车信号灯原理图

上汽通用别克凯越制动、驻车信号灯的工作原理如下。

（1）制动灯原理：当踩下制动踏板时，制动灯开关闭合，电流从蓄电池"+"→发动机熔丝盒→制动开关2→制动开关4→中央高位刹车灯、左制动灯、右制动灯→搭铁。

（2）制动信号原理：当踩下制动踏板时，制动灯开关闭合，电流从蓄电池"+"→发动机熔丝盒→制动开关2→制动开关4→变速器控制模块、电子制动控制模块给这两个系统一个信号，可使用变速器降低挡位，ABS投入工作。

（3）制动变速器换挡互锁原理，此车型采用自动变速器，需要踩下制动踏板后，才从驻车或空挡进入前进挡或倒挡，其工作原理是，制动灯开关闭合，电流从蓄电池"+"→点火开关→仪表板熔丝盒→制动开关1→制动开关3→BTSI电磁线圈→驻车位置开关→搭铁，形成完整回路，此时BTSI电磁线圈工作，打开互锁装置，才能顺利挂入挡位。

注意：此车的制动开关是采用四线式制动开关，当踩下制动踏板时开关双触点同时闭合，与本田雅阁制动开关有所区别。

3. 制动信号装置常见的故障

制动信号装置系统故障分析如表2-22所示。

（1）所有制动信号灯都不亮。

（2）只有其中一部分的制动信号灯亮，或只有高位制动灯亮等。

（3）其中一边的制动信号灯光较为暗淡。

（4）在不制动情况下，制动信号灯闪烁。

（5）打开其他的灯时，制动信号灯也亮起来，如：打开照明灯或转向信号灯时。

（6）灯泡经常烧坏。

表 2-22　制动信号装置系统故障分析表

故障现象	可能的原因	排除方法
所有制动信号灯不亮	熔丝烧断 制动灯开关损坏 线路插头连接不良	更换熔丝 检查制动开关，如有故障更换 用万用表检查线路的电压降，如电压下降大应重新连接线路
某个制动信号灯不亮	某个制动灯烧坏 某个制动灯线路插头连接不良 某个灯泡灯座损坏	更换灯泡 用万用表检查线路的电压降，如电压下降大则应重新连接线路 检查灯座并修复
某个制动信号灯灯光较暗	某个灯泡的功率不当 某个制动灯线路插头连接不良，电阻过大	更换灯泡 用万用表检查线路的电压降，如电压下降大应重新连接线路
制动信号灯闪烁	制动开关失灵，时好时坏 线路或插头连接不良	用跨接线跨接开关两端看是否闪烁，如闪烁，更换开关 用跨接线跨接插头连接端看是否闪烁，如闪烁，重新连接线路
打开其他灯时制动信号灯同时亮	灯具的搭铁接触不良	检查灯的搭铁线，看是否接触不良
制动信号灯经常烧坏	电压过高造成	检查发电动机的发电量是否过高

任务4 倒车信号装置的故障诊断与排除

任务要求

要求选用万用表、试灯、拆装常用工量具，就车检查判断倒车信号装置的技术状况，并完成制动信号灯的更换和测试操作。

完成检查更换作业后，灯具应固定牢靠，倒车信号灯响应应灵敏，能正常工作。

作业时间：20分钟。

情境创设

老师把有故障的汽车开过来，说明是"倒车信号装置"存在有故障，要求学生就车检查倒车信号装置，引导学生按汽修厂的工作过程完成倒车信号装置的检查、更换和调整操作，从而在完成任务的过程中学习倒车信号装置的检查诊断技能、更换操作和排除故障方法，正确排除倒车信号装置的故障，以及相关的理论知识。

也可以播放倒车信号装置的检查与更换案例视频，激发学生学习的兴趣。

教学资料准备：教学用车使用说明书、维修手册等。

任务引导

相关知识点学习：要求学生实训课前参考"知识链接"独立完成。

1. 倒车信号装置的认识：填写图 2-146 中的方框。

图 2-146 倒车信号装置元件与安装图

2. 倒车信号灯主要由＿＿＿＿＿＿＿＿＿＿ 、＿＿＿＿＿＿＿＿ 等组成。倒车信号灯开关有手动和自动变速器之分，手动变速器使用＿＿＿＿式倒车开关，自动变速器使用＿＿＿＿开关。

3. 观察实训车辆，倒车灯的颜色？＿＿＿＿＿＿＿，有＿＿＿＿＿＿（1、2）个倒车灯，类型是 LED 型＿＿＿＿＿、普通灯泡型＿＿＿＿＿。

4. 检查实训车辆，如果在没有打开点火开关时，倒车灯会点亮吗？＿＿＿＿（会、不会）；

5. 当变速器变速杆处于＿＿＿＿（1、2、3、4、5、空挡、R）位置时，倒车灯才会点亮。

6. 观察实训车辆，倒车灯开关安装在什么位置？＿＿＿＿＿＿＿＿＿＿＿＿。

任务实施

1. 工作安排

养成工作分工表完成工作任务的习惯，请你将工作分工与完成时间记录在表2-23中。

表2-23 组员工作分工表

姓　　名	任 务 分 工	完 成 时 间	备　注

图 2-147　工位准备

2. 准备工作

（1）检查举升机；　　　　　　□合格

（2）车辆开进工位；　　　　　□完成

（3）停车，打开发动机罩；　　□完成

（4）安装车辆护套；　　　　　□完成

（5）举升臂对准车辆举升位置；□完成

（6）稍微举升车辆（车轮稍离开地面）。

　　　　　　　　　　　　　　　□完成

注意：如果不使用举升机，应在驱动轮前后安装好车轮挡块（三角木，见图2-147）。

图 2-148　打开点火开关

3. 验证故障情况

（1）如图 2-148 所示，把钥匙从 OFF 挡打到 ACC 挡，再打到 ON 挡。

注意：在检查倒车灯时，只需要打开点火开关即可，不要随意启动汽车，以免发生意外。

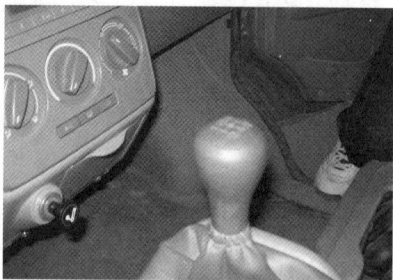

图 2-149　变速器变速杆

（2）如图 2-149 所示，找到变速器变速杆，找出"R"的字母字样。

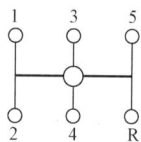

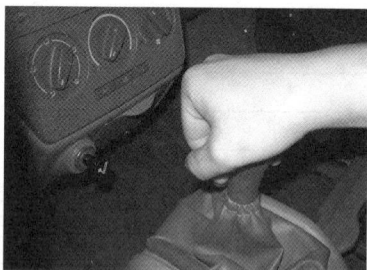

图 2-150　检查空挡

（3）如图 2-150 所示，握住变速器变速杆，左右摇动一下变速器变速杆，检查是否处在空挡位置。

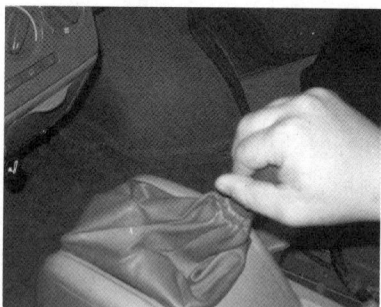

图 2-151　挂入倒车挡位

（4）如图 2-151 和下图所示，从空挡位置往右移动，再往后拉，挂入倒车挡。

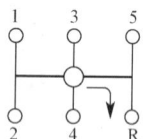

图 2-152　汽车倒车灯

（5）如图 2-152 所示，当挂入倒车挡后，检查倒车灯工作情况。

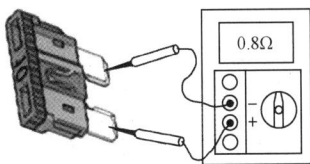

图 2-153　熔丝的检测

4．元件检测

1）熔丝的检测

（1）方法 1：如图 2-153 所示，将万用表打到电阻挡，两根表笔与熔丝两个端脚边接，如果电阻值为 1Ω左右，为良好。

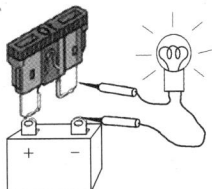

图 2-154　熔丝的检测

（2）方法 2：如图 2-154 所示，将熔丝一个脚与蓄电池一端相连，别一端与试灯连接，试灯一端接蓄电池另一端，如果试灯点亮，说明熔丝良好。

图 2-155　灯泡的检测

2）灯泡的检测

（1）方法 1：如图 2-155 所示，将灯泡接到蓄电池上，如果灯泡发亮，说明良好，否则为损坏。

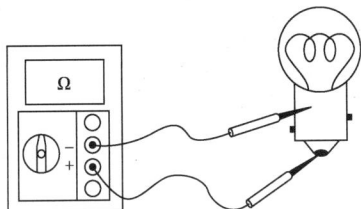

图 2-156　灯泡的检测

（2）方法 2：如图 2-156 所示，将万用表打到电阻挡，两根表笔与灯泡连接，检测其电阻值，阻值应小于 3Ω。过大说明灯泡损坏。

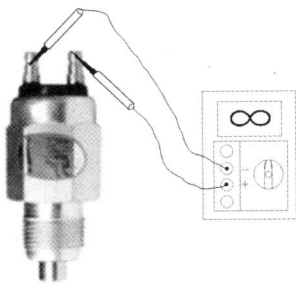

图 2-157　倒车灯开关检测

3）检测倒车信号灯开关

把倒车开关线束拔下，将万用表的两根表笔与倒车开关接线柱连接，如图 2-157 所示，如果测得的阻值是"∞"为正常。

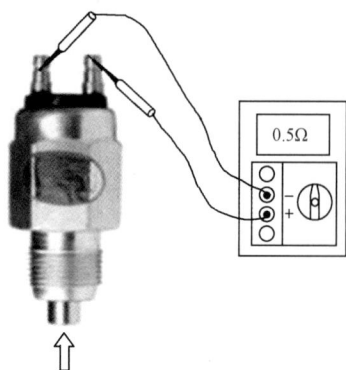

图 2-158　倒车灯开关检测

4）检测倒车信号灯开关

如图 2-158 所示，压入倒车信号灯开关挺杆，测量倒车开关的阻值为 0.5Ω 左右为正常。

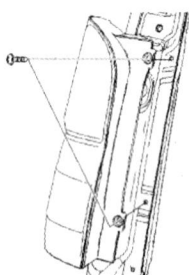

图 2-159　拆卸尾灯

5. 倒车信号装置元件更换

（1）拆卸尾灯。如图 2-159 所示，先打开尾门，拆卸尾灯固定螺栓，拿下尾灯，拆卸接插件。

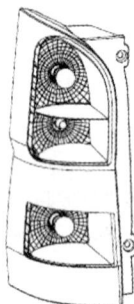

图 2-160　拆下后尾灯

（2）拆下后尾灯。如图 2-160 所示，拆卸尾灯总成后，找到倒车信号灯，逆时针转动灯座，然后从灯座上拆去灯泡。

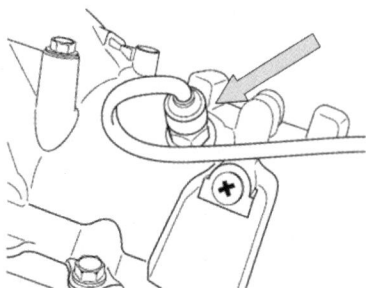

图 2-161　更换倒车灯开关

（3）更换倒车灯开关。如图 2-161 所示，在变速器壳体上找出倒车灯开关，拔下其线束，从上箱体上拆下倒车灯开关。

更换新的倒车灯开关，安装上倒车灯开关，并按规定力矩上紧，紧固倒车灯开关至 $6\sim9N \cdot m$ 为合适。

6．倒车信号灯典型故障诊断流程

1）所有倒车信号灯不亮故障诊断流程

检查熔丝

方法 1：如图 2-162（a）所示，找出相应的熔丝用万用表欧姆挡测量熔丝的阻值，如果阻值小于 10Ω说明良好，反之为损坏。

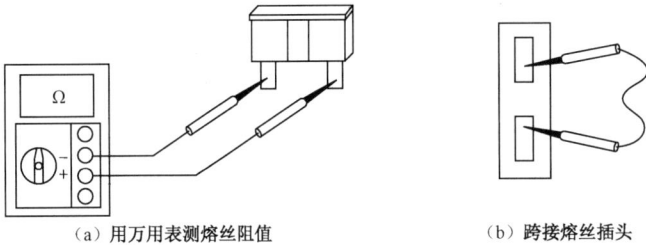

（a）用万用表测熔丝阻值　　　　（b）跨接熔丝插头

图 2-162　熔丝检测

方法 2：如图 2-162（b）所示，用跨接线跨接相应的熔丝插头的两个插座接口，观察倒车灯是否亮，亮说明熔丝损坏。

→ 不正常 → 更换熔丝

↓ 正常

检查倒车灯开关

MT 变速器检查方法 1：如图 2-163（a）所示，使用万用表连接倒车灯开关插座，挂进倒挡用欧姆挡测量倒车开关阻值，如果阻值小于 10Ω说明良好，反之为损坏。

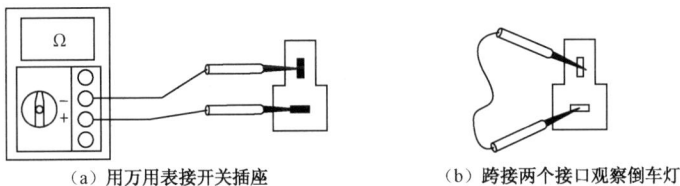

（a）用万用表接开关插座　　　　（b）跨接两个接口观察倒车灯

图 2-163　检查倒车灯开关

→ 不正常 → 更换倒车灯开关

方法 2：如图 2-163（b）所示，用跨接线跨接倒车开关连接插座的两个插座接口，观察倒车灯是否亮，亮说明倒车开关损坏。AT 变速器选挡开关检查方法如图 2-164 所示，挂进倒挡时用万用表欧姆挡接触开关 7 和 8 端子，如阻值小于 10Ω说明开关良好。

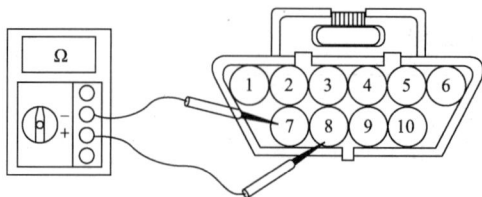

图 2-164　检查选挡开关

正常

检查线路

方法：如图 2-165 所示，当挂进倒挡时，使用试灯测量倒车信号灯的插座相应的接线头，如果试灯亮，说明有电流流过，线路连接良好。

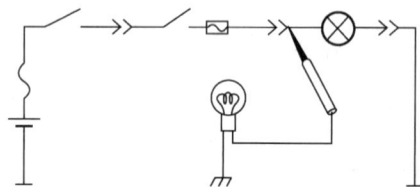

图 2-165　检查倒车灯线路

试灯不亮 → 重新连接线路

2）其中一个信号灯不亮故障诊断流程

观察判断哪一个灯不亮(其中一个灯亮说明总线路连接良好)

检查灯泡是否烧坏

方法：观察灯泡灯丝是否烧断或通电试验；如图 2-166 所示，将灯泡连接到蓄电池上，如果灯亮说明灯泡良好。

不正常 → 更换灯泡

图 2-166　检查灯泡

正常

检查灯座

方法：如图 2-167 所示，挂进倒挡，使用试灯测量制动信号灯的灯座，试灯一端与灯座外壳接触，另一端与灯座中心连接点连接，如果试灯亮，说明灯座良好。

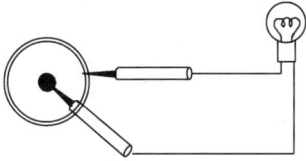

图 2-167　检查灯座

→ 不正常 → 修复灯座或更换灯座

↓ 正常

检查线路支路

方法：如图 2-168 所示，挂进倒挡，使用试灯测量倒车信号灯的插座相应的接线头，如果试灯亮，说明有电流流过，线路连接良好。

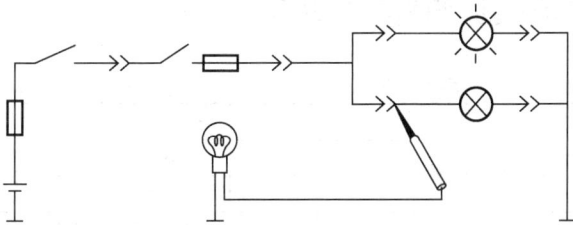

图 2-168　检查倒车灯线路支路

→ 不正常 → 重新连接线路

将倒车信号系统技术状况检查情况填入表 2-24 中。

表 2-24　倒车信号系统技术状况检查记录表

检 查 项 目	倒车信号系统检查测量记录情况		
	标准值（要求）	测量值（现状）	评　　价
灯泡功率检查			□合格　□不合格
线路电压的检查			□合格　□不合格
倒车开关线束插座检查			□合格　□不合格
倒车开关灵活性检查			□合格　□不合格
左后灯具安装、工作状况检查			□合格　□不合格
右后灯具安装、工作状况检查			□合格　□不合格
线路通断检查			□合格　□不合格
熔丝的检查			□合格　□不合格
综合评定：			

实训报告 2-4　倒车信号系统线路的检查

表 2-25

实训车型			实训任务	倒车灯线路的检查与更换	
基本步骤		观察与测量结果	分析与处理意见	完成情况	
1	把车开进工位，停车			□是 □否	
2	检查熔丝的通断			□是 □否	
3	检查倒车灯开关安装状况			□是 □否	
4	检查倒车灯开关线束状况			□是 □否	
5	检查倒车灯开关灵活性			□是 □否	
6	检查左倒车信号灯状况			□是 □否	
7	检查右倒车信号灯状况			□是 □否	
8	检查左右两边倒车灯的亮度			□是 □否	
9	检查线路电压值			□是 □否	
10	检查倒车灯存在的故障			□是 □否	
教师评语					
成绩		指导教师签名		日期	

任务考核单 2-4-1　倒车信号系统线路的检查与更换

表 2-26

班级			姓名		学号	
考核内容		倒车信号系统线路的检查与更换			规定考核时间	10 分钟
					实际考核时间	
序号		检查维修内容/评分标准		配分	考核及评分记录	得分
1	准备	把车开进工位，停车		2		
2	拆除检查	检查熔丝的通断		5		
		检查倒车灯开关线束		10		
		检查倒车灯开关的工作状况		10		
		更换新的倒车灯开关		10		
		检查左倒车灯		10		
		更换新的左倒车灯灯泡		10		
		检查右倒车灯		10		
		更换新的右倒车灯灯泡		10		
3	安全文明	防护措施得当，作业规范安全整洁		10		
		工具、零件不落地		10		
4	工具使用	工具选用合理		2		
		工具使用规范		3		
5	考核时间	每超 1 分钟扣 3 分，超时 3 分钟终止考核				
合计				100		
监考教师			考核日期		年　月　日	

任务考核单 2-4-2　倒车信号系统故障排除评分表

表 2-27

班级			姓名			学号	
序号	考核内容		配分	评分标准		评分记录	得分
1	正确使用工具仪器		10	使用错误扣 10 分			
				使用不当酌情扣分			
2	根据故障现象，分析故障原因		20	检查方法错误扣 10 分			
				检查程序错误扣 5 分			
				检查结果错误扣 10 分			
3	明确故障部位		10	不能确定故障部位扣 5 分			
4	排除汽车倒车信号系统的故障		40	不能排除扣 40 分			
				自制一处故障扣 10 分			
5	验证排除效果		10	不进行验证扣 5 分			
6	遵守安全操作规程，正确使用工量具，操作现场整洁		10	每项扣 2 分，扣完为止			
	安全用电，防火，无人身，设备事故			因违规操作发生重大人身和设备事故，此题按 0 分计			
7	分数总计		100				
监考教师				考核日期　　年　月　日			

任务考核单 2-4-3　倒车信号系统故障排除任务单

表 2-28

班级		姓名		学号		
一	检查判断		检查观察灯具，请正确选择灯光的状态			备注
1	检查倒车灯开关线束		正常（　）	不正常（　）		
2	检查倒车信号灯开关安装状况		正常（　）	不正常（　）		
3	检查左后倒车灯		正常（　）	不正常（　）		
4	检查右后倒车灯		正常（　）	不正常（　）		
5	倒车信号系统是否存在异常，（如灯光变暗，左右灯光不一致，有焦味等）		是（　）	无（　）		
6	灯具点亮是否存在异常，（如有串光等现象）		是（　）	无（　）		
二	故障的排除					
故障现象		故障部位		故障原因		排除方法
监考教师				考核日期　　年　月　日		

知识链接

一、倒车信号装置的作用与结构

1. 倒车信号装置的作用

倒车信号装置的作用是倒车时，倒车灯信号灯亮，并且蜂鸣器发出报警鸣叫，以提醒后车驾驶员和行人的注意，车辆正在倒车，晚上倒车可以提供照明作用，降低行车安全的隐患。

2. 倒车信号装置的组成

倒车信号装置主要由倒车信号灯和倒车信号灯开关组成，如图 2-169 所示。

倒车信号灯开关简称倒车开关，安装在汽车变速器上，手动挡汽车使用机械式倒车开关，自动变速器使用选挡开关。

机械式倒车信号灯开关的外形和结构如图 2-170 所示。它安装在汽车手动变速器上，当挂进倒挡时，变速拨叉轴移动，克服倒车信号灯开关回位弹簧 6 的弹力将挺杆 1 顶起，动触盘 5 跟随挺杆 1 运动向上，与接线柱 2 和 4 连接，接通倒车信号灯电路，倒车信号灯亮起来，当退出倒挡时，挺杆 1 在回位弹簧 6 的作用下回位，倒车信号灯熄灭。

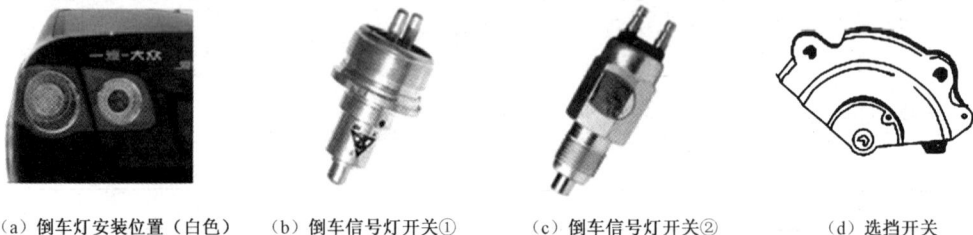

（a）倒车灯安装位置（白色）　（b）倒车信号灯开关①　（c）倒车信号灯开关②　（d）选挡开关

图 2-169　倒车信号灯的安装位置和倒车灯开关

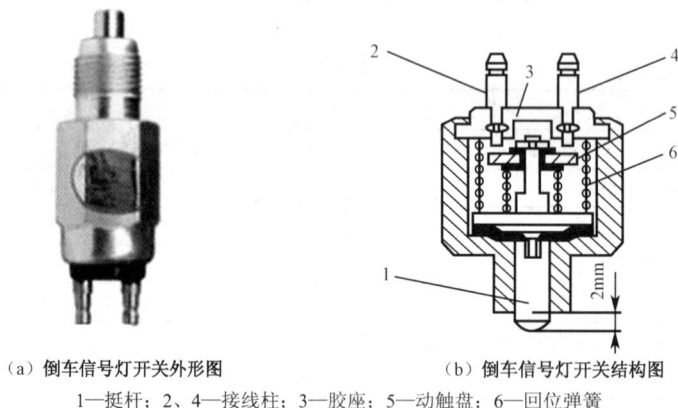

（a）倒车信号灯开关外形图　　　（b）倒车信号灯开关结构图

1—挺杆；2、4—接线柱；3—胶座；5—动触盘；6—回位弹簧

图 2-170　倒车信号灯开关

3. 倒车蜂鸣器

有些汽车除了安装倒车信号灯外，还安装有倒车蜂鸣器。安装倒车蜂鸣器的汽车倒车时，除了倒车灯亮以外，蜂鸣器发出蜂鸣的声音，有效地提高了后车和行人的注意力，降低了安全隐患。

图 2-171 所示为汽车上使用的倒车蜂鸣器原理电路，发音部分是一只功率较小的电喇

叭，控制电路是一个多谐振荡器与反相器组成的开关电路。当挂进倒挡时，由晶体管 VT_1 和 VT_2 组成多谐振荡器电路自行翻转，控制 VT_3 的导通与截止。当 VT_3 导通时，电流从"+"极经 VT_3、蜂鸣器流回"−"极，形成回路，蜂鸣器发出声音；当 VT_3 截止时，蜂鸣器断电，停止发出声音。如此周而复始，产生蜂鸣声。这类无触点倒车蜂鸣器电子控制器的应用已日益广泛。

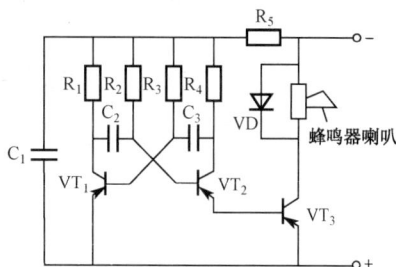

图 2-171 倒车蜂鸣器原理电路

二、倒车信号装置工作原理

图 2-172 所示为倒车信号装置的电路原理图。当挂进倒挡时，电流从蓄电池"+"→发动机熔丝盒→熔丝→倒车信号灯开关（MT）或选挡开关（AT）→倒车灯→搭铁。形成回路使倒车灯亮。自动变速器的汽车，从倒车灯开关分出一条支路到仪表盘，显示挡位位置，另一各支路提供给自动变速器 ECU 倒车信号。

1. 常见车型制动、驻车信号系统控制电路

1）桑塔纳 2000 倒车灯电路原理图

图 2-173 所示为桑塔纳 2000 倒车灯电路原理图，其工作原理是：当挂入倒车挡后，倒车灯开关闭合，电流从蓄电池"+"→点火开关 30→点火开关 15→F15 熔丝→倒车灯开关→左倒车灯、右倒车灯→搭铁，形成完整回路，此时倒车灯点亮。

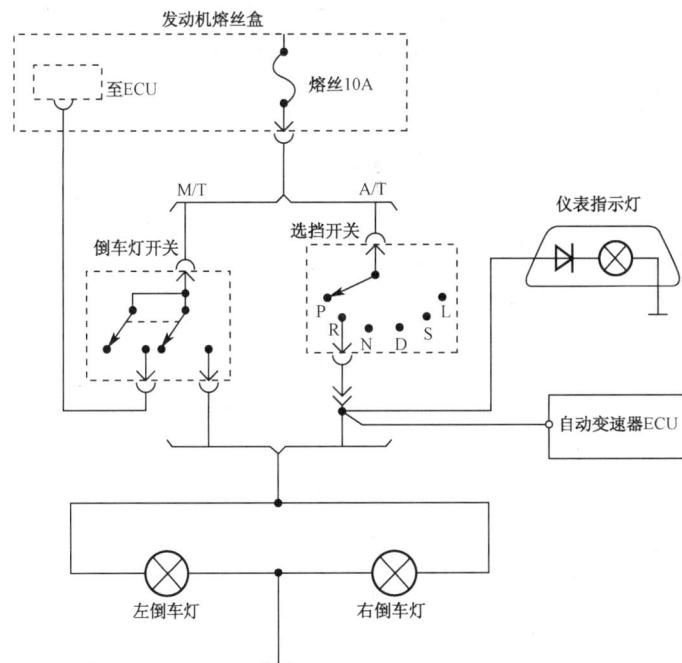

图 2-172 倒车信号装置电路原理图

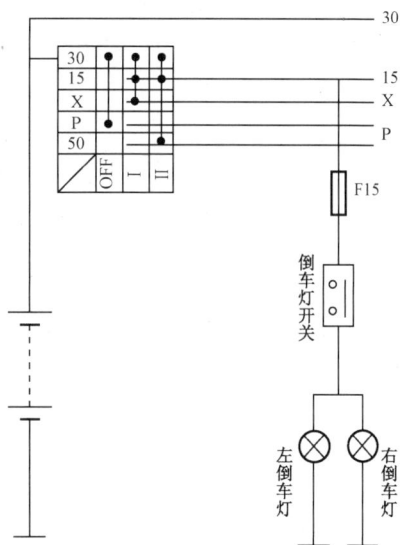

图 2-173 桑塔纳 2000 倒车灯电路原理图

2）五菱鸿途倒车灯电路原理图

图 2-174 所示为五菱鸿途倒车灯电路原理图，其工作原理是：当挂入倒车挡后，倒车灯开关闭合，电流从蓄电池"+"→点火开关 30→点火开关 IG1→倒车灯 F11 熔丝→倒车灯开

关→倒车灯→D3搭铁，电流回到蓄电池负极，形成完整回路，倒车灯点亮。

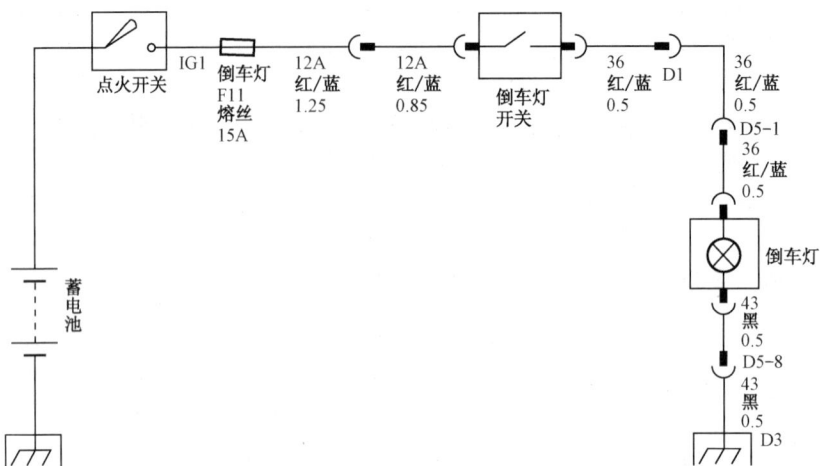

图 2-174　五菱鸿途倒车灯电路原理图

3）丰田威驰汽车倒车信号灯原理图

图 2-175 所示为丰田威驰汽车倒车信号灯原理图。

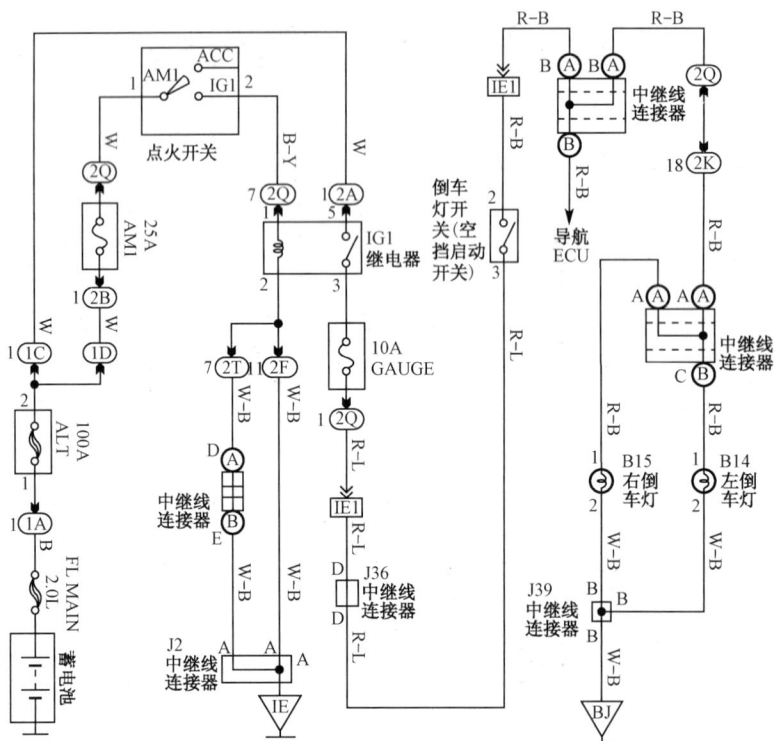

图 2-175　丰田威驰汽车倒车信号灯原理图

丰田威驰汽车倒车信号灯的工作原理是：主电源控制电路由蓄电池"＋"→FL MAIN 熔丝→ALT 熔丝→AM1 熔丝→点火开关 AM1→IG1→IG1 继电器 1→IG1 继电器线圈→IG1 继电

器 2→J2 中继线连接器→IE→搭铁，此时 IG1 继电器开始工作，使用其触点闭合。

当挂入倒车挡后倒车灯开关闭合，电流从蓄电池"+"→FL MAIN 熔丝→ALT 熔丝→IG1 继电器 5→IG1 继电器触点→IG1 继电器 3→GAUGE 10A 熔丝→J36 中继线连接器→倒车灯开关（空挡启动开关）→中继线连接器→左倒车灯、右倒车灯→J39 中继线连接器→搭铁，电流回到蓄电池负极，形成完整回路，此时使用倒车灯点亮。

倒车信号电路：电流从蓄电池"+"→ FL MAIN 熔丝→ALT 熔丝→IG1 继电器 5→IG1 继电器触点→IG1 继电器 3→GAUGE 10A 熔丝→J36 中继线连接器→倒车灯开关（空挡启动开关）→中继线连接器→导航 ECU，给导航 ECU 一个倒车信号，使用导航系统的倒车可视系统投入工作。

4）通用别克凯越倒车信号灯原理图

图 2-176 所示为上汽通用别克凯越倒车信号灯原理图，其工作原理是：当挂入倒挡时，倒挡开关闭合（R 挡位置开关接通），电流从蓄电池"+"→点火开关→仪表板熔丝 F5 10A→倒挡开关 1（R 挡位置开关 10）→倒挡开关 2（R 挡位置开关 9）→倒车灯→搭铁，回到蓄电池负极，形成完整回路，倒车灯点亮。

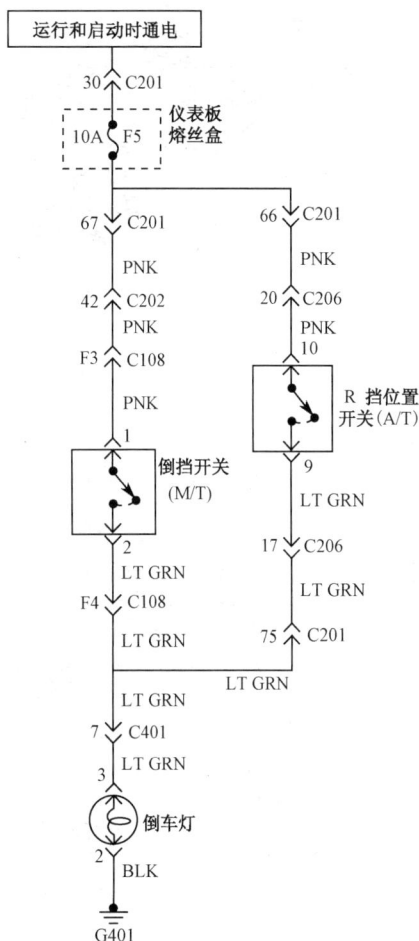

图 2-176　上汽通用别克凯越倒车信号灯原理图

三、倒车雷达系统

倒车雷达系统在倒车时起辅助报警作用，使行车安全性大大提高，当汽车挡位挂入倒车挡时，倒车雷达自动开始通电工作，主机控制器这时先自动检测传感探头的工作状态，并提示检测结果同时向传感探头发送 40kHz 脉冲信号，传感探头将脉冲电信号转化为超声波机械振荡信号发射出去，脉冲后停止振荡，这时传感探头用于感测障碍物反射回来的超声波信号，并将检测到的机械波信号转化为电信号，传回主机控制盒，主机控制盒经过信号处理和计算机换算，根据程序设定进行声光显示提示，提醒驾驶员注意。

倒车雷达系统由倒车侦测器即探头、控制器（主机）、报警显示装置等组成。倒车雷达侦测器安装在汽车的尾部保险杠上，如图 2-177 所示，它向汽车后部发射超声波，并接收反射回来的超声波。

控制器接到从侦测器传来的信号，经计算判断障碍物离车尾的距离。如达到报警位置，就传送信号给报警显示装置，发出报警和显示障碍物距离。

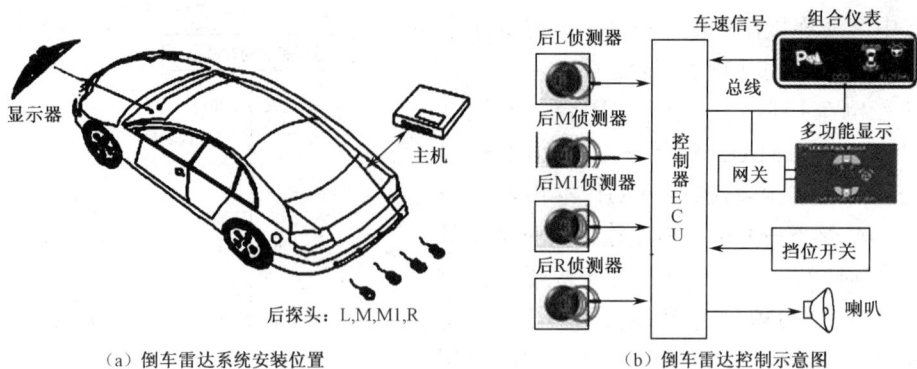

(a) 倒车雷达系统安装位置   (b) 倒车雷达控制示意图

图 2-177　倒车雷达系统安装位置和倒车雷达控制示意图

倒车雷达系统利用声纳原理工作。控制器向侦测器发射 40kHz 脉冲信号，侦测器将脉冲电信号转化为超声波机械振荡信号发射出去，检测故障物的距离、角度及方向，脉冲后停止振荡，这时侦测器用于感测障碍物反射回来的超声波信号，并将检测到的机械波信号转化为电信号，传回控制器，如图 2-178（a）所示。

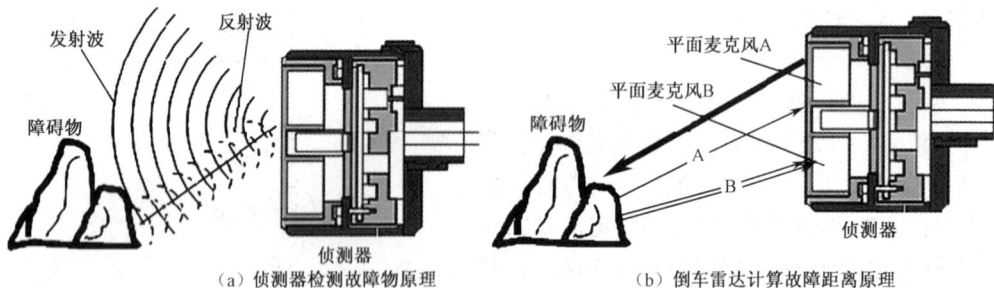

(a) 侦测器检测故障物原理   (b) 倒车雷达计算故障距离原理

图 2-178　倒车雷达系统工作原理

当侦测器发出发射波和接收反射波时，控制器利用平面麦克风 A 与 B 声波信号之间的延迟时间计算得出障碍物的距离与角度，并据此采取相应的报警和显示提示，如图 2-178（b）所示。

控制器计算障碍物的距离，通过声波时间差 t，计算出障碍物与汽车的距离和角度。即

$$S=(1/2)v \cdot t$$

S 为障碍物与汽车的距离，t 为发射出超声波到接收到反射回波的这段时间差，v 为超声波速度，在标准状况下 $v=340 \text{m/s}$，在温度 20℃时 $v=344 \text{m/s}$。

倒车雷达系统侦测到的区域如图 2-179 所示。

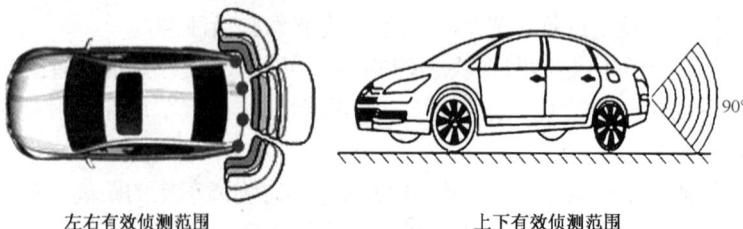

左右有效侦测范围   上下有效侦测范围

图 2-179　倒车雷达侦测区域范围

四、倒车信号装置常见的故障

（1）所有倒车信号灯都不亮。

（2）只有其中一个的倒车信号灯亮。

（3）其中一个倒车信号灯光较为暗淡。

（4）在没有挂进倒挡情况下，倒车信号灯闪烁。

（5）打开其他的灯时，倒车信号灯也亮起来，如打开照明灯或转向信号灯时。

（6）灯泡经常烧坏。

五、倒车信号装置故障分析

1）倒车信号装置故障分析方法

当倒车信号灯发生故障时，应根据故障的现象分析故障的原因，诊断故障的大概位置，然后再去排除，降低排除故障的难度，准确地排除故障。排除故障的方法一般采用如下方法。

（1）电阻法：测量线路中的阻值大小来判断故障；

（2）电压法：测量线路是否有电压或是前支路与后支路电压下降值判断故障；

（3）试灯法：使用试灯测量线路是否到电，来判断故障；

（4）跨接法：使用跨接线来跨接线路，使某些元件工作来诊断故障。

2）倒车信号装置故障分析表（见表2-29）

表 2-29 倒车信号灯系统故障分析表

故 障 现 象	可能的原因	排 除 方 法
所有倒车信号灯不亮	熔丝烧断 倒车灯开关损坏 线路插头连接不良	更换熔丝 检查倒车开关，如有故障更换 用万用表检查线路的电压降，如电压下降大应重新连接线路
其中一个倒车信号灯不亮	倒车灯烧坏 倒车灯线路插头连接不良 灯泡灯座损坏	更换灯泡 用万用表检查线路的电压降，如电压下降大则应重新连接线路 检查灯座并修复
其中一个倒车信号灯光较暗	灯泡的功率不当 倒车灯线路插头连接不良，电阻过大	更换灯泡 用万用表检查线路的电压降，如电压下降大应重新连接线路
倒车信号灯闪烁	倒车开关失灵，时好时坏 线路或插头连接不良	用跨接线跨接开关两端看是否闪烁，如闪烁，更换开关 用跨接线跨接插头连接端看是否闪烁，如闪烁，重新连接线路
打开其他灯时倒车信号灯同时亮	灯具的搭铁接触不良	检查灯的搭铁线，看是否接触不良
倒车信号灯经常烧坏	电压过高所造成	检查发电动机的发电量是否过高

项目三
仪表系统的检测与故障排除

知识目标

1. 能辨认仪表系统的各组成部件，并说出它们的名称和作用。

2. 能简单描述仪表装置和报警装置的结构原理和检修方法。

3. 会分析常见车型的仪表系统电路。

能力目标

1. 能对汽车仪表系统和报警装置进行性能检查和更换部件。

2. 会诊断和排除仪表系统和报警装置的基本故障。

情感目标

1. 体验安全生产规范，遵守操作规程，感受合作与交流的乐趣。

2. 在任务驱动教学中逐步养成自主学习新知识、新技术的良好习惯。

3. 在操作学习中不断积累维修经验，从个案中寻找共性。

任务1 传统仪表和报警装置的故障诊断与排除

任务要求

要求选用万用表、试灯等工量具，就车检查判断仪表系统及报警装置的故障。
完成检查诊断作业后，仪表系统及报警装置能正常工作。

作业时间：30分钟。

情境创设

用户把车开进车间，反映他的汽车仪表系统工作不正常，要求检修。老师引导学生按汽修厂的工作过程完成仪表系统的检查维修工作。从而在完成任务的过程中学习仪表系统故障的检查诊断技能，以及相关的理论知识。

教学资料准备：教学用车使用说明书、维修手册等。

任务引导

相关知识点学习： 要求学生实训课前预习"知识链接"独立完成。

1. 常见的仪表由_____、_____、_____、_____及各种报警灯组成。

2. 汽车仪表的认识（看图3-1，填写表3-1）：

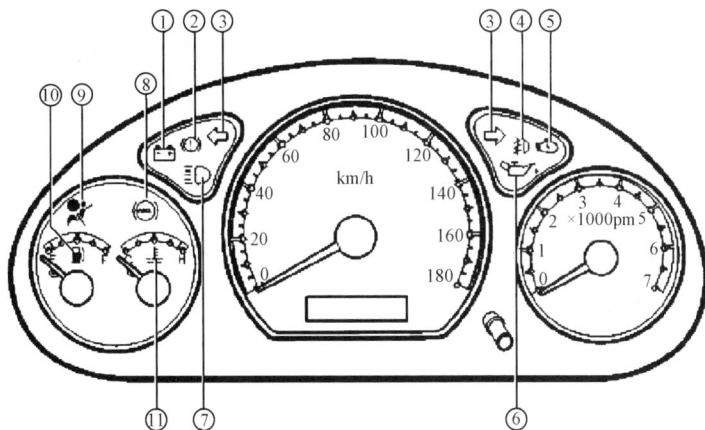

图3-1 五菱鸿途汽车仪表盘

表 3-1 五菱鸿途汽车仪表盘图标含义

1		7	
2		8	
3		9	
4		10	
5		11	
6			

3. 燃油表是用来指示_____的多少，由安装在_____的_____及装在_____的_____两部分组成。目前比较常见的是_____。

4. 当油箱满油时，浮子上升到_____，传感器上串入到电路中的电阻_____，指针指在_____位置。随着油面的逐渐降低，传感器上串入到电路中的电阻越来越____，指针随即也越来越指向油面____的位置。

5. 水温表的作用：用来指示发动机_____的_____，由安装在发动机_____中（装在节温器前）的传感器及装在仪表盘上的_____两部分组成。目前比较常见的是_____。

6. 负温度系数热敏电阻：传感器的电阻值随温度的升高而_____，随温度的降低而_____。

7. 当发动机水温低时，水温传感器的电阻值____，而此时流过线圈的电流____（产生的磁力也最小）。在两个线圈合力作用下，转子被吸向线圈，指针指在_____位置。

8. 车速里程表的作用是显示汽车的_____和_____。

任务实施

1. **工作安排**

养成合作完成工作任务的习惯，请你将工作分工与完成时间记录在表 3-2 中。

表 3-2 组员工作分工表

姓　　名	任 务 分 工	完 成 时 间	备　　注

图 3-2　工位准备

2. 准备工作

如图 3-2 所示，
（1）检查举升机；　　　　　□合格
（2）车辆开进工位；　　　　□完成
（3）停车，打开发动机罩；□完成
（4）安装车辆护套；　　　　□完成
（5）举升臂对准车辆举升位置；
　　　　　　　　　　　　　　□完成
（6）稍微举升车辆（车轮稍离开地面）。　　　　　　　　　　□完成
注意： 如果不使用举升机，应在驱动轮前后安装好车轮挡块（三角木）。

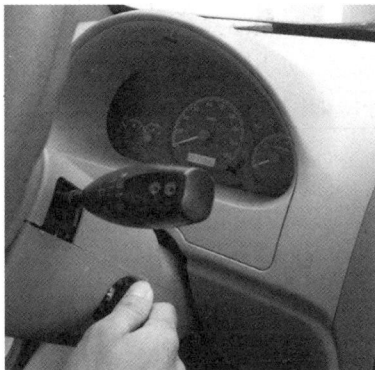

图 3-3　验证故障

3. 验证故障情况

打开点火开关并试启动，验证故障情况，如图 3-3 所示。

故障现象＿＿＿＿＿＿＿＿＿＿＿＿

＿＿＿＿＿＿＿＿＿＿＿＿＿＿＿＿。

注意： 汽车启动操作必须在老师许可下进行（确认挂空挡、拉驻车制动器、踩离合器，无安全隐患等）。

图 3-4　点火开关打开时仪表指示灯情况

4. 组合仪表指示灯全部不亮的故障排除（以五菱鸿途汽车为例）

（1）打开点火开关，正常情况下，组合仪表的充电指示灯、制动报警指示灯、机油压力指示灯、发动机故障指示灯应亮，如图 3-4 所示。

如果组合仪表在打开点火开关到 ON 挡时这些灯全都不亮，同时转向灯、倒车灯也不亮，这时应检查熔丝。

图 3-5　检查仪表熔丝

（2）用试灯或万用表检查转向灯、倒车灯及仪表熔丝，它们共用一个熔丝，规格为 15A（蓝色）熔丝，如图 3-5 所示（横排右起第 5 个）。

提示：如果熔丝损坏，消除烧熔丝的原因。更换时要注意检查新熔丝是否导通。

图 3-6　拆卸仪表外罩

5. 组合仪表的更换与检测（以五菱鸿途汽车为例）

准备工具：小号十字起子、万用表。

拆卸步骤如下：

（1）关闭点火开关。

（2）用十字起子拆下仪表外罩螺钉，如图 3-6 所示。

图 3-7　取下仪表外罩

（3）用双手压住仪表外罩，同时往外拉，可取下仪表外罩，如图 3-7 所示。

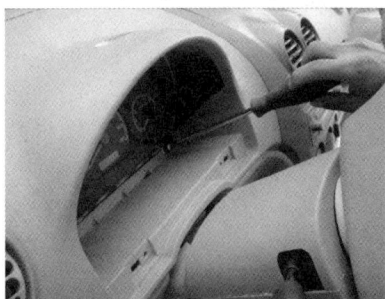

图 3-8　拆卸组合仪表螺钉

（4）拆下 4 颗紧固组合仪表的螺钉，如图 3-8 所示。

图 3-9　拆卸组合仪表

（5）用大拇指顶图示位置，同时取出仪表，如图 3-9 所示。

注意： 不要弄掉 4 个上螺钉的 U 形铁片。

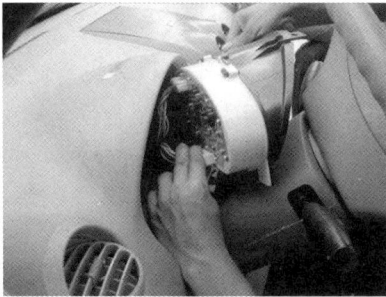
图 3-10　取下组合仪表接插件

（6）断开两个组合仪表插头，如图 3-10 所示。

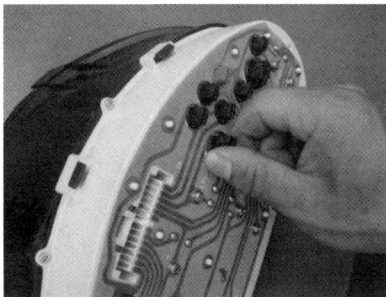
图 3-11　拆卸仪表灯泡

（7）如图 3-11 所示，如果组合仪表的个别灯不亮，可以用手旋转拧下相关灯座，观察灯座上的导线有无氧化导致接触不良，目测灯丝是否良好。

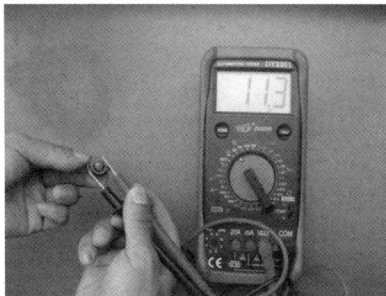
图 3-12　检查仪表灯泡

（8）也可用万用表 200Ω 电阻挡检查组合仪表灯是否导通，如不导通，则需更换，如图 3-12 所示。

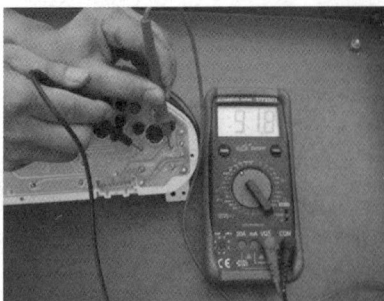

图 3-13　检查燃油表

（9）检查燃油表，用万用表 200Ω电阻挡检查 FUEL 与"–"之间的电阻，标准值为 96Ω，如图 3-13 所示。

检查水温表，可用万用表 200Ω电阻挡检查 TEMP 与"–"之间的电阻，应为 100Ω左右。

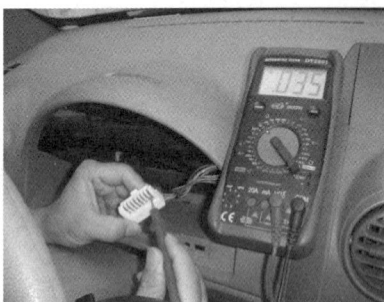

图 3-14　检查仪表线束

（10）如果组合仪表没有问题，可以用万用表电阻挡检查组合仪表插头到各个传感器插头的线束是否导通，如图 3-14 所示。

提示：一般情况下，两个插头之间相通导线的颜色一致。

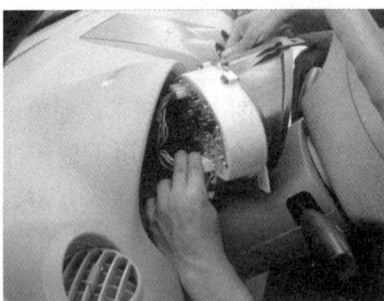

图 3-15　安装组合仪表接插件

（11）检测或更换组合仪表后，将两个插头按原样插牢，如图 3-15 所示。

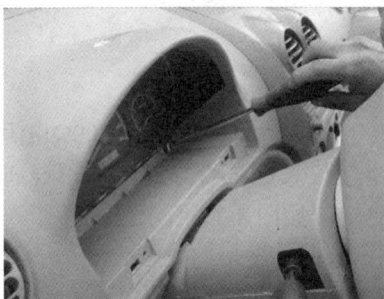

图 3-16　安装组合仪表

（12）上紧 4 颗组合仪表的螺钉，如图 3-16 所示。

注意：先检查 4 个 U 形坚固铁片。

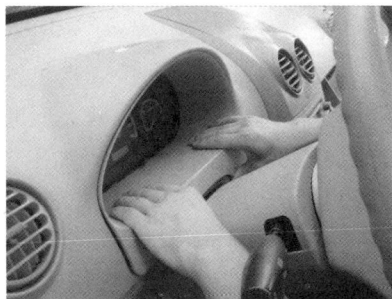

图 3-17　安装仪表护罩

（13）安装仪表护罩，如图 3-17 所示。

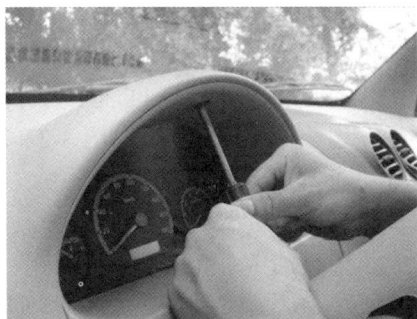

图 3-18　安装仪表护罩螺钉

（14）安装仪表护罩螺钉，紧固仪表护罩，如图 3-18 所示。

图 3-19　观察机油压力指示灯

6. 机油压力指示灯不正常的故障维修

准备工具：万用表

如果组合仪表中的机油压力指示灯在打开点火开关时不亮（见图 3-19），怎么办？

这时需要检查机油压力开关、相关导线及插头和机油压力指示灯，下面介绍如何检查这些部件。

图 3-20　机油压力开关

（1）举升汽车，在汽车底部，发动机缸体一侧如图 3-20 所示位置，找到机油压力开关，拔下插头。

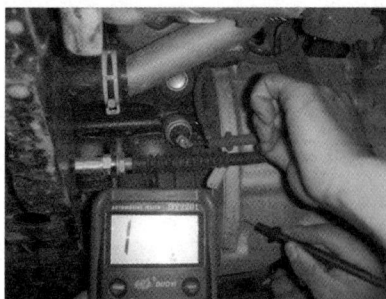 图 3-21　检查机油压力开关 1	（2）发动机启动后，当机油压力达到规定值时，机油压力开关应断开，用万用表 200Ω 电阻挡检查机油压力开关对搭铁电阻应为无穷大，如图 3-21 所示。 　　**注意**：测量时注意安全，身体部位不要碰到排气管，以免烫伤。
 图 3-22　检查机油压力开关 2	（3）在发动机没有启动时，机油压力没有达到规定值，机油压力开关应导通，电阻应小于 1Ω，如图 3-22 所示。如不正常，更换机油压力开关。 　　**提示**：建议放掉全部机油后，用工具拆下机油压力开关进行更换。 　　**注意**：更换后拧紧力矩为 15N·m。
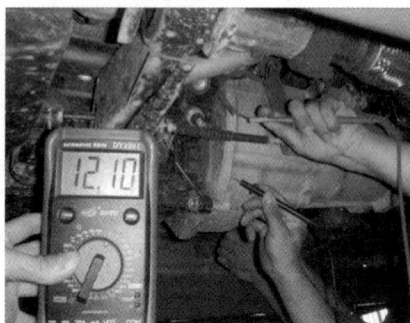 图 3-23　检查机油压力开关线束	（4）如果机油压力开关正常，则检查线束是否正常，如图 3-23 所示。 　　打开点火开关至 ON 挡，用万用表 20V 电压挡测量机油压力开关导线插头对搭铁应有 12V 电压，如没有电压，则应检查此插头到组合仪表的导线是否导通及机油压力指示灯是否正常。
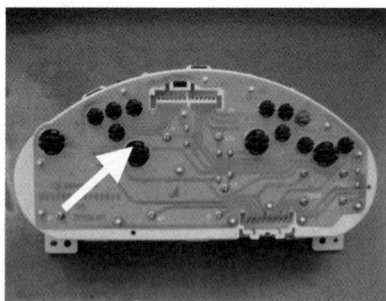 图 3-24　检查组合仪表机油压力指示灯	（5）拆下组合仪表检查机油压力指示灯是否正常，如图 3-24 所示。

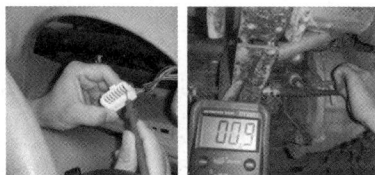

图 3-25　检查机油压力开关插头到仪表线束

（6）如机油压力指示灯正常，则用万用表检查机油压力开关插头到仪表线束是否导通，测量线束电阻应小于 1Ω，如图 3-25 所示。如果线束不正常则维修或更换。

提示：可观察印制电路板线路寻找对应导线。（五菱鸿途机油压力开关线为黄黑色，组合仪表插座上为 B5 脚）

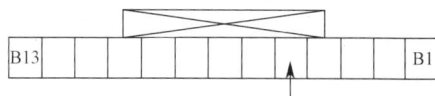

7. 驻车制动指示灯不正常的故障维修

准备工具：万用表、中号十字起子。

打开点火开关，驻车制动器拉紧，组合仪表上的制动报警指示灯⊙应该亮，如图 3-26 所示。放下驻车制动器，制动报警指示灯应该灭。如果制动报警指示灯在驻车制动器向上拉紧时不亮，这时应检查驻车制动指示灯开关和相关线束。

图 3-26　观察制动报警指示灯

图 3-27　驻车制动指示灯开关插头

（1）将驾驶员座椅和前排座椅向后翻开，找到驻车制动指示灯开关插头，并拔下，如图 3-27 所示。

图 3-28　检查驻车制动指示灯开关插头电源

（2）打开点火开关，用万用表 20V 电压挡测量线束端插头电压，应为 12V 左右，如图 3-28 所示。如果电压正常则跳到步骤（5）。

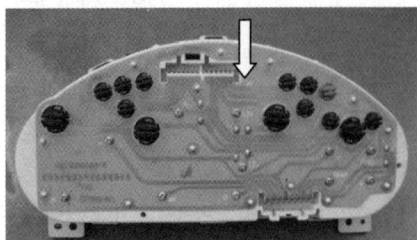

图 3-29　检查驻车制动指示灯灯泡

（3）如果电压为 0V，说明线束或驻车制动指示灯有问题。

拆下组合仪表，检查驻车制动指示灯是否正常，如图 3-29 所示。

图 3-30　检查驻车制动指示灯线束

（4）如果驻车制动指示灯正常，检查线束。

如图 3-30 所示，用万用表 200Ω电阻挡测量组合仪表端到驻车制动指示灯开关端线束电阻应小于 1Ω，如果线束不正常则维修或更换。

提示：五菱鸿途汽车驻车制动指示灯线束为黄绿色，组合仪表测量端子为 B10。

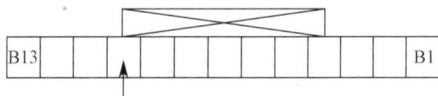

B13											B1

图 3-31　检查驻车制动指示灯开关插头
对地电阻

（5）如果线束和驻车制动指示灯正常，用万用表测量驻车制动指示灯开关插头对地电阻，在驻车制动器向上拉紧时，应小于 1Ω，放下驻车制动器时电阻应为无穷大，如图 3-31 所示。如果不正常，则需拆下检查。

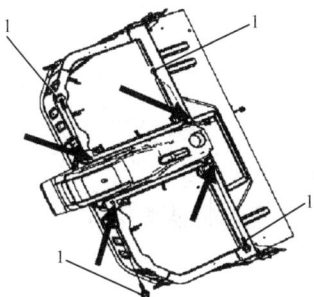

图 3-32　拆卸驻车制动及变速手柄壳体

（6）将驾驶员座椅和前排座椅向后翻开，从壳体侧面卸下 4 个安装螺钉 1，如图 3-32 所示。

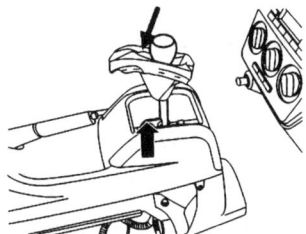

图 3-33　拆卸变速杆护罩

（7）如图 3-33 所示，从箭头处拉脱变速杆护罩。

提示：不取变速杆护罩也可以，只要旋下变速杆手柄，也能取下壳体。

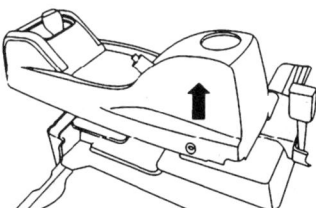

图 3-34　取出驻车制动及变速手柄壳体

（8）如图 3-34 所示，向上拉出壳体。

图 3-35　检查驻车制动指示灯开关

（9）检查驻车制动指示灯开关（见图 3-35）的安装是否牢固，位置是否正确，搭铁接触是否良好，不正常则修复，如果开关损坏则更换驻车制动指示灯开关。

图 3-36　装复驻车制动指示灯开关及壳体

（10）按拆卸的相反顺序装好部件（见图 3-36）。

注意：将插头接好。

图 3-37　检查制动报警指示灯

8. 制动报警指示灯常亮故障的维修

如图 3-37 所示，打开点火开关，如果驻车制动器放下时，制动报警指示灯常亮，除驻车制动指示灯开关电路有问题外，还有可能是制动液太少，或制动液面报警开关电路有问题。

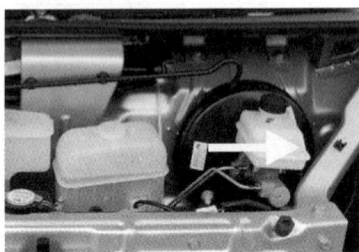

图 3-38　检查制动液液面高度

（1）如图 3-38 所示，首先检查制动液液面高度是否太少，如太少应补充至指定位置，再观察制动报警指示灯是否正常，如还不正常则进行下面检测。

图 3-39　检测制动液液面报警开关

（2）如图 3-39 所示，用万用表 200Ω 电阻挡检测制动液液面报警开关的插头，在制动液液面高度正常时电阻应为无穷大，制动液液面高度过低时，电阻小于 1Ω。如不正常，则需要更换制动液液面报警开关。

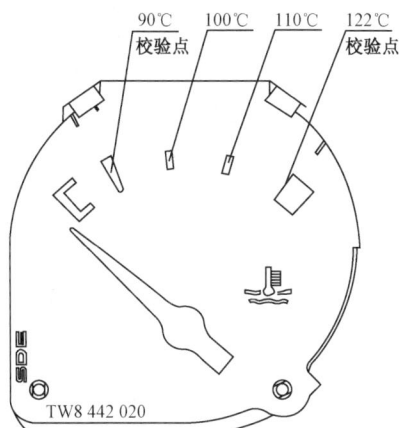

图 3-40 五菱鸿途汽车水温表

9. 水温表工作不正常的故障维修（准备工具：十字起子、10 号套筒、小号棘轮扳手、万用表）

（1）启动发动机后暖机，达到正常工作温度时应为 90～100℃，如图 3-40 所示。

图 3-41 检查水温表

（2）如果水温表在发动机暖机后不能正常显示温度（见图 3-41），则需要检查水温表电路。

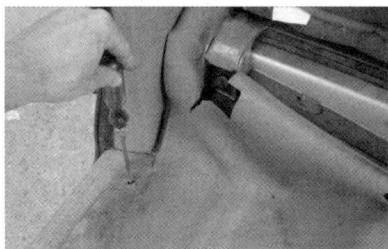

图 3-42 拆除第二排座椅前地胶

（3）拆除第二排座椅前地胶，如图 3-42 所示。

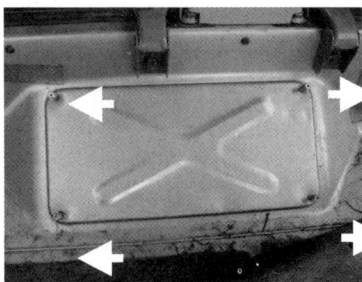

图 3-43 拆卸发动机后部检查窗挡板

（4）用小号棘轮扳手和 10 号套筒拧下 4 颗螺栓，取下挡板，如图 3-43 所示。

图 3-44　找到水温传感器

（5）找到水温传感器（见图 3-44），并拔下插头。

提示：水温传感器外壳是黄铜，看颜色较容易找到。

注意：拔下水温传感器插头后，如果打开点火开关，冷却风扇会保护性旋转，属正常现象。

图 3-45　测量水温传感器

（6）用万用表 20k 电阻挡测量水温传感器，只要测三个针脚的中间针脚与外壳搭铁的电阻，如图 3-45 所示。

读数（℃）	90	122
相应电阻值（Ω）	101.7	44.9

如果阻值偏差超过±10%，则更换水温传感器。

提示：更换水温传感器前先放冷却液。

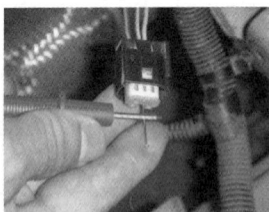

图 3-46　用万用表连接水温表信号线

（7）如果水温传感器正常，找到水温传感器线束端的插头，并在插头中间脚插入大头针，如图 3-46 所示。

提示：电线颜色为黄红色。

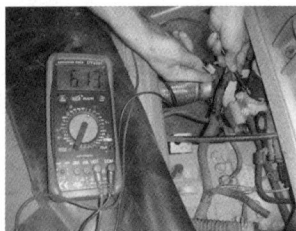

图 3-47　测量水温表信号线对地电压

（8）打开点火开关，测量水温传感器线束端的插头中间针脚对地电压，应为 6V 左右，如图 3-47 所示。

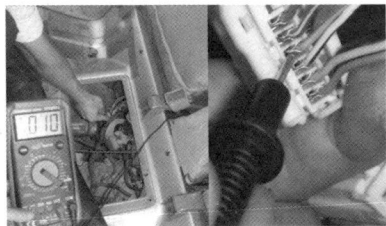

图 3-48　检查水温表信号线通路

（9）如果电压不正常，检查组合仪表线束插头 A3 脚到水温传感器线束插头中间针脚的导通情况。可用万用表 200Ω 电阻挡检查电阻，应小于 1Ω，如图 3-48 所示。如电阻过大则维修或更换线束。

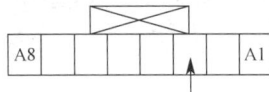

A8						A1

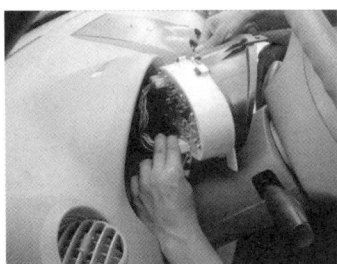

图 3-49　更换组合仪表

（10）如线束正常，则更换组合仪表，如图 3-49 所示。

图 3-50　装复发动机后部检查窗挡板及地胶

（11）如图 3-50 所示，维修完毕后，按拆卸的相反顺序装好部件。

注意：将插头接好。

图 3-51　检查燃油表

10. 燃油表工作不正常的故障维修

准备工具：中号一字起子、中号十字起子、12 号和 6 号套筒、手柄、小号棘轮扳手，锂鱼钳、抹布、少量干净机油、胶管管夹、万用表、试灯。

燃油表如果指示不准确或加满油后指针不动（见图 3-51），表示燃油表电路有问题需要维修。

图 3-52 燃油泵继电器及燃油泵保险

（1）根据保险盒盖示意图，拔下燃油泵继电器或燃油泵熔丝（见图 3-52）。

注意：如果不进行卸压，拆卸油管时燃油可能会溅到眼睛，造成伤害。

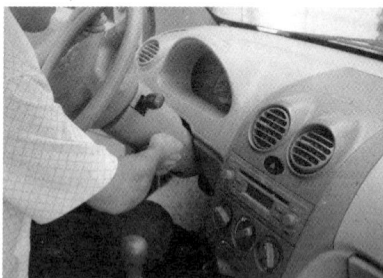

图 3-53 启动发动机释放系统油压

（2）如图 3-53 所示，启动发动机直到自动熄火，再启动一次进行确认燃油已卸压。

（3）关闭点火开关。

图 3-54 拆卸第二排右边座椅

（4）用工具 12 号套筒、小号棘轮扳手拆下第二排右边座椅（见图 3-54）。

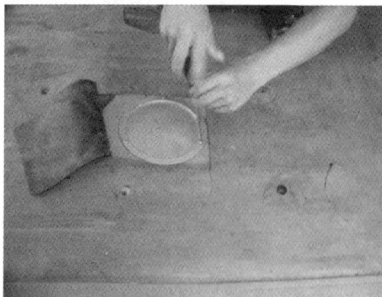

图 3-55 拆卸燃油泵盖板

（5）在第二排右边座椅下面掀开一小块地胶，用十字起子拆下燃油泵盖板上的三个螺钉（见图 3-55）。

图 3-56　取下燃油泵盖板

（6）取下燃油泵盖板，拔下插头（见图 3-56）。

图 3-57　测量燃油表传感器信号线电压

（7）打开点火开关，用万用表 20V 电压挡测量线束端插头黄线和黑线之间电压应为 6V 左右，如图 3-57 所示。如果电压正常转到步骤（12）。

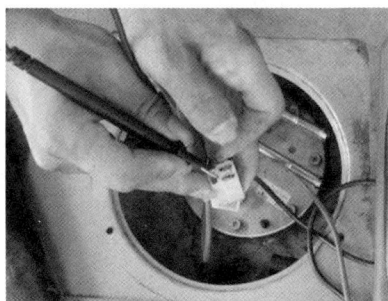

图 3-58　检查燃油表传感器搭铁线对地电阻

（8）如果电压不正常，先检查搭铁线。

如图 3-58 所示，用万用表 200Ω电阻挡测量黑色线对地电阻应小于 1Ω。如果电阻不正常，需要检查搭铁线和搭铁点。

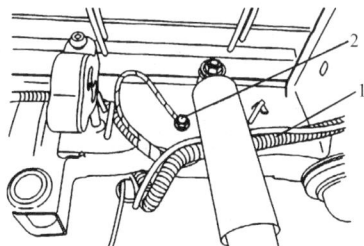

图 3-59　底盘线束搭铁点

（9）如图 3-59 搭铁点在底盘位置 2 处，1 为线束。可拧下螺栓后用细砂纸打磨铜片和搭铁处，再拧紧。

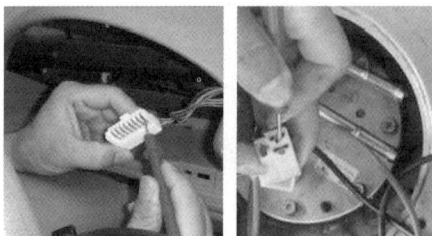

图 3-60　检查燃油表传感器信号线导通情况

（10）如果搭铁线正常，拆下组合仪表插接件，用万用表 200Ω电阻挡测量燃油传感器到组合仪表之间线束电阻应小于 1Ω，如图 3-60 所示。如果线束不正常，则检修或更换线束。

提示：燃油传感器信号线为黄色，组合仪表端也为黄色，编号为 A1。

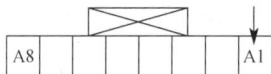

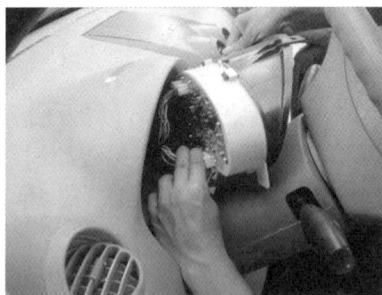

图 3-61　更换组合仪表

（11）如果线束正常，则更换组合仪表（见图 3-61）。

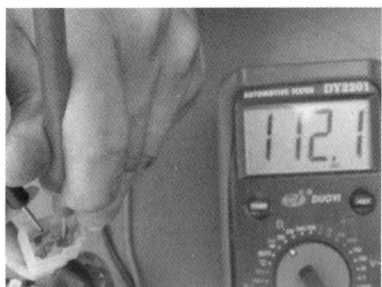

图 3-62　检查燃油传感器

（12）如果线束、组合仪表正常，则应检查燃油传感器。

用万用表 200Ω电阻挡检查燃油泵端插头黄、黑线之间电阻，应小于 150Ω，如图 3-62 所示。

如燃油传感器电阻不正常，则需要更换。

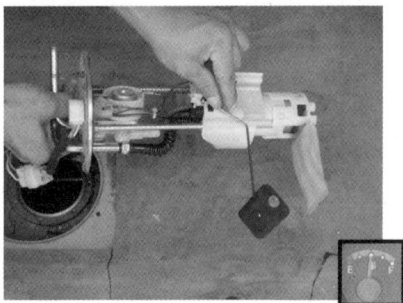

图 3-63　用替换法检查燃油传感器

（13）如图 3-63 所示，把新的燃油传感器接上插头，打开点火开关，用手移动燃油传感器浮子，观察燃油表指针是否能正常移动，如这时正常则更换原燃油传感器。

想一想：还可以用什么方法判断故障是在燃油传感器而不是燃油表及线路？

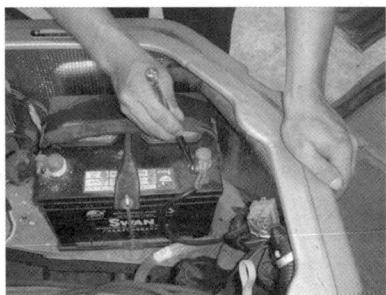

图 3-64　拆卸蓄电池负极

（14）注意：为防止意外，拆卸前先拆下蓄电池负极（见图 3-64）。

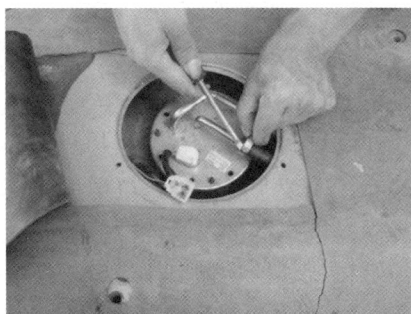

图 3-65　拆卸燃油泵管夹

（15）根据管夹种类，用一字起子撬开管夹或十字起子拧松管夹，如图 3-65 所示。

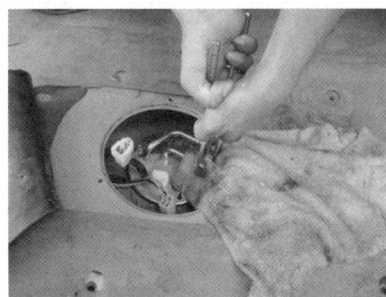

图 3-66　取下燃油管

（16）用抹布包着油管，再用锂鱼钳夹住油管向外边转边拔，直到取出油管，如图 3-66 所示。

提示：用抹布包着油管可以保护油管，并且可以防止燃油飞溅到眼睛。

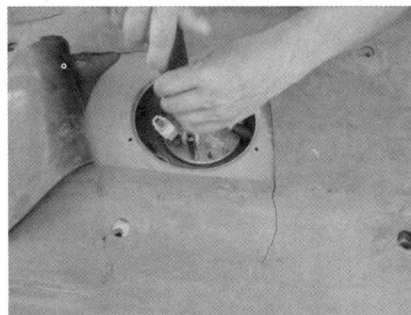

图 3-67　拆卸燃油泵固定螺钉

（17）用手柄和 6 号套筒拧出 6 个固定螺钉（见图 3-67）。

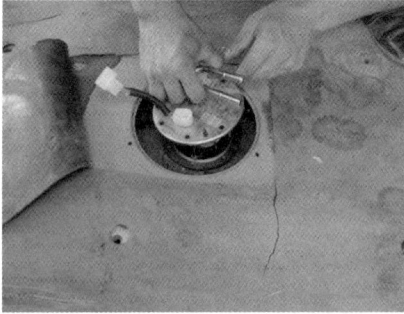 图 3-68　向上提起燃油泵和燃油传感器组件	（18）先向上提起燃油泵和燃油传感器（见图 3-68）。
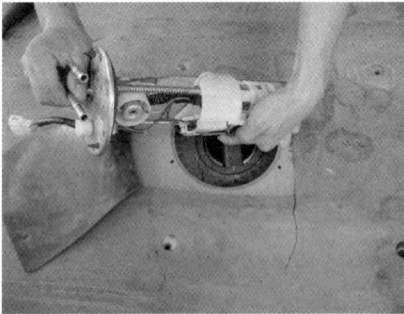 图 3-69　倾斜取出燃油泵和燃油传感器组件	（19）取出燃油泵和燃油传感器遇到阻力时，倾斜着继续取出剩余部分（见图 3-69）。 注意：不要强行取出，以免损坏。 提示：取出燃油泵和燃油传感器后，要用干净纸板或其他物体挡住油口，以免掉入杂物。
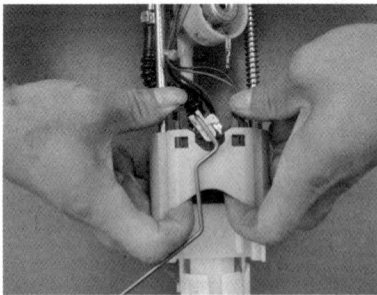 图 3-70　取下燃油传感器	（20）用如图 3-70 所示方法取下燃油传感器。
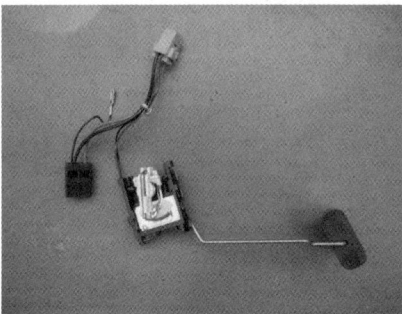 图 3-71　燃油传感器	（21）换上新的燃油传感器（见图 3-71），将线连接牢固。 注意：有些车型如无法单独更换燃油传感器，则要连燃油泵一起更换。

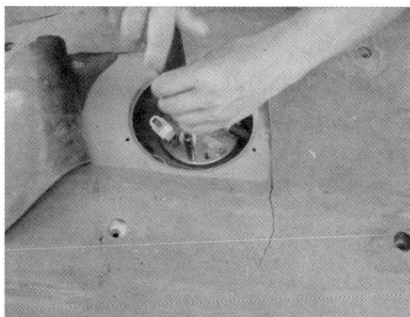

图 3-72　安装燃油泵和燃油传感器组件

（22）将燃油泵和燃油传感器先斜后直地装入油箱后，用手柄和 6 号套筒，按对角拧紧 6 个螺钉（见图 3-72）。

图 3-73　在油管端口滴机油

（23）在装油管时，在橡胶油管端口内滴数滴干净机油，以防燃油泄漏，如图 3-73 所示。

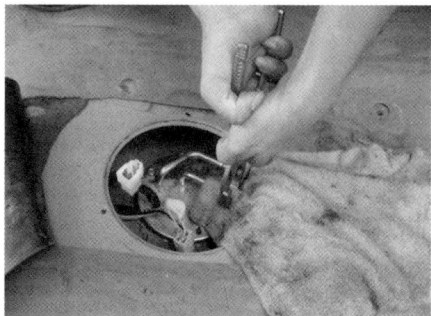

图 3-74　安装油管

（24）如图 3-74 所示，用抹布包着油管，再用锂鱼钳夹住抹布装油管，应将软管插入深度为 20～30mm。

注意： 管夹距软管端部 3～5mm 处可靠夹紧。

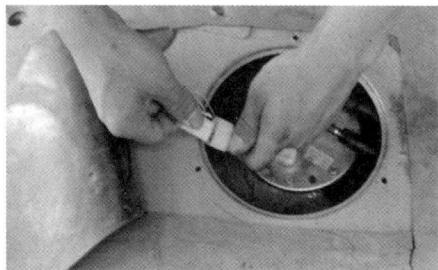

图 3-75　连接燃油泵插接件

(25) 零件装复后，接上插头（见图3-75）。

提示： 重新接上蓄电池负极电线。

图 3-76　验证安装情况

（26）启动发动机，打开点火开关至"ON"挡，接通燃油泵总成 2～3 秒钟，然后将它关闭。重复上述过程 3～4 次，给燃油管路供油施加压力（直到用手感觉到燃油回油软管内有压力为止）。

再开启点火开关，检查是否有燃油泄漏（见图 3-76）。

图 3-77　安装燃油泵盖板

（27）如无泄漏，用十字起子再装上三颗圆盖螺钉（见图 3-77）。

图 3-78　安装座椅

（28）用小号棘轮扳手和 12 号套筒装上座椅（见图 3-78）。

图 3-79　完成任务，交车

11．现场 5S，完成任务，交车（见图 3-79）

（1）下降车辆，拉出举升臂，切断举升机电源；　　　　　　　□完成
（2）收集整理车辆护套和工具；□完成
（3）清洁车辆，清理现场；　　□完成
（4）车辆开出工位，交车。　　□完成

实训报告 3-1　仪表系统故障的检查与排除

表 3-3

实训车型		实训任务	电动后视镜故障的检查与排除	
基本步骤		观察与测量结果	分析与处理意见	完成情况
1	安装车轮挡块			□是 □否
2	安装方向盘套、座椅套			□是 □否
3	验证故障情况			□是 □否
4	全部仪表灯不亮的故障诊断			□是 □否
5	组合仪表的拆装、检查与更换			□是 □否
6	机油压力指示灯故障诊断			□是 □否
7	驻车制动指示灯故障诊断			□是 □否
8	制动报警指示灯故障诊断			□是 □否
9	水温表故障诊断			□是 □否
10	燃油表故障诊断			□是 □否
11	5S			□是 □否
教师评语				
成绩		指导教师签名		日期

任务考核单 3-1　仪表系统故障诊断与排除项目评分标准

姓名：＿＿＿＿　考核时间：30 分钟　用时＿＿＿＿分钟　总得分：＿＿＿

表 3-4

序号	操作步骤	操作内容	配分	评分标准	扣分	得分
1	检查前准备	1. 检查工具、测量仪器	1	未做扣 1 分		
		2. 垫三角木、安装座椅套、地板垫、安装方向盘套、挂空挡、拉驻车制动	5	每漏一项扣 1 分，扣完此项配分为止		
		3. 检查机油、冷却液、蓄电池电压	3	每漏一项扣 1 分		
2	检查故障	打开点火开关，操作相关部件，观察仪表，发现故障	6	每漏一项扣 2 分		

续表

序号	操作步骤	操作内容	配分	评分标准	扣分	得分
3	排除故障	1. 故障电路状况检查	20	不正确使用数字万用表检查传感器或执行器电路是否短、断路的每项扣 5 分，扣完此项配分为止		
		2. 故障部件的性能检查	20	不能正确用数字万用表判断传感器或执行器性能好坏的每项扣 5 分，扣完此项配分为止		
		3. 故障点判断准确	20	每判断错误一个故障点扣 5 分，扣完此项配分为止		
		4. 排除故障	20	未能正确排除每一故障扣 5 分，扣完此项配分为止		
4	安全文明操作	1. 工装整洁	1	工装不整洁扣 1 分		
		2. 尊重裁判及比赛工作人员，服从裁判	2	不尊重裁判及比赛工作人员和服从裁判扣 2 分		
		3. 操作完毕，清洁和整理工量具	2	未做扣 2 分		
5	评分说明	考核时间要求： 1. 到时停止考试，只计算已完成的工作的分数 2. 如出现设备损坏、人身伤害，此项目按零分计				
	合计		100			

知识链接

一、仪表的组成、作用

常见的仪表由水温表、燃油表、发动机转速表、车速里程表及各种报警灯组成。用来显示发动机和汽车的工作状态，使驾驶员能及时掌握汽车的技术状况。下面以五菱之光仪表装置为例进行介绍。五菱之光汽车仪表面板，如图 3-80 所示。

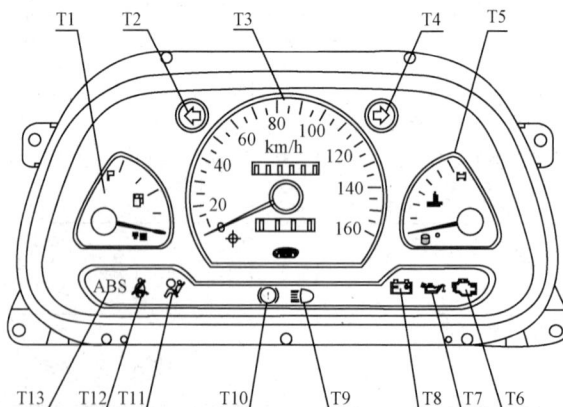

图 3-80　五菱之光汽车仪表面板图

五菱之光仪表图标的注解如图 3-81 所示，仪表盘电路原理图如图 3-82 所示。

编号	T1	T2	T3	T4	T5	T6	T7
标志		⇦		⇨		(发动机图标)	(机油图标)
名称	油量表	左转向指示灯	车速表	右转向指示灯	水温表	电喷发动机故障信号装置	机油压力指示器及警报信号装置
颜色		闪烁绿色		闪烁绿色		黄色	红色

编号	T8	T9	T10	T11	T12	T13
标志	(蓄电池图标)	(大灯图标)	(!)	(气囊图标)	(安全带图标)	ABS
名称	蓄电池充电指示器及警报信号装置	前照远光灯信号	制动液面报警及驻车指示灯	安全气囊故障信号指示灯	安全带操纵件及警报信号指示灯	制动防抱死系统故障指示灯
颜色	红色	蓝色	红色	红色	红色	黄色

图 3-81　五菱之光仪表图标注解

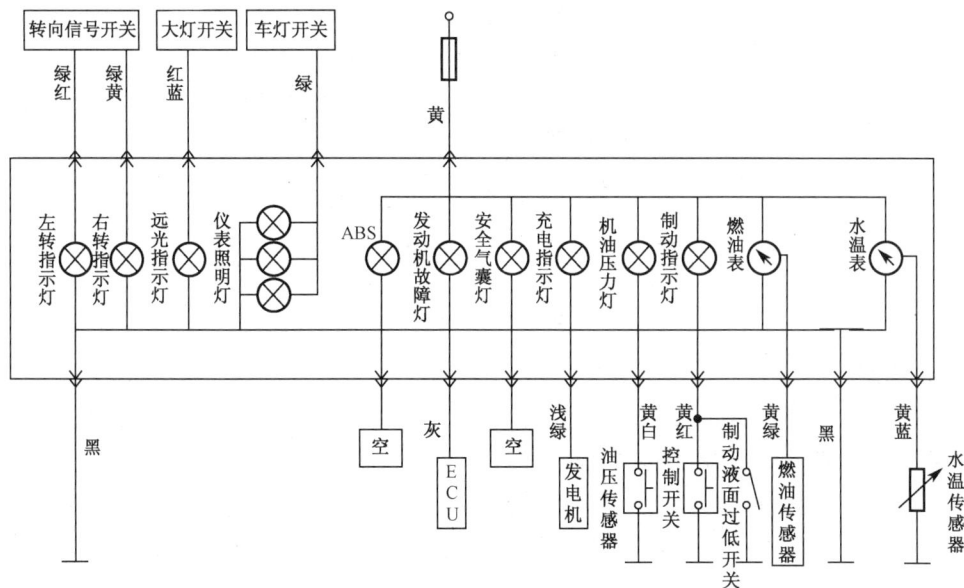

图 3-82　五菱之光仪表电路图

二、仪表装置各组成部分的作用、工作原理

1. 燃油表

1）作用

用来指示燃油箱中存油量的多少，由安装在油箱中的传感器及装在仪表盘上的燃油表两部分组成。目前比较常见的是电磁式燃油表。

2）电磁式燃油表的基本组成及工作原理

电磁式燃油表的基本结构如图 3-83 所示，电磁式燃油表内装有左右两个线圈，转子与指针相连，并位于两个线圈之间，油面传感器也采用可变电阻式传感器。右线圈和浮子上的可变电阻并联。

当油箱满油时，浮子上升到最高点，传感器上串入到电路中的电阻最大，那么加在右线圈上的电压也最大（产生的磁力也最大）。而此时流过左线圈的电流却最小（产生的磁力也最小）。在两个线圈合力作用下，转子被吸向右线圈，指针指在满油位置。

随着油面的逐渐降低，传感器上串入到电路中的电阻越来越小，加在右线圈两端的电压越来越小（产生的磁力也越来越小）。相反的，流过左线圈的电流越来越大（产生的磁力也越来越大）。在两个线圈的合力作用下，转子越来越被吸向左线圈，指针随即也越来越指向油面低的位置。

当油箱无油时，浮子降到最低点，传感器上串入到电路中的电阻最小。那么加在右线圈上的电压也最小（产生的磁力也最小），而流过左线圈的电流是最大的（产生的磁力也最大）。在两个线圈合力的作用下，转子被吸向左线圈，指针指在油位低的位置。

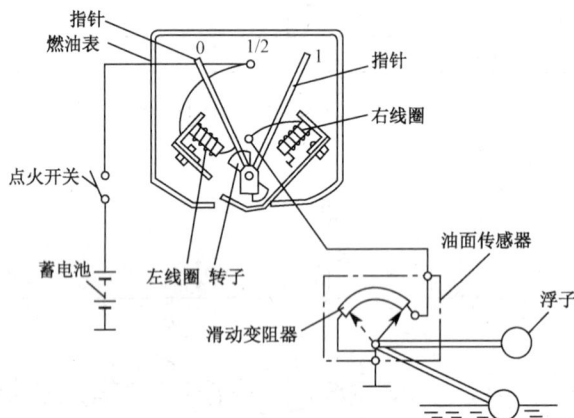

图 3-83　电磁式燃油表结构原理图

2．水温表

1）作用

用来指示发动机工作温度的高低，由安装在发动机水道中（装在节温器前）的传感器及装在仪表盘上的水温表两部分组成。目前比较常见的是电磁式水温表。

2）电磁式水温表的工作原理

电路原理图如图 3-84 所示。

（1）负温度系数热敏电阻：传感器的电阻值随温度的升高而降低，随温度的降低而升高。

（2）工作原理分析：

当发动机水温低时，水温传感器的电阻值

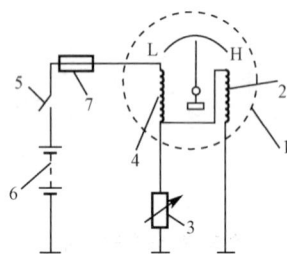

1—水温表；2—线圈 L1；3—负温度系数的水温传感器；
4—线圈 L2；5—点火开关；6—蓄电池；7—熔丝

图 3-84　水温表工作原理图

大，传感器上串入到电路中的电阻最大，那么加在线圈 2 上的电压也最大（产生的磁力也最大）。而此时流过线圈 4 的电流却最小（产生的磁力也最小）。在两个线圈合力的作用下，转子被吸向线圈 2，指针指在低温位置。

随着发动机温度的逐渐升高，传感器上串入到电路中的电阻越来越小，加在线圈 2 两端的电压越来越小（产生的磁力也越来越小）。相反的，流过线圈 4 的电流越来越大（产生的磁力也越来越大）。在两个线圈的合力作用下，转子越来越被吸向线圈 4，指针随即也越来越指向发动机水温高的位置。

3. 车速里程表

1）作用

用以显示汽车的车速和行驶里程，我们下面介绍机械传动磁铁式车速里程表。

2）机械传动磁铁式车速里程表结构与工作原理

（1）基本结构如图 3-85 所示。车速里程表由车速表和里程表两部分组成，车速表用来指示汽车瞬时行驶速度，里程表可记录汽车行驶总里程和短程里程。

车速表和里程表通常安装在同一个壳体中，并由同一根轴驱动，或使用同一个传感器。

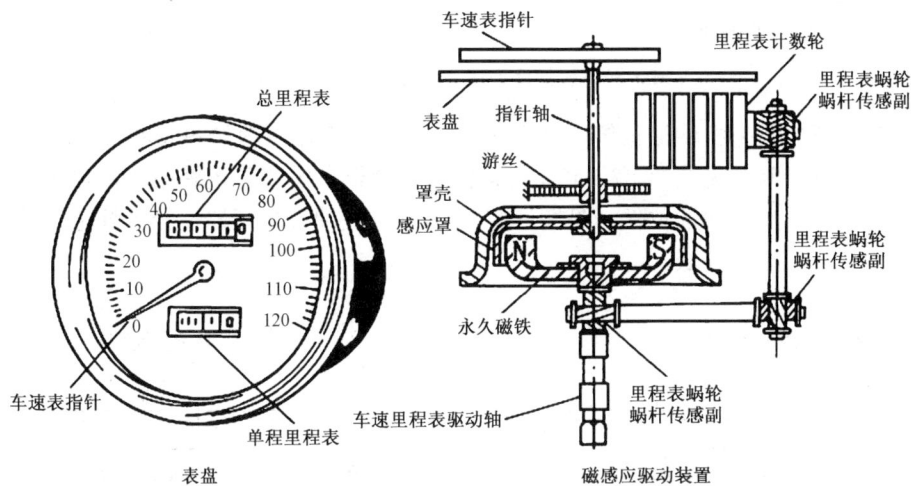

图 3-85 机械传动磁铁式车速里程表结构图

感应罩是杯形的，装在永久磁铁与罩壳之间，三者间有一定的间隙。感应罩与指针轴及指针连成一体，可以一起转动。在不工作时，由于盘形弹簧（游丝）的作用使指针位于刻度的零点。

（2）原理分析：当永久磁铁旋转时，其磁力线在感应罩上引起涡流，也产生一个磁场，永久磁铁的磁场与感应罩的磁场互相作用而产生力矩，这使感应罩克服游丝阻力转动，带着指针偏转过一个与传动轴转速大小成比例的角度，便可在刻度盘上读出车速的数值。

里程表由蜗轮蜗杆机构和计数轮组成。汽车行驶时，软轴带动主动轴，主动轴经三对蜗轮蜗杆传动副驱动里程表最右边的第一数字轮。第一数字轮上的数字为 1/10km，每两个相邻的数字轮之间的传动比为1:10。即当第一数字轮转动一周，数字由9翻转到0时，便使相邻的左面第二数字轮转动 1/10 周，成十进位递增。这样汽车行驶时，就可累计出其行驶里程数，最大读数为 99999.9km。

4. 机油压力警告灯

机油压力警告灯系统的组成如图 3-86 所示。打开点火开关，发动机未启动或启动后油压偏低时，油压开关内触点闭合，接通油压警告灯电路，警告灯点亮以警示驾驶员注意，如图 3-86（b）所示。当发动机启动运行后，在机油压力正常的情况下，油压开关内触点被顶开，油压警告灯电路未接通，警告灯熄灭，指示油压正常，如图 3-86（a）所示。

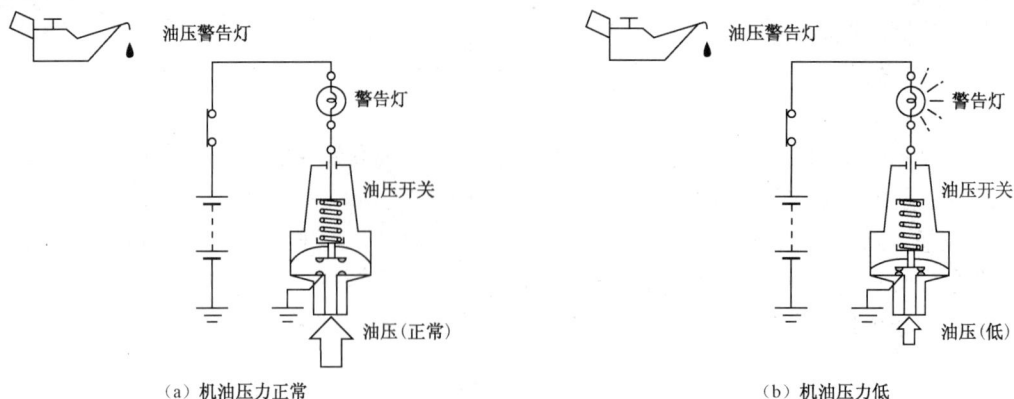

（a）机油压力正常　　　　　　　　　　　　　　（b）机油压力低

图 3-86　机油压力警告灯系统的组成及原理

有些车型还装置有机油油位警告灯系统，其组成和工作原理如图 3-87 所示。

当机油油位正常（见图 3-87（a））时，油位传感器使警告灯电路断开，警告灯熄灭，指示机油油位正常；当机油油位低（见图 3-87（b））时，油位传感器使警告灯电路接通，警告灯点亮，指示机油油位偏低。

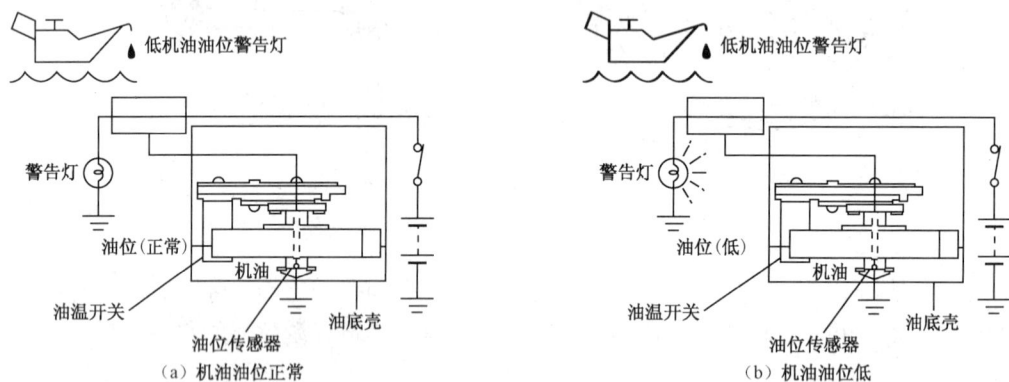

（a）机油油位正常　　　　　　　　　　　　　　（b）机油油位低

图 3-87　机油油位警告灯系统

三、传统仪表和报警装置的检修

1．燃油表的检修

通电试验，如图 3-88 所示，给燃油表的（+）、（−）接柱分别接上蓄电池的（+）、（−），然后把与传感器连接的接柱与负极之间接上一个 110Ω 的电阻，油表指针应指向"E"点；所接电阻为 3Ω，则指针指向"F"点，那么燃油表指示正确。否则说明燃油表损坏，应更换燃油表或仪表装置总成。

五菱之光燃油表指示器内阻检查。使用万用表检测 A-A 电极间的电阻，标准值为 96Ω。如果电阻太低，线圈可能短路；如果电阻太高，线圈可能烧坏。

如上面两项检查良好，而燃油指示仍然有故障，则故障可能在燃油传感器。

2．燃油传感器检修

如图 3-89 所示，把燃油传感器的浮子放到 E、1/2、F 位置，测量三个位置传感器的电阻是否符合规定值。测量值应如表 3-5 所示，否则更换燃油传感器。

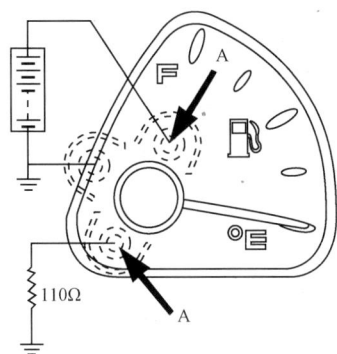

图 3-88　燃油表的检测方法

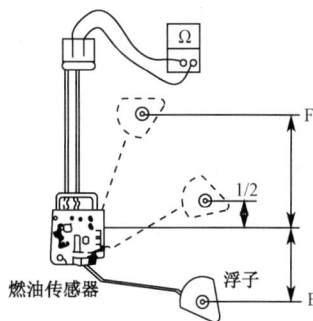

图 3-89　燃油传感器的检查方法

表 3-5　燃油传感器电阻值

油　　量	E（空）	1/2	F（满）
传感器阻值（Ω）	110	32.5	3
把浮子从最低位置慢慢抬到最高位置	电阻值从 3Ω 连续变化到 110Ω		

3．水温表的检查

如图 3-90 所示，给燃油表的（＋）、（－）接柱分别接上蓄电池的（＋）、（－），然后把与传感器连接的接柱与负极之间接上一个 72.4Ω 的电阻，水温表指针应指向图 3-90 所示的位置（约 80℃）；所接电阻为 23.8Ω，则指针指向"H"点。否则说明燃油表损坏，应更换燃油表或仪表装置总成。

水温表指示器内阻检查（五菱之光汽车）：使用万用表检测 B–B 电极间的电阻，标准值为 85Ω。如果电阻太低，线圈可能短路；如果电阻太高，线圈可能烧坏。

如上面两项检查良好，而水温指示仍然有故障，则故障可能存在水温传感器。

4．水温传感器的检查

方法如图 3-91 所示，把传感器放在水中加热，分别测量 80℃ 和 115℃ 时的电阻是否符合规定值（见表 3-6）。

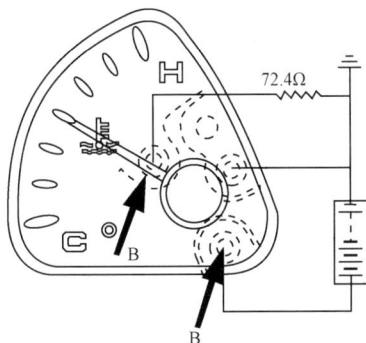

图 3-90　水温表通电检查方法

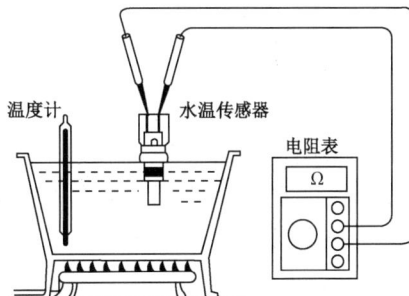

图 3-91　水温传感器检查方法

表 3-6　水温传感器温度—阻值对应表

温度计指示水温（℃）	80	115
传感器阻值（Ω）	72.4	23.8

如测量值与表 3-6 规定不相符则更换水温传感器。

5．车速里程表的检修

当车速里程表出现示值不准、指针跳动或指针不动时进行如下检查。

（1）检查车速里程表软轴方头与变速器蜗轮蜗杆装置的配合是否松动；

（2）检查车速里程表软轴方头与仪表盘的配合是否松动；

（3）检查车速里程表的软轴是否发卡，造成指针跳动；

（4）检查车速里程表的软轴弯曲度是否过大，造成指针跳动；

（5）检查变速器蜗轮蜗杆装置是否损坏。

如果以上检查都正常，则更换仪表盘。

6. 报警装置的检修

当汽车出现异常情况或不安全因素时，点亮仪表盘上相应的报警灯，起到提醒和警示驾驶员的作用。目前常见的报警装置有手刹未放松报警（与制动液面过低报警共用一个灯）、发电动机发电电压过低报警、机油压力过低报警、燃油液面过低报警、水温过高报警、发动机故障报警等。不同汽车上的报警装置的类型也不尽相同，但目前常见的报警装置都是由一个传感器（或者控制器）来控制报警灯的亮或灭，如图 3-92 所示。

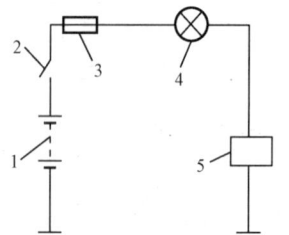

1—蓄电池；2—点火开关；3—熔丝；
4—报警灯；5—传感器或控制器

图 3-92　常见报警装置控制电路图

1）手刹未放松、制动液面过低报警装置

打开点火开关到 ON 挡后，如果手刹未放松或制动液面低于规定值，报警灯就会点亮。电路如图 3-82 所示（五菱之光仪表电路图）。

（1）手刹开关的好坏判断方法：利用万用表进行如下测量，如测量不符合表 3-7 规定值则进行调整或更换手刹开关。

表 3-7　手刹状态和手刹开关状态对应表

手 刹 状 态	手刹开关状态
拉起手刹	接通
释放手刹	断开

（2）制动液面过低报警开关的检查：舌簧开关式制动液面传感器的工作原理如图 3-93 所示，浮子会带着磁铁随着制动液面的降低而降低，当磁铁对齐舌簧开关时，舌簧开关就会由断开状态变为闭合状态（见图 3-93（b））。磁铁在未对齐舌簧开关时，开关处于断开状态。

舌簧开关式制动液面过低报警传感器检查方法：如图 3-94 所示，分别检查制动液面低和高位置时传感器的导通情况。

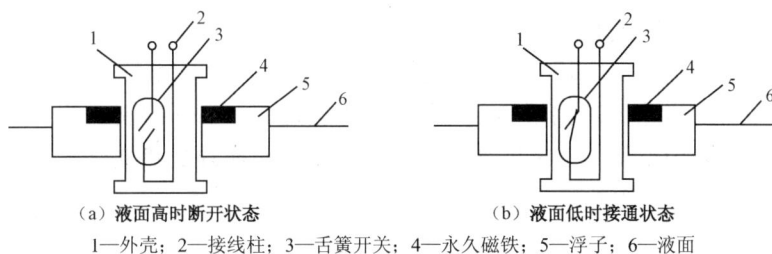

（a）液面高时断开状态　　　　　　　　（b）液面低时接通状态

1—外壳；2—接线柱；3—舌簧开关；4—永久磁铁；5—浮子；6—液面

图 3-93　舌簧开关式制动液面传感器

舌簧开关式制动液面过低报警传感器检查结果如表 3-8 所示，否则检修或更换传感器。

表 3-8　制动液面高低状态和舌簧开关状态对应表

制动液面高低状态	舌簧开关状态
制动液面低时	接通
制动液面高时	断开

2）燃油液面过低报警装置的检修

燃油液面过低报警装置在燃油箱内的燃油量少于某一规定值时，发出报警信号，以引起驾驶员的注意，其组成如图 3-95 所示。

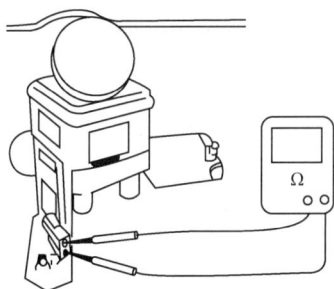

图 3-94　舌簧开关式制动液面过
低报警传感器检查方法

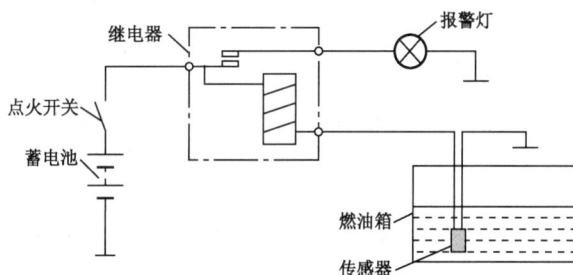

图 3-95　燃油液面过低报警装置

接通点火开关，蓄电池的电流经继电器的线圈流过传感器的热敏电阻，热敏电阻被加热，温度升高。当燃油箱的油面高于规定值时，由于热敏电阻全部浸泡在燃油中所产生的热量被燃油吸收，其温度低、电阻值大，流过继电器线圈的电流小，继电器触点保持断开状态，报警灯不亮。当油面下降到低于规定值时，传感器的热敏电阻露出油面，由于散热慢，其温度升高，电阻值减小，使流过继电器线圈的电流增大，继电器的触点闭合，报警灯点亮，以提醒驾驶员燃油储量不足。

传感器检查方法：打开点火开关，进行如表 3-9 所示的操作，检查结果应如表 3-9 所示，否则更换传感器。

表 3-9　燃油液面过低报警传感器检查方法

检查操作	拔下传感器插头	拔下传感器插头并使插头与搭铁相连	燃油低于规定值，插头保持连接状态	燃油高于规定值，插头保持连接状态
燃油液面过低报警灯亮灭状态	灯灭，否则说明是线路故障	灯亮，否则说明线路或灯有故障	灯亮，否则说明传感器损坏	灯灭，否则说明传感器损坏

3）水温过高报警装置的检修

当发动机水温超过规定值时，仪表盘上的水温过高报警灯点亮。

水温过高报警灯电路原理如图 3-96 所示，水温过高报警灯控制开关安装在发动机汽缸盖的水套中，当水套中冷却液的温度超过规定值时，双金属片受热变形，向下弯曲，使双金属触点闭合，接通报警灯电路。

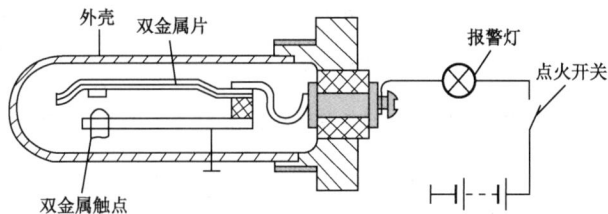

图 3-96 水温过高报警灯电路原理

检修方法：把水温报警开关加热到 98℃时，传感器接线柱应与外壳接通。低于 95℃时，传感器接线柱与外壳断开。

任务 2 数字仪表装置的故障诊断与排除

任务要求

在学习传统仪表故障诊断与排除的基础上，选用万用表、试灯等工量具，在老师的指导下小组合作完成数字仪表的故障诊断与排除工作。

要求：

1. 能从教材和维修手册等资料中查到相关的技术标准；
2. 会测量数字仪表的相关电路；
3. 能正确进行仪表的故障诊断与排除。

情境创设

展示一汽丰田威驰轿车数字仪表装置的照片。

场景：仪表系工作室，配备多媒体教学设备和课桌椅、工作台、一汽丰田威驰轿车仪表总成及散件、拆装工具和检测仪具、维修手册等。

教学资料准备：教学用车使用说明书、维修手册等。

任务实施

1. 工作安排

养成合作完成工作任务的习惯，请你将工作分工与完成时间记录在表 3-10 中。

表 3-10 组员工作分工表

姓　　名	任　务　分　工	完　成　时　间	备　　注

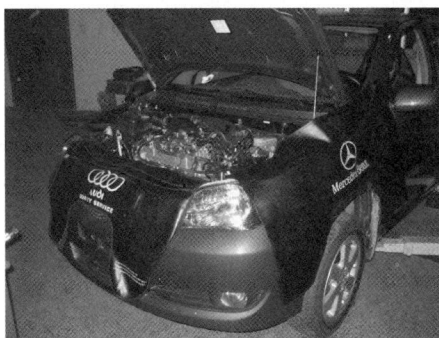

图 3-97　工位准备

图 3-98　启动验证故障

2. 准备工作（见图 3-97）

（1）检查举升机；　　　　　　　□合格
（2）车辆开进工位；　　　　　　□完成
（3）停车，打开发动机罩；　　　□完成
（4）安装车辆护套；　　　　　　□完成
（5）举升臂对准车辆举升位置；　□完成
（6）稍微举升车辆（车轮稍离开地面）。
　　　　　　　　　　　　　　　　□完成

注意：如果不使用举升机，应在驱动轮前后安装好车轮挡块（三角木）。

3. 验证故障情况（见图 3-98）

打开点火开关并启动，验证故障情况。

故障现象＿＿＿＿＿＿＿＿＿＿＿＿＿＿

＿＿＿＿＿＿＿＿＿＿＿＿＿＿＿＿＿＿。

注意：汽车启动操作必须在老师许可下进行（确认挂空挡、拉手刹、踩离合器，无安全隐患等）。

4. 丰田威驰轿车数字仪表不工作的故障诊断方法

1）阅读电路图，确认元件位置

图 3-99 所示为一汽丰田威驰轿车数字仪表的电源电路图。根据电路图，在车上找到相关元件和线束的位置。

2）诊断方法

把点火开关打到 ON 挡，数字仪表不工作的故障诊断步骤如下。

（1）检查电源电路的正极是否正常：

① 检查 AM1 熔丝；

② 检查 GAUGE 熔丝；

③ 检查 ALT、MAIN 熔丝；

④ 检查熔丝与仪表盘相关插头的线路。

（2）检查电源电路的负极是否正常：

检查 C5 插头的 1 号脚、C8 插头的 12 脚搭铁是否正常。

（3）如果上述检查都正常，则更换仪表盘总成。

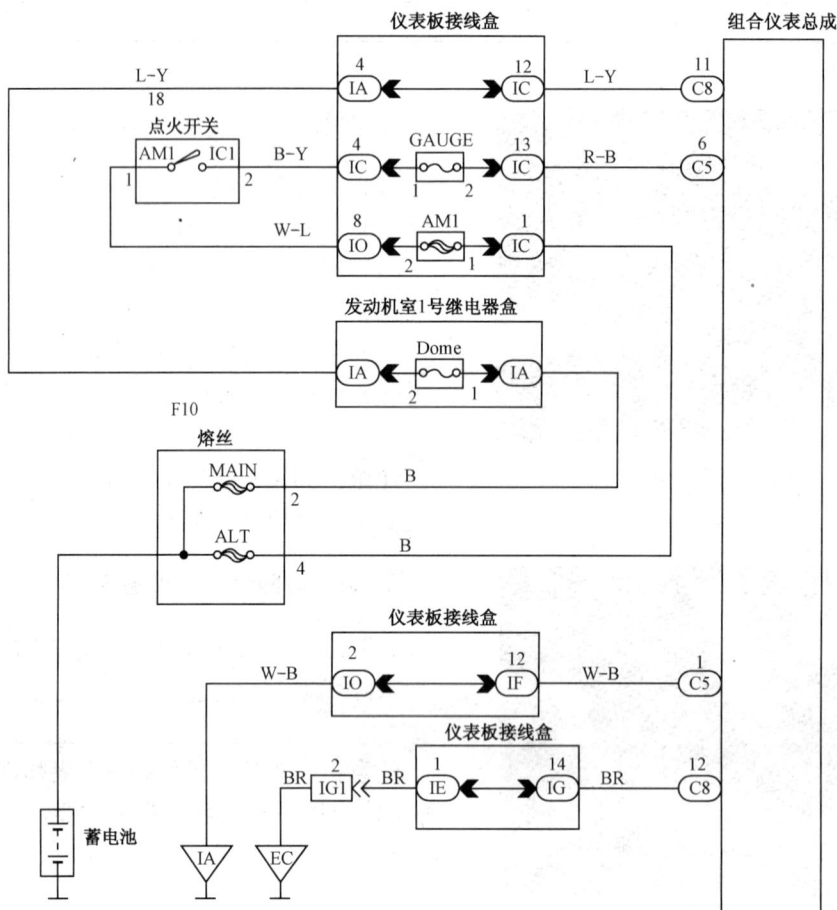

图 3-99   丰田威驰轿车数字仪表电源电路图

5. 发动机转速表工作不正常的故障诊断

1）检查仪表盘的电源电路

检查仪表盘的电源电路是否正常（如果其他仪表装置正常，则不用进行此项检查）。

2）打开启动开关使发动机正常运转，进行如下检查（见图 3-100）

（1）检查 C8 插头的 7 号脚是否有脉冲信号；

（2）检查 ECU 的 E4 插头的 13 号脚是否有脉冲信号，如果没有则更换发动机 ECU；

（3）检查 E4 插头的 13 号脚与 C8 插头的 7 号脚之间连接是否正常。

3）如果上述检查都正常，则更换仪表总成

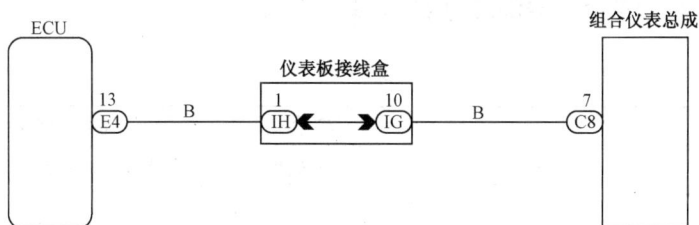

图 3-100　丰田威驰轿车数字仪表发动机转速表电路图

6. 车速里程表工作不正常的故障诊断

1）阅读车速里程表电路图

车速里程表电路图如图 3-101 所示：车轮转动时，车速传感器把车速信号传递给仪表ECU，仪表 ECU 通过运算比较后，把车速显示在仪表盘上。

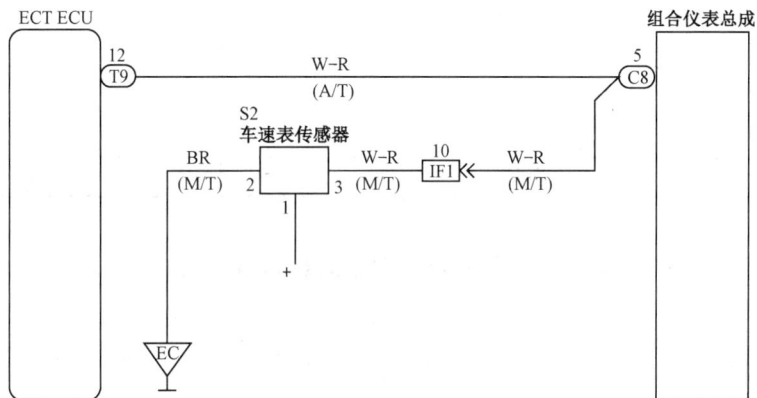

图 3-101　车速传感器电路图

2）车速里程表不工作的检查方法

（1）车速传感器的检查：

① 检查车速传感器的电源是否正常；

② 检查车速传感器的搭铁是否正常；

③ 转车轮，检查车速传感器信号是否正常。

（2）仪表电源电路检查（如果其他装置正常，则不需检查）。

（3）如果上述检查都正常，则更换车仪表盘总成。

7. 仪表盘其他装置的检查

首先检查各装置相关传感器的信号是否正常，如果信号正常而装置工作不正常则更换仪表总成。

实训报告 3-2　数字仪表系统故障的检查与排除

表 3-11

实 训 车 型			实 训 任 务	电动后视镜故障的检查与排除	
	基 本 步 骤		观察与测量结果	分析与处理意见	完成情况
1	安装车轮挡块				□是 □否
2	安装方向盘套、座椅套				□是 □否
3	验证故障情况				□是 □否
4	组合仪表的拆装、检查与更换				□是 □否
5	数字仪表不工作的故障诊断				□是 □否
6	发动机转速表不正常故障诊断				□是 □否
7	车速里程表工作不正常故障诊断				□是 □否
8	其他仪表的检查				□是 □否
9	5S				□是 □否
教师评语					
成绩		指导教师签名		日期	

任务考核单 3-2　仪表系统故障诊断与排除项目评分标准

姓名：_____　考核时间：30 分钟　用时_____分钟　总得分：_____

表 3-12

序号	操作步骤	操作 内 容	配分	评 分 标 准	扣分	得分
1	检查前准备	检查工具、测量仪器	1	未做扣 1 分		
		垫三角木，安装座椅套，地板垫，安装方向盘套，挂空挡，拉驻车制动	5	每漏一项扣 1 分，扣完此项配分为止		
		检查机油、冷却液、蓄电池电压	3	每漏一项扣 1 分		
2	检查故障	打开点火开关，操作相关部件，观察仪表，发现故障	6	每漏一项扣 2 分		
3	排除故障	故障电路状况检查	20	不正确使用数字万用表检查传感器或执行器电路是否短、断路的每项扣 5 分，扣完此项配分为止		

续表

序号	操作步骤	操作内容	配分	评分标准	扣分	得分
3	排除故障	故障部件的性能检查	20	不能正确用数字万用表，判断传感器或执行器性能好坏的每项扣 5 分，扣完此项配分为止		
		故障点判断准确	20	每判断错误一个故障点扣 5 分，扣完此项配分为止		
		排除故障	20	未能正确排除每一故障扣 5 分，扣完此项配分为止		
4	安全文明操作	工装整洁	1	工装不整洁扣1分		
		尊重裁判及比赛工作人员，服从裁判	2	不尊重裁判及比赛工作人员和不服从裁判扣2分		
		操作完毕，清洁和整理工量具	2	未做扣2分		
5	评分说明	考核时间要求： 到时停止考试，只计算已完成的工作的分数 如出现设备损坏、人身伤害，此项目按零分计				
	合计		100			

知识链接

一、数字仪表简介

1. 组合式数字式仪表

就是将各仪表组合安装在一起，由 ECU 采集传感器的信号，将模拟量转换为数字量，经分析处理后控制显示装置的仪表。

2. 数字仪表的优点

（1）指示精度高。

（2）重复性好。

（3）分度均匀。

（4）响应速度快、无抖动。

（5）产品品质的稳定性和可靠性有根本保证。

（6）通用性好。

3. 数字式仪表显示器件的结构和工作原理

1）真空荧光管（VFD）

（1）结构特点：VFD 是最常用的发光型显示器，其结构如图 3-102 所示，钨灯丝为阴极，接电源负极；涂有荧光物质的屏幕为阳极，接电源正极，其上制有若干字符段图形，每个字符段由电子开关单独控制通电状态；栅格置于灯丝和屏幕之间；整个装置密封在被抽真空的玻璃罩内。

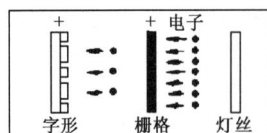

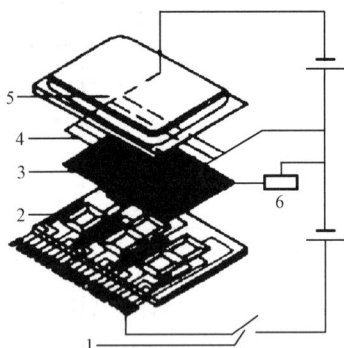

1—电子开关；2—涂有荧光物质的屏幕（阳极）；3—栅格；4—钨灯丝（阴极）；5—玻璃罩；6—电位器（亮度调节）

图 3-102　真空荧光管（VFD）的结构

（2）工作原理：如图 3-103 所示，当钨灯丝 1 通电时，灯丝发热，释放电子，电子被电位较高的栅格 2 吸引，并穿过栅格，均匀地打在电位最高的屏幕字符段 3 上。凡是由电子开关控制通电的字符段受电子轰击后发亮，而未通电的字符段发暗。这样通过控制字符段通电状态，就可形成不同的显示数字。

2）液晶显示器（LCD）

（1）结构特点：LCD 是最常用的非发光型显示器，其结构如图 3-104 所示。前玻璃板 2 和后玻璃板 3 之间加有一层液晶，外表面贴有垂直偏光镜 1 和水平偏光镜 4，最后面是反射镜 5。

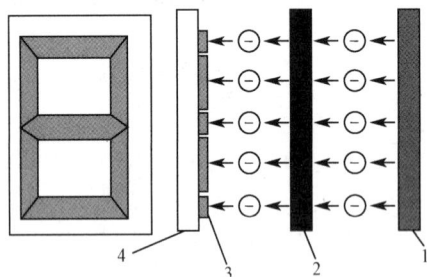

1—钨灯丝（阴极）；2—栅格；3—字符段（阳极）；4—屏幕

图 3-103　真空荧光管（VFD）的工作原理

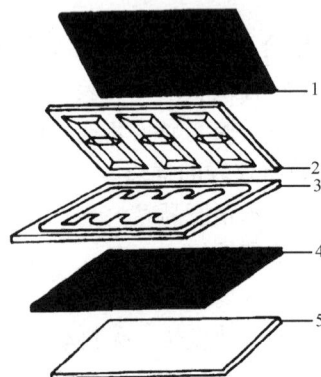

1—垂直偏光镜；2—前玻璃板；3—后玻璃板；4—水平偏光镜；5—反射镜

图 3-104　液晶显示器（LCD）的结构

（2）工作原理（见图 3-105）：当液晶不加电场时，液晶的分子排列方式可将来自垂直偏光镜的垂直方向的光波旋转 90°，再经水平偏光镜后射到反射镜上，经反射后按原路回去，这时透过垂直偏光镜看液晶时，液晶呈亮的状态。

当液晶加一电场时，液晶的分子排列方式改变，不能将来自垂直偏光镜的垂直方向的光波旋转，不能通过水平偏光镜达到反射镜，这时透过垂直偏光镜看液晶时，液晶呈暗的状态。这样将液晶制成字符段，通过控制每个字符段的通电状态，就可使液晶显示不同的字符。

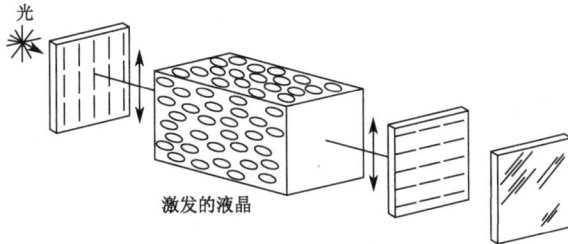

图 3-105 液晶显示器（LCD）的工作原理

① 字符段显示法：如图 3-106 所示，由七段、十四段或十七段小线段组成数字或字符显示，每段都由电子电路选择并控制明暗。

② 点阵显示法：由成行列排列的点阵元素组成数字或字符，各点阵元素都是由电子电路选择并控制明暗。图 3-107 所示为发光二极管组成的 5×7 点阵显示板和 5×7 点阵显示的数字。

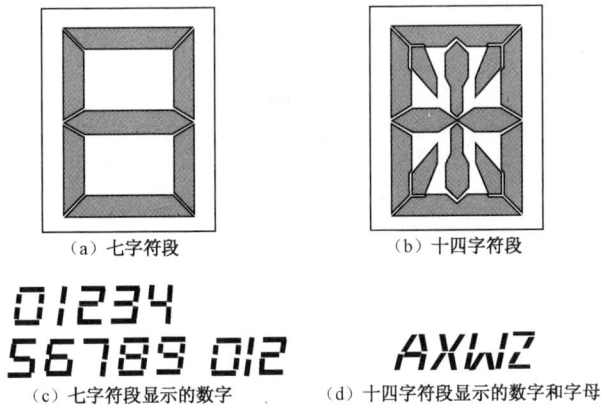

（a）七字符段
（b）十四字符段
（c）七字符段显示的数字
（d）十四字符段显示的数字和字母

图 3-106 字符段显示法

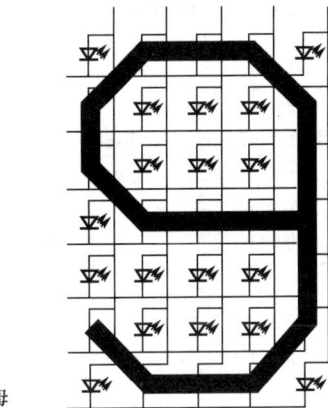

图 3-107 点阵显示法：5×7 点阵显示板

③ 特殊符号显示法：如图 3-108 所示，利用一些形象直观的国际标准 ISO 符号显示的方法。

图 3-108　国际标准 ISO 符号

4. 组合式数字仪表控制原理

如图 3-109 所示,通过采集汽车的各种信号,通过数模转换电路把模拟信号变为数字信号,经过 ECU 进行分析比较,并根据计算结果通过驱动器驱动显示器工作,把发动机的各种技术状况显示在仪表盘上。

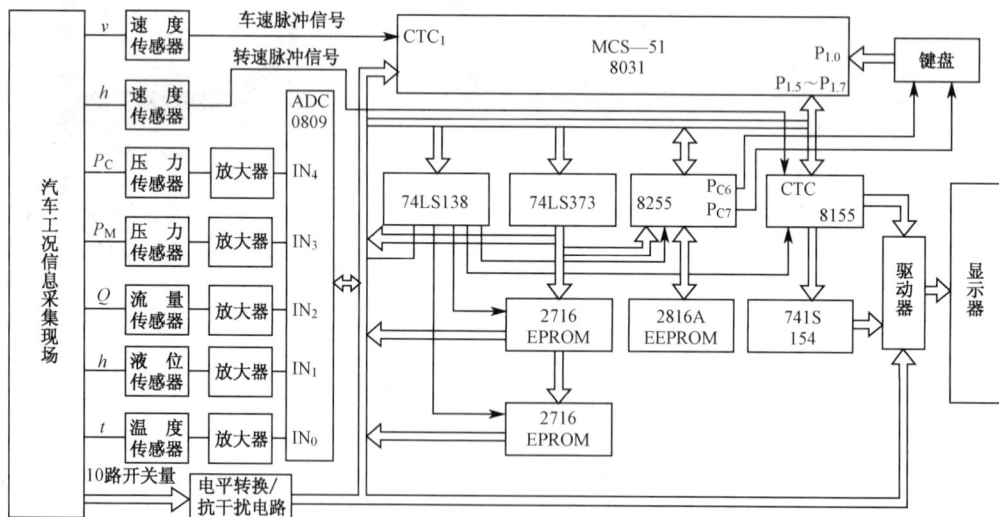

图 3-109　组合式数字仪表控制电路原理框图

阅读知识

一汽丰田威驰轿车数字仪表

1. 一汽丰田威驰轿车组合式数字仪表控制电路如图 3-110 和图 3-111 所示。

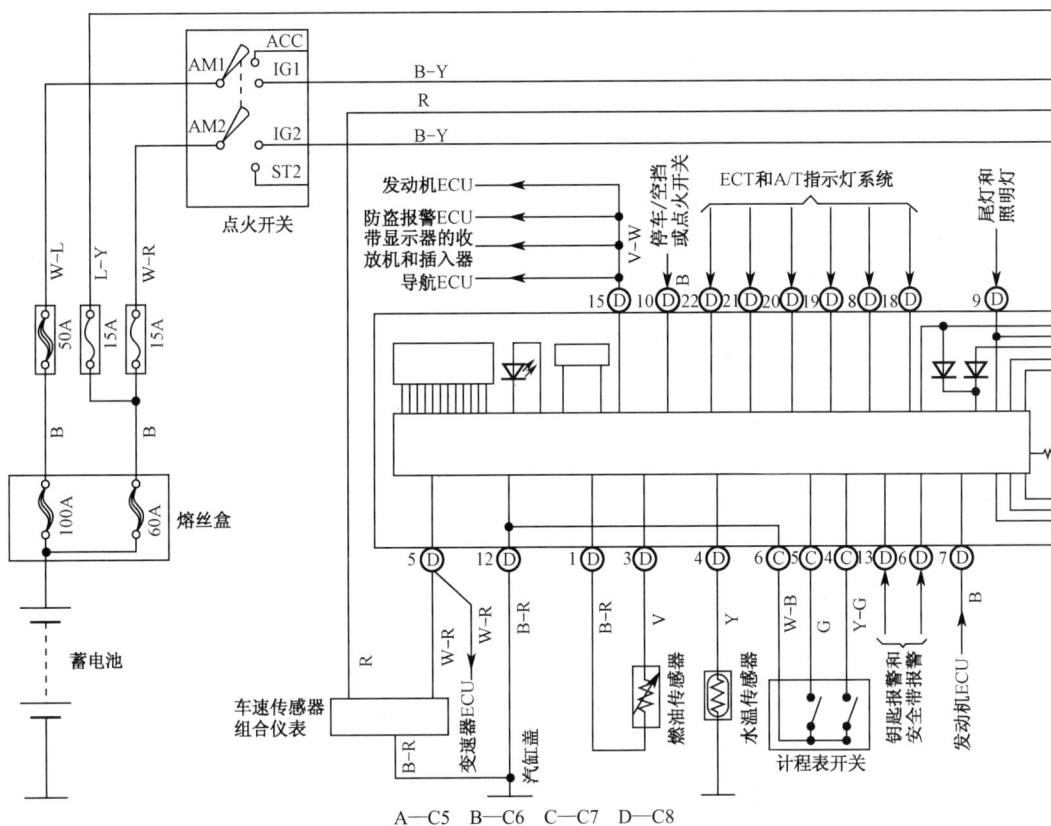

图 3-110　丰田威驰轿车组合式数字仪表电路（一）

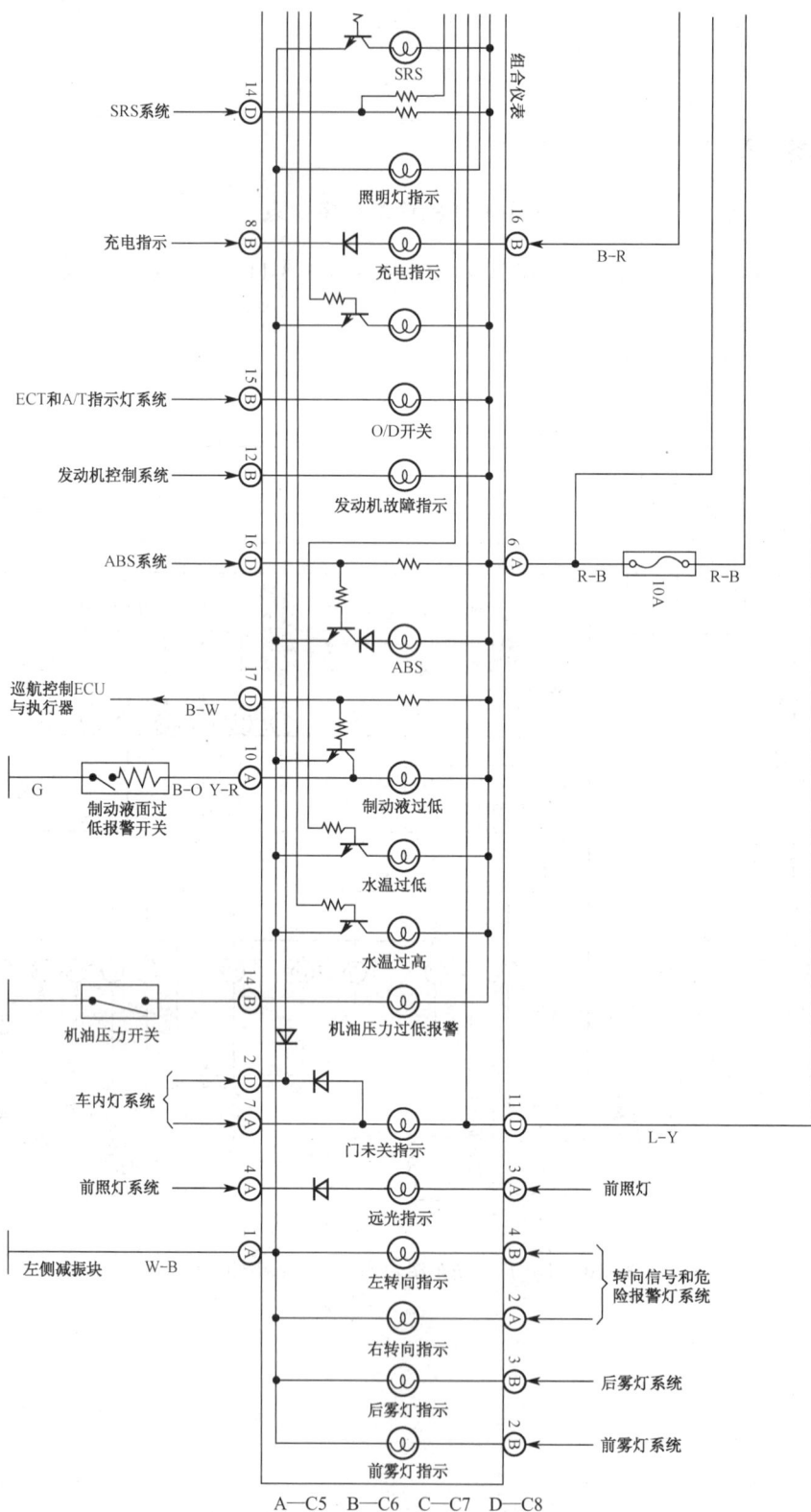

图 3-111 丰田威驰轿车组合式数字仪表电路（二）

2.﹒一汽丰田威驰轿车数字仪表位置图，如图 3-112 所示。

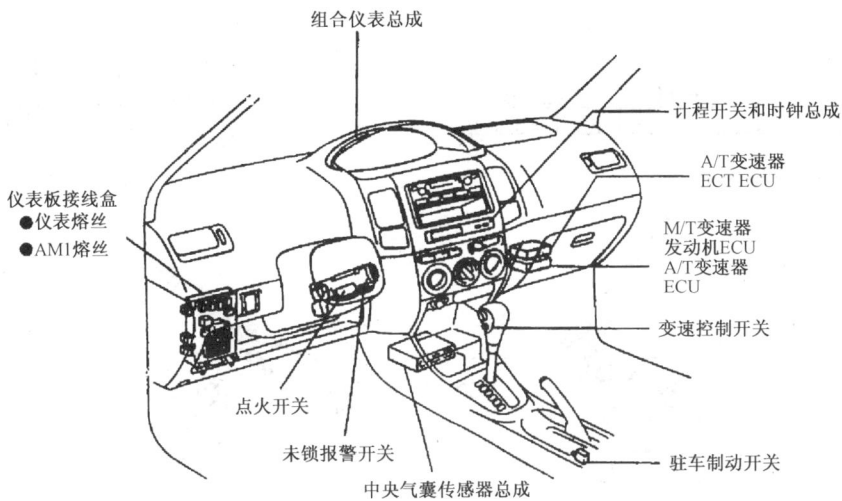

图 3-112 一汽丰田威驰轿车数字仪表位置图

3. 一汽丰田威驰轿车数字式仪表实物图，如图 3-113 所示。

图 3-113 一汽丰田威驰轿车数字式仪表实物图

4. 一汽丰田威驰轿车数字式仪表的插头图，如图 3-114 所示。

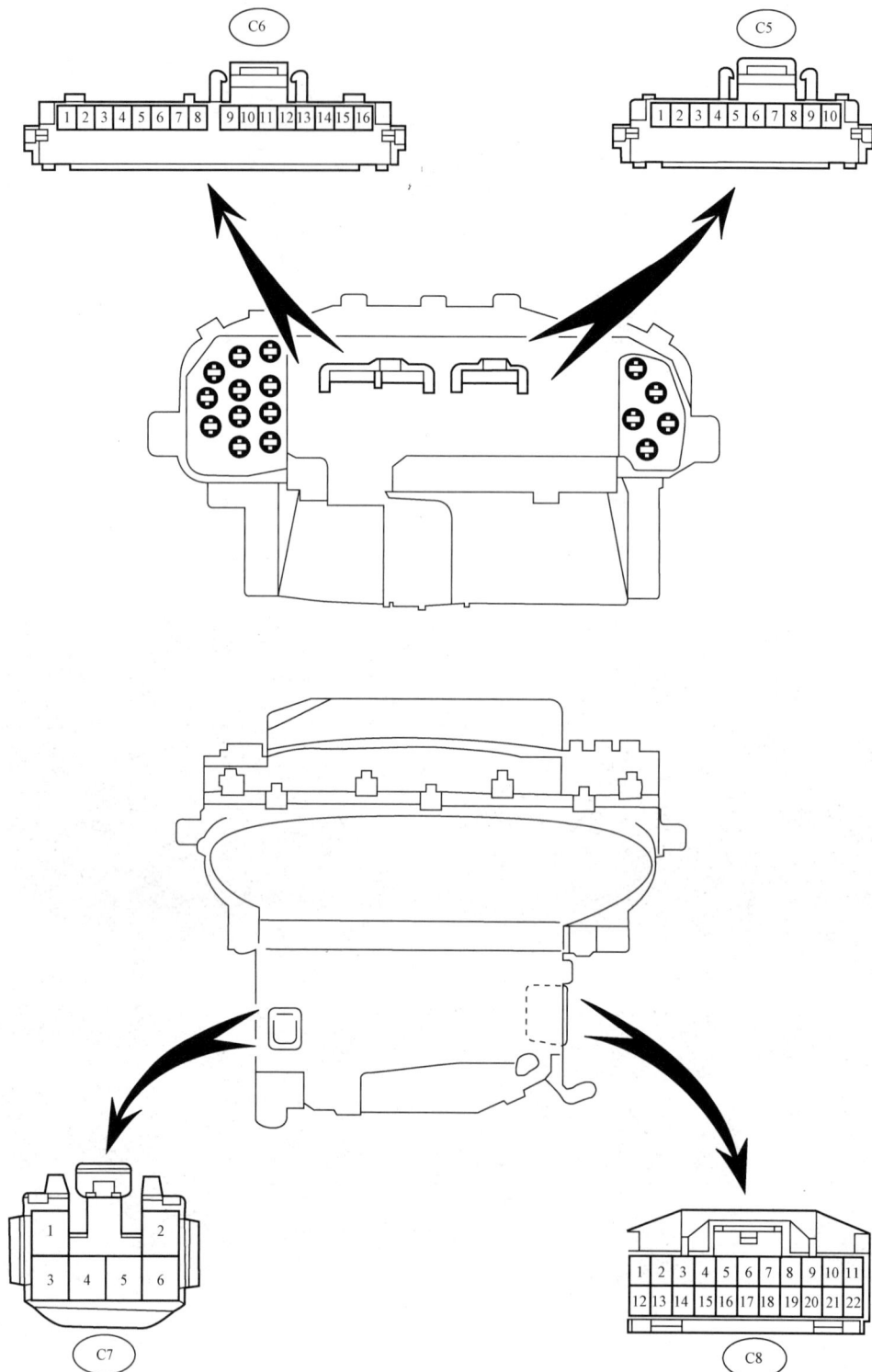

图 3-114　一汽丰田威驰轿车数字式仪表的插头图

5. 一汽丰田轿车数字式仪表内部电路示意图，如图 3-115 所示。

数字仪表：

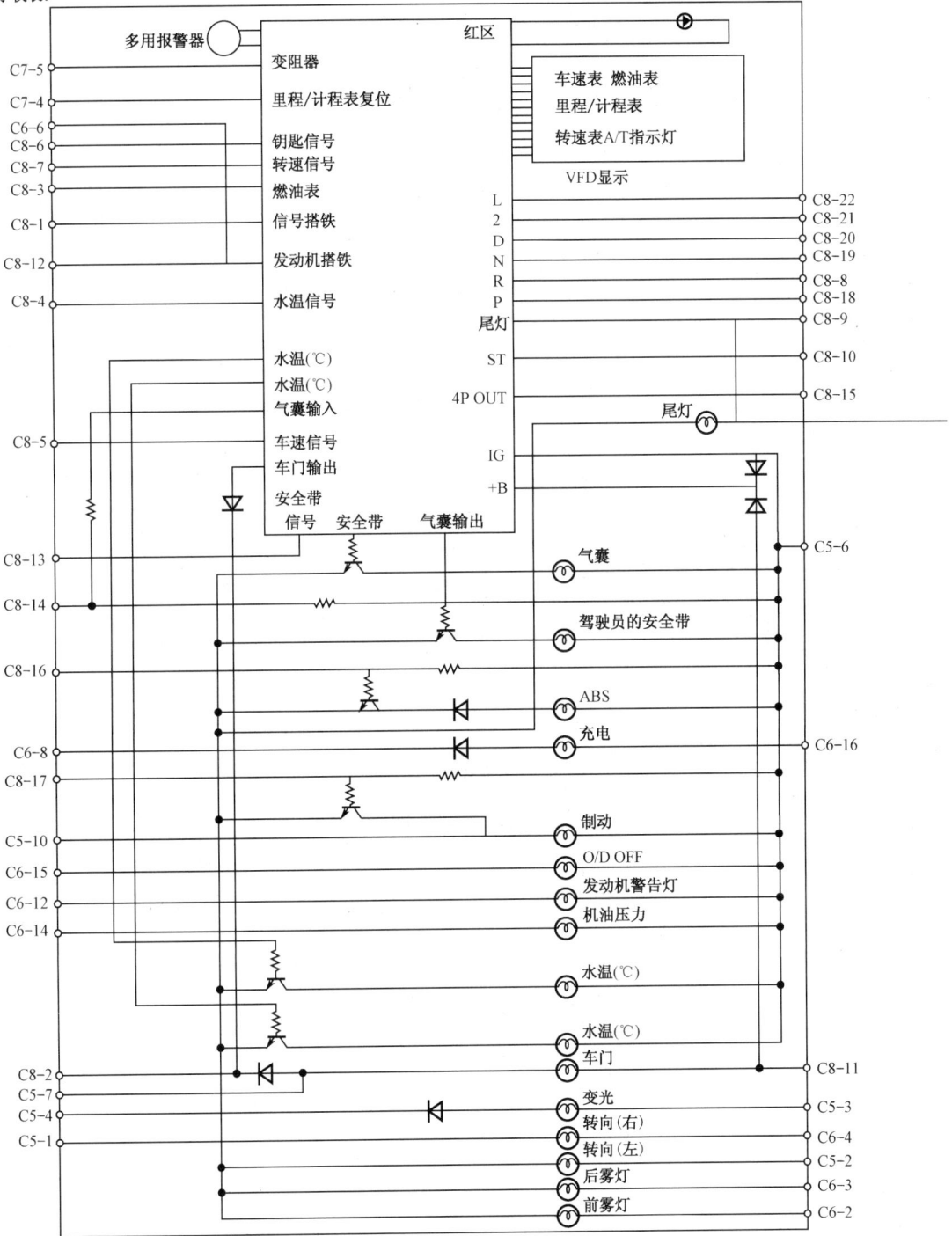

图 3-115　一汽丰田轿车数字式仪表内部电路示意图

6. 一汽丰田威驰轿车数字式仪表插头各端子电压值，如表3-13、表3-14所示。

表3-13 一汽丰田威驰轿车ECU端子（一）

端子号（符号）	导线颜色	工 况	标 准 值
C5-1⟺搭铁	W-B⟺搭铁	任何工况	低于1V
C5-2⟺搭铁	G-B⟺搭铁	转向信号开关（左）OFF→ON	低于1V→10～14V
C5-3⟺搭铁	L-Y⟺搭铁	远光指示灯 OFF→ON	10～14V
C5-4⟺搭铁	R-Y⟺搭铁	远光标示灯 OFF→ON	低于1V→10～14V
C5-6⟺搭铁	R-B⟺搭铁	点火开关 OFF→ON	低于1V→10～14V
C5-7⟺搭铁	R-W⟺搭铁	乘客侧门开→关	低于1V→10～14V
C5-10⟺搭铁	Y-R⟺搭铁	点火开关ON，制动液位警告灯ON→OFF	低于1V→10～14V
C6-2⟺搭铁	R-W⟺搭铁	前雾灯开关→关	低于1V→10～14V
C6-3⟺搭铁	R-B⟺搭铁	后雾灯开关ON→OFF	低于1V→10～14V
C6-4⟺搭铁	G-Y⟺搭铁	转向信号开关（右）OFF→ON	低于1V→10～14V
C6-8⟺搭铁	Y⟺搭铁	点火开关ON（发动机熄火）→发动机怠速	低于1V→10～14V
C6-12⟺搭铁	Y-R⟺搭铁	发动机警告指示灯ON→OFF	低于1V→10～14V
C6-14⟺搭铁	G⟺搭铁	机油压力开关ON→OFF	低于1V→10～14V
C6-15⟺搭铁	R-O⟺搭铁	O/D OFF 指示灯ON→OFF	低于1V→10～14V
C6-16⟺搭铁	B-R⟺搭铁	点火开关OFF→ON	低于1V→10～14V
C7-4⟺搭铁	Y-G⟺搭铁	计程开关（ODO/TRIP）ON→OFF	低于1V→4.5～5.5
C7-5⟺搭铁	G⟺搭铁	计程开关（RHEOSTAT）ON→OFF	低于1V→4.5～5.5
C7-6⟺搭铁	W-B⟺搭铁	任何工况	低于1V
C8-1⟺搭铁	BR⟺搭铁	任何工况	低于1V
C8-2⟺搭铁	R-L⟺搭铁	驾驶员侧门开→关	低于1V→10～14V
C8-3⟺搭铁	V⟺搭铁	点火开关ON和8节控制点亮	低于6.3V
		点火开关ON和1节控制点亮	0.3A 或更高
C8-4⟺搭铁	Y⟺搭铁	点火开关 ON 和发动机冷却液湿度"冷"（蓝）、"热"（红）报警灯OFF	0.6～2.6V
C8-5⟺搭铁	W-R⟺搭铁	慢转驱动轮和点火开关 ON→OFF	低于2V→7V 或更高
C5-1⟺搭铁	W-B⟺搭铁	任何工况	低于1V
C5-2⟺搭铁	G-B⟺搭铁	转向信号开关（左）OFF→ON	低于1V→10～14V
C5-3⟺搭铁	L-Y⟺搭铁	远光指示灯 ON→OFF	10～14V
C5-4⟺搭铁	R-Y⟺搭铁	远光指示灯 ON→OFF	低于1V→10～14V
C5-6⟺搭铁	R-B⟺搭铁	点火开关 OFF→ON	低于1V→10～14V
C5-7⟺搭铁	R-W⟺搭铁	乘客侧门开→关	低于1V→10～14V
C5-10⟺搭铁	Y-R⟺搭铁	点火开关ON，制动液位警告灯 ON→OFF	低于1V→10～14V
C6-2⟺搭铁	R-W⟺搭铁	前雾灯开关→关	低于1V→10～14V
C6-3⟺搭铁	R-B⟺搭铁	后雾灯开关ON→OFF	低于1V→10～14V
C6-4⟺搭铁	G-Y⟺搭铁	转向信号开关（左）OFF→ON	低于1V→10～14V

表 3-14　一汽丰田威驰轿车 ECU 端子（二）

端子号（符号）	导线颜色	工况	标准值
C6-8 ⇔ 搭铁	Y ⇔ 搭铁	点火开关 ON（发动机熄火）→发动机怠慢	低于 1V→10～14V
C6-12 ⇔ 搭铁	Y-R ⇔ 搭铁	发动机警告指示灯 ON→OFF	低于 1V→10～14V
C6-14 ⇔ 搭铁	G ⇔ 搭铁	机油压力开关 ON→OFF	低于 1V→10～14V
C6-15 ⇔ 搭铁	G-O ⇔ 搭铁	O/D OFF 指示灯 ON→OFF	低于 1V→10～14V
C6-16 ⇔ 搭铁	B-R ⇔ 搭铁	点火开关 OFF→ON	低于 1V→10～14V
C7-4 ⇔ 搭铁	Y-G ⇔ 搭铁	计程开关（ODO/TRIP）ON→OFF	低于 1V→4.5～5.5
C7-5 ⇔ 搭铁	G ⇔ 搭铁	计程开关（RHEOSTAT）ON→OFF	低于 1V→4.5～5.5
C7-6 ⇔ 搭铁	W-B ⇔ 搭铁	任何工况	低于 1V
C8-1 ⇔ 搭铁	BR ⇔ 搭铁	任何工况	低于 1V
C8-2 ⇔ 搭铁	R-L ⇔ 搭铁	驾驶员侧门开→关	低于 1V→10～14V
C8-3 ⇔ 搭铁	V ⇔ 搭铁	点火开关 ON 和 8 节控制点亮	低于 6.3V
		点火开关 ON 和 1 节控制点亮	0.3A 或更高
C8-4 ⇔ 搭铁	Y ⇔ 搭铁	点火开关 ON 和发动机冷却液温度"冷"（高）、"热"（红）报警灯 OFF	0.6～2.6V
C8-5 ⇔ 搭铁	W-R ⇔ 搭铁	慢转驱动轮和点火开关 ON→OFF	低于 2V～7V 或更高
C8-6 ⇔ 搭铁	GR ⇔ 搭铁	点火钥匙插入	低于 1V
		点火钥匙未插入	10～14V
C8-7 ⇔ 搭铁	B ⇔ 搭铁	发动机运转	脉冲（*1）
C8-8 ⇔ 搭铁	R-W ⇔ 搭铁	点火开关 ON，A/T 换挡杆在 R 挡位	低于 1V→10～14V
C8-9 ⇔ 搭铁	G ⇔ 搭铁	大灯变光开关 OFF→TAIL	低于 1V→10～14V
C8-10 ⇔ 搭铁	B ⇔ 搭铁	点火开关 ON	10～14V
C8-11 ⇔ 搭铁	L-Y ⇔ 搭铁	任何工况	10～14V
C8-12 ⇔ 搭铁	BR ⇔ 搭铁	任何工况	低于 1V
C8-13 ⇔ 搭铁	W-R ⇔ 搭铁	点火开关 ON 和驾驶员座椅安全带搭扣开关 ON（安全带未张紧）	低于 1V
		点火开关 ON 和驾驶员座椅安全带搭扣开关 OFF（安全带张紧）	10～14V
C8-14 ⇔ 搭铁	B-Y ⇔ 搭铁	气囊警告灯 ON→OFF	脉冲
C8-15 ⇔ 搭铁	V-W ⇔ 搭铁	慢转驱动轮和点火开关 OFF→ON	低于 2V～7V 或更高
C8-16 ⇔ 搭铁	P ⇔ 搭铁	ABS 警告灯 ON→OFF	低于 1V→10～14V
C8-17 ⇔ 搭铁	B-W ⇔ 搭铁	制动警告灯 ON→OFF	低于 1V→10～14V
C8-18 ⇔ 搭铁	R ⇔ 搭铁	点火开关 ON，A/T 换挡杆在 P 挡	低于 1V→10～14V
C8-19 ⇔ 搭铁	GR-R ⇔ 搭铁	点火开关 ON，A/T 换挡杆在 N 挡	低于 1V→10～14V
C8-20 ⇔ 搭铁	R-Y ⇔ 搭铁	点火开关 ON，A/T 换挡杆在 D 挡	低于 1V→10～14V
C8-21 ⇔ 搭铁	G-Y ⇔ 搭铁	点火开关 ON，A/T 换挡杆在 2 挡	低于 1V→10～14V
C8-22 ⇔ 搭铁	G-W ⇔ 搭铁	点火开关 ON，A/T 换挡杆在 2 挡	低于 1V→10～14V

思考与练习

一、判断题（对的画"√"，错的画"×"）

1. 电磁式水温表的信号控制线与水温传感器接触不良会造成水温表示值偏低。（   ）

2. 仪表盘总成搭铁不良，会造成发动机水温表和燃油表示值偏高。（   ）

3. 油箱中存油量越多，串入到燃油电路中的燃油表传感器电阻越大。（   ）

4. 舌簧开关式制动液面过低报警传感器靠近磁铁时，触点处于断开状态。（   ）

5. 某辆五菱之光汽车发动机水温处于90℃左右时，水温表指针还处在最低位置。（   ）

6. 温度传感器插头拔下直接与搭铁相碰，水温表能走到头。说明水温表是好的。（   ）

7. 一汽丰田威驰轿车数字式水温表的温度传感器的工作电压是12V。（   ）

8. 一汽丰田威驰轿车数字仪表、发动机转速表的信号是脉冲信号。（   ）

二、选择题

1．五菱之光汽车，当燃油传感器浮子在最低位置时，串入燃油表中的电阻是（   ）。

    A．110Ω   B. 32.5Ω   C. 3Ω

2．一汽丰田威驰轿车发动机转速升高时，发动机 ECU 给数字式发动机转速表提供的信号电压（   ）。

    A．不变   B．降低   C．升高

3．某辆车速里程表采用软轴驱动的五菱之光汽车，在高速行驶过程中车速指针指示不稳定，会来回晃动。这种故障现象可能是由于（   ）造成的。

    A．软轴发卡   B．变速器损坏   C．软轴中间断了

4．五菱之光汽车发动机点火启动后，发动机故障指示灯一直没有熄灭。应（   ）。

    A．利用解码仪检查发动机电控系统是否存在故障

    B．检查仪表故障   C．仪表线路故障

三、分析题

1．分析图 3-110 和图 3-111，说明水温过高报警灯点亮的工作过程，写出简单的诊断步骤。

2．试分析图 3-116、图 3-117、图 3-118 和图 3-119 别克凯越轿车（1.6L BOSCH）仪表电路，用色笔把下列电路描出来，并写出它们的工作原理及这些灯工作不正常时的诊断步骤。

    （1）燃油警告灯电路；

    （2）机油压力警告灯电路；

    （3）驻车制动警告灯电路；

    （4）车门未关警告灯电路。

3．试分析图 3-120 及图 3-121 五菱鸿途汽车仪表电路，说明驻车制动灯什么时候点亮？

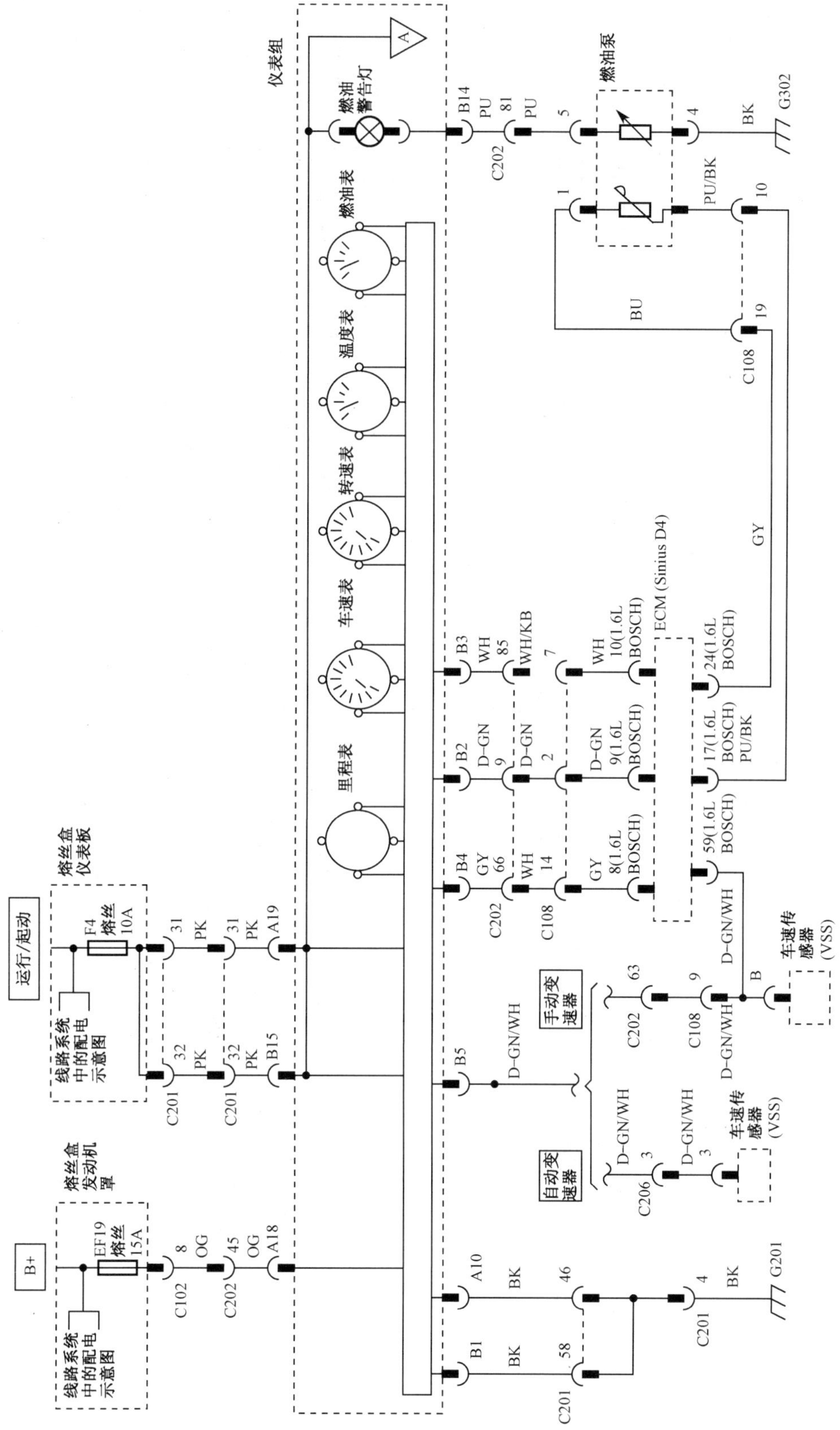

图 3-116　别克凯越轿车（1.6L BOSCH）仪表电路 1

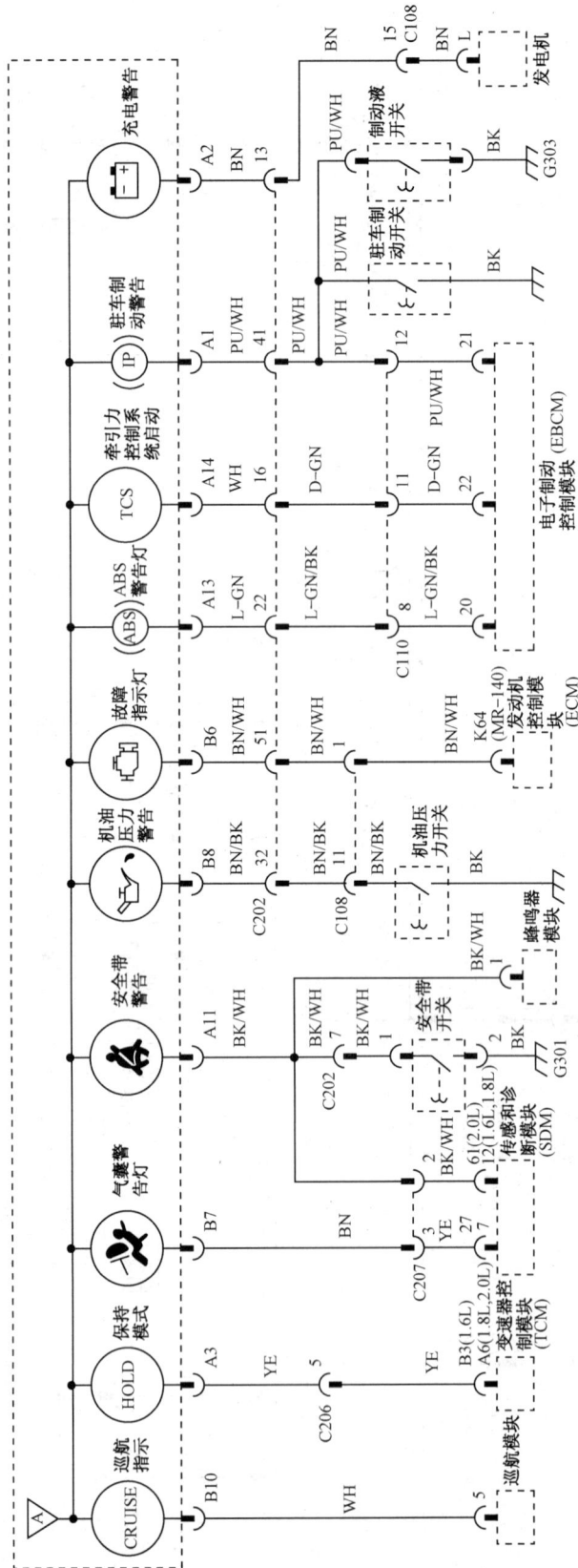

图 3-117 别克凯越轿车（1.6L BOSCH）仪表电路 2

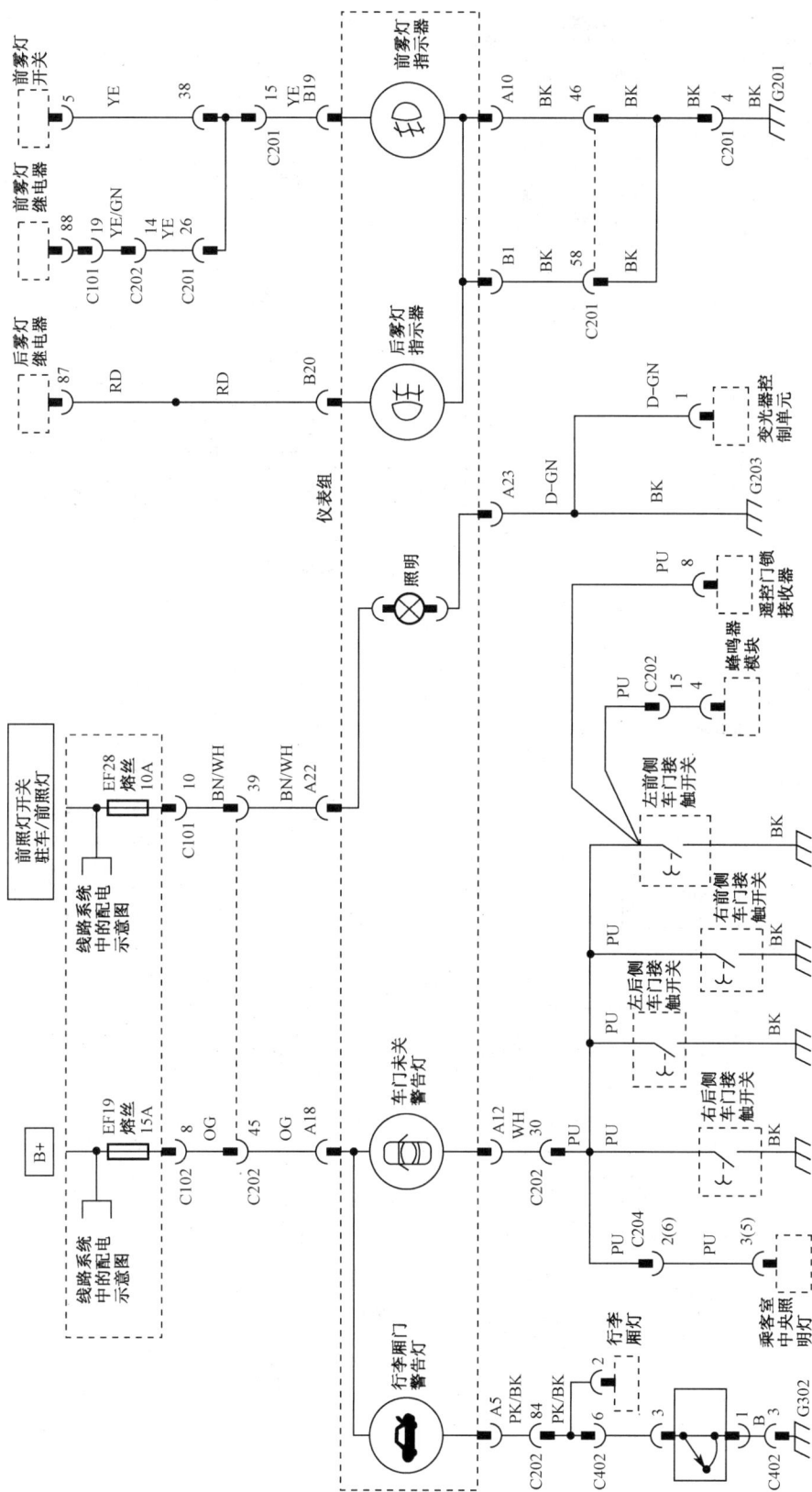

图3-118 别克凯越轿车（1.6L BOSCH）仪表电路3

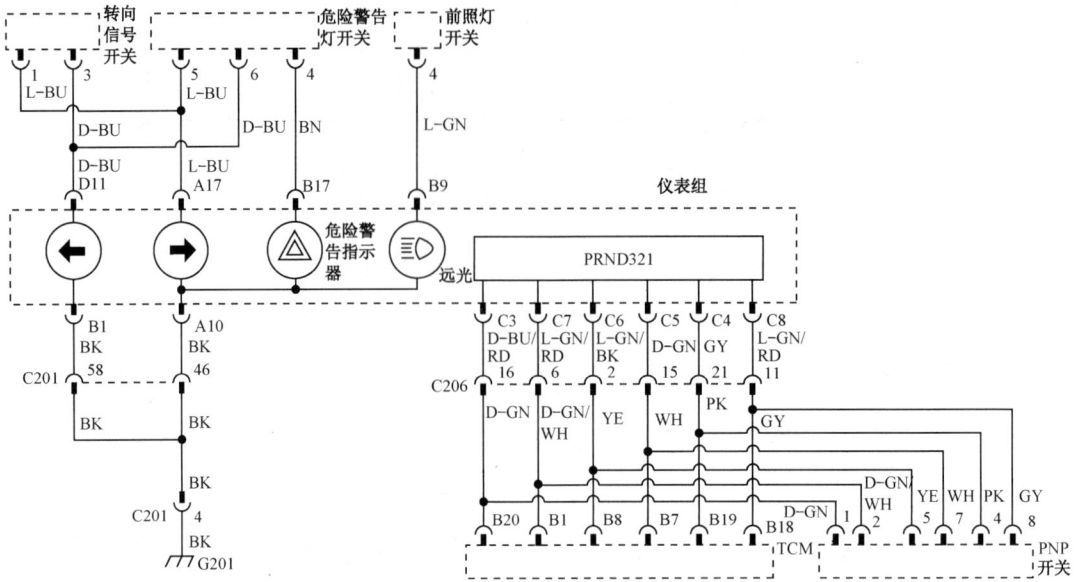

图 3-119　别克凯越轿车（1.6L BOSCH）仪表电路 4

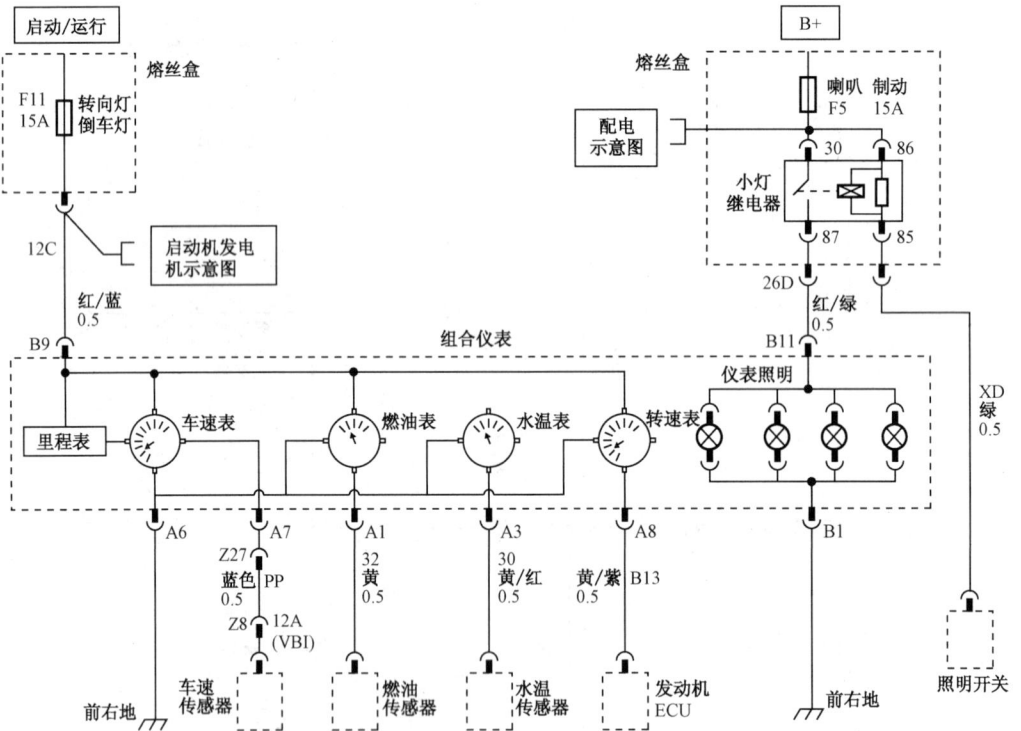

图 3-120　五菱鸿途汽车仪表电路 1

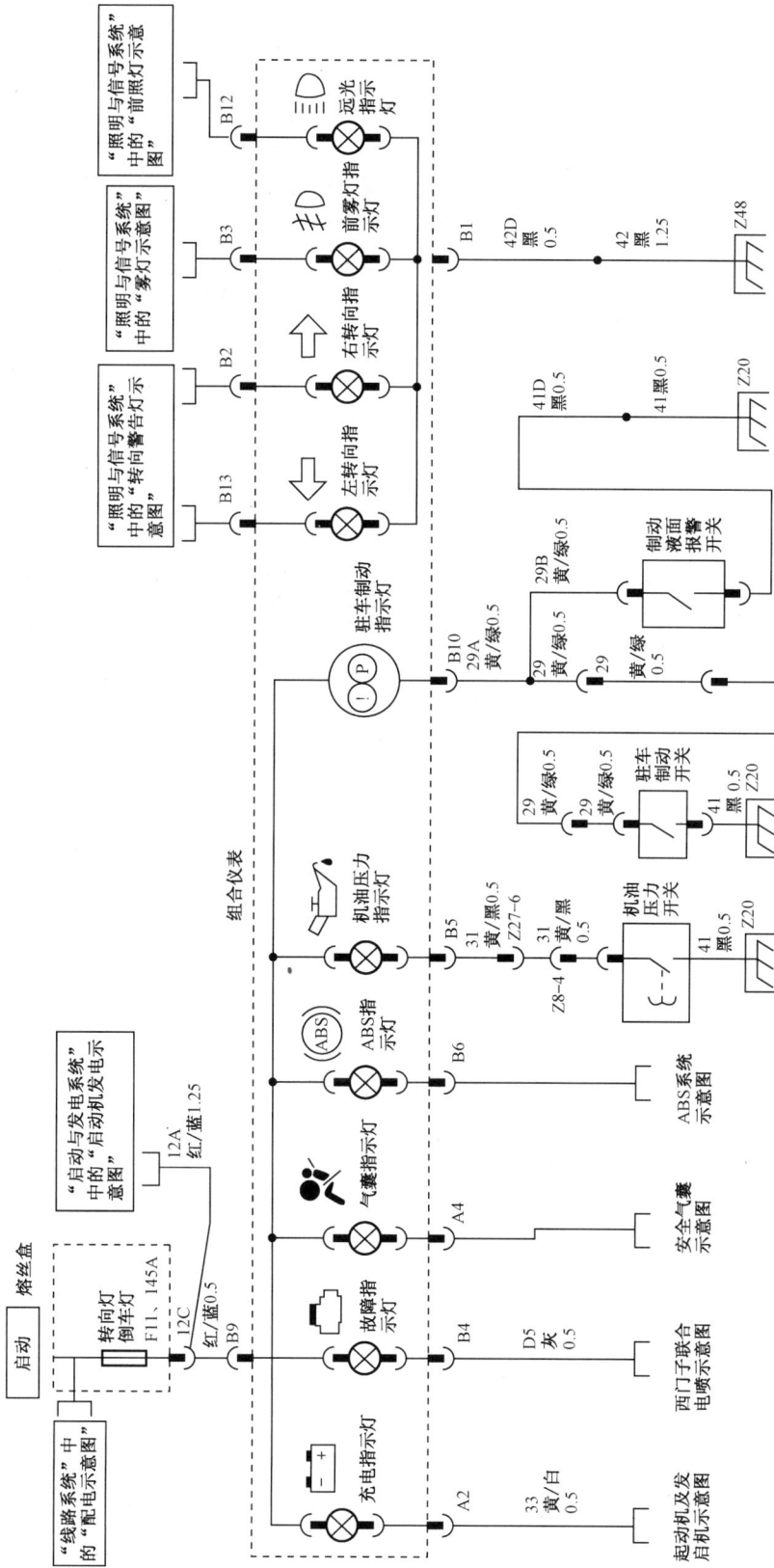

图 3-121 五菱鸿途汽车仪表电路 2

项目四
汽车空调系统的检测与维修

知识目标

1. 能辨认空调系统的各组成部件，并说出它们的名称和作用。

2. 能掌握汽车空调制冷系统几种基本检修技能，熟悉空调各种常见故障诊断方法。

3. 会分析常见车型空调控制系统电路结构。

能力目标

1. 能独立完成汽车空调制冷系统的压力检查、检漏、抽真空和加注制冷剂的基本维修技能。

2. 学会分析压缩机电磁离合器、风机和冷凝风扇等控制系统的电路结构。

3. 会诊断和排除汽车空调控制系统的故障。

情感目标

1. 体验安全生产规范，遵守操作规程，感受合作与交流的乐趣。

2. 在项目学习中逐步养成自主学习新知识、新技术的良好习惯。

3. 在操作学习中不断积累维修经验，从个案中寻找共性。

任务 1 汽车空调制冷系统的认识

任务要求

使学生了解汽车空调的基本组成。

理解汽车空调制冷系统的组成与工作原理。

区别两种典型制冷系统的结构形式。

了解空调制冷系统各组成部件及安装位置。

认识空调制冷系统各组成单元的工作原理。

作业时间：15 分钟。

任务引导

相关知识点学习：要求学生实训课前参考"知识链接"独立完成。

根据图 4-1，要求学生实训课前独立完成相应填空。

1. 汽车空调由_____、_____、_____、

_____和_____五个系统组成。

2. 汽车空调制冷系统由_____、_____、

_____、_____和_____五大部分构成。

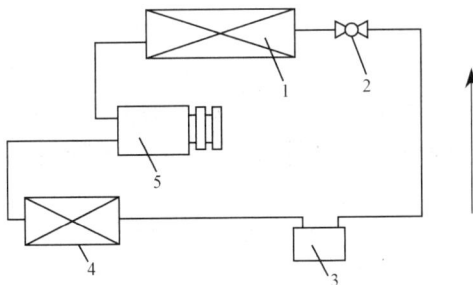

图 4-1　汽车空调制冷系统

3. 写出图 4-1 各元件名称。

（1）_____。　　　　（2）_____。

（3）_____。　　　　（4）_____。

（5）_____。

4. 制冷系统高压侧是从_____到_____；

低压侧从_____到_____。

5. 说出制冷剂在各元件里的物理状态（气或液）、温度和压力状态。

（1）压缩机出口_____、_____、_____。

（2）冷凝器出口_____、_____、_____。

（3）储液干燥器出口_____、_____、_____。

（4）膨胀阀出口_____、_____、_____。

（5）蒸发器出口_____、_____、_____。

6. 采暖系统的热源来自_____。

7. 压缩机的作用：

（1）_____；

（2）_____；

（3）_____。

8. 冷凝器的作用：_____

_____。

9. 储液干燥器的作用：_____

_____。

10. 膨胀阀的作用：_____

_____。

11. 蒸发器的作用：_____

_____。

任务实施

1. 制冷系统的认识

（1）在实车上指出制冷系统各组成元件名称并填在实训报告表 4-1 上。

（2）描述制冷循环系统的工作原理。

2. 压缩机的认识

（1）在实验室里找到各种类型的汽车空调压缩机，弄清它们的作用、类型和外部结构（组成部件、制冷剂进出口和工作条件等），弄清楚两个管路接头的识别方法。制定一个更换压缩机的计划并实施。

（2）拆装一种汽车空调压缩机，观察其内部结构，弄清楚零部件名称和安装关系。

（3）观看多媒体教学课件或视频，理解汽车空调压缩机的工作原理。

（4）拆装一个电磁离合器，观察它的结构及其与压缩机的连接关系。拆装注意：

① 拆卸线圈时，使用专用工具固定离合器固定板，拆下固定螺栓，用拉力器拉下驱动板，拆下卡环和盖圈。用拉力器拆下带轮，把线圈的固定螺栓拆掉，取下线圈。

② 电磁离合器的压盘和压缩机转子不能有磨损，驱动轴应无漏油，转动无噪声，轴承无明显的松旷，滑脂不渗漏。线圈电阻值应符合各自的标准值，否则应对其进行修理或更换。

③ 装配后应测量电磁离合器压力盘与带盘间的间隙，标准值为 0.3～0.6mm。间隙不当时应用不同厚度的垫片调整。

（5）通电试验电磁离合器的动作情况，同时验证装配效果。

（6）观看多媒体教学课件或视频，理解电磁离合器的工作原理。

实训报告 4-1　汽车空调制冷系统认识

表 4-1

实训车型			任务	制冷系统认识
	实训步骤		观察与测量结果	指出出/入口
1	打开发动机引擎盖，安装翼子板布、前格栅布			
2	安放三角木等车轮挡块			
3	指出压缩机安装位置			
4	指出冷凝器安装位置			
5	指出储液干燥器安装位置			
6	指出膨胀阀安装位置			
7	指出冷凝器安装位置			
8	指出蒸发器安装位置			
9	指出制冷剂循环回路			
10	说出制冷剂在各元件中的状态			
11	指出采暖热路循环管路			
12	观察空调管路各段大小			
13	取下翼子板布、前格栅布			
14	放下发动机引擎盖			
15	5S			
教师评语				
成绩		指导教师签名		日期	

任务考核单 4-1　汽车空调制冷系统认识

表 4-2

班级			姓名		学号	
考核内容		汽车空调制冷系统认识		规定考核时间	60 分钟	
				实际考核时间	分 4 次	
序号		检查维修内容/评分标准	配分	考核及评分记录	得分	
1	准备	检查车辆状况，安装车轮挡块	5			
		指认压缩机	5			
2	验证故障	简述指认压缩机工作过程、作用	10			
3	拆除诊断	指认冷凝器	10			
		简述冷凝器的类型、作用	10			
		指认储液干燥器	10			
		简述储液干燥器的作用、安装位置	10			
		指认膨胀阀	10			
		简述内平衡式膨胀阀工作原理、类型	10			
		简述蒸发器的作用、安装位置	10			

班级			姓名			学号		
考核内容			汽车空调制冷系统认识			规定考核时间		60 分钟
						实际考核时间		分 4 次
序号		检查维修内容/评分标准			配分	考核及评分记录		得分
4	安全	防护措施得当，作业规范安全整洁			3			
	文明	工具、零件不落地			2			
5	工具	工具选用合理			2			
	使用	5S 是否到位			3			
6	考核时间	每超 1 分钟扣 3 分，超时 3 分钟终止考核						
合计					100			
监考教师				考核日期			年　月　日	

知识链接

一、空调的基本原理

1. 热交换

物质由液态变为气态时要吸收热量。例如，擦在身上的酒精在挥发时皮肤会有明显的冰凉感觉，如图 4-2 所示。而由气态变为液态时则要放出热量。空调器就是利用这一基本热原理工作的。

图 4-2　蒸发带走热量

2. 汽车空调工作原理及设备（见图 4-3）

（1）吸热，达降温目的：在汽车空调装置中制冷剂由液态转化为气态的过程是在蒸发器中进行的，蒸发器位于车厢内，制冷剂在蒸发器中由液态转化为气态时，从车厢内吸收热量，使车厢内的温度降低。

（2）释热，为吸热做准备：气态转化为液态的过程是在冷凝器中进行的，通常冷凝器位于发动机冷却系散热器的前面，将热量向汽车外部释放。

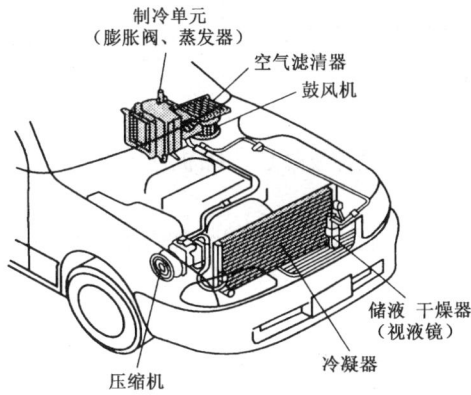

图 4-3　汽车空调设备

3．汽车空调工作过程

汽车空调的制冷循环如图 4-4 所示。

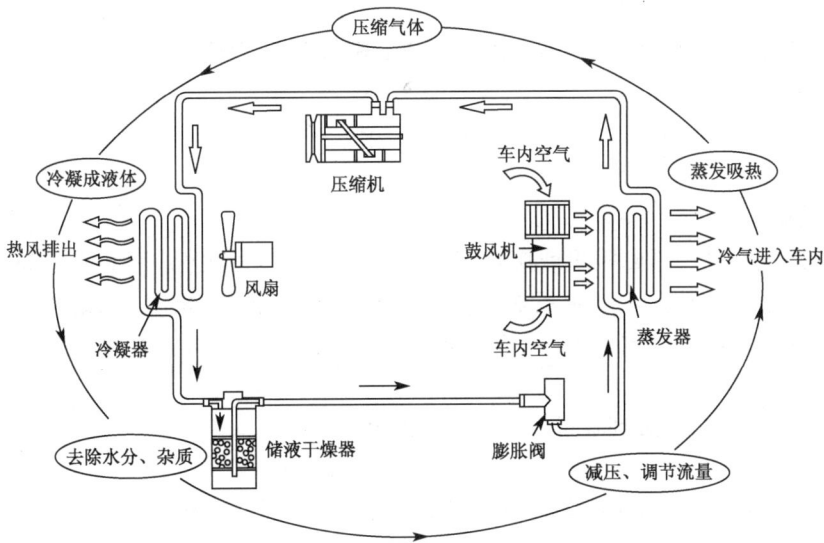

图 4-4　汽车空调的制冷循环

热的制冷剂蒸气从蒸发器被吸入压缩机，压缩机把蒸气压力升高后泵进冷凝器；

⇩

在冷凝器中，冷凝器周围的空气把制冷剂的热量散发掉，使蒸气变为液体；

⇩

制冷剂放出热量后，流经储液干燥器，在那里去水后备用；

⇩

由于压缩机连续不断地从蒸发器出口抽出制冷剂蒸气，液态制冷剂在高压下经储液干燥器压向膨胀阀；

⇩

经膨胀阀降压后，根据制冷要求，限量地把制冷剂送进蒸发器的入口；

⇩

液态制冷剂突然进入大容积的蒸发器螺旋管后，由于体积变大压力下降，使制冷剂蒸发，并从车厢中吸收热量；

⇩

这些带有热量的制冷剂蒸气接着被吸进压缩机，开始了下一个制冷循环。

如此不停地往复循环，车厢中的热量被制冷剂带走，排至汽车外部的大气中，使车厢内的温度降低。

4. 制冷剂

制冷剂在空调系统中是吸收和释放热量的介质。

过去汽车空调使用的制冷剂是氟里昂 12，记为 F-12 或 R-12。它蒸发时能吸收大量热，且易于液化，化学性能稳定，无腐蚀、不燃烧、无爆炸性、无毒、对衣服及食物无害，所以被广泛采用。这种制冷剂各方面的性能都很好，但是有一个致命的缺点，就是破坏大气环境。

目前汽车上广泛采用 R-12 的替代品是 R-134a。

制冷剂安全注意事项如下。

（1）一些安全操作程序必须予以遵守，请记住大多数制冷剂的性质：

① 无味。

② 数量小无法检测。

③ 无色。

④ 无污染。

（2）制冷剂一旦迸溅到眼里或接触到皮肤上，就会产生伤害，因此制冷剂是危险品。必须戴适当的眼睛保护装置，以便在制冷剂飞溅时对眼睛起保护作用。如果制冷剂进入眼睛，眼睛可能被冻伤，从而导致失明。如果制冷剂进入眼睛，建议执行下列程序：

① 不要揉擦眼睛。

② 将大量的冷水喷溅到眼里，以便提高温度。

③ 将一块无菌布带盖在眼睛上，以免尘土进入眼睛。

④ 立即去找医生或者到医院，进行专业治疗。

⑤ 不可试着自己处理。

（3）如果液体制冷剂溅到皮肤上，就可能出现冻伤。为了避免接触皮肤产生的不良结果，可以使用为眼睛应急治疗而概括的相同的程序。

（4）在空气中的制冷剂是无害的，除非将它释放到一个密闭的空间里。在释放到密闭空间里这种情况下，制冷剂将抑制人体吸收空气中的氧，可能会引起打瞌睡，失去知觉，甚至死亡。当然，在正常情况下，不必担心汽车空调系统的安全性问题。与汽车内部的宽大空间相比，空调系统的制冷剂容量很小，也就是说污染物的浓度很低。

（5）不得使制冷剂接触到明火，或者接触到炽热的金属。制冷剂遇到火焰或者炽热的金属时，会产生有毒的光气。在高浓度时，缺氧导致窒息才是真正的危险。那么，一个基本的准则就是避免呼吸这些或者任何其他的烟雾。人体所需要的氧，其含量与洁净空气中的氧含量相同。具有任何外来气体的被污染的大气，会使可用的含氧量降低到可能对人体有害的程度，甚至在某些情况下产生致命性的后果。

（6）操作制冷剂时，必须注意下列规定：

① 在高于 54.44℃时，如果液体制冷剂完全充满制冷剂容器，会导致随着温度的升高，静压力迅速升高。为了保证安全，千万不能将制冷剂罐加热到高于 51.7℃以上，即只允许制冷剂罐达到这个温度。

> **阅读知识**
>
> 习惯上，为了加速制冷剂的充注过程，某些维修工将制冷剂容器放到一盆温水中。这种习惯做法不应该推荐给技术不熟练的人员，并要阻止技术不熟练人员这样做。即使那些"熟练工"有时也会因为这种习惯做法而受到伤害。

② 千万不要用火焰直接烘烤制冷剂钢瓶或容器。

③ 千万不要使电阻型加热器靠近或者直接接触到制冷剂容器。

④ 制冷剂容器不得滥用。

◆ 为了避免损坏，应使用允许的充注阀扳手来开启和关闭充注阀。

◆ 在储存和为空调系统充注制冷剂时，应保证所有的制冷剂钢瓶处于竖立位置。

⑤ 在没有使用合适的眼睛保护装置的情况下，不要操作制冷剂回收设备。

⑥ 在温度超过 21℃时，往回收罐充注制冷剂不得超过容量的 80%。

⑦ 不要将不同的制冷剂混合在一起。不同的制冷剂是互不相容的，任何一种制冷剂混合物都将增加回收利用或报废处理的成本。

⑧ 不要将不同的冷冻润滑油混合在一起。矿物基的冷冻润滑油和某些新型合成润滑剂互不相容。

⑨ 对汽车空调系统，只能给系统充注被批准的纯的制冷剂和冷冻润滑油。

制冷剂的种类较多，表 4-3 所示为几种制冷剂的主要性质。

表 4-3　几种制冷剂的主要性质对比

项目、制冷剂代号	R-12	R-22	R-134a
化学式	CCl_2F_2	$CHClF_2$	CH_2F-CF_3
分子量	120.9	86.5	102.3
标准大气压下沸点（℃）	−29.8	−40.8	−26.2
临界温度（℃）	111.80	96.10	101.14
临界压力（MPa）	4.125	4.975	4.065
临界密度（kg/m3）	558	525	511
饱和液体密度（25℃）（kg/m^3）	1311	1192	1206
饱和蒸气比容（25℃）（m^3/kg）	0.0271	0.0235	0.0310
气化潜热（kJ/kg）	151.5	205.4	197.5
ODP 值（臭氧破坏潜能值）	1.0		0.1

（7）制冷剂的选用原则。

① 压缩机的类型；

② 蒸发压力和蒸发温度；

③ 冷凝温度和冷凝压力；

④ 制冷装置的使用条件。

（8）R-134a 制冷剂的压力、温度关系曲线。

如图 4-5 所示，为 R-134a 制冷剂的压力、温度关系曲线，在此曲线上，你是否能找出制冷剂在冷凝器及蒸发器发里状态发生变化的点？

当压力保持在 1.5MPa 不变时，在封闭的容器里，使温度从 70℃下降到 60℃时，在压力不变的情况下制冷剂发生了液化，这种状况在制冷循环系统中的冷凝器上发生。

当压力下降到 0.18MPa 时，即便温度在 0℃以下，制冷剂会由液态变为气态，这种状况发生在制冷循环系统中的蒸发器上。

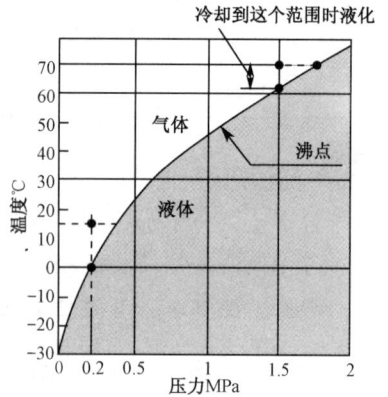

图 4-5 R-134a 制冷剂的压力、温度关系曲线

二、汽车空调系统的组成元件和结构类型

1．结构类型

根据所用部件不同，制冷系统又分为循环离合器膨胀阀系统（Cycling Clutch Thermalexpand Valve，CCTXV）和循环离合器孔管系统（Cycling Clutch Orifice Tube，CCOT）。CCTXV 系统主要由压缩机、冷凝器、储液干燥器、膨胀阀、蒸发器、低压管路、高压管路和制冷剂等组成；CCOT 系统主要由压缩机、冷凝器、集液器、孔管、蒸发器、低压管路、高压管路和制冷剂等组成。

2．组成元件

1）压缩机

（1）汽车空调压缩机的作用。

① 抽吸。使蒸发器管内压力下降，制冷剂气化并吸热，制冷剂在蒸发器里的吸热过程就是蒸发器的制冷过程。

② 压缩。将低压低温的制冷剂蒸气压缩成高压高温蒸气，然后将高压高温蒸气送到冷凝器进行快速降温，降温过程就是冷凝器的制热过程。

③ 循环。使制冷剂在系统中不断循环，进行吸热和放热。

（2）汽车空调压缩机的常见类型。

① 往复式：包括曲轴式、斜盘式、摇板式、径流式。

② 旋转式：包括叶片式、螺旋式、蜗轮式、滚动活塞式。

其中，摇板式压缩机属于变排量压缩机，能根据空调系统的制冷负荷自动改变排量，使空调系统运行更加经济。

目前，汽车空调压缩机主要以往复式为主。在大，中型客车上以曲轴式压缩机应用较多，而在中、小型车上，则以摇板式和斜盘式压缩机为主。

（3）典型压缩机的结构和原理。

① 曲轴连杆活塞式压缩机的结构和工作过程如图 4-6 所示。

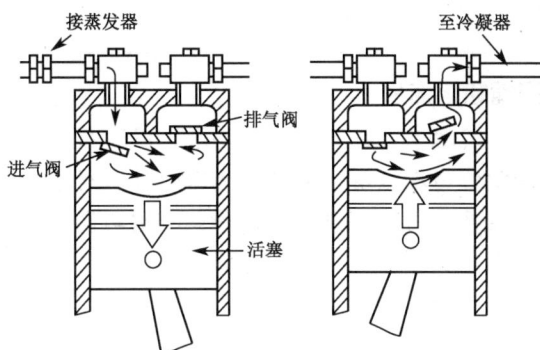

图 4-6　曲轴连杆活塞式压缩机的结构和工作过程

② 摇板式压缩机结构如图 4-7 所示。

摇板式压缩机的各汽缸以压缩机的轴线为中心，五角均匀分布（5 缸），连杆连接活塞和摇板，两头用球形万向节，使摇板的摆动和活塞移动协调而不发生干涉。摇板中心用钢球作支撑中心，并用一对固定圆锥齿轮限制摇板只能摇动而不能转动，主轴和斜板固定在一起，旋转的斜板迫使摇板像跷跷板一样来回左右移动，带动活塞作往复运动。

③ 斜盘式压缩机是往复双向活塞结构，结构如图 4-8 所示。

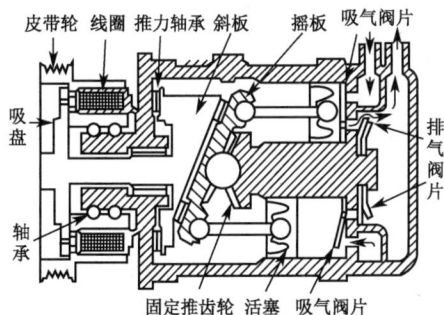

图 4-7　摇板式压缩机　　　　　图 4-8　斜盘式压缩机结构

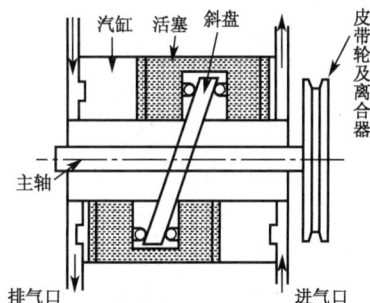

主要零件是一根主轴，和用花键与主轴固定在一起的斜盘。主轴转动，斜盘也转动，驱动活塞作往复运动。三个双头活塞相当于 6 个汽缸在工作，这种压缩机结构紧凑、排气量大。是目前汽车空调中使用量最大的一种。斜盘式压缩机的工作过程如图 4-9 所示。

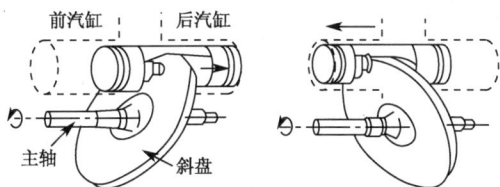

图 4-9　斜盘式压缩机的工作过程

压缩机的发展历史：由曲轴型→旋转斜盘型→旋转型、叶片型（有变排量）→旋转型、涡杆型（有变排量）。市场需求量由单一的制冷能力向更轻量再到更紧凑更静音发展到更节能和舒适。现在，为了满足节能及舒适度的需求，越来越多汽车空调采用可变排量压缩机。

阅读知识——压缩机冷冻油

压缩机在工作期间，其运动部件必须获得润滑，以防损坏。为与制冷剂一起使用而专门配制的冷冻润滑油就能用在这些运动部件和密封件及衬垫上。此外，有少量的润滑油与制冷剂混合一起，在系统内进行循环。这种制冷剂与润滑油的混合物有助于使恒温膨胀阀和其他系统内运动部件保持在正常工作状态。

汽车空调系统必须使用专用润滑油（冷冻润滑油）。

冷冻机油是一种在高、低温工况下均能正常工作的特殊润滑油。性能要求如下。

◆ 凝点低，具有良好的低温流动性；

◆ 黏度受温度的影响要小；

◆ 与制冷剂的溶解性能要好；

◆ 要有较高的热稳定性；

◆ 化学性质要稳定。

根据上述原则，适用于 R–134a 的润滑油只有两大类：聚烃基乙二醇（PAG）和聚酯油（ESTER）。

2）电磁离合器

（1）电磁离合器主要组件。

① 装在轴承上的皮带轮；

② 和压缩机主轴花键连接的驱动盘（盘状衔铁）；

③ 不转动的电磁线圈。

（2）电磁离合器的工作原理。

打开空调开关，电流通过离合器电磁线圈时产生强磁场，使压缩机驱动盘和自由转动的皮带轮接合，从而驱动压缩机主轴旋转。空调控制器一旦切断电流，磁场消失，靠弹簧爪作用，驱动盘与皮带轮脱开，压缩机停止工作。

电磁离合器的具体结构组成。电磁离合器由三大部件组成：带轮组件、衔铁组件、线圈组件，如图 4-10 所示。带轮由轴承支撑，可以绕主轴自由转动，其侧面平整，开有条形槽孔，表面粗糙，以便衔铁吸合后有较大的摩擦力。带槽有单槽、双槽和齿形槽等。带轮以冲压件居多，以使它的另一侧有一定空间可嵌入线圈绕组。线圈绕组是用于产生电磁场的，有固定式和转动式两种。固定式线圈被固定在压缩机壳体上，有引线引出供接电源使用。衔铁组件由驱动盘、摩擦板、复位弹簧等组成，整个组件靠花键与压缩机主轴连接。

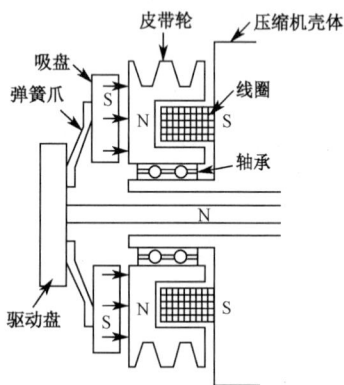

图 4-10 电磁离合器的结构组成与原理图

3）冷凝器

（1）观察几种冷凝器的结构，想一想它们在系统中的作用，它们是怎么工作的，平时的使用和维护要注意什么。

（2）观察冷凝器的管路接头，弄清两个接头分别与空调系统的什么部件连接，这两个接头的识别方法是什么。

（3）观看多媒体教学课件或视频，理解冷凝器的工作原理。

（4）观察实训空调台架及车辆所用冷凝器的类型。

（5）查找有关资料，现代轿车上使用哪种冷凝器较多。

阅读知识

1. 冷凝器的作用

冷凝器是一个热交换器。它将制冷剂在车内吸收的热量通过冷凝器散发到大气当中。冷凝器将压缩机送来的高温、高压的气态制冷剂转变为液态制冷剂，使制冷剂在冷凝器中散热而发生状态的改变。

2. 冷凝器的安装位置

小型汽车的冷凝器通常安装在汽车的前面（一般安装在散热器前），通过风扇进行冷却（冷凝器风扇一般与散热器风扇共用，也有车型采用专用的冷凝器风扇）。

3. 冷凝器结构及分类

冷凝器主要由管路和散热片组成，有一个制冷剂的进口和一个出口。常见的冷凝器分为管片式、管带式、鳍片式和平行流式四种，表 4-4 所示为管片式、管带式、平行流式三种结构。

表 4-4　各种类型冷凝器比较表

类　　型	各种冷凝器结构图	结　构　特　点
管片式冷凝器	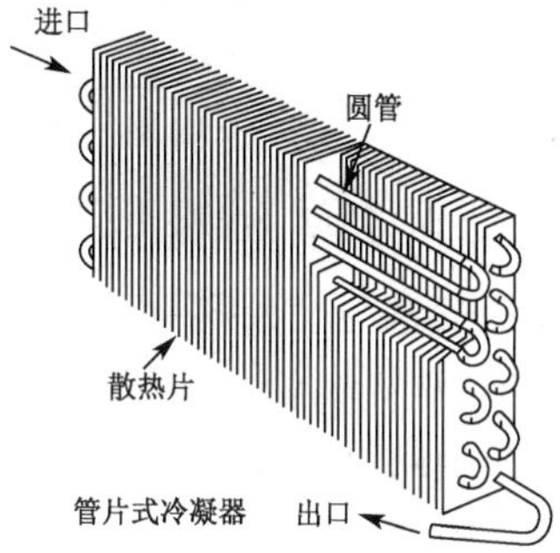 图 4-11　管片式冷凝器结构图	管带式冷凝器的结构如图 4-11 所示，其制造工艺简单，是用胀管法将板状散热片紧固在管道外，这种冷凝器的热效率较低
管带式冷凝器	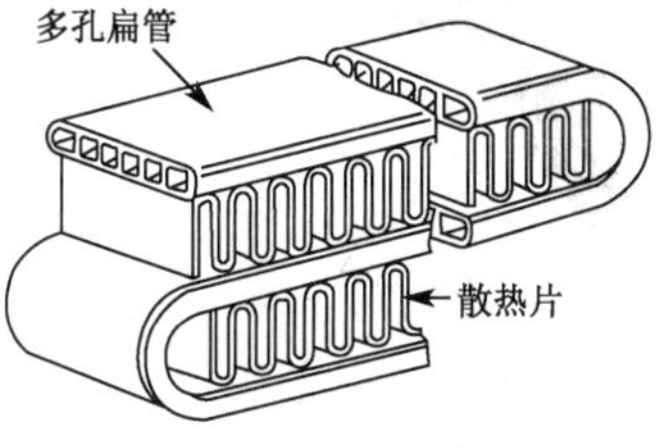 图 4-12　管带式冷凝器结构图	管带式冷凝器的结构如图 4-12 所示，管道是一种连续的铝合金材料挤压成多孔通道的扁管，通过整体钎焊法将波状散热片连接在管道外。传热效率比管片式提高 15%～20%

续表

类 型	各种冷凝器结构图	结 构 特 点
平行流式冷凝器	图 4-13　平行流式冷凝器结构图	平行流式冷凝器的结构如图 4-13 所示，它是专为 R-134a 系统研制的新结构冷凝器，两条集流管间有多条扁管相连，制冷剂在同一时间经多条扁管流通而进行热交换

4．冷凝器的检查

应先检查外部散热片是否损坏、堵塞，接头和软管有无损伤、漏气等。如散热片堵塞，应用清水冲洗，冲洗后用压缩空气进行干燥。若散热片弯曲，应用尖嘴钳或其他工具加以矫正。如发现冷凝器漏气，应进行焊补或更换。

5．冷凝器的拆卸

应按照制冷剂排出方法缓慢地从冷凝器中排出制冷剂，拆开连接管后应及时封住管口，防止潮气进入。冷凝器修理装车后，制冷系统应补加 50ml 的制冷剂，并对接头进行漏气试验。

拆装冷凝器要用专用工具，在安装新的冷凝器时，拆下的"○"形密封圈不能再使用，否则会出现制冷剂泄漏。在连接冷凝器管接头时，要注意分清冷凝器的进口和出口。从压缩机输出的高压气态制冷剂，必须从冷凝器的上端口进入，再流动到下部管道，冷凝成液态制冷剂沿下方出口流出，如果接反会引起制冷系统压力升高，造成冷凝器和压缩机胀裂的严重事故。

4）蒸发器

（1）观察蒸发器的结构，并比较蒸发器与冷凝器在结构和原理上有什么不同。

（2）观察蒸发器的管路接头，弄清两个接头分别与空调系统的什么部件连接，这两个接头的识别方法是什么。

（3）想一想蒸发器和冷凝器有什么共同点和不同点。

（4）观看多媒体教学课件或视频，理解蒸发器的工作原理。

阅读知识

1．蒸发器的作用

蒸发器和冷凝器一样，也是一种热交换器，也称冷却器，是制冷循环中获得冷气的直接器件。外形近似冷凝器，但比冷凝器窄、小、厚。它的作用是让膨胀阀喷出雾状的低温、低压液态制冷剂在其管道中吸热并蒸发，吸收蒸发器外围空气中的热量，使其降温，达到制冷的目的。使蒸发器和周围空气的温度降低，从而在鼓风机的风力通过它时，能输出更多的冷气。在降温的同时，溶解在空气中的水分也会由于温度降低凝结出来，蒸发器还要将凝结的水分排出车外。

2. 蒸发器的安装位置

蒸发器安装在驾驶室仪表台的后面。

3. 蒸发器的结构

蒸发器结构如图 4-14 所示，主要由管子和吸热片等组成。在蒸发器的下方还有接水盘和排水管。

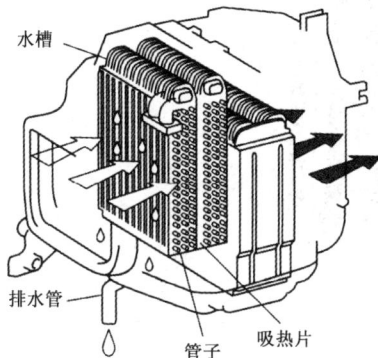
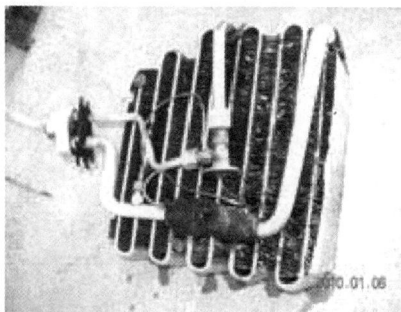

图 4-14　蒸发器结构

4. 蒸发器的工作过程

空调制冷系统工作时，鼓风机的风扇将空气吹过蒸发器，空气和蒸发器内的制冷剂进行热交换，制冷剂气化，空气降温，同时空气中的水分凝结在蒸发器的散热片上，并通过接水盘和排水管排出车外。

5. 蒸发器的拆卸

先拆除外部装饰件，并拆下蓄电池接地线。需要拆下蒸发器时，应缓慢排出制冷剂，并及时封住拆卸的管口。在蒸发器上一般安装有压力开关和膨胀阀，拆卸时应注意保护。

6. 蒸发器的检查

检查散热片有无堵塞、裂纹等，如堵塞应进行清洁处理。如更换蒸发器总成，应向压缩机补注 40～50ml 的压缩机润滑油。安装完毕后，应抽真空，补加制冷剂，并对空调制冷系统进行性能试验。

7. 蒸发器的类型

蒸发器有管片式、管带式和层叠式三种类型。管片式结构简单、加工方便，但换热效率较差，如图 4-15 所示。管带式比管片式工艺复杂，效率可提高 10%左右，如图 4-16所示。层叠式加工难度最大，但其换热效率也最高，结构也最紧凑，如图 4-17 所示。

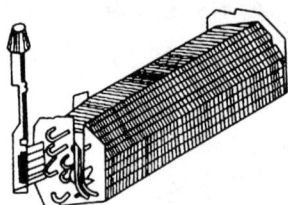

图 4-15　管片式蒸发器　　　　图 4-16　管带式蒸发器

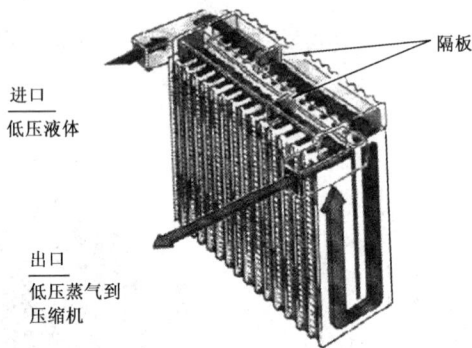

隔板

进口
低压液体

出口
低压蒸气到
压缩机

图 4-17　层叠式蒸发器

5）储液干燥器

（1）观察储液干燥器的结构，弄清楚它的作用是什么，里面主要装什么，上面的透明玻璃窗有什么用。

（2）观察储液干燥器的两个接头，弄清楚它们分别和空调系统的什么部件连接，这两个接头的识别方法是什么。

（3）观看多媒体教学课件或视频，理解储液干燥器的工作原理。

（4）分析储液干燥器进/出口接反会导致的后果与原因。

阅读知识

1．储液干燥器的作用

储液干燥器简称储液器，作用有两个方面。首先采用它的目的是为了防止过多的液态制冷剂储存在冷凝器里，使冷凝器的传热面积减少而使散热效率降低，另外还可滤除制冷剂中的杂质，吸收制冷剂中的水分，防止制冷系统管路脏堵和冰堵，保护设备部件不受侵蚀，从而保证制冷系统的正常工作。

储液干燥器用于以膨胀阀为节流装置的系统中，安装在冷凝器和膨胀阀之间，当含有蒸气的液态制冷剂进入储液器后，使液态和气态的制冷剂分离。液态制冷剂通过膨胀阀进入蒸发箱（吸热箱），多余制冷剂可暂时储存在储液罐中。在制冷负荷变动时，及时补充和调整供给热力膨胀阀的液态制冷剂量，以保证制冷剂流动的连续和稳定性。同时，由于水分与制冷剂结合会生成酸或结冰，因此储液器中的干燥剂可用来吸收制冷剂中的水分，防止机件腐蚀或冰块堵塞膨胀阀。滤网用于过滤制冷剂中的杂质，防止膨胀阀堵塞。

储液干燥器中一般采用硅胶之类的袋装或粒状脱水剂，用于吸附制冷剂中的少量水分。

2. 储液干燥器的安装位置与连接

储液干燥器安装在冷凝器和膨胀阀之间，安装前一定要先搞清楚储液器的进、出口端，在储液器的进出口端一般都打有记号，如进口端用英文字母标有"IN"或有一个"→"符号，安装时与冷凝器出口连接不可接反。

3. 储液干燥器结构组成及各部分的作用

储液干燥器主要由玻璃视镜、吸取管（又称拾液管）、粗过滤网、干燥剂、过滤器及外壳和安全熔塞等组成，在储液器上部出口端装有一个玻璃视液镜，用于观察制冷剂在工作时的流动状态，由此可判断制冷剂量是否合适。对直立式储液器而言，安装时，一定要垂直，倾斜度不得超过 15°。在安装新的储液干燥器之前，不得过早将其进出管口的包装打开，以免湿空气侵入储液器和系统内部，使之失去除湿的作用。

结构如图 4-18 所示。

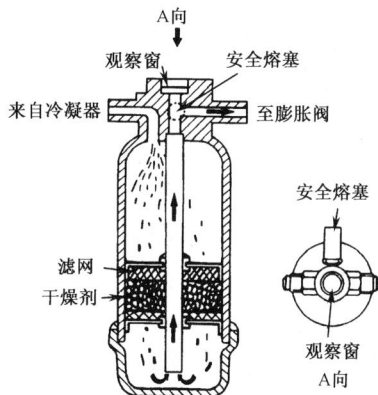

图 4-18　储液干燥器

玻璃视镜安装在储液器上部，用以观察制冷剂在工作时的流动状态，由此判断制冷剂的填充量及制冷系统的工作情况。

如玻璃明净，表明系统有足够的制冷剂；

如有气泡，表示系统中进入了空气；

若能看到乳白色雾状物，表示干燥剂从储液干燥器中逸出，随制冷剂一起在系统中循环，需更换干燥剂。

在储液干燥器的顶部，一般还装有一个安全熔塞，孔内装填有焊锡之类的易熔材料，当温度达 100～105℃（此时压力约 3MPa）时，熔塞合金被熔化，从而排泄系统中的高压制冷剂，以防止系统中其他机件被损坏。

6）膨胀阀

（1）膨胀阀的作用。

① 节流：将空调系统高压侧和低压侧分开，即高压液态进，低压液态出（少量制冷剂

因压力差而气化）。

② 调节：调节阀门位置可以适应不同的热负载，以保证流入适量的制冷剂。

③ 控制：根据负载和热变化自动控制流入蒸发器液体流量，以保证在变化的热负载条件下流入适量的制冷剂。

④ 降压：膨胀阀是制冷循环系统中高压侧和低压侧的分界点。制冷剂经过膨胀阀节流后，进入空间较大的蒸发器，压力下降，以利于制冷剂完全蒸发。

（2）膨胀阀的安装位置。

膨胀阀的感温包安装在蒸发器出口处，便于感测蒸发器出口处温度，如图 4-19 所示。

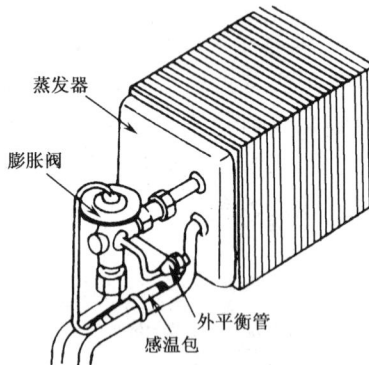

图 4-19　膨胀阀的安装位置

（3）膨胀阀的结构类型及工作原理。

膨胀阀的类型。膨胀阀也称节流阀，它是一种感压和感温阀，是汽车空调制冷系统中的一个主要部件。目前膨胀阀主要有内平衡热力膨胀阀、外平衡热力膨胀阀、H 型膨胀阀、膨胀节流管（孔管）四种结构形式。

① 内平衡式膨胀阀（如图 4-20（a）、（b）所示）。

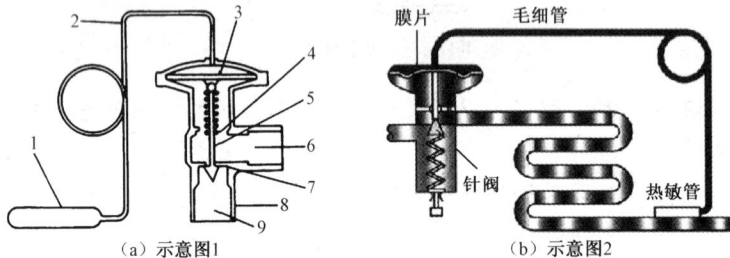

1—感温包；2—毛细管；3—膜片；4—弹簧；5—顶杆；6—出口；7—节流孔；8—进口接头；9—进口

图 4-20　内平衡式膨胀阀

如图 4-21（a）所示，内平衡热力膨胀阀对来自储液干燥器的高压液态制冷剂节流降压，即将液态高压制冷剂从其出口 6 中喷出，急剧膨胀，变成低压雾状体，以便吸热气化。此外，它还调节和控制进入蒸发器中的液态制冷剂量，使之适应制冷负荷的变化，同时防止压缩机发生液击现象和蒸发器出口蒸汽异常过热。利用装在蒸发器出口处的感温包来感知制冷剂蒸气的过热度，由此来调节膨胀阀开度的大小，从而控制进入蒸发器的液态制冷剂流量。感温包和蒸发器出口管接触，蒸发器出口温度降低时，感温包 1、毛细管 2 和膜片 3 腔内的易挥发物质（制冷剂）体积收缩，压力降低，阀口将闭合，限制制冷剂进入蒸发器。相反出口开启，制冷剂流入蒸发器。

随着针阀开启，较多的制冷剂进入蒸发器，蒸发器内压力上升，回气温度降低，膜片下侧压力增加，阀门关闭。由于膜片上、下侧压力处于不平衡状态，因此孔口不断地开启和闭合，使制冷装置与负载相匹配。

感温包和蒸发器必须紧密接触，不能和大气相通。如果接触不良，感温包就不能正确地感应蒸发器出口的温度。如果密封不严，感应的温度是大气温度。所以，要用一种特殊的空调胶带，捆扎和密封感温包。

② 外平衡式膨胀阀。

外平衡式膨胀阀结构与内平衡式膨胀阀的结构大同小异，如图 4-21 所示。平衡式膨胀阀多了一根平衡管，膜片下方的气体压力通过平衡管与蒸发器的出口连接。外平衡式膨胀阀的工作过程与内平衡式膨胀阀的工作过程完全相同。外平衡和内平衡膨胀阀的结构是大同小异的，内平衡式膜片下方的压力是蒸发器进口压力，而外平衡式膜片下方的压力是蒸发器出口的压力。由于蒸发器内部会产生压力损失，蒸发器出口压力要小于进口压力。要达到同样的阀门开度，外平衡式需要的过热度小些，蒸发器容积效率可以提高。一般情况下，制冷剂在蒸发器内流动时产生的压力损失不大的，可采用内平衡式膨胀阀，其结构简单，价格便宜。如果制冷剂在蒸发器内流动时产生的压力损失大，造成压降大，一般经验，进出口压力差超过 0.014MPa 时，则应采用外平衡式膨胀阀。如大客车空调系统选用外平衡膨胀阀。这种阀结构比较复杂，制造和安装都比较麻烦，且价格较贵。

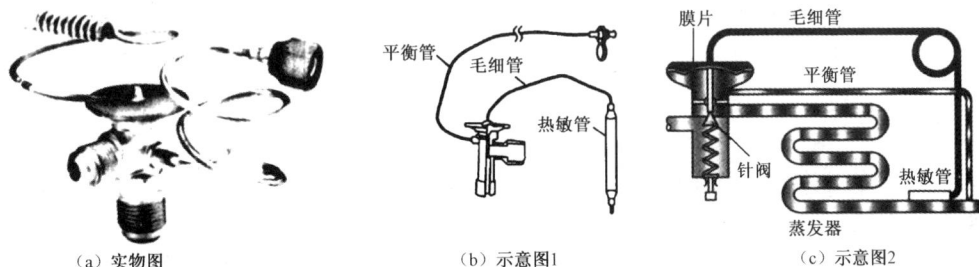

(a) 实物图　　　　　(b) 示意图1　　　　　(c) 示意图2

图 4-21　外平衡式膨胀阀

③ H 型膨胀阀。

采用内、外平衡式膨胀阀的制冷系统，其蒸发器的出口和入口不在一起，因此需要在出口处安装感温包和管路，结构比较复杂。如果将蒸发器的出口和入口做在一起，就可以将感温包的管路去掉，这就形成了所谓的 H 型膨胀阀，如图 4-22 所示。

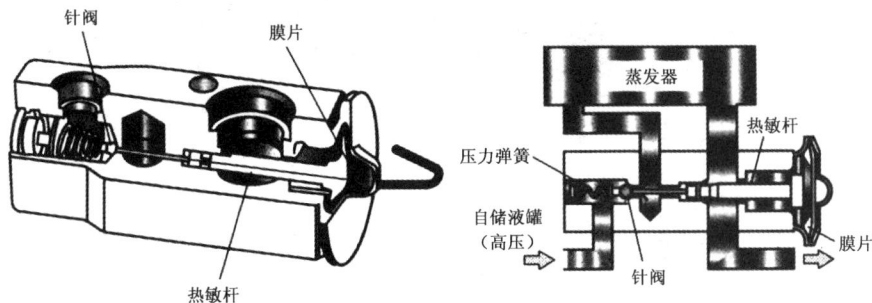

图 4-22　H 型膨胀阀

H 型膨胀阀因其内部通道形同 H 形而得名。它取消了外平衡膨胀阀的外平衡管和感温包，直接与蒸发器进出口相连。它有四个接口通往空调系统，其中两个接口和普通膨胀阀一样，一个接干燥过滤器出口，一个接蒸发器入口。另外两个接口，一个接蒸发器出口，一个接压缩机进口。感温元件处在进入压缩机的制冷剂气流中。H 型膨胀阀具有结构紧凑、使用可靠、维修简单等优点，符合汽车空调的要求。

这种膨胀阀安装在蒸发器的进/出管之间，感应温度不受环境影响，也无须通过毛细管而造成时间滞后，调节灵敏度较高。由于无感温包、毛细管和外平衡管，不会因汽车颠簸使充注系统断裂外漏及感温包包扎松动而影响膨胀阀的正常工作。

H 型膨胀阀的工作原理与内外平衡式膨胀阀基本上是一样的，如图 4-23 所示。不同的是其感温元件在膨胀阀里面，处于制冷剂的气流当中，故灵敏度较高。当蒸发器的制冷剂较多时，一方面会造成压力升高，会产生一个使膜片向上的力 F1；另一方面制冷剂温度较多下降，感温元件及膜片里的易挥发物质（制冷剂）体积收缩，导致膜片向下的压力 F2 减小，弹簧的弹力 F3 与 F1 的合力大于 F2，使膜片带动与感温元件连在一起的顶杆上移，阀门开度减小或关闭，导致进入蒸发器的制冷剂减少，压力下降，温度升高，致使 F2 大于 F3 与 F1 的合力，膜片带动顶杆向下打开或增加阀门开度。

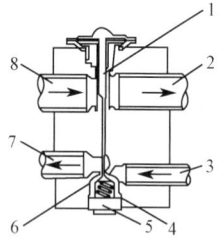

1—感温元件；2—接压缩机入口；3—接储液干燥器出口；4—弹簧；5—调节螺钉；6—阀门；7—接蒸发器入口；8—接蒸发器出口

图 4-23　H 型膨胀阀结构与原理

④ 膨胀节流管（孔管）。

◆ 观察膨胀管的结构，弄清楚它的作用和安装位置，想一想它的两端分别连接到什么地方及进、出口接头的识别方法。

◆ 查阅一下有哪些车型采用膨胀管。

◆ 观看多媒体教学课件或视频，理解膨胀管的工作原理。

◆ 如何识别某辆车的汽车空调是孔管型还是其他膨胀阀的节流元件。

阅读知识

膨胀管与膨胀阀的作用基本相同，只是将调节制冷剂流量的功能取消了，其结构如图 4-24 所示。膨胀管的节流孔径是固定的，入口和出口都有滤网。

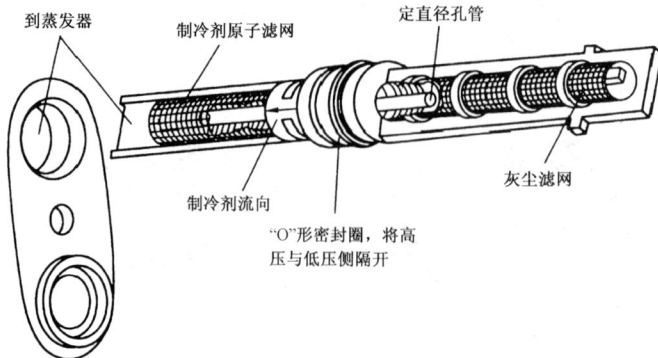

到蒸发器　制冷剂原子滤网　定直径孔管　灰尘滤网　制冷剂流向　"O"形密封圈，将高压与低压侧隔开

图 4-24　膨胀节流管

膨胀节流管是用于许多轿车制冷系统的一种固定孔口的节流装置。有人称它为孔管、固定孔管。膨胀节流管直接安装在冷凝器出口和蒸发器进口之间,用于将液态制冷剂节流降压。由于不能调节流量,液体制冷剂很可能流出蒸发器而进入压缩机,造成压缩机液击。所以装有膨胀节流管的系统,必须同时在蒸发器出口和压缩机进口之间,安装一个集液器,实行气液分离,避免压缩机发生液击。

膨胀节流管系统目前使用的温度控制方法有:循环离合器膨胀节流管系统(CCOT)、可变容积膨胀节流管系统(VDOT)、固定膨胀节流管离合器系统等。

膨胀节流管的结构如图 4-24 所示。它是一根细铜管,装在一根塑料套管内。在塑料套管外环形槽内,装有密封圈。有的还有两个外环形槽,每槽各装一个密封圈。把塑料套管连同膨胀节流管都插入蒸发器进口管中,密封圈就是密封塑料套管外径和蒸发器进口管内径间的配合间隙用的。膨胀节流管两端都装有滤网,以防止系统堵塞。安装使用后,系统内的污染物集聚在密封圈后面,使堵塞情况更加恶化。就是这种系统内的污染物,堵塞了孔管及其滤网。膨胀节流管不能维修,坏了只能更换。

由于膨胀节流管没有运动部件,结构简单、可靠性高,同时节省能耗,很多高级轿车都采用这种方式。缺点是制冷剂流量不能根据工况变化进行调节。

7)集液器

(1)集液器在什么系统上出现。

(2)集液器与储液干燥器有什么相同与不同点。

(3)集液器的作用。

阅读知识

集液器是膨胀节流管空调系统的重要部件。用膨胀节流管代替膨胀阀时,汽车空调制冷系统要在低压侧安装集液器,起到气液分离,防止压缩机"液击"而损坏的作用。集液器也是一种特殊形式的储液干燥器,其结构如图 4-25 所示。

在一定条件下,膨胀节流管会将较多的液态制冷剂流入蒸发器用以蒸发,而留在蒸发器中的多余制冷剂则会进入压缩机造成损害。为防止这一问题,应使所有留在蒸发器中的液态、蒸汽制冷剂和冷冻油进入集液器,集液器允许制冷剂蒸气进入压缩机,而留下液态制冷剂和冷冻油。在集液器出口处(U 管底部)有一节流毛细孔,通常称其为"渗油孔",目的是仅允许少量液态制冷剂和冷冻油随制冷剂蒸气返回压缩机,允许进入的少量制冷剂,在进入压缩机之前气化掉。

集液器还装有化学干燥剂,可吸附、吸收并滞留因不当操作而进入系统的湿气。干燥剂不能维修,若有迹象表明需更换干燥剂时,集液器必须整体更换。

集液器只用于有孔管做节流装置的系统中(CCOT 系统),它是孔管式制冷空调系统主要特征之一。它与储液干燥器相同的一点为:都能搜集吸收因不当检修过程而进入系统的水分,过滤杂质。不同之处为:因孔管不调节制冷剂流量,它具有防止液制冷剂直接进入压缩机的作用。

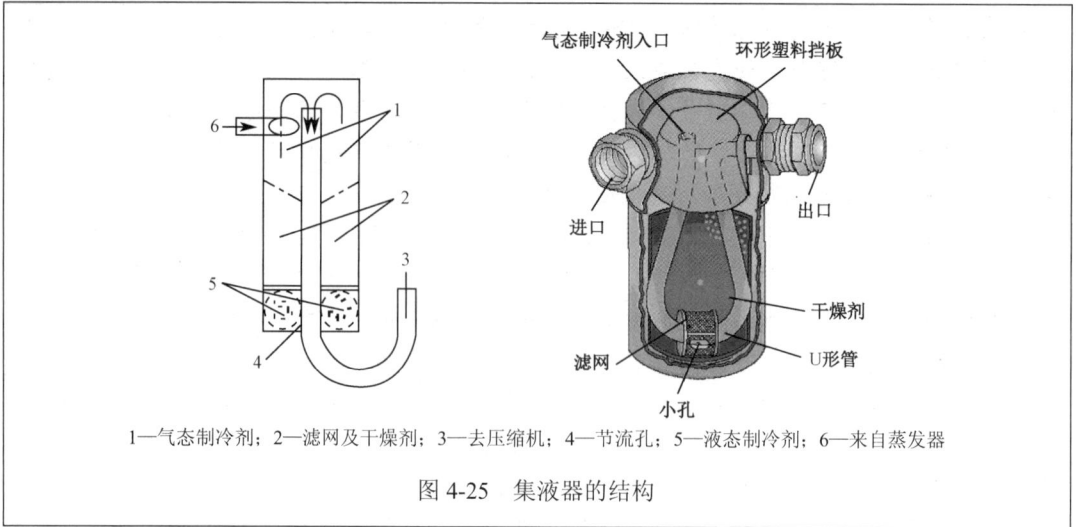

1—气态制冷剂；2—滤网及干燥剂；3—去压缩机；4—节流孔；5—液态制冷剂；6—来自蒸发器

图 4-25　集液器的结构

任务 2　汽车空调系统的压力检查测试

任务要求

熟练掌握歧管压力表与制冷系统的连接。

记住不同状态时的标准压力值。

熟练掌握快速维修接头与空调系统怎样接通和断开。

了解空调的压力与气候和海拔的关系。

认识静态时的压力与动态时的压力有什么不同。

作业时间：25 分钟。

任务引导

相关知识点学习：要求学生实训课前参考"知识链接"独立完成。

1. 歧管压力表实物如图 4-26 所示，完成填写相应空格。

低压表及软管是＿＿＿颜色（红/黄/蓝），接头与系统低压检修阀连接。

高压表及软管是＿＿＿颜色（红/黄/蓝），接头与系统高压检修阀连接。

中间软管是＿＿＿颜色（红/黄/蓝），与真空泵或制冷剂罐相接通。

图 4-26　歧管压力表外观图

2．请根据图 4-27、图 4-28 完成方框内容。

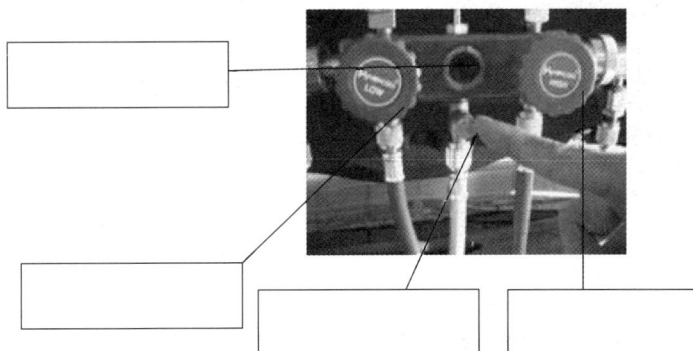

图 4-27　歧管压力表

图 4-28　接头

任务实施

具体维修操作步骤及技术要求：

 图 4-29　放三角木	**1．准备工作** 按要求把车泊在规定空车位，放好三角木。 泊车人要持有驾驶证，如图 4-29 所示。
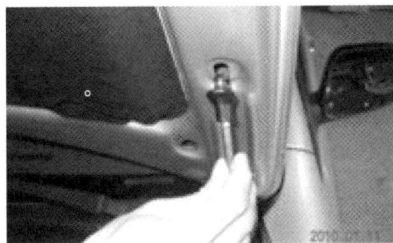 图 4-30　手摇引擎盖	打开车辆引擎盖并用挺杆顶好。顶好后用手按压一下引擎盖看是否已经确保挺好了，如图 4-30 所示。

 图 4-31　防护用品	安装车辆防护用品。防护用品要干净整齐，如图 4-31 所示。
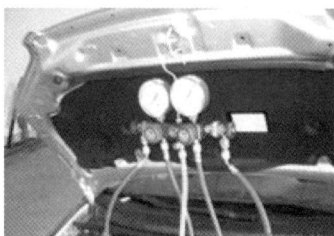 图 4-32　压力表	把歧管压力表放好放稳。注意压力表的勾子不要把车子给刮花了，如图 4-32 所示。
 图 4-33　查歧管压力表 1	检查歧管压力表的完好性。各连接管无开裂、无漏洞、无磨损，表针处于零刻线，如图 4-33 所示。
 图 4-34　查歧管压力表 2	检查歧管压力表高压手动阀的位置。高压手动阀顺时针拧到底（处于关闭位置），高压手动阀是控制高压管与中间软管的通断的，如图 4-34 所示。
 图 4-35　查歧管压力表 3	检查歧管压力表低压手动阀的位置。低压手动阀顺时针拧到底（处于关闭位置），低压手动阀是控制低压管与中间软管的通断的，如图 4-35 所示。

 图 4-36　查歧管压力表 4	检查歧管压力表各管路接头是否拧紧。各管路接头应扭紧，以免接通系统后漏溅出制冷剂（顺时针是拧紧），如图 4-36 所示。
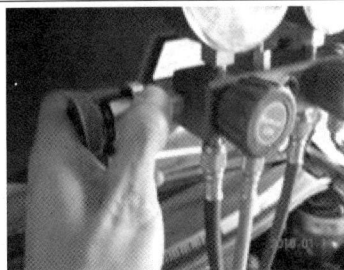 图 4-37　取下接头 1	从歧管压力表左侧面取下低压快速维修接头。先把滑环往手轮方向移就可以取下来了，如图 4-37 所示。
 图 4-38　取下接头 2	从歧管压力表右侧面取下高压快速维修接头。具体要求与上一步相同，如图 4-38 所示。
 图 4-39　拧紧软管接头	把低压快速维修接头（蓝色）的软管接头拧紧。注意软管的弯角处朝上，这样在接上空调系统时就比较好装，而不被阻碍，如图 4-39 所示。
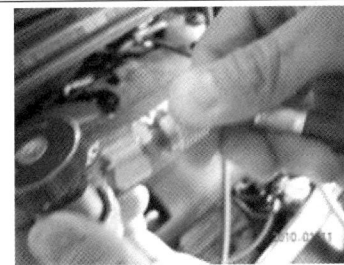 图 4-40　接头拧紧	把高压快速维修接头（红色）的软管接头拧紧。具体要求与上一步相同，如图 4-40 所示。

 图 4-41　检查位置	检查歧管压力表低压快速维修接头手轮的位置。快速维修接头的手轮逆时针往上扭到顶，以免在接上维修接口时，还没接好快速维修接头的针阀就已把维修接口的气门针给顶开了，如图 4-41 所示。
 图 4-42　手轮位置	检查歧管压力表高压快速维修接头手轮的位置。具体要求与第十三步相同，如图 4-42 所示。
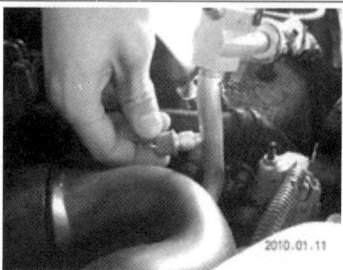 图 4-43　取下防尘盖 1	取下空调系统低压管维修接口的防尘盖（较小）并放置好。注意不要把防尘盖弄丢、弄脏，如图 4-43 所示。
 图 4-44　取下防尘盖 2	取下空调系统高压管维修接口的防尘盖（较大）并放置好。具体要求与第十五步相同，如图 4-44 所示。
 图 4-45　滑环后移	用手握紧低压快速维修接头并使滑环往后移动。径直对准低压快速维修接口压进去再松开滑环，这样就可以轻松接上了，如图 4-45 所示。

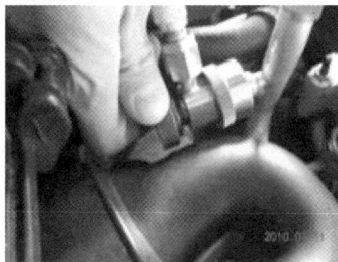　图 4-46　接头	把低压快速维修接头接上系统低压维修接口。注意观察此时软管接头的弯角是不是朝上的，如图 4-46 所示。
　图 4-47　松滑环	用手握紧高压快速维修接头并使滑环往后移动。径直对准压快速维修接口压进去再松开滑环，这样就可以轻松接上了，如图 4-47 所示。
　图 4-48　接口	把高压快速维修接头接上系统高压维修接口。注意观察此时软管的弯角是不是朝上的，如图 4-48 所示。
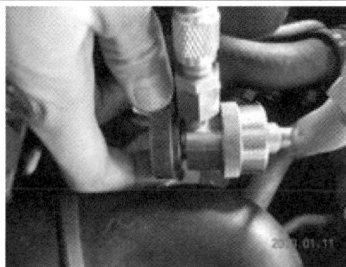　图 4-49　旋转 1	接通系统低压侧内的压力。把快速接头手轮缓慢顺时针往下旋转，待表头里的指针开始转动就可以了。 （注意不要使劲转到底，以免把维修接口气门针的回位弹簧给压歪了以致不能回位），如图 4-49 所示。
　图 4-50　旋转 2	接通系统高压侧内的压力。具体要求与第上一步相同，如图 4-50 所示。

 图 4-51　压力表 1	**2. 静态检测** 观察低压表头上的压力读数并记录。静态检测为制冷系统不工作情况下检查系统压力。 此时高、低侧压力相差不大，压力在 0.4～0.7MPa 之间，如图 4-51 所示。
 图 4-52　压力表 2	观察高压表头上的压力读数。压力为 0.4～0.7MPa，如图所示。观察是否在标准压力范围之内_____。 要根据当时的气候及你所在的海拔高度这些条件来判断，如图 4-52 所示。
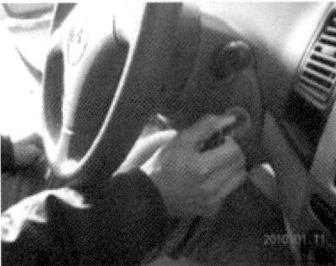 图 4-53　启动发动机	**3. 动态检测** 启动发动机。连续启动时间不超过 5s，两次间隔 15s，如图 4-53 所示。
 图 4-54　制冷开关	把制冷开关置于最大制冷位置。如果不打开鼓风机，空调是不会工作的。这样是为了防止蒸发器结冰，如图 4-54 所示。
 图 4-55　鼓风机	打开鼓风机。最好置于最大风挡位置；当然也可置于中间风挡位置，如图 4-55 所示。

 图 4-56　A/C 开关	打开（按下）A/C 开关。同时指示灯点亮，如图 4-56 所示。
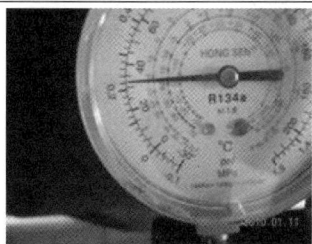 图 4-57　低压表 1	如图 4-57 所示，观察并记录低压表读数_____。 低侧正常压力为 0.15～0.3MPa 之间。 判断： 正常□，不正常□。
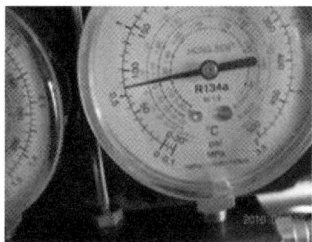 图 4-58　高压表	如图 4-58 所示，观察并记录高压表读数_____。 高压侧正常压力为 1.2～1.8MPa 之间。 判断： 正常□，不正常□。 观察是否在标准压力范围之内。要根据当时的气候及你所在的海拔高度这些条件来判断。
 图 4-59　空调	空调。同时指示灯熄灭，如图 4-59 所示。
 图 4-60　点火开关	关闭点火开关。注意把钥匙关到锁止挡/lock 挡。以免接通附件电源，消耗蓄电池的电量，如图 4-60 所示。

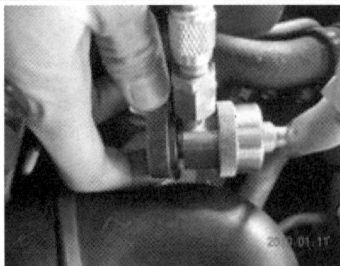図 4-61　拆连接	拆卸、断开快速维修接头与空调系统低压的连接。注意先把手轮逆时针往上转到顶。以免拆卸时空调系统内的制冷剂溅出冻伤皮肤，如图 4-61 所示。
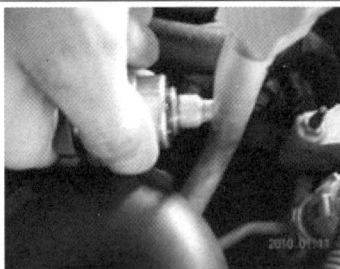图 4-62　取下维修阀	垂直取下低压快接维修阀。没有压下滑环时不能强行拔出维修阀，如图 4-62 所示。
图 4-63　连接	注意把快速接头连接到歧管压力表的侧面，防止污物和水气进入压力表歧管。防止接头脏污，如图 4-63 所示。
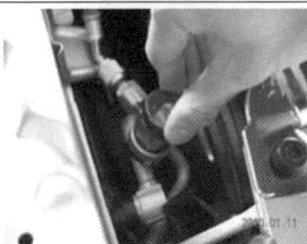图 4-64　拆卸	拆卸、断开快速维修接头与空调系统高压的连接。注意先把手轮逆时针往上转到顶。以免拆卸时空调系统内的制冷剂溅出冻伤皮肤，如图 4-64 所示。
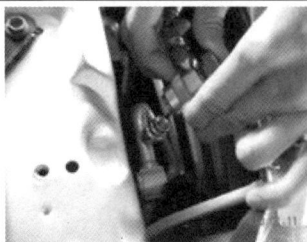图 4-65　取下维修阀	垂直取下高压快接维修阀。没有压下滑环时不能强行拔出维修阀，如图 4-65 所示。

 图 4-66　歧管压力表侧面	注意把快速接头连接到歧管压力表的侧面，防止污物和水气进入压力表歧管。防止接头脏污，如图 4-66 所示。
 图 4-67　泄漏检查	检查维修接口是否泄漏。可用肥皂水、冷冻油清水等液体倒在接口看是否有气泡生成，如图 4-67 所示。
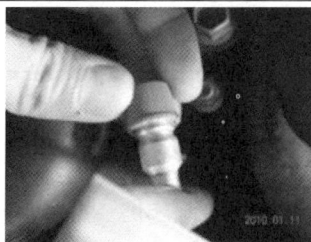 图 4-68　低压防尘帽	盖上低压防尘帽，防止污染，小心安装，不要损坏螺纹，如图 4-68 所示。
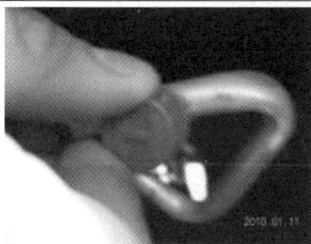 图 4-69　安装防尘帽	盖上高压防尘帽，防止污染，小心安装，不要损坏螺纹，如图 4-69 所示。
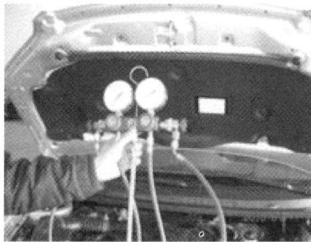 图 4-70　取下	取下歧管压力表放回工具房。脱钩时避免歧管压力表掉落，如图 4-70 所示。

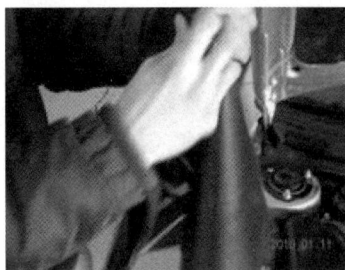

图 4-71　收拾 1

收拾工具，整理防护用品。如上面有污物把它清洁干净，如图 4-71 所示。

图 4-72　收拾 2

整齐地叠起来放回工具箱。要求整齐、干净，如图 4-72 所示。

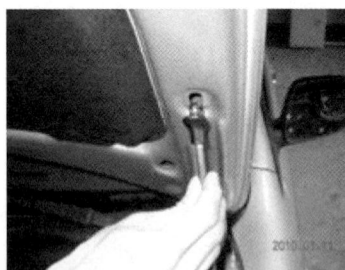

图 4-73　放引擎盖

放下引擎盖。放下引擎盖前再次检查发动机仓里是否有未完成的作业；检查是否遗漏作业工具，如图 4-73 所示。

图 4-74　做好 5S

做好 5S：整理、整顿、清扫、清洁、素养。

结束，如图 4-74 所示。

实训报告 4-2　汽车空调系统压力检查

表 4-5

被测车型				任务	汽车空调系统压力检查
	实 训 步 骤			观察与测量结果	分析与处理意见
1	打开发动机引擎盖，安装翼子板布、前格栅布				
2	安装车轮挡块				
3	检测静态时的高、低侧的压力				
4	检测动态时的高、低侧的压力				
5	观察打开鼓风机是否有风从风口吹出来				
6	观察打开 A/C 开关时指示灯是否点亮				
7	观察打开 A/C 开关时是否听到"塔"的一声（压缩机吸合）				
8	5S				
教师评语					
成绩		指导教师签名		日期	

任务考核单 4-2　汽车空调系统压力检查

表 4-6

班级		姓名			学号	
考核内容		汽车空调系统压力检查			规定考核时间	20 分钟
					实际考核时间	
序号		检查维修内容/评分标准		配分	考核及评分记录	得分
1	准备	安装座椅套等防护用品		5		
		安装车轮挡块		5		
2	检查	检查压力表的管子是否有破裂		5		
		检查压力表的表头指针的位置		5		
		检查手动阀位置		5		
		检查管路接头		5		
		检查手轮位置		5		
3	安装	滑环往上移		5		
		手轮顺时针往下旋转到顶		5		
4	拆卸	手轮逆时针往上旋转到顶		5		
		滑环往上移		5		
5	复检	检查维修接口是否泄漏		5		
6	作业安全：正确操作和安全意识	防护措施得当，作业过程零件清洁及最后整理到位		5		
		工具、零件不落地		5		
7	工具使用	工具选用合理		5		
		工具使用规范		5		
8	考核时间	每超 1 分钟扣 3 分，超时 3 分钟终止考核				
考核总分						
监考教师（签名）		考核日期			年　　月　　日	

知识链接

一、系统检查软管

1. R-12 系统检修软管

（1）低压侧：蓝色。

（2）高压侧：红色。

（3）中间软管：黄色（或白色）。

2. R-134a 系统检修软管

（1）低压侧：蓝色带黑镶条或黑色带蓝镶条软管。

（2）高压侧：红色带黑镶条或黑色带红镶条软管。

（3）中间软管：黄色或绿色带黑镶条或黑色带绿或黄镶条软管。

3. 用于 R-134a 系统的软管不能用于 R-12 系统。

二、歧管压力表组

歧管压力表是专门检查空调系统压力的专用工具，有高压表、低压表、高压开关、低压开关及相应软管，通过打开/关闭开关来开/关加注软管的通道。

歧管压力表的结构与开关通路如图 4-75 所示。

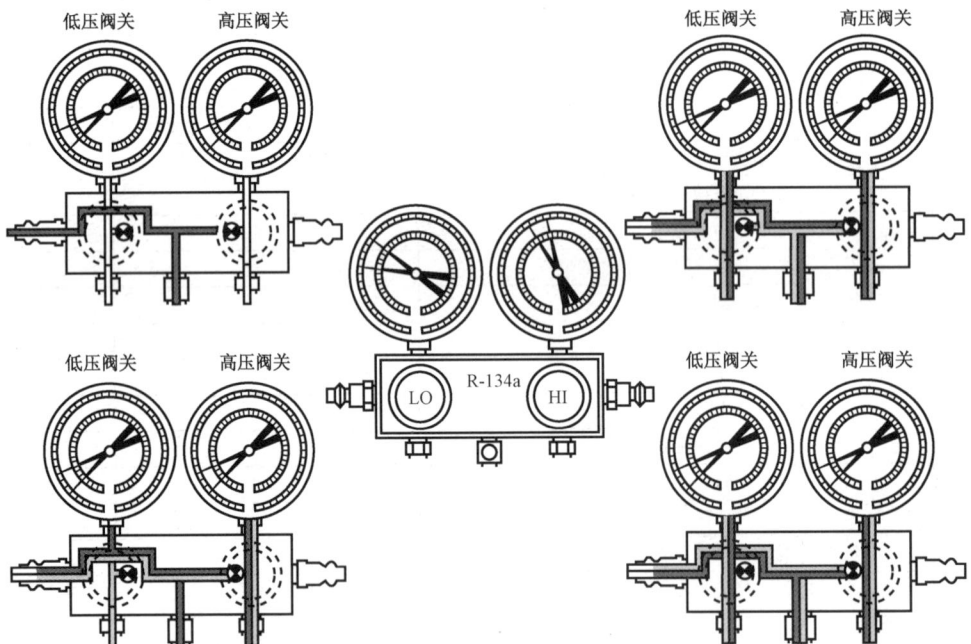

图 4-75　歧管压力表的结构与开关通路

（1）低压表测量系统低压侧（吸气）压力。

（2）高压表测量系统高压侧（排气）压力。

（3）歧管中间的软管接头用来回收、充灌、抽空或进行其他维修。

三、歧管压力表的作用

歧管压力表是维修汽车空调系统必不可少的重要设备，空调系统维修的基本作业，如检查系统压力、充注制冷剂、添加润滑油、系统抽真空、打压检漏这些工作都离不开歧管压力表。

四、歧管压力表的组成

歧管压力表主要由表头、转换控制机构总体、高压管、低压管、中间软管、高压维修接头、低压维修接头组成。

转换控制机构总体主要由高压手动阀、低压手动阀、空气清除阀、阀体组成。

高低阀打开是指高、低压表分别与制冷系统及中间管相通。

高低阀关闭是指高、低压表与中间管不相通，但分别与制冷系统相通。

五、常用的压力表单位

常用的压力表单位有 Psi、bar、kPa、MPa、kgf/cm^2 几种。

1kPa=1000Pa

1MPa=1000kPa

1bar=0.1MPa=100kPa ≈1kgf/cm^2

1MPa=10 kgf/cm^2=145Psi

1 标准大气压=760 毫米汞柱=76 厘米汞柱=$1.013×10^5$ 帕斯卡=10.336 米水柱

任务3 汽车空调制冷系统的检漏

任务要求

熟练掌握歧管压力表与制冷系统的连接。

记住不同状态时的标准压力值。

熟练掌握快速维修接头与空调系统怎样接通和断开。

了解空调的压力与气候和海拔的关系。

认识静态时的压力与动态时的压力有什么不同。

作业时间：25 分钟。

任务引导

相关知识点学习：要求学生实训课前参考"知识链接"独立完成。

1. 看图完成图 4-76 和图 4-77 方框内容。

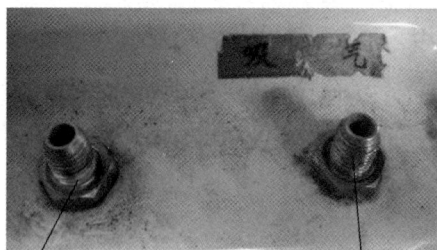

图 4-76

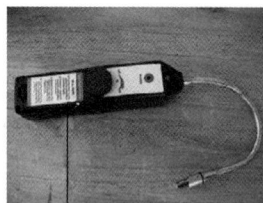

图 4-77

2. 把打压检漏方法的主要操作步骤填写在图 4-78 相应方框内。

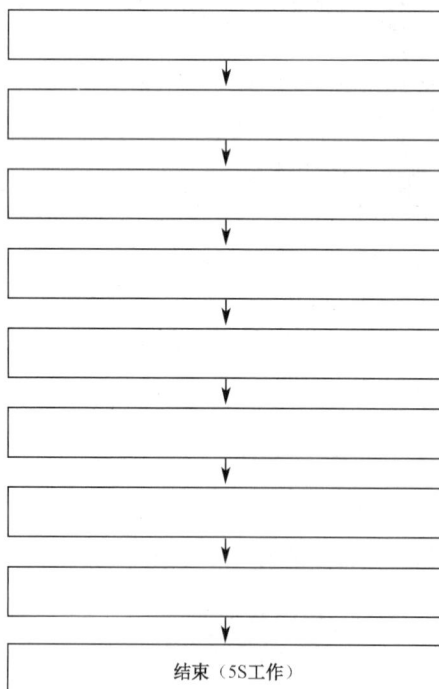

结束（5S工作）

图 4-78　打压检漏流程

任务实施

维修操作及要求：

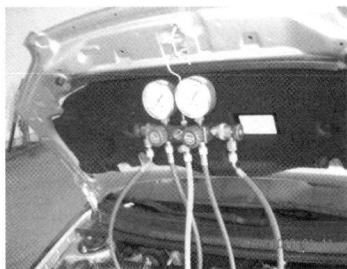 图 4-79　准备	准备阶段及歧管压力表接入的步骤与"任务二（系统压力检查）"操作过程相同，不再重复，如图 4-79 所示。
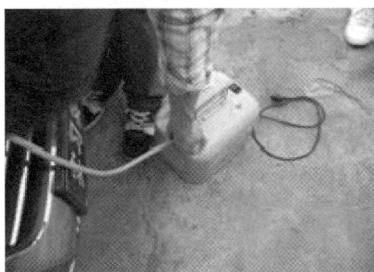 图 4-80　连接	中间软管连接上真空泵，接上真空泵的充气接口，如图 4-80 所示。
 图 4-81　手动阀	打开高、低压手动阀，逆时针转动，如图 4-81 所示。
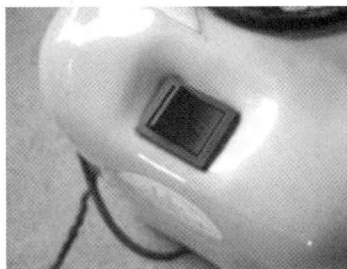 图 4-82　真空泵开关	按下启动按钮，启动真空泵，如图 4-82 所示。

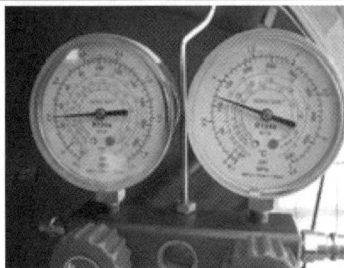 图 4-83　压力表	待气压打到 2.5MPa 时停止打压，如图 4-83 所示。
 图 4-84　关闭手动阀	关闭手动阀，要迅速，如图 4-84 所示。
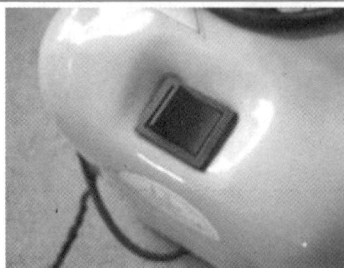 图 4-85　关真空泵开关	关闭真空泵开关，如图 4-85 所示。
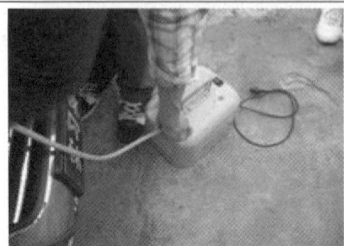 图 4-86　取中间软管	从真空泵取下中间软管，如图 4-86 所示。
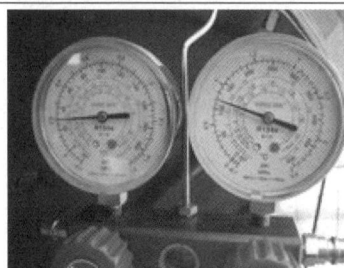 图 4-87　歧管压力表	观察歧管压力表的指针是否有下降（指针往回走）。如果有，说明有泄漏，如图 4-87 所示。

图 4-88　接头检查 1

检查空调制冷系统各管路接头，用肥皂泡沫或洗衣粉泡沫等泡沫敷涂在各管路接头，如有泡泡冒起，说明此接头处有泄漏，如图 4-88 所示。

图 4-89　接头检查 2

各元件与管路接头，用肥皂泡沫或洗衣粉泡沫等泡沫敷涂在各管路接头，如有泡泡冒起，说明此接头处有泄漏，如图 4-89 所示。

图 4-90　阀门检查 1

检查快速维修接口的阀门，用冷冻油注满阀门接口处，如有泡泡冒出，说明其处有漏，如图 4-90 所示。

图 4-91　阀门检查 2

检查表的各管路接头及阀门处，如有泡泡冒出，说明该处有漏，如图 4-91 所示。

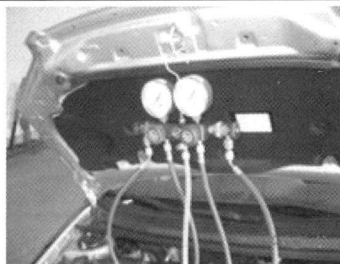

图 4-92　维修泄漏点

待找出所有泄漏点后，对所有泄漏点进行维修，如图 4-92 所示。

图 4-93　打开手动阀

先把里面的气压泄气完以后再对其进行维修。打开高、低压手动阀（逆时针旋转，可以打开得稍为小一点，以免系统里的冷冻油被带出来）。如果是接头漏，可直接用新的密封圈将其更换，如果是元件漏，可将其元件更换，如图 4-93 所示。

结束 5S 工作。

实训报告 4-3　汽车空调制冷系统检漏

表 4-7

被测车型			任务	制冷系统检漏
	实 训 步 骤		观察与测量结果	分析与处理意见
1	打开发动机引擎盖，安装翼子板布、前格栅布			
2	安装车轮挡块			
3	歧管压力表的表针是否下降			
4	空调制冷系统有几处漏			
5	快速维修接口的阀门有哪些地方发生泄漏			
6	歧管压力表有哪些地方泄漏			
7	5S			
教师评语				
成绩		指导教师签名	日期	

任务考核单 4-3　汽车空调制冷系统检漏

表 4-8

班级		姓名		学号	
考核内容				规定考核时间	＿＿＿分钟
				实际考核时间	
序号		检查维修内容/评分标准	配分	考核及评分记录	得分
1	准备	安装座椅套等防护用品			
		安装车轮挡块			
2	检查	检查压力表的管子是否有破裂			
		检查压力表的表头指针的位置			
		检查手动阀位置			
		检查管路接头			
		检查车轮位置			
3	安装	滑环往上移			
		手轮顺时针往下旋转到底			

班级			姓名			学号	
考核内容						规定考核时间	＿＿＿分钟
						实际考核时间	
序号		检查维修内容/评分标准			配分	考核及评分记录	得分
4	过程	同时打开高、低压手动阀					
		接上真空泵的打气接口					
		启动真空泵开关					
		打到规定值					
		同时关闭高、低压手动阀					
		关闭真空泵启动开关					
		口述检漏过程					
5	拆卸	手轮逆时针往上旋转到顶					
		滑环往上移					
6	复检	检查维修接口是否泄漏					
7	作业安全：正确操作和安全意识	防护措施得当，作业过程零件清洁及最后整理到位					
		工具、零件不落地					
8	工具使用	工具选用合理					
		工具使用规范					
9	考核时间	每超1分钟扣＿＿＿分，超时3分钟终止考核					
考核总分							
监考教师（签名）			考核日期			年　　月　　日	

知识链接

　　制冷剂在短时间内大量减少，应该进行泄漏检查。方法有多种，常有的方法有目测法、肥皂液检测法、着色剂检测法、卤族素元素检漏灯检测、荧光检漏法检测、电子检漏仪检测和打压检漏等。

1．目测法

观察管路接头处，有漏的地方一般会沾有带油的灰尘（直观有效）。

2．肥皂水检漏

用肥皂水检测制冷剂的微小泄漏是一种简单有效的方法。将半杯肥皂粉末与水混合，形成浓肥皂液。这些肥皂液的数量应该少到刚好能用小刷刷出肥皂泡。当将肥皂水涂到怀疑有泄漏的区域时，冒出气泡的地方表明这里存在泄漏。

3．着色检漏

在注入染色液之后，让车辆行驶几天。在泄漏处可见到染色液痕迹，这样很容易发现泄漏之处。

许多包装的检漏染色液只能用于某些空调系统，注意这一点很重要。当改装含有染色液的空调系统时，应将所有的残留染色液冲洗干净。

4．卤族元素检漏灯检测法

卤族元素检漏灯检测法：价格便宜灵敏度高，但使用麻烦且不够安全，现很少使用。

5．荧光检漏

将经过计量的一定数量的对紫外线敏感的染料引入到空调系统内。将空调系统运转几分钟，使染料循环。然后拿一盏紫外线灯来查找泄漏处。荧光检漏法（紫外线检漏法）是查找微小泄漏的最有效的方法。

有些汽车制造厂家往原装空调系统内添加荧光染料（叫做"探伤液"）。

6．电子检漏仪（见图4-94）

电子检漏仪是所有检漏装置中最灵敏的，它价格昂贵，灵敏度最高。由于灵敏度太高，要在通风良好的地方检测，否则难以找出准确的泄漏点。

电子检漏仪有无线式和有线式两种。

图 4-94　电子检漏仪

7．打压检漏

给系统（无制冷剂）注入氮气或空气，压力不能超过系统正常高压压力值。然后用肥皂水检漏方法进行检漏。

任务4　汽车空调制冷系统抽真空

任务要求

熟练掌握空调制冷系统抽真空的方法。
记住抽真空所需要抽的最佳化时间。
熟练掌握真空泵的使用方法。
了解抽真空不好对制冷系统有什么影响。
认识抽真空过程当中的严谨性及作业时间的要求。
作业时间：25分钟。

任务引导

相关知识点学习：要求学生实训课前参考"知识链接"独立完成。
完成抽真空作业流程，在图4-95所示中填上主要操作步骤。

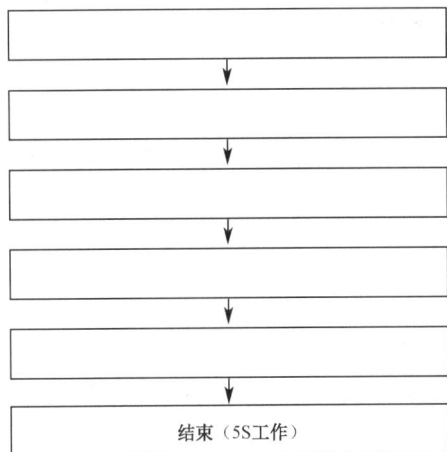

结束（5S工作）

图 4-95　抽真空作业流程

任务实施

维修操作及要求：

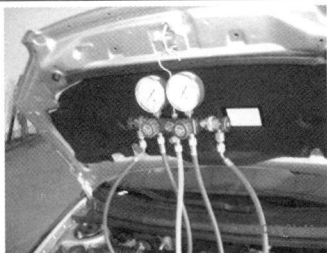 图 4-96　准备	准备阶段及歧管压力表接入制冷系统的步骤与"任务 2（系统压力检查）"操作过程相同，不再重复，如图 4-96 所示。
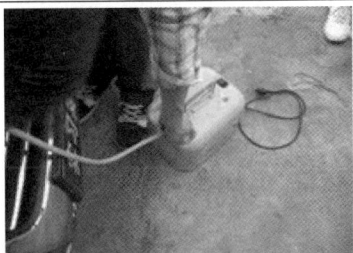 图 4-97　连接	中间软管连接上真空泵，接上真空泵的吸气接口，如图 4-97 所示。
 图 4-98　打开手动阀	打开高、低压手动阀，逆时针转动，如图 4-98 所示。

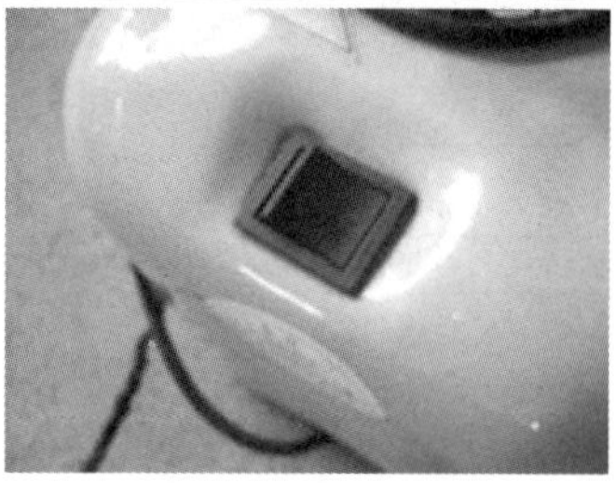 图 4-99　真空泵	按下启动按钮，启动真空泵，如图 4-99 所示。
 图 4-100　抽真空	对空调制冷系统进行抽真空，抽真空的最佳时间是 30 分钟，如图 4-100 所示。
 图 4-101　关手动阀	关闭手动阀，抽真空 15 分钟，真空度为 100kPa 以下，如图 4-101 所示。
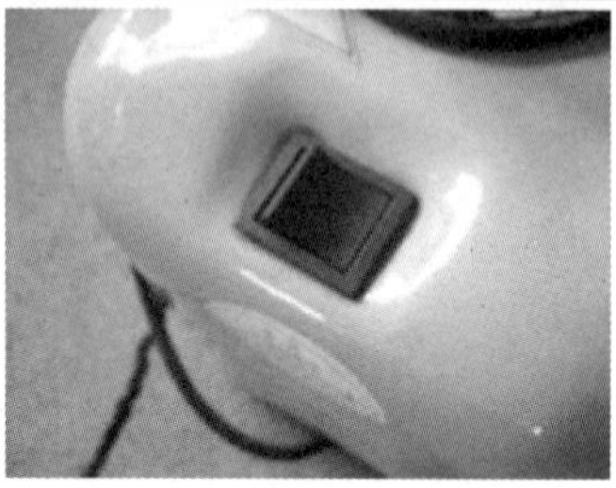 图 4-102　关闭真空泵开关	关闭真空泵开关，如图 4-102 所示。
 图 4-103　双泵压力表	待放 5min，同时对其真空检漏，5 分钟表指针不得回升（如果指针往回走，说明有漏的地方），如图 4-103 所示。

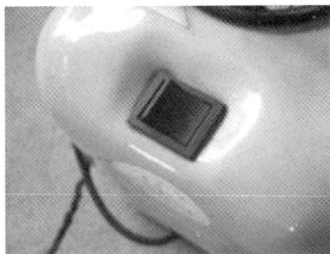　图 4-104　启动真空泵	按下启动按钮，启动真空泵，如图 4-104 所示。
　图 4-105　打开手动阀	打开高、低压手动阀，逆时针转动，如图 4-105 所示。
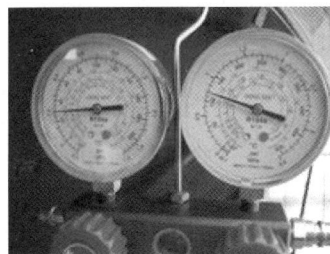　图 4-106　抽真空	对空调制冷系统进行再抽真空，彻底抽出空气、水分和杂质，如果已确定没有漏，再次对系统抽真空 15min，如图 4-106 所示。
　图 4-107　关手动阀	关闭手动阀，如图 4-107 所示。

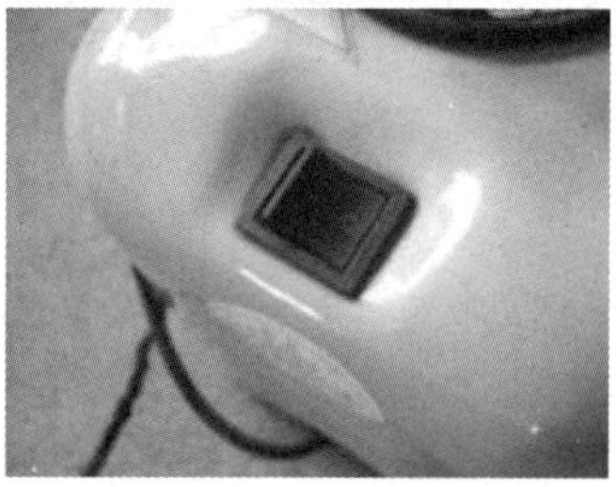 图 4-108　关真空泵开关	关闭真空泵开关，如图 4-108 所示。
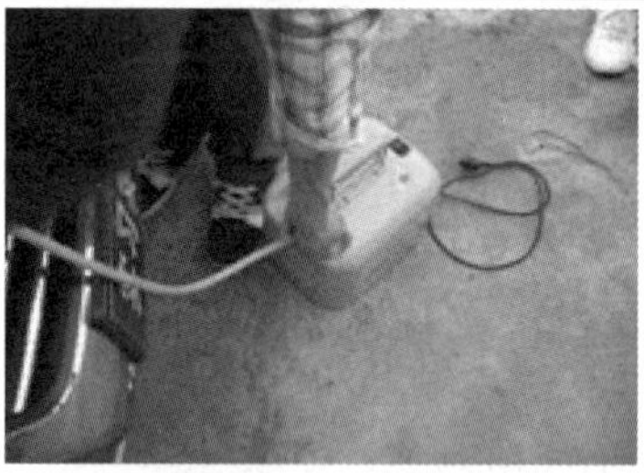 图 4-109　取下软管	从真空泵取下中间软管，如图 4-109 所示。
 图 4-110　连接好制冷剂罐	连接好制冷剂罐，为下一步加注制冷剂作准备，如图 4-110 所示。

实训报告 4-4　汽车空调制冷系统抽真空

表 4-9

被测车型		任务	制冷系统抽真空
实 训 步 骤		观察与测量结果	分析与处理意见
1	打开发动机引擎盖，安装翼子板布、前格栅布		
2	安装车轮挡块		
3	歧管压力表指针的位置		
4	空调系统真空度的实际读数		
5	等待 5min 后，歧管压力表的读数		
6	再次认识系统抽真空的结果和目的		
7	5S		
教师评语			
成绩		指导教师签名	日期

任务考核单 4-4　汽车空调制冷系统抽真空

表 4-10

班级			姓名		学号		
考核内容					规定考核时间		_____分钟
					实际考核时间		
序号		检查维修内容/评分标准		配分	考核及评分记录		得分
1	准备	安装座椅套等防护用品					
		安装车轮挡块					
2	检查	检查压力表的管子是否有破裂					
		检查压力表的表头指针的位置					
		检查手动阀位置					
		检查管路接头					
		检查手轮位置					
3	安装	滑环往上移					
		手轮顺时针往下旋转到底					
4	过程	同时打开高、低压手动阀					
		接上真空泵的吸气接口					
		启动真空泵开关					
		打到规定值					
		同时关闭高、低压手动阀					
		关闭真空泵启动开关					
		口述真空检漏过程与抽真空的过程					
5	拆卸	手轮逆时针往上旋转到顶					
		滑环往上移					
6	复检	检查维修接口是否泄漏					
7	作业安全：正确操作和安全意识	防护措施得当，作业过程零件清洁及最后整理到位					
		工具、零件不落地					
8	工具使用	工具选用合理					
		工具使用规范					
9	考核时间	每超 1 分钟扣_____分，超时 3 分钟终止考核					
考核总分							
监考教师（签名）			考核日期		年　　月　　日		

知识链接

一、真空泵的作用与目的

真空泵的作用主要是排出系统中的空气水分和杂质，以及利用真空进行检漏复检，为制冷系统加注制冷剂打好基础。

空调系统检打压检漏、更换元件、有"冰堵"现象及大修后等，必须进行抽真空处理，以清除系统内的空气和水分。在抽真空之前，若系统内有制冷剂，应首先进行排空或回收。建议用多功能制冷剂抽回收充注机进行回收。一方面可以避免直接排入大气造成污染，另一方面可以知道有多少冷冻油被抽出，从而向系统内加入同量的冷冻油，再就是可以在多功能制冷剂抽回收充注机上完成制冷剂回收、抽真空、检漏及充注制冷剂和冷冻油。多功能制冷剂抽回收充注机如图 4-111 所示。当然也可用单独的真空泵进行抽真空。

图 4-111　多功能制冷剂抽回收充注机

下面以真空泵为例进行抽真空（见图 4-112）。

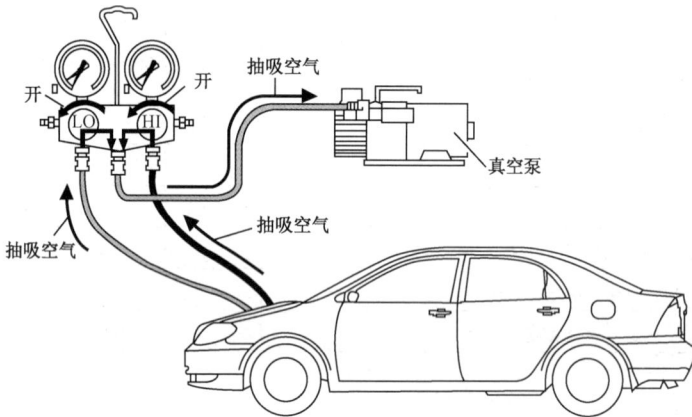

图 4-112　抽真空过程图示

二、抽真空操作步骤

（1）安装歧管压力表组件。完全关闭压力表组的高、低压侧阀门，管压力表组件接入系统前面已详细介绍。

（2）打开压力表组高压侧和低压侧的阀门，开动真空泵抽真空，至少抽 15min。

（3）抽真空至压力表组低压侧显示真空度为-100kPa 或更高负值。

（4）在低压表保持-100kPa 或更高的负值压力显示后，进行真空检漏：

① 关闭高低压手动阀，低压表指针在 5min 内不得有回升，若真空度下降，则表明系统有泄漏，应停止抽真空，转为查漏，排除后再进行抽真空。

② 真空度没有下降并不表明系统一定没有泄漏，因为在抽真空时外面污物可能会暂时脏堵。因此可加入适当制冷剂，约 100kPa，后用电子检漏仪进行检漏。

（5）继续抽真空约 15min。

（6）关闭压力表组高压侧和低压侧的阀门，关闭真空泵。

（7）清理、收拾工用具，结束。

任务 5　汽车空调制冷系统加注制冷剂

任务要求

熟练掌握加注制冷剂的方法。

理解加注制冷剂的过程。

会懂得通过观察窗和视窗及压力分析出制冷剂量。

了解常见车型加注制冷剂量的多少。

认识加注制冷剂过程当中的严谨性。

作业时间：25 分钟。

任务引导

相关知识点学习：要求学生实训课前参考"知识链接"独立完成。

1. 开关阀的结构，如图 4-113 所示，看图完成下图方框内容：

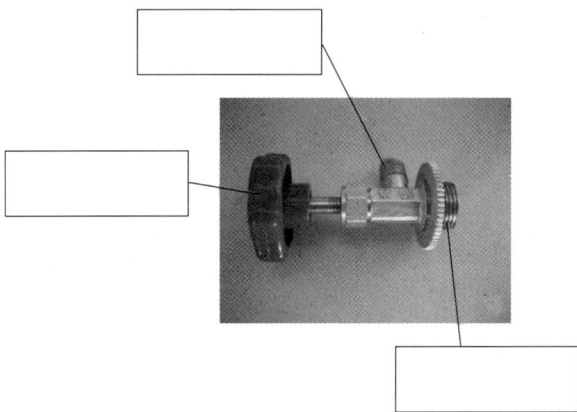

图 4-113　开关阀的结构

2. 制冷剂开关罐的操作方法：

（1）_____旋转手柄到顶，使针阀提高。

（2）把开关阀拧入制冷剂罐后，拧紧_____，注意不要拧得过多，以免损坏制冷剂罐。

（3）制冷剂加注阀接上_____软管。

（4）_____转动开关阀，降低针阀，打开制冷剂罐上小孔。

（5）_____转动手柄，针阀提高，制冷剂经过阀流入中间软管。

（6）想要终止制冷剂的加注，_____将手柄转到底。针阀将会落下来，停止加注制冷剂。

3. 看图完成方框内容，如图 4-114、图 4-115 所示。

图 4-114　结构 1

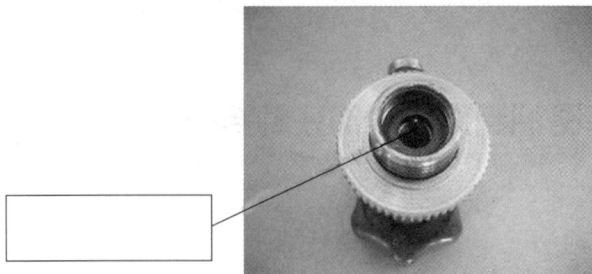

图 4-115　结构 2

任务实施

维修操作及要求：

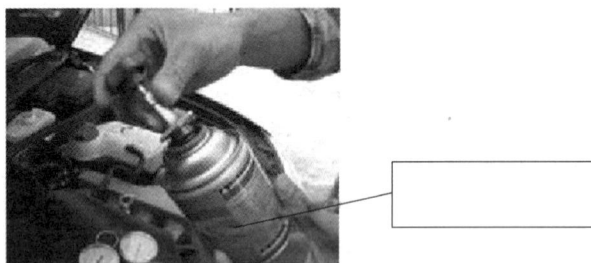 图 4-116　准备	准备阶段及歧管压力表接入制冷系统的步骤与"任务 2（系统压力检查）"操作过程相同，不再重复，如图 4-116 所示。
 图 4-117　手柄上移	把手柄往上移，往上移（逆时针旋转）注意手柄旋转到头就好了，不要太用力拧滑了，如图 4-117 所示。

图 4-118 圆盘上移

把圆盘往上移，往上移（逆时针旋转）时注意旋转到头就好了，不要用力拧滑了，如图 4-118 所示。

图 4-119 接好制冷剂罐

制冷剂开关阀接上制冷剂罐，如图 4-119 所示。

图 4-120 锁紧圆盘

锁紧圆盘，如图 4-120 所示。

图 4-121 针阀下移

使针阀下移，针阀将会击穿制冷剂罐，顺时针旋转手柄到底，如图 4-121 所示。

图 4-122 接中间软管

接上中间软管，如图 4-122 所示。

 图 4-123　针阀提高	使针阀提高，让制冷剂流出来，再通过中间软管流到歧管压力表，逆时针旋转手柄，如图 4-123 所示。
 图 4-124　排空气	排空气（也就是中间软管这一段的空气），把那空气清除阀的控制阀门往下压，如图 4-124 所示。
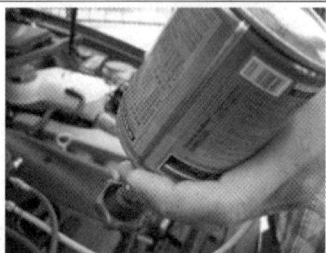 图 4-125　制冷剂罐倒置	此时制冷剂罐倒置过来，为的是使制冷剂流过来时保持液态的流动，如图 4-125 所示。
 图 4-126　开手动阀	排完空气后，打开高压手动阀（逆时针旋转），此时是静态地加注制冷剂，如图 4-126 所示。
 图 4-127　加注制冷剂	缓慢地加注制冷剂，如图 4-127 所示。

　图 4-128　晃动	制冷剂罐一正一倒地来回晃动，如图 4-128 所示。
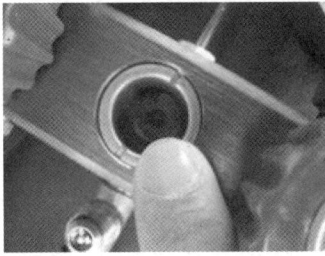　图 4-129　观察	一边加注制冷剂一边观察视窗，如图 4-129 所示。
　图 4-130　关高压手动阀	关闭高压手动阀（顺时针旋转），加到视窗下没有液体流动的现象为止，说明此时高压侧已经加不进了，如图 4-130 所示。
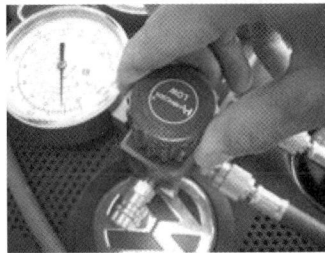　图 4-131　开低压手动阀	打开低压手动阀（逆时针旋转）从低压侧加注制冷剂，此时是动态加注，需要启动发动机，打开鼓风机和空调，如图 4-131 所示。
　图 4-132　加注制冷剂	缓慢地加注制冷剂，如图 4-132 所示。

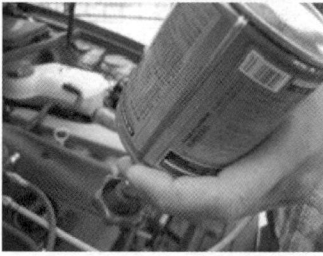

图 4-133　晃动

制冷剂罐可以一正一倒地来回晃动，但不能一直倒立冷剂罐，如图 4-133 所示。

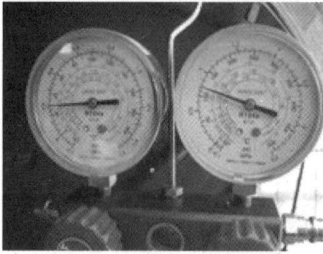

图 4-134　观察

一边加注制冷剂一边观察压力表，与标准值相比较，如图 4-134 所示。

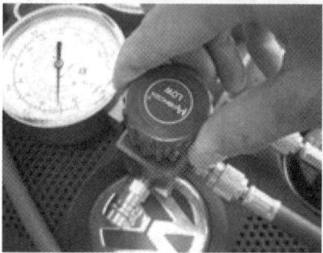

图 4-135　关手动阀

当加到标准压力值时，关闭低压手动阀（顺时针旋转），如图 4-135 所示。

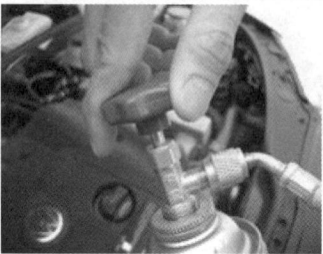

图 4-136　关制冷剂罐

关闭制冷剂罐开关阀，顺时针向下旋转，如图 4-136 所示。

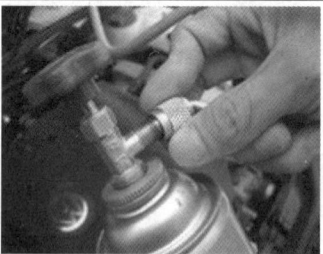

图 4-137　卸软管

卸下中间软管，如图 4-137 所示。

 图 4-138　检漏	检漏快速维修接口，用冷冻油注满看有没有冒泡，如图 4-139 所示。
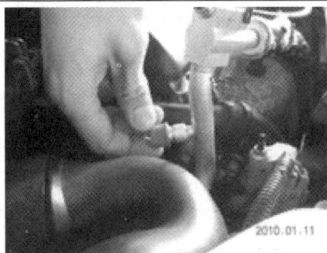 图 4-139　5S	盖上防尘帽，结束、做 5S 工作，如图 4-139 所示。

实训报告 4-5　汽车空调制冷系统加注制冷剂

表 4-11

被测车型		任务	
实训步骤		观察与测量结果	分析与处理意见
1	打开发动机引擎盖，安装翼子板布、前格栅布		
2	安装车轮挡块		
3	排空气时的现象		
4	加注制冷剂时从视窗所观察到的现象		
5	加注制冷剂时从压力表读数所观察到的现象		
6	从观察窗观察到的现象		
7	5S		
教师评语			
成绩		指导教师签名	日期

任务考核单 4-5　汽车空调制冷系统加注制冷剂

表 4-12

班级			姓名		学号		
考核内容					规定考核时间		＿＿＿分钟
					实际考核时间		
序号		检查维修内容/评分标准		配分	考核及评分记录		得分
1	准备	安装座椅套等防护用品					
		安装车轮挡块					
2	检查	检查压力表的管子是否有破裂					
		检查压力表的表头指针的位置					
		检查手动阀位置					
		检查管路接头					
		检查手轮位置					
3	安装	滑环往上移					
		手轮顺时针往下旋转到底					
4	过程	制冷剂罐开关阀的针阀和圆盘往上移					
		制冷剂罐开关阀的针阀向下和向上移					
		排空气					
		打开高压手动阀					
		关闭高压手动阀					
		观察观窗					
		打开低压手动阀					
		关闭低压手动阀					
		观察歧管压力表的读数					
		回答加注制冷剂过程中的问题					
5	拆卸	制冷剂开关阀往下移和卸下中间软管					
		手轮逆时针往上旋转到顶					
		滑环往上移					
6	复检	检查维修接口是否泄漏					
7	作业安全	防护措施得当，作业过程零件清洁及最后整理到位					
		工具、零件不落地					
8	工具使用	工具选用合理					
		工具使用规范					
9	考核时间	每超1分钟扣＿＿＿分，超时3分钟终止考核					
考核总分							
监考教师（签名）			考核日期		年　　月　　日		

知识链接

汽车空调在使用过程中发现空调制冷不理想，并且制冷剂的量不够时，要进行制冷剂的补充。

制冷剂加注罐充注有两种方法：动态充注（发动机运行）和静态充注（发动机不运行）。

由于系统中已经有了制冷剂，具备了一定的压力，因此充注制冷剂时必须开启空调，利用压缩机的抽吸来把制冷剂补充到系统中去。这一补充制冷剂的方法叫动态充注法或低压充注法，是从空调系统低压检修口加入制冷剂的。

动态充注法充注制冷剂的步骤：发动机处于运转状态并使空调系统正常工作，然后进行下面的操作。

一、安装制冷剂罐

认识制冷剂加注阀，如图 4-140 所示。

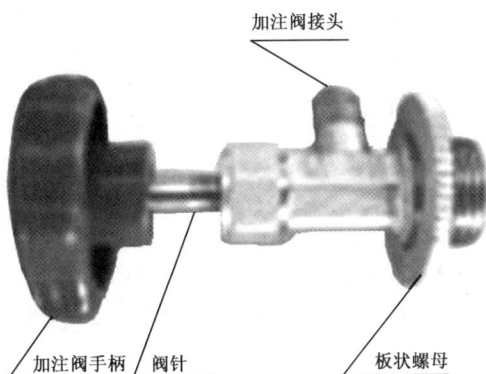

图 4-140　制冷剂加注阀

1. 连接加注阀与制冷剂罐（见图 4-141）。

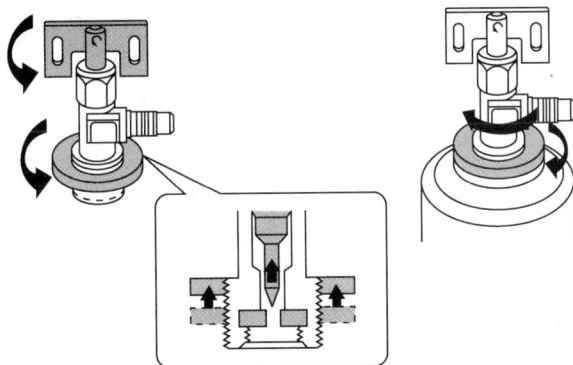

图 4-141　连接加注阀与制冷剂罐

（1）逆时针转动手柄提升阀针（避免安装时针阀插进制冷剂罐，导致制冷剂泄漏）；

（2）逆时针转动提升板状螺母；

（3）把制冷剂加注阀旋进制冷剂罐直到罐口密切贴合，然后顺时针拧板状螺母以便紧固加注阀。

2. 把制冷剂罐安装到歧管压力表组上（见图 4-142）。

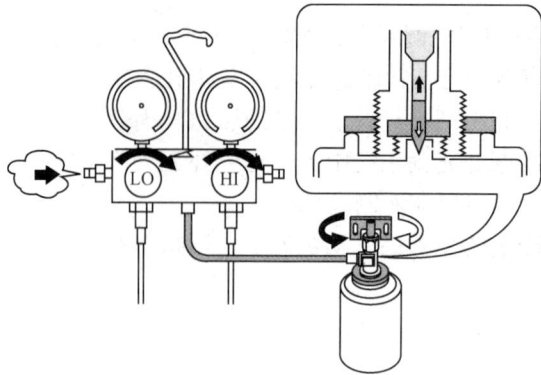

图 4-142　制冷剂罐安装到歧管压力表组上

（1）完全关闭压力表组低压侧和高压侧的阀门。
（2）把歧管压力表组中间的黄色软管连接到加注阀接头。
（3）顺时针转动手柄直到阀针在加注罐上钻一个孔。
（4）逆时针转动手柄退出阀针。

二、把压力表组与空调系统进行正确的连接

使压力表组的高低压阀处于关闭状态，并把压力表组的高压管（红色）与空调系统的高压管连接、压力表组的低压管（蓝色）与空调系统的低压管连接，中间管（黄色）与制冷剂罐上的加注阀连接。

三、排掉中间管的空气

排空气有两种方法：
（1）拧松中间管与制冷剂罐的连接接头，逆时针拧松压力表组低压手动阀，制冷系统中的制冷剂就会把中间管内的空气排出（歧管压力表无排气阀）。或用螺丝刀按下压力表组的空气驱除阀放出空气，直到听到"哧"的一声，制冷剂从阀门释出（歧管压力表有排气阀）。
（2）用抽真空方法对歧管压力表高低压软管进行抽真空。

四、加注制冷剂

（1）顺时针拧进加注罐阀的手柄，使针阀插进制冷剂罐，然后退到适当的高度；
（2）排中间管及低压管内的空气：拧松中间管与高低压表组的接头螺母，利用制冷剂罐内的制冷剂冲出中间管内的空气，然后拧紧螺母；打开低压手动阀，用同样方法排除空低压软管里的空气。
（3）启动发动机，打开空调，使发动机处于中低转速运转，把空调的温度调节开关打到最冷的位置，风机置于最大风挡位置。
（4）打开低压快接接头上的阀门，使低压管与系统接通。
（5）使制冷剂罐处于直立状态（切勿倒立），制冷剂以气态形式进入空调系统中（在压

力表组观察窗可以看到气态的制冷剂）。

这一步要特别注意：制冷剂不能以液态形式进入系统，否则会损坏压缩机。在此加注过程中在高压快速接头上的阀门与系统接通的情况下（便于观察压力以判断加注量），不能打开歧管压力表上的高压手动阀，否则可能会造成高压制冷剂回流，胀破制冷剂罐。

（6）在加注过程中要注意观察压力表组的高低表的读数和干燥储液器的观察窗，判断制冷剂量是否已经加注合适。如果加完一罐之后，制冷剂还不够，则换一个制冷剂罐，重复上述步骤，直到制冷剂加够为止。

任务6　汽车空调的暖风、送风与净化系统的维修

任务要求

在学习汽车空调的暖风、送风与净化系统的维修与调试工作后，独立或小组合作完成相应的故障诊断与排除工作。

将检查诊断过程填入表4-13中。

完成检查维修作业后，送风系统技术状况能正常工作。

作业时间：15分钟。

任务引导

相关知识点学习：要求学生实训课前参考"知识链接"独立完成。

目前市场上带空调的汽车，基本上采用冷暖一体化空调器（可同时制出冷气和暖风）。图4-143所示为典型通风配气系统，写出相应名称。

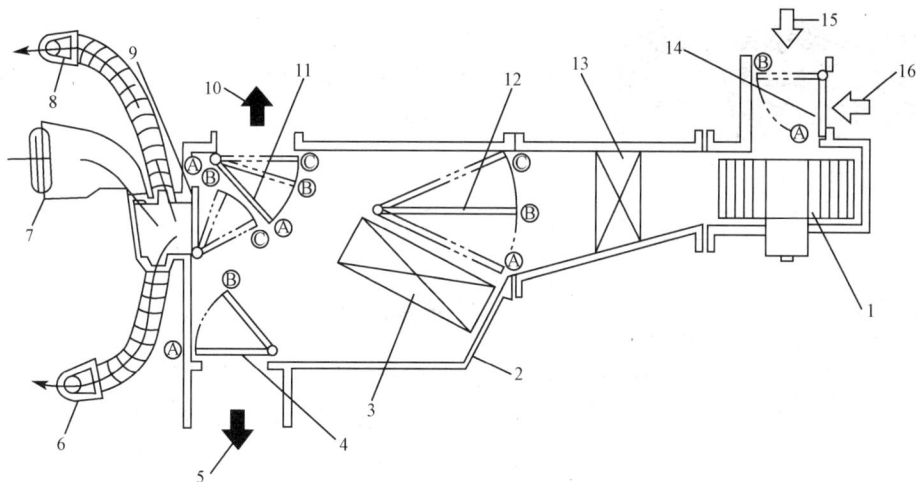

图4-143　典型通风配气系统

1.＿＿＿＿＿＿＿；　2.＿＿＿＿＿＿＿；　3.＿＿＿＿＿＿＿；
4.＿＿＿＿＿＿＿；　5.＿＿＿＿＿＿＿；　6.＿＿＿＿＿＿＿；

7.＿＿＿＿＿＿＿＿＿；8.＿＿＿＿＿＿＿＿＿；9.＿＿＿＿＿＿＿＿＿；
10.＿＿＿＿＿＿＿＿＿；11.＿＿＿＿＿＿＿＿＿；12.＿＿＿＿＿＿＿＿＿；
13.＿＿＿＿＿＿＿＿＿；14.＿＿＿＿＿＿＿＿＿；15.＿＿＿＿＿＿＿＿＿；
16.＿＿＿＿＿＿＿＿＿。

任务实施

1. 工作安排

养成合作完成工作任务的习惯，请你将工作分工与完成时间记录在表 4-13 中。

表 4-13 送风系统技术状况检查记录表

检查项目	送风系统技术状况		
	应有状态	观察的现状	评价
风机挡位检查			□合格 □不合格
风机转速检查			□合格 □不合格
送风模式检查			□合格 □不合格
循环模式检查			□合格 □不合格
暖风检查			□合格 □不合格
综合评定：			

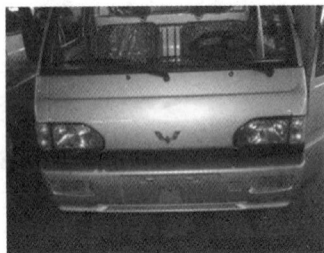

图 4-144 准备

2. 准备工作（以五菱鸿途汽车为例）

如图 4-144 所示，
（1）车辆开进工位；　　　　□合格
（2）停车，检查各开关外观；　□完成

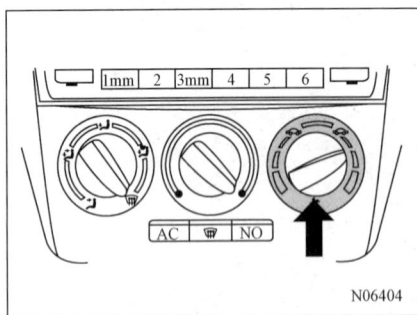

图 4-145 启动发动机

3. 检查风机故障情况

把钥匙插进点火开关并转到"ON"挡，启动发动机，打开风机开关，验证故障情况，如图 4-145 所示。

外循环：　□正常　□不正常
内循环：　□正常　□不正常

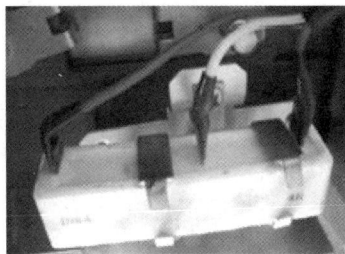

图 4-146　测风机调速电阻

若风机不工作或无挡位变化，则检测风机的调速电阻是否损坏，如图 4-146 所示。

检查：　　□正常　　　□不正常

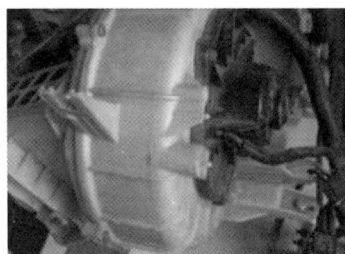

图 4-147　电动机检查

若风机调速电阻正常，则检查风机电动机是否损坏，可用万用表测量电动机线圈或直接通电试验，如图 4-147 所示。

检查：　　□正常　　　□不正常

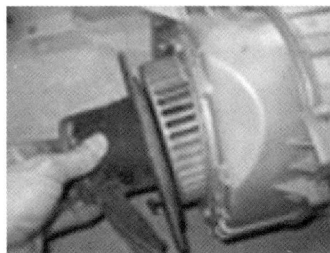

图 4-148　更换风机

若风机损坏，则更换风机，如图 4-148 所示。

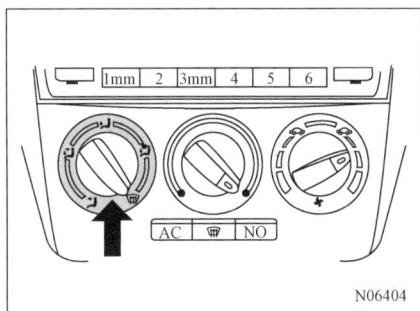

图 4-149　各送风模式检查

4. 检查送风模式故障情况

转动送风模式开关分别在以下位置：🔼、🔽、⬇️、💨和 ||||气流流向情况，如图 4-149 所示。

迎面🔼：	□正常	□不正常。
地板及迎面🔽：	□正常	□不正常。
地板⬇️：	□正常	□不正常。
挡风玻璃和地板💨：	□正常	□不正常。
前挡风玻璃 ||||：	□正常	□不正常。

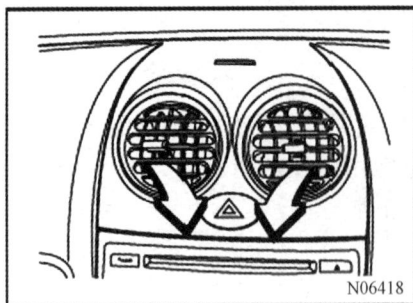

图 4-150　中央出风口

检查中央出风口，拨动出风口格栅应可以控制气流方向，如图 4-150 所示。

检查：　　□正常　　　　□不正常

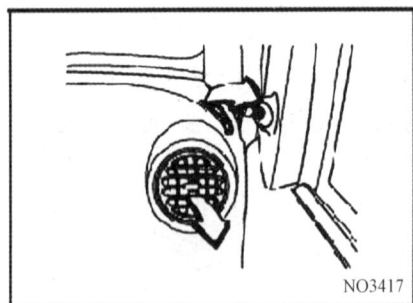

图 4-151　两侧出风口

检查两侧出风口，拨动出风口格栅应可以控制气流方向，如图 4-151 所示。

检查：　　□正常　　　　□不正常

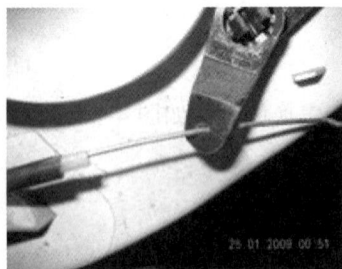

图 4-152　风门及拉索检查

送风模式开关在其中一位置时，气流发生异常，应检查模式风门及拉索是否松动、折断或卡住，如图 4-152 所示。

检查：□正常　　　　□不正常。

图 4-153　温度旋钮

5. 检查暖风与制冷故障情况

把温度旋钮旋到蓝色和红色两个位置，感觉出风的温度变化（发动机冷却液在正常工作温度），如图 4-153 所示。

检查：□有变化　　　　□无变化。

旋钮从蓝色位置旋到红色位置时，会通过钢索带动混合风门逐渐关闭冷气通道而逐渐打开暖气通道，并联动打开加热器芯水阀。

 图 4-154 混合风门关闭不严	若混合风门关闭不严，会影响制冷效果，如图 4-154 所示，不开空调只开风机的情况下，出风口会感觉到有暖风吹出。 检查：□正常（无暖风）□不正常（有暖风）
 图 4-155 调拉杆	可调整混合风调整拉杆，使其回到正常关闭状态，如图 4-155 所示。

实训报告 4-6 汽车空调送风系统的检查

表 4-14

实训车型		实训任务	送风系统故障的检查	
	基 本 步 骤	观察与测量结果	分析与处理意见	完成情况
1	检查车辆状况，安装车轮挡块			□是 □否
2	检查风机开关			□是 □否
3	检查送风模式开关			□是 □否
4	检查循环模式开关			□是 □否
5	拆下仪表板			□是 □否
6	拆下调速电阻			□是 □否
7	检查调速电阻值			□是 □否
8	检查线路电压			□是 □否
9	检查风机线路通断			□是 □否
10	测量蓄电池电压			□是 □否
11	检查熔丝的通断			□是 □否
教师评语				
成绩		指导教师签名		日期	

任务考核单 4-6　汽车空调送风系统故障的检查

表 4-15

班级		姓名		学号		
考核内容		送风系统故障的检查		规定考核时间		15 分钟
				实际考核时间		
序号		检查维修内容/评分标准	配分	考核及评分记录		得分
1	准备	检查车辆状况，安装车轮挡块	5			
		检查风机开关	5			
2	验证故障	把风机开关置于不同挡位，检查验证故障	10			
3	拆除诊断	1）拆下仪表盖板及有关部件，以便能接近空气混合门	10			
		2）松开暖风壳体总成上的固定卡扣	10			
		3）检查拉索安装是否合适，以防拉索被卡住，确保拉索运动自如	10			
		4）将温度控制杆保持在最大制冷位置不动	10			
		5）固定拉索固定卡环	10			
		6）将温度控制杆保持从最大制冷位移至最大供暖位置，再移回最大制冷位置	10			
		7）重复第6）次多次，检查运动自如	10			
4	安全文明	防护措施得当，作业规范安全整洁	3			
		工具、零件不落地	2			
5	工具使用	工具选用合理	2			
		工具使用规范	3			
6	考核时间	每超1分钟扣3分，超时3分钟终止考核				
		合计	100			
监考教师			考核日期		年　月　日	

知识链接

一、汽车空调暖风系统

对车内空气或进入车内的外部空气进行加热的装置，称为汽车暖风装置。

近代汽车空调是全年性的冷暖一体化的装置。通过冷热风的混合，人为设定冷热风量的比例，通过风门开闭和调节，满足人们对舒适性的要求。因此，暖风是汽车空调的重要组成部分。

1. 暖风系统的分类

按所使用的热源不同可分为：

（1）水暖式暖风系统，利用发动机的冷却液热量，多用于轿车。

（2）独立热源式，装有专门的暖风装置，多用于客车和载货车。

（3）综合预热式，既利用发动机的冷却液热量，又装有燃烧预热的综合加热装置暖风，多用于大客车。

2. 暖风系统的作用

（1）冬季天气寒冷，在运动的汽车内人们感觉更寒冷。这时，汽车空调可以向车内提供暖风，提高车室内的温度，使乘员不再感觉到寒冷。

（2）冬季或者初春，室内外温差较大，车窗玻璃会结霜或起雾，影响司机和乘客的视线，不利于安全行车，这时可以用暖风来除霜和除雾。

3. 水暖式暖风系统结构与原理

水暖式暖风系统一般由控制开关、鼓风机、暖风水箱（又称加热器芯）、循环水控制开关及相应的管路组成，如图 4-156 所示。在通风管路中置入一加热器芯，结构与发动机水箱散热器相似，如图 4-157 所示。有进出水口，分别与发动机冷却液循环管路连接，以引入发动机循环冷却液，需要暖风时，接通控制开关，循环水控制开关也自动接通，这样发动机的冷却液开始在暖风水箱及管路中循环。鼓风机同时开始转动，冷风通过暖风水箱后变成暖风通过出风口吹向车内。

这种暖风装置结构简单、耗能少、成本低、操作维修方便，所以各种汽车一般都采用这种暖风装置。

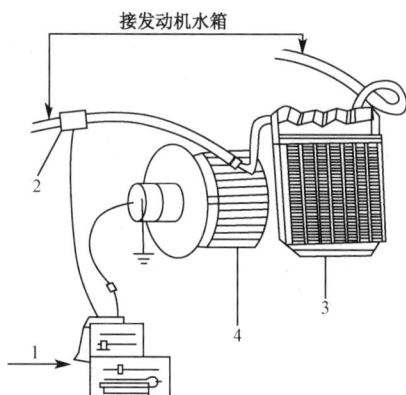

1—控制开关；2—循环水控制开关；3—加热器芯；4—鼓风机

图 4-156 水暖式暖风系统的结构

图 4-157 加热器芯

二、汽车空调通风与配气系统

汽车空调通风与配气系统主要用于解决车室内温度、风量控制的自动化和各类通风温度调节方式，以提高舒适性。车室内配气即送风模式，有各种用途的吹出口，如前席、后席、侧面、冷风、暖风、除霜、除雾等出风口。吹出口风温由风门切换，所以风门布置是配气优劣的重要因素。汽车空调典型配气方式有空气混合式和全热式，如图 4-158 所示为典型配气方式的温度调节。

1. 空气混合式

外气和内气→进入风机 1→进入蒸发器 2 冷却→由风门调节进入加热芯 3 加热→进入各吹风出口 4、5、6。

风门顺时针旋转：进蒸发器 2（冷空气）后再进加热器芯 3 的空气量随着风门旋转而减少，即被

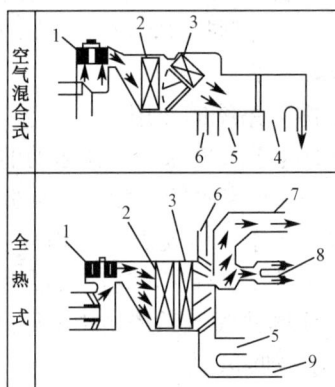

1—风机；2—蒸发器；3—加热芯；4—冷气出口；5—热风出口；6—除霜出口；7—中心出口；8—侧出口；9—尾部出口

图 4-158　典型配气方式的温度调节

加热的空气少，这时主要由冷气吹出口 4 吹冷风。反之，风门逆时针旋转，吹出的热风多，处理后的空气进入除霜出口 6 或热风吹出口 5。在这种结构中，进入加热芯的冷却液用的是开关型水阀来控制。一般由拉索来实现打开与关闭。

2. 全热式

外气和内气→进入风机 1→进入蒸发器 2 冷却→全部进入加热芯 3→由风门调节风量后进入送风模式 5、6、7、8、9 各吹风出口。在这种结构中，进入加热芯的冷却液用的是流量型水阀来控制的。一般由真空机构来驱动，以控制发动机冷却液的进入量。

从图中可看出，全热式与空气混合式温度调节的最大区别是：由蒸发器 2 出来的冷空气全部直接进入加热芯 3，两者之间不设风门进行冷热空气的混合和风量的调节。

经过配气、温度调节后上述两种方式都能达到各吹风口要求的风量和温度，绝不是全热式只出热风，而空气混合式出冷、热、温风。实质上无论哪种温调方式都要进行冷却和加热处理，都要按进入车室内空气状态要求对空气进行冷却和升温处理。

三、汽车空调空气净化系统

汽车空调都设有空气净化系统，主要由空气过滤器组成，安装在鼓风机组的风扇上部，即进气口后，用来过滤空气中的花粉、灰尘及其他杂质，净化车内的再循环空气和车外进来的新鲜空气。若空气过滤器被脏堵将导致空调制冷不足，因此空气过滤器需定期清洁或更换。

在手动汽车空调中，内外循风门、空气混合风门及出风口送风模式的变换都是由拉索或真空机构来实现的。

加热水阀关闭不严实、空气混合门失效及空气过滤器过脏等都会导致空调制冷不足。加热水阀关闭不严实造成空调制冷不足时，不管是否打开空调，只打开风机，送风口都会有暖风吹出，比较容易判断。空气混合门失效需要重新调整。

对暖风或送风系统进行故障诊断时，应首先进行直观检查，包括以下内容：

（1）如果送风系统的壳体和通风管道有响声，应检查壳体是否有裂纹、破碎或连接松动。

（2）如查真空管有响声，应检查真空管是否有脱落、损坏或弯折。

（3）如果气流受阻碍，应检查模式风门是否打开，还要检查前挡风玻璃窗下面的新鲜空气入口是否有树叶或其他异物堵塞。

（4）检查模式风门控制拉索是否松动、折断或卡住。

任务7　汽车空调电磁离合器控制电路的故障诊断与排除

任务要求

能够正确分析电路图。

能够根据电路图测量电路走向。

能够正确分析电路故障。

能够正确排除电路故障。

情境创设

老师把有故障的汽车开过来，说明汽车电磁离合器出现故障，要求学生就车检查修复，引导学生按汽修厂的工作过程完成故障的检查维修工作。从而在完成任务的过程中学习电磁离合器电路的检查诊断技能，以及相关的空调控制系统的理论知识。

教学资料准备：教学用车使用说明书、维修手册等。

任务引导

相关知识点学习：要求学生实训课前参考"知识链接"独立完成。

1. 在下述情况下，电磁离合器脱开，压缩机是否工作。

（1）鼓风机开关位于 OFF（断开）。当鼓风机开关断开，加热器继电器也断开，电源不再传送至空调器时，压缩机处于＿＿＿＿＿＿＿＿工作状态。

（2）空调器开关位于 OFF（断开）。空调器放大器（它控制压缩机电磁离合器继电器）的主电源被切断，压缩机处于＿＿＿＿＿＿＿＿工作状态。

（3）蒸发器温度太低，如蒸发器表面温度降至 3℃或以下，则空调器放大器电源被切断，压缩机处于＿＿＿＿＿＿＿＿工作状态。

（4）双重压力开关位于 OFF（断开）。如制冷回路高压端压力极高或极低，这一开关便断开。空调器放大器检测到这一情况，压缩机处于＿＿＿＿＿＿＿＿工作状态。

（5）压缩机锁止（仅限某些车型），压缩机与发动机转速差超过一定值，空调器放大器就会判断压缩机已锁止，并切断电磁离合器继电器，压缩机处于＿＿＿＿＿＿＿工作状态。

（6）此外如检测到发动机转速过低、冷却液温度过高等压缩机处于＿＿＿＿＿＿＿工作状态。

2．冷凝器风扇控制电路分析。

（1）如图 4-159 所示为典型的散热器风扇控制电路。试分析其属于哪种类型电路？该电路所表示的是哪种状态？用彩笔画出另一种状态并分析其工作原理。

（2）如图 4-160 所示为另一种典型的散热器风扇控制电路。试分析其属于哪种类型电路？结合表 4-16 分析其工作原理。继电器 1 和 3 在失电情况下属于常闭型还是常开型？

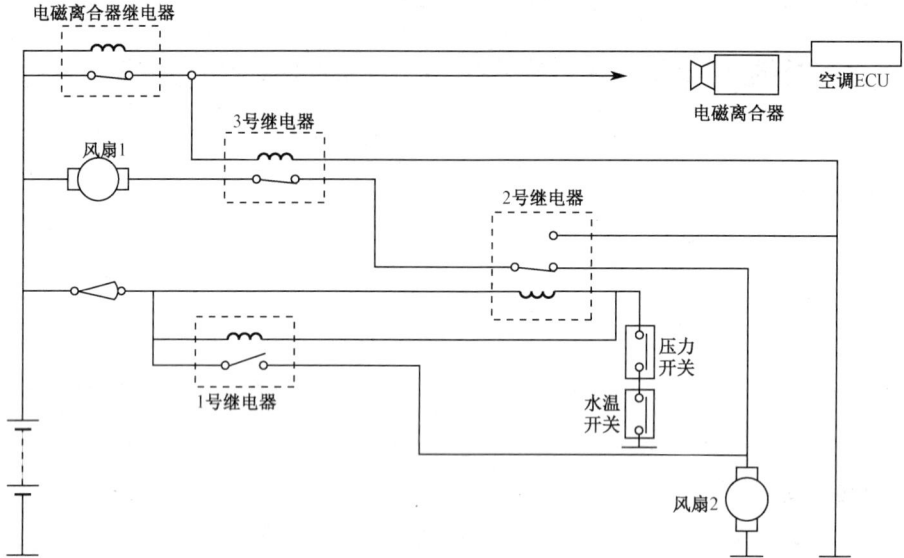

图 4-159　散热器风扇控制电路 1

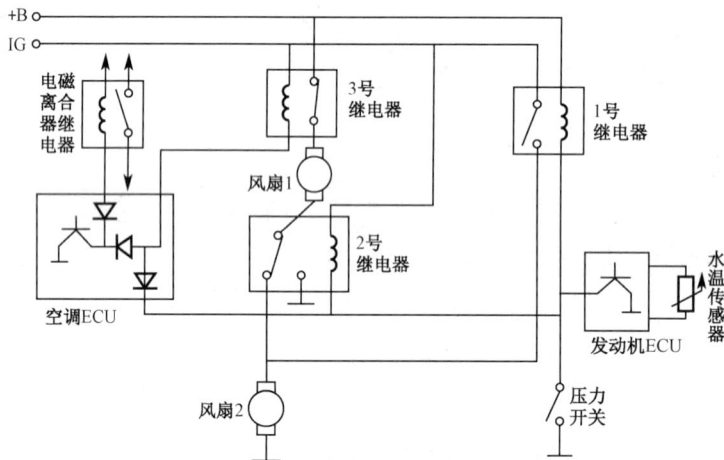

图 4-160　散热器风扇控制电路 2

表 4-16　散热风扇工作状态表

空调开关	开				关	
压力开关	开		关		关	
水温传感器	开	关	开	关	开	关
风扇运行	高速	高速	高速	低速	高速	停止

任务实训

一、电磁离合器控制电路故障诊断与排除

1. 工作安排

养成合作完成工作任务的习惯，请你将工作分工与完成时间记录在表 4-17 中。

表 4-17　组员工作分工表

姓　　名	任　务　分　工	完 成 时 间	备　　注

图 4-161　工位准备

2. 准备工作（以五菱鸿途汽车为例）

如图 4-161 所示，

（1）车辆开进工位；　　　　　□合格

（2）停车，检查空调各开关外观　□完成

图 4-162　启动发动机

3. 验证故障情况

如图 4-162 所示，把钥匙插进点火开关并转到"ON"挡，启动发动机，打开风机开关，按下 A/C 开关，验证故障情况。

故障现象＿＿＿＿＿＿＿＿＿＿＿＿＿＿

＿＿＿＿＿＿＿＿＿＿＿＿＿＿＿＿＿＿。

图 4-163　检查电磁离合器继电器

4. 压缩机电磁离合器控制电路不工作的故障检测步骤

1）电磁离合器继电器的故障诊断

（1）先检查电磁离合器继电器，看是否损坏。继电器磁力线圈电阻是 83Ω 左右，如图 4-163 所示。如电阻值正常，检查（通电或去壳）触点是否烧蚀。如果损坏，直接更换继电器。

磁力线圈的电阻值为＿＿＿＿＿＿＿＿Ω。

电阻：正常□，不正常□

触点：正常□，不正常□

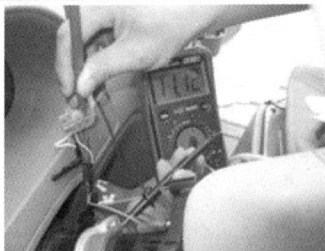

图 4-164　检查插座电压

（2）如果继电器正常，检查继电器插座上是否有电，如图 4-164 所示。

磁力线圈插座电压：正常□，不正常□

主触点插座电压：正常□，不正常□

图 4-165　检查连线

（3）若只有主触点插座电压不正常，且风机及冷凝风扇能正常运转则检查插座到熔丝 F1 与 F9 的连接线，如图 4-165 所示。

若风机及冷凝风扇运转不正常检查熔丝 F1 与 F9。

线路电压：正常□，不正常□

想一想：用试灯检查可以吗？怎么检查？

图 4-166　检查熔丝

（4）检查熔丝 F1（冷凝风扇）与 F9（风机）如图 4-166 所示。

熔丝 F1 与 F9：正常□，不正常□

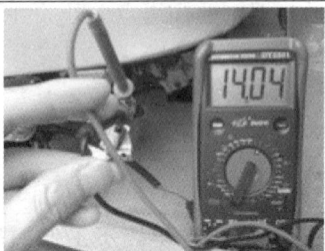

图 4-167　检查电源线对地电压值

（5）电磁离合器电源线与地线间是否有电压，如图 4-167 所示，检查电源线对地电压值。

电源线对地电压值为_____V。

电源线电压：正常□，不正常□

想一想：用试灯检查可以吗？怎么检查？

如果电源线有到电。可能的故障点有哪些？

图 4-168　检查电磁离合器线圈电阻值

（6）压缩机电磁离合器线圈，如图 4-168 所示。

离合器线圈电阻值为_____Ω。

电阻值：正常□，不正常□

说明：表值显示"1"，表示线路断路，当表值显示 3.0～4.8Ω，表示线圈良好。

想一想：用试灯检查可以吗？怎么检查？

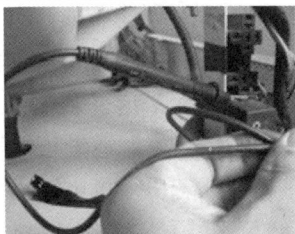

 图 4-169　检查蓄电池电压	2）电磁离合器继电器正常，但触点不闭合。 （1）先给继电器磁力线圈一端搭铁，如图 4-169 所示。若触点能闭合，可能出现的故障部位有：空调保险、压力开关、A/C 开关、风机开关、蒸发器温度传感器、冷却液温度传感器、怠速提升装置、ECU。 继电器工作：正常□，不正常□
 图 4-170　风机工作情况	（2）观察风机是否正常工作，可判断风机开关好坏，如图 4-170 所示 风机工作：正常□，不正常□ 若不正常，检查风机熔丝 F9。
 图 4-171　检查 A/C 开关	（3）如图 4-171 所示，观察空调指示灯可判断 A/C 开关好坏，若不亮，说明 A/C 开关损坏或无电到，线路检查同前面所述。 空调指示灯：正常□，不正常□
 图 4-172　检查蒸发器温度传感器	（4）检查蒸发器温度传感器，它是一个具负温度系数的电阻，先测其在常温下的电阻值，然后放到 80℃的热水中再测量其阻值，两者有较大变化为正常，如图 4-172 所示。 检查蒸发器温度传感器：正常□，不正常□
空调压力开关 07N010609 	线号	导线颜色	功能
---	---	---
A8A	棕白	电源输入
B5	棕红	电源输出 | 图 4-173　检查压力开关	（5）压力开关检查 如图 4-173 所示，拔出与压力开关连接的插座，用一根导线接通 A8A 与 B5，若由压力开关引起电磁离合器不工作，此时应恢复正常。 温度和压力过高、压力过低、制冷系统冷媒过少及压力开关本身损坏会导致其工作失效。 检查情况：正常□，不正常□

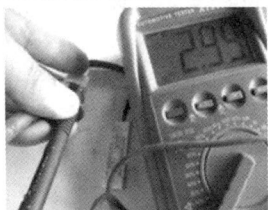

图 4-174　ECU 检查

（6）其他方面检查。空调保险检查同前面所述；冷却液温度可通过观察仪表盘的温度表来判断；

在所有信号都正常的情况下，通过压缩机电磁离合器磁力线圈直接搭铁，若压缩机电磁离合器能正常工作，则说明 ECU 有故障，如图 4-174 所示。

检查情况：正常□，不正常□

图 4-175　按下 A/C 开关

（7）如图 4-175 所示，观察空调指示灯可判断 A/C 开关好坏，若不亮，说明 A/C 开关损坏或无电到，线路检查同前面所述。

空调指示灯：正常□，不正常□

图 4-176　完成任务，交车

5. 现场 5S

（1）收集整理车辆护套和工具；

（2）清洁车辆，清理现场；

（3）车辆开出工位，交车，如图 4-176 所示。

实训报告 4-7　电磁离合器控制电路故障诊断与排除

表 4-18

实训车型		实训任务	电磁离合器电路的检查	
基 本 步 骤		观察与测量结果	分析与处理意见	完成情况
1	把车开进工位，停车			□是 □否
2	启动发动机			□是 □否
3	验证故障情况			□是 □否
4	检查电磁离合器继电器			□是 □否
5	检查继电器插座			□是 □否
6	检查线路			□是 □否
7	检查保险			□是 □否
8	检查电磁离合器线圈对地电压值			□是 □否
9	检查电磁离合器线圈电阻值			□是 □否

实训车型			实训任务		电磁离合器电路的检查	
基 本 步 骤			观察与测量结果		分析与处理意见	完成情况
10	继电器搭铁检查					□是 □否
11	风机开关检查					□是 □否
12	A/C 开关					
13	蒸发器传感器检查					
14	压力开关检查					
15	ECU 检查					
教师评语						
成绩		指导教师签名			日期	

任务考核单 4-7 电磁离合器控制电路故障诊断与排除

表 4-19

班级			姓名		学号		
考核内容		电磁离合器控制电路故障诊断与排除			规定考核时间		20 分钟
					实际考核时间		
序号		检查维修内容/评分标准		配分	考核及评分记录		得分
1	准备	把车开进工位，停车；准备工具		5			
2	检查诊断	检查电磁离合器继电器		5			
		检查继电器插座		10			
		检查线路		5			
		检查熔丝		5			
		检查电磁离合器线圈对地电压值		10			
		检查电磁离合器线圈电阻值		10			
		继电器搭铁检查		10			
		风机开关检查		10			
		A/C 开关		5			
		蒸发器传感器检查		5			
		压力开关检查		5			
		ECU 检查		5			
3	安全文明	防护措施得当，作业规范安全整洁		3			
		工具、零件不落地		2			
4	工具使用	工具选用合理		2			
		工具使用规范		3			
5	考核时间	每超 1 分钟扣 3 分，超时 3 分钟终止考核					
		合计		100			
监考教师			考核日期			年 月 日	

知识链接

一、压缩机电磁离合器控制电路

压缩机的控制方式，根据控制开关的位置分为两种：即控制电源型和控制搭铁型。 电源控制方式是由开关直接控制电源，当开关闭合时，大电流流经开关至执行器构成回路，长期工作后容易造成触点烧蚀，如图 4-177（a）和图 4-177（b）所示的是最基本的压缩机控制电磁离合器电路。

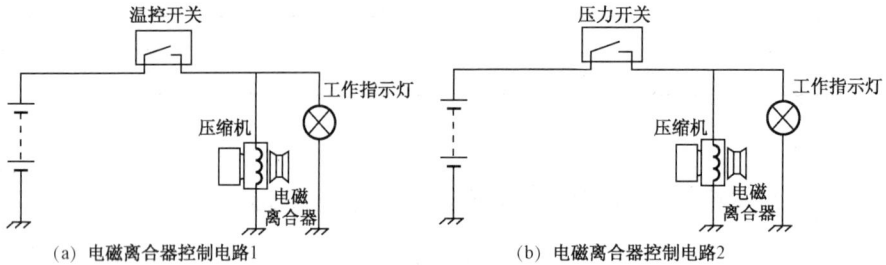

(a) 电磁离合器控制电路1   (b) 电磁离合器控制电路2

图 4-177　最基本的压缩机控制电磁离合器电路

现在大多数轿车均不采用这种控制方式，搭铁控制方式，由开关控制继电器线圈的回路，这种控制方法的优点是以小电流信号控制大电流通断，从而有效地防止触点烧蚀，目前大多数轿车采用这种控制方法。基本电路如图 4-178 所示。

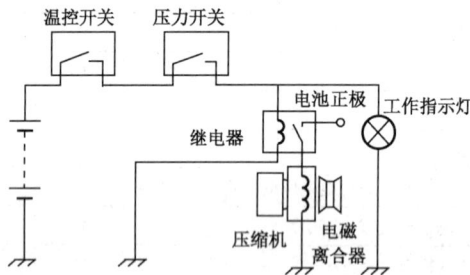

图 4-178　最基本的继电器控制电磁离合器电路

二、典型汽车空调电路分析

如图 4-179 所示是五菱之光汽车空调控制电路。

1. 蒸发器鼓风机控制电路

五菱之光汽车蒸发器鼓风机控制电路分为前、后鼓风机的控制电路。

1）前鼓风机的控制电路

控制风机电动机的正极，通过控制串入电路中电阻的大小来控制流入电动机的电流的大小，从而控制风机的转速。串入电路的电阻越大，流过风机的电流就越小，风机的转速就越慢；相反串入电路的电阻越小，流过风机的电流就越大，风机的转速就越快。

2）后鼓风机的控制电路

控制风机电动机的负极，通过控制串入电路中电阻的大小来控制流电动机的电流的大小，从而控制风机的转速。串入电路的电阻越大，流过风机的电流就越小，风机的转速就越慢；相反串入电路的电阻越小，流过风机的电流就越大，风机的转速就越快。

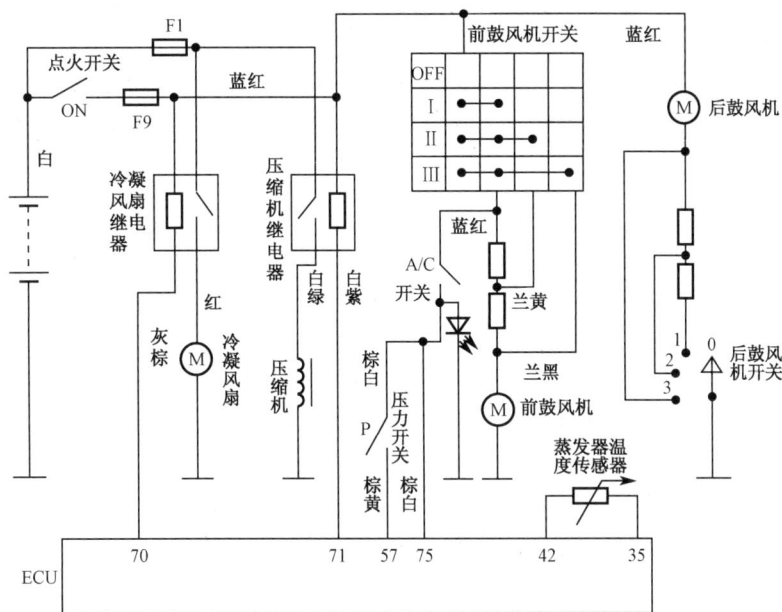

图 4-179　五菱之光汽车空调控制电路

3）鼓风机电阻检查

测量如图 4-180 所示风机调速电阻的几个接脚，电阻值如表 4-20 所示。

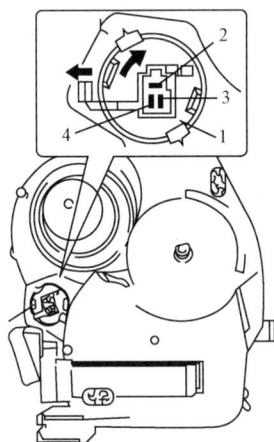

图 4-180　蒸发器风机调速电阻

表 4-20　鼓风机电阻值检查记录表

端子—端子	电阻Ω
H-M	1.2
H-L	2.9
M-L	1.7

2. 压缩机控制电路

如图 4-179 所示，只有当 ECU 给压缩机继电器提供负极控制信号，压缩机继电器才能被吸合从而给压缩机供电，使压缩机电磁离合器吸合。而 ECU 是否给压缩机继电器提供负极控制信号主要取决于以下几个因素：

（1）A/C 开关信号：如图 4-179 所示，只有打开前鼓风机开关才能给 A/C 开关供电，所以开空调一定要先开前风机。ECU 接收到 A/C 开关信号后，还会提高发动机的转速（增加 100 r/min 左右）。

（2）压力开关信号：如图 4-179 所示，ECU 只有接收到压力开关的电信号，才能给压缩机继电器提供负极控制信号。同时如果 ECU 接收到 A/C 开关的信号而无法接收到压力开关的信号，还会控制冷凝风扇旋转，以降低系统内的压力。某些车型的压力开关与压缩机电磁离合器串联，这种电路特点要求压力开关能承受更大的电流，压力开关也更容易损坏。压力开关的导通压力如表 4-21 所示。

表 4-21 压力开关压力值——开关状态对应关系

压力开关压力值	高低压开关状态
3200kPa 以上	不导通
200kPa 以下	不导通

（3）蒸发器温度传感器信号：当 ECU 根据蒸发器温度传感器的电压信号判断蒸发器内的温度低于 2℃时，ECU 停止给压缩机继电器提供负极控制信号，切断压缩机电磁离合器电路，使压缩机停转，以控制蒸发器温度不低于 0℃。控制电路如图 4-181 所示。蒸发器温度传感器是负温度系数的热敏电阻。随着蒸发器温度的逐渐降低，蒸发器温度传感器的电阻逐渐增大，ECU 检测到的信号电压也逐渐增大。当信号电压增大到 ECU 设定值时，ECU 控制三极管截止。ECU 就是根据变化的信号电压来控制压缩机继电器搭铁电路的。

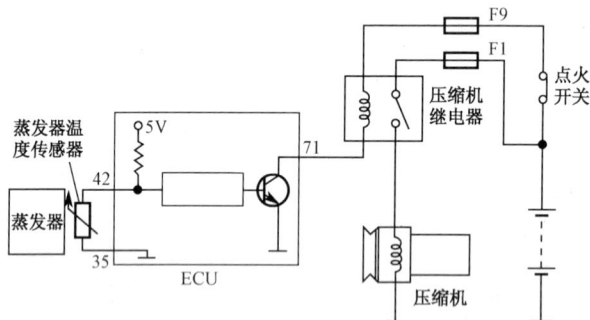

图 4-181 空调蒸发器温度传感器的控制电路

（4）转速是否低于规定值：ECU 根据发动机转速信号确定是否给压缩机继电器提供负极控制信号，因为如果转速太低的话，压缩机电磁离合器吸合会造成发动机负荷太大，容易使发动机熄火。五菱之光 1.05L 汽车要求发动机转速在 750r/min 时，ECU 才会给空调压缩机提供负极控制信号。

（5）发动机工作温度是否高于规定值：当 ECU 根据发动机冷却水信号确定发动机工作温度超过 110℃时，ECU 停止给压缩机继电器提供负极控制信号。因为如果发动机冷却水温度过高后还使用空调，会使发动机的负荷增加，可能会使发动机温度继续升高，容易造成发动机出现严重的机械事故。

3. 冷凝风扇控制电路

如图 4-179 所示，只有当 ECU 给压缩机继电器提供负极控制信号，压缩机继电器才能被吸合从而给压缩机供电，使压缩机电磁离合器吸合。一般来说，冷凝风扇继电器负极控制信号和压缩机继电器负极控制信号是同时提供的。不同的是，A/C 开关处于打开状态时，如果压力开关断开，会造成压缩机电磁离合器不工作，但 ECU 会控制冷凝风扇工作。

任务8　汽车空调系统的常见故障诊断与分析

任务要求

学会分析汽车空调制冷系统常见故障。

学会分析汽车空调控制系统常见故障。

学会分析汽车空调各系统常见综合故障。

任务引导

相关知识点学习：要求学生实训课前参考"知识链接"独立完成。

1. 汽车空调故障分析与排除

具体说明原因及处理方法，如表 4-22 所示。

表 4-22　通风、风扇电动机控制检查

步骤	措　施	正 常 结 果	异 常 结 果	原　因	处 理 方 法
1	将点火开关置于 ON 位置，把暖风机开关从 OFF 调到Ⅰ、Ⅱ、Ⅲ位置	暖风机电动机从 OFF 开始以越来越快的速度运转	暖风机电动机在任何速度下都不能工作		
			暖风机电动机仅在高速下工作		
2	把通风模式选择旋钮调到"吹脸"模式	空气从仪表板中央送风口中流出	空气不从仪表板中央送风口中流出		
3	把通风模式选择旋钮调到"吹脸、吹脚"模式	空气从仪表板中央送风口和下送风口中流出	空气不从仪表板中央送风口和下送风口中流出		
4	把通风模式选择旋钮调到"吹脚"模式	空气从仪表板下送风口中流出	空气不从仪表板下送风口中流出		
5	把通风模式选择旋钮调到"除霜、吹脚"模式	空气从前挡风玻璃下的除霜风口和仪表板下送风口中流出	空气不从前挡风玻璃下的除霜风口和仪表板下送风口中流出		
6	把通风模式选择旋钮调到"除霜"模式	空气从前挡风玻璃下的除霜风口中流出	空气不从前挡风玻璃下的除霜风口中流出		
7	将冷暖风选择旋钮分别旋至最冷"蓝色"和最热"红色"	当旋钮旋至蓝色区域，有冷风吹出	输出温度不正确		
		当旋钮旋至红色区域，有暖风吹出			

2. 压力表组读数与故障原因分析

如表 4-23 所示，说出原因及处理方法。

表 4-23　压力表组读数与故障原因分析

歧管压力表（MPa）		问　题	原　因	处 理 方 法
低	高			
0.15~0.3	1.5~2.0	正常状况		
负压力	0.5~0.8	低压侧读出负压力，高压侧读出极限低压力 干燥器及膨胀阀进出管道周围冻结		
正常：0.15~0.3 异常：负压力	正常：1.5~2.0 异常：0.6~1.0	在空调工作期间，低压侧有时显示负压有时显示正常压力 高压侧重复显示异常及正常压力		
0.05~0.1	0.69~1.0	低压及高压侧均显示低压读数 通过观察孔可以看到持续不断的气泡		
0.4~0.6	0.69~1.0	低压侧压力偏高 高压侧压力偏低		
0.3~0.45	1.9~2.5	在低压侧和高压侧上压力均偏高 即使发动机转动缓慢，也看不见气泡		
0.3~0.45	1.9~2.5	在低压侧和高压侧上压力均偏高 低压侧管道摸起来不冷 通过观察孔可看见气泡		

任务实施

在电磁离合器不工作的综合故障的分析中，学会区分属于制冷系统还是控制系统故障，把故障缩小在小范围内进行进一步分析排除。

 图 4-182　压力检查	**1. 区分制冷系统还是控制系统故障** 如图 4-182 所示，检查系统压力。 检查：　　□正常　　　　□不正常
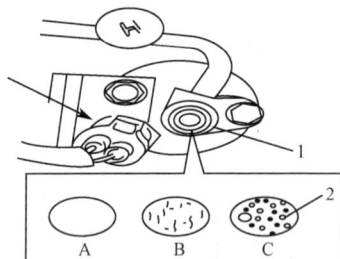 图 4-183　检查制冷剂量	如图 4-183 所示，系统压力偏低，初步锁定为制冷系统引起的故障。 　　（1）通过储液干燥器视窗检查制冷剂量（结合压力检查）。 　　检查：　　□正常　　　　□不正常 　　A. 制冷剂量多或没有； 　　B. 制冷剂合适；C. 制冷剂少

图 4-184　补制冷剂

（2）如图 4-184 所示，若制冷剂不足，给系统补充制冷剂，具体操作步骤见任务 5。

检查：　　□正常　　　　□不正常

图 4-185　检漏

（3）若因泄漏引起制冷剂不足，应进行检漏，具体操作见任务 3，如图 4-185 所示。

检查：　　□正常　　　　□不正常

图 4-186　系统压力正常

2．电磁离合器控制电路

（1）如图 4-186 所示，若系统压力正常，重点放在电磁离合器控制电路上。具体步骤见任务 7。

图 4-187　电磁离合器的间隙

（2）如图 4-187 所示除电路外还有电磁离合器的间隙也不能忽视，吸盘与皮带轮的间隙一般为 0.4～0.6mm 之间。若超宽，将导致电磁离合器不能吸合。

检查：　　□正常　　　　□不正常

实训报告 4-8　汽车空调综合故障分析记录表

表 4-24

实训车型			实训任务	空调综合故障的诊断检查	
基本步骤			观察与测量结果	分析与处理意见	完成情况
1	检查车辆状况，安装车轮挡块				□是 □否
2	检查系统压力				□是 □否
3	检查制冷剂量				□是 □否
4	检漏				□是 □否
5	检查电磁离合器控制电路				□是 □否
6	检查电磁离合器的间隙				□是 □否
7	检查压缩机				□是 □否
8	检查压力开关				□是 □否
9	检查风机线路通断				□是 □否
10	测量蓄电池电压				□是 □否
11	检查熔丝的通断				□是 □否
教师评语					
成绩		指导教师签名		日期	

任务考核单 4-8　汽车空调综合故障分析检查

表 4-25

班级			姓名		学号		
考核内容		汽车空调综合故障分析检查			规定考核时间		15 分钟
					实际考核时间		
序号		检查维修内容/评分标准		配分	考核及评分记录		得分
1	准备	检查车辆状况，安装车轮挡块		5			
		检查系统压力		5			
2	验证故障	静态检查		10			
3	拆除诊断	动态检查		10			
		检漏		10			
		检查压缩机		10			
		检查电磁离合器间隙		10			
		检查压力开关		10			
		检查电源		10			
		检查电磁离合器电源		10			

班级			姓名			学号		
考核内容		汽车空调综合故障分析检查				规定考核时间		15 分钟
						实际考核时间		
序号		检查维修内容/评分标准			配分	考核及评分记录		得分
4	安全文明	防护措施得当，作业规范安全整洁			3			
		工具、零件不落地			2			
5	工具使用	工具选用合理			2			
		工具使用规范			3			
6	考核时间	每超 1 分钟扣 3 分，超时 3 分钟终止考核						
合计					100			
监考教师				考核日期			年　　月　　日	

知识链接

一、汽车空调制冷系统故障分析

在系统正常工作的情况下可进行以下几方面检查诊断：看、听、摸、测。

1．看

（1）看视窗。

①空调启动时有气泡然后消失且清澈→系统良好。

②一直有气泡→制冷剂少。

③一直无气泡→无制冷剂或制冷剂过多。

（2）看管接口。

看是否有渗漏痕迹。

（3）看冷凝器具。

散热片是否变形脏堵。

2．听

（1）压缩机是否有异响（液击声）。

（2）电磁离合器有无吸合声、皮带打滑尖叫声。

3．摸

（1）储液干燥器：进出口应无温差，若有温差，储液干燥器可能堵塞。

（2）压缩机：摸进出口管路，若温差不大，压缩机可能工作不良。

（3）膨胀阀：摸高低压管路，正常情况下高压管暖，低压管凉。

（4）冷凝器：正常情况下压缩机至冷凝器的管路温度较高，冷凝器出口至储液干燥器的管路温度较前面低。否则冷凝器散热不良。

4．测

（1）高压异常高。

① 若压缩机停转后，高压压力迅速下降→系统管路有空气。

② 到冷凝器管路温度高→冷凝器可能堵塞。

③ 风扇工作正常，冷凝器过热→制冷剂过量。

（2）高低压均偏高。

① 制冷剂过量（结合观察视窗无气泡）。

② 冷凝器散热不良。

③ 系统内有空气。

④ 膨胀阀开度过大（结合观察蒸发器表面有结霜）。

（3）高低压均偏低。

① 视窗有气泡→制冷剂过少。

② 储液干燥器到膨胀阀管路有霜或露水→储液干燥器脏堵。

（4）低压侧有时出现真空有时正常→系统有水分，出现"冰堵"。

（5）低压侧压力高，高压侧压力低，高低压表表针抖动→压缩机有故障：磨损、串气或泄漏等。

二、制冷系统的常见故障检查排除思路

制冷系统的常见故障检查和排除思路如表 4-26 所示。

表 4-26　制冷系统的常见故障和排除

故　障	故　障　原　因	检查与排除
系统噪声太大	离合器结合时打滑	清洗、修理或更换
	离合器轴承磨损，间隙过大	更换离合器轴承
	离合器电磁线圈磁力太小或间隙太大	更换电磁离合器
	传动皮带预紧度太小，造成打滑	重新调整或更换皮带
	压缩机异响	更换压缩机
	冷冻油过多，造成液击	排放制冷剂后再补足
	风扇变形	更换风扇叶片
制冷效果不好	压缩机损坏	检修或更换
	压缩机未工作	检修电路
	蒸发器堵塞	清洁蒸发器
	制冷剂不足	补充制冷剂
	皮带太松，无法带动压缩机	调整或更换皮带
	冷凝器冷却效果不好	查找原因并排除
	蒸发器到出风口之间的管路漏气	检查并排除
	冷暖转换阀密封不严，造成空气流过暖风机后被升温	检查阀门关闭是否严密
	制冷剂纯度不够	更换新的制冷剂
	系统中有空气	更换新的制冷剂

三、观察窗状态与故障原因分析

观察窗状态与故障原因分析如表 4-27 所示。

表 4-27　观察窗状态与故障原因分析

序　号	观察孔内的现象	其他现象	结　论
1	观察孔清晰，无气泡	出风口是冷的	系统工作正常
		出风口不冷	制冷剂漏光
2	关闭压缩机后冷却剂立即消失，观察孔保持清晰	出风口不够冷	制冷剂冲注过量
3	偶尔出现气泡	时而伴有膨胀阀结霜	系统中有水分
		无膨胀阀结霜	制冷剂略缺或有空气
4	有泡沫，气泡不断流过		制冷剂不足
5	有长串油纹，偶尔带有成块机油条纹		几乎没有制冷剂、冷冻油太多或干燥剂散了

四、汽车空调风量不足的故障分析表

汽车空调风量不足的故障分析如表 4-28 所示。

表 4-28　汽车空调风量不足的故障分析表

序　号	故　障　原　因	维　修　方　法
1	送风栅格或空调过滤器被灰尘或异物堵塞	除去异物，清洗送风栅格或过滤器，使风道畅通
2	蒸发器翅片被灰尘堵塞	定期清除翅片上灰尘
3	蒸发器结霜堵塞蒸发器通道	应查明原因，定期除霜
4	鼓风机转速不够，造成蒸发器大量结霜，出风不冷	检查风机开关、继电器或更换风机
5	空调新鲜空气风门关不严	更换新风门
6	空调送风管道被异物堵塞，造成风量减小，噪声增加	清除管道异物

五、汽车空调机风量正常而冷气不足的故障分析表（见表 4-29）

表 4-29　汽车空调机风量正常而冷气不足的故障分析表

序　号	故　障　原　因	维　修　方　法
1	制冷剂过少，视液镜中有气泡，高低压力都偏低	检漏、修补，重新加注制冷剂，直至气泡消失，压力读数正常
2	制冷剂过多，视液镜中无气泡，停机后立即清晰，高低压力均偏高	从低压侧放出多余制冷剂
3	系统有空气，视液镜中有气泡，高低压力都过高，压力表抖动厉害	更换储液干燥器，检漏，反复抽空，加注制冷剂
4	系统有水分，工作一段时间后，低压压力表成真空状，膨胀阀结霜、冰堵，出风不冷，停机一会后，工作又正常，不久又重复出现上述故障。可能是真空没抽彻底，或漏入潮湿空气，或制冷剂、霜冻油含有水分	更换储液干燥器，检漏，反复抽空，重新加注制冷剂
5	系统有脏物，低压侧呈真空，高压侧压力很低，储液干燥器或膨胀阀前后管路结霜，出风不冷关机后情况不能改善，可以确定是脏堵	更换或清洗储液干燥器及膨胀阀

序　　号	故障原因	维修方法
6	压缩机损坏，内部有泄漏，表现低压侧压力过高，高压侧压力过低，压缩机有不正常敲击声。可能是压缩机阀片击碎，轴承损坏，密封垫破损	修理或更换压缩机
7	压缩机传动皮带过松，造成压缩机转速过低，出风不冷，并发出不正常声音	张紧或更换皮带
8	压缩机离合器打滑，造成压缩机不正常运转	修理或更换离合器
9	冷凝器散热风量过小，造成高低压压力均过高	检查风机转速是否正常、风速开关是否灵活
10	冷凝器翅片被灰尘堵塞，造成高压过高，散热效果不好	清理冷凝器上灰尘
11	膨胀阀中的滤网堵塞，使吸气压力稍低，排气压力稍高	回收制冷剂，清洗或更换膨胀阀
12	膨胀阀开度过大，表现为高低压力都过高，使过多的制冷剂流过蒸发器来不及完全蒸发	调整或更换膨胀阀
13	膨胀阀感温包有泄漏	更换膨胀阀
14	膨胀阀感温包包扎不好，绝热层松开	重新包扎好感温包
15	温控开关调整不当	调整或更换温控开关
16	蒸发压力调节阀损坏或调整不当	更换或重新调整蒸发压力调节阀
17	系统中冷冻油过多，视液镜中有混浊的油纹	放出多余的冷冻润滑油

六、汽车空调不制冷的故障分析表（见表 4-30）

表 4-30　汽车空调不制冷的故障分析表

序　　号	故障原因	维修方法
1	熔丝烧断进行守热保护	检查压缩机过热原因，进行检修并更换熔丝
2	断路器有故障	有问题予以检修并更换新断路器
3	电线折断	修理并更换电线
4	电线断路	重新连接电路
5	电线被腐蚀（形成高阻抗）	清洁和重新连接或更换接线柱
6	离合器线圈有故障	更换离合器线圈
7	离合器电刷组件有故障或磨损	更换电刷组
8	风机电动机有故障，不能正常转动	更换风机电动机
9	温控开关有故障	更换温控开关
10	低压开关或高压开关有故障	更换低压或高压开关
11	压缩机传动皮带松动	张紧传动带，但不能过紧
12	传动皮带折断	更换传动带
13	压缩机吸气阀盘有故障	更换吸气阀盘和垫片
14	压缩机排气阀盘有故障	更换排气阀盘和垫片
15	压缩机盖或阀盘有裂缝	更换机盖和阀盘垫片
16	压缩机有故障	更换压缩机
17	制冷剂加注量不足或无加注制冷剂	确定泄漏部位并修理

思考与练习

一、判断题（对的画"√"，错的画"×"）

1．R-134a 是一种新型汽车空调制冷剂，其性能基本与 R-12 相同。它的主要成分是氢、氟、碳，不含消耗臭氧层的氯，有利于环境保护，故 R-134a 是当前取代 R-12 最理想的制冷剂。　　　　　　　　　　　　　　　　　　　　　　　　　　　（　　）

2．R-12 和 R-134a 两种制冷剂化学性质基本相同，所以，凡是使用 R-12 的制冷系统可以直接使用 R-134a。　　　　　　　　　　　　　　　　　　　　　　　（　　）

3．压缩机和膨胀阀互为相反，即压缩机—气态，升压；膨胀阀—液态，降压。
　　　　　　　　　　　　　　　　　　　　　　　　　　　　　　　　　（　　）

4．蒸发器和冷凝器互为相反，即蒸发器—低压，制冷；冷凝器—高压，制热。
　　　　　　　　　　　　　　　　　　　　　　　　　　　　　　　　　（　　）

5．检修阀是在空调维修时，维修工对系统进行测量、检漏、回收、抽空和充注的切入点。通常安装在制冷系统回路的任何地方。　　　　　　　　　　　　　　　（　　）

6．施拉德检修阀有两种状态，即接入软管接头，阀门自动打开；断开软管接头，阀门自动关闭。　　　　　　　　　　　　　　　　　　　　　　　　　　　　　（　　）

7．在现代混合式汽车空调中，既可以加热，也可以制冷。但是，加热时，空调器绝对不能工作；制冷时，加热器绝对不能工作。　　　　　　　　　　　　　　　（　　）

8．在现代混合式汽车空调中，既可以加热，也可以制冷。但是，加热时，空调器绝对不能工作；制冷时，加热器可以工作。　　　　　　　　　　　　　　　　　（　　）

9．低压保护开关通常安装在蒸发器的出口和压缩机入口之间，如果压力低于规定值时，开关断开，压缩机停止工作，保护制冷系统免受空气和湿气侵入及低压侧发生泄漏。
　　　　　　　　　　　　　　　　　　　　　　　　　　　　　　　　　（　　）

10．高压开关保护通常安装在压缩机出口与冷凝器入口之间，如果压力高于规定值时，开关断开，压缩机停止工作，以防止系统压力过高而引起破裂和损坏。　　（　　）

11．在离合器回路中装有高—低压保护开关，当系统压力不正常时，保护开关断开，离合器线圈断开，压缩机停止工作。　　　　　　　　　　　　　　　　　　　（　　）

12．遥控测温包（防霜开关）通常位于膨胀阀中，当膨胀阀温度达到 20～30℃时开关闭合，制冷系统开始工作。　　　　　　　　　　　　　　　　　　　　　　（　　）

13．空调压力表组上的单位 1MPa=1000kPa。　　　　　　　　　　　　　（　　）

14．N1 车的空调压力开关在电路控制上是和 A/C 开关电路串联的。　　　（　　）

15．汽车空调膨胀阀的主要作用是节流降压和调节制冷剂流量，膨胀阀的开度越大，空调的制冷效果越好。　　　　　　　　　　　　　　　　　　　　　　　　（　　）

16．为提高工作效率，在维修过程中，抽真空时只要抽到-98kPa 就可以了。（　　）

17．五菱之光汽车的空调控制电路必须同时有请求信号和压力信号进到电脑板，且空调温度传感器正常，空调系统才会工作。　　　　　　　　　　　　　　　　（　　）

18．汽车空调工作时，在观察窗上看见的气泡是空气。　　　　　　　　　（　　）

19．在温度传感器控制电路中，温度传感器的温度越低，温度传感器两端的电压越高。
（　　　）

20．空调系统工作过程中，如果冷凝器散热效果不好会造成空调制冷效果不好，空调系统的压力比正常时低。
（　　　）

21．使用 R-12 制冷剂和 R-134a 制冷剂的空调系统所使用的压缩机润滑油是可以通用的。
（　　　）

二、单项选择题

1．汽车空调制冷系统使用的润滑油是（　　　）。
　　A．发动机油　　　　B．变速器油　　　C．冷冻油　　　　D．差速器油

2．目前空调系统所采用的制冷剂主要是下面的哪一种（　　　）。
　　A．二氧化碳　　　　B．氨　　　　　　C．氟利昂　　　　D．以上三种都使用

3．为了保护环境，要求空调系统必须采用哪一种制冷剂？（　　　）。
　　A．R-12　　　　　　B．氨　　　　　　C．氟利昂　　　　D．R-134a

4．汽车空调制冷系统主要由四大部分组成，它们分别是（　　　）。
　　A．压缩机，蒸发器，冷凝器，膨胀阀
　　B．压缩机，蒸发器，冷凝器，储液干燥器
　　C．压缩机，高、低压力开关，温度开关，温度传感器
　　D．压缩机，储液干燥器，膨胀阀，电磁离合器

5．在空调中吹出冷风的部件是（　　　）。
　　A．压缩机　　　　　B．膨胀阀　　　　C．冷凝器　　　　D．蒸发器

6．在空调中吹出热风的部件是（　　　）。
　　A．压缩机　　　　　B．膨胀阀　　　　C．冷凝器　　　　D．蒸发器

7．在空调中提高制冷剂压力的部件是（　　　）。
　　A．压缩机　　　　　B．膨胀阀　　　　C．冷凝器　　　　D．蒸发器

8．在空调中降低制冷剂压力的部件是（　　　）。
　　A．压缩机　　　　　B．膨胀阀　　　　C．冷凝器　　　　D．蒸发器

9．汽车空调系统检修软管的标准色是（　　　）。
　　A．蓝色用于低压侧，红色用于高压侧，黄色用于中间软管
　　B．蓝色用于高压侧，红色用于低压侧，黄色用于中间软管
　　C．蓝色用于低压侧，黄色用于高压侧，红色用于中间软管
　　D．黄色用于低压侧，红色用于高压侧，蓝色用于中间软管

10．高、低侧压力表读数均低于正常压力属于下面哪一种现象（　　　）。
　　A．制冷剂不足　　　　　　　　　　　B．制冷剂过多
　　C．系统内有空气　　　　　　　　　　D．膨胀阀开度大

11．低压侧指示为负压、高压侧压力也很低，且膨胀上挂有霜属于下面哪一种现象？
（　　　）。
　　A．制冷剂不足且过滤器膨胀阀有阻塞　　　　　B．制冷剂过多
　　C．系统内有空气　　　　　　　　　　　　　　D．膨胀阀开度大

12．高、低侧压力读数均低于正常压力（　　　　）。

    A．压缩机工作不良　　　　　　　　B．制冷剂不足，有泄漏现象

    C．制冷剂过多　　　　　　　　　　D．膨胀阀开度大

13．低压侧过高，高压侧过低（　　　　）。

    A．压缩机工作不良　　　　　　　　B．制冷剂不足，有泄漏现象

    C．系统内有空气　　　　　　　　　D．膨胀阀开度大

14．高、低侧压力表指示变化很大，低压侧压力表读数有时成为负值，有时正常
（　　　）

    A．压缩机工作不良　　　　　　　　B．系统制冷剂含有水分

    C．制冷剂过多　　　　　　　　　　D．膨胀阀开度大

15．抽空最佳持续时间是（　　　　）。

    A．5min　　　　　　B．10min　　　　　　C．30min　　　　　　D．60min

16．一辆五菱之光汽车，冷车快怠速正常。但发动机处于运转状态时，打开风机开关，按下 A/C 开关，发动机无提速的同时空调也不工作，下列选项中最有可能的是（　　　　　　）。

    A．压缩机电磁离合器损坏　　　　　B．压力开关损坏　　　　　C．A/C 开关损坏

17．有一辆五菱之光汽车空调出现低压管路有严重结霜现象，发动机未运转时检查高低压力端的压力值均为 0.65MPa。启动发动机，开空调、压缩机、冷凝器风扇、蒸发器风机工作正常。高压端的压力为 1.1MPa，低压端的压力为 0.4MPa。下列选项中最有可能的是（　　　）。

    A．膨胀阀阀门开度过大

    B．压缩机损坏

    C．蒸发器热交换效果不好

18．汽车空调膨胀阀堵塞或开度太小，都会造成空调系统（　　　　）。

    A．低压偏低，高压偏高

    B．低压偏高，高压偏低

    C．高压、低压都偏低

19．在五菱之光汽车空调系统压缩机上高压管比低压管的管径（　　　　）。

    A．大　　　　　　　　B．小　　　　　　　　　C．一样大

20．一辆五菱之光汽车空调制冷效果不好，检修时在膨胀阀处发现有严重结霜。说明（　　　）。

    A．压缩机损坏　　　　B．膨胀阀开度太大　　　　　C．膨胀阀开度太小或堵塞

21．五菱之光汽车空调不影响 ECU 控制空调压缩机工作的信号有（　　　　）。

    A．A/C 开关信号

    B．发动机水温传感器信号

    C．高低压力开关传感器信号

    D．蒸发器温度传感器信号

    E．发动机转速传感器

22．五菱之光汽车空调的压缩机运转正常，冷凝风扇、蒸发器风机工作正常，但制冷效果不好，（　　　）是不可能的原因？

    A．压缩机损坏   B．制冷剂太少

    C．冷凝器散热效果不好   D．发动机水温太低

23．一辆五菱之光汽车空调制冷效果不好，如果用冷水冷凝器，制冷效果就会变得很好。造成这种后果不可能的原因是（　　　）？

    A．散热器太脏   B．散热器散热片变形严重

    C．冷凝风扇叶片变形严重，造成抽风量不够   D．散热器堵塞

三、分析题

试分析一汽丰田威驰轿车空调控制电路的控制方法（见图4-188）。

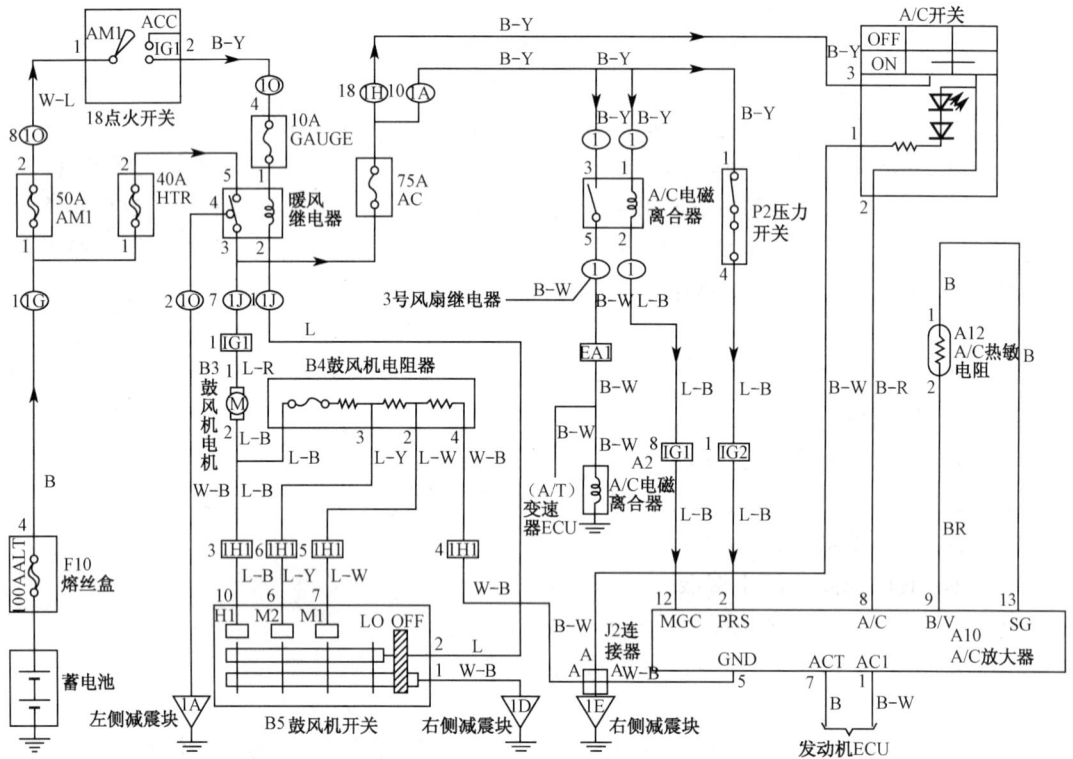

图4-188　丰田威驰轿车空调控制电路

项目五

电动系统的检测与故障排除

教学建议

1. 教学环境：要求在理论实践一体化的专业教室中完成，最好能实现小班制教学。
2. 教材使用：
（1）任务引导——引导文，由学生根据"知识链接"和教师讲解在实训前完成。
（2）任务实施——实训任务，先由教师示范关键步骤，再由学生根据具体步骤完成实训任务，也可以由学生自行探索，教师在组织过程中根据需要示范和讲解。
（3）实训报告——实训记录，任务完成后上交。
（4）实训考核——实训评价，根据情况全面考核或抽考。
（5）知识链接——必要的理论知识，建议采用多媒体动画教学.

知识目标

1. 能辨认电动系统的各组成部件，并说出它们的名称和作用。
2. 能简单描述电动系统各组成部件的工作原理，并熟悉其操作方法和故障诊断方法。
3. 会分析常见车型的电动系统电路。

能力目标

1. 会就车检查电动系统各总成的好坏。
2. 能对电动系统各组成部件进行拆装和更换。
3. 会诊断和排除电动系统故障。

情感目标

1. 体验安全生产规范，遵守操作规程，感受合作与交流的乐趣。
2. 在项目学习中逐步养成自主学习新知识、新技术的良好习惯。
3. 在操作学习中不断积累维修经验，从个案中寻找共性。

任务 1　电动后视镜的诊断与维修

要求选用万用表、试灯等工量具，就车检查判断电动后视镜的故障。

完成检查更换作业后，电动后视镜能正常工作。

作业时间：20 分钟。

情境创设

老师把有故障的汽车开过来，说明是电动后视镜出现故障，要求学生就车检查修复，引导学生按汽修厂的工作过程完成电动后视镜的检查、更换工作，从而在完成任务的过程中学习电动后视镜的检查诊断技能、更换方法，以及相关的理论知识。

也可以播放电动后视镜的检查与更换案例视频，激发学生学习的兴趣。

教学资料准备：教学用车使用说明书、维修手册等。

任务引导

相关知识点学习：要求学生实训课前参考"知识链接"独立完成。

1. 电动后视镜主要由＿＿＿＿＿＿＿＿　＿＿＿＿＿＿＿＿＿ 、＿＿＿＿＿＿＿＿ 、外壳及连接件等组成。

2. 反射镜的背后装有＿＿＿套电动机和驱动器，可操纵反射镜＿＿＿＿及＿＿＿转动。

3. 电动后视镜及其调整开关认识：在图 5-1 中填入部件名称。

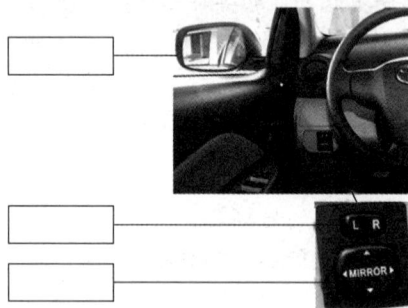

图 5-1　汽车电动后视镜及其调整开关

任务实施

1. 工作安排

养成合作完成工作任务的习惯，请你将工作分工与完成时间记录在表 5-1 中。

表 5-1　组员工作分工表

姓　　名	任　务　分　工	完　成　时　间	备　　注

图 5-2　工位准备

2．准备工作（以丰田威驰汽车为例）

如图 5-2 所示：

（1）车辆开进工位；　　　　　　　□完成

（2）停车，在车轮前后安装好车轮挡块（三角木），并安装方向盘套和座椅套。　　□完成

（3）检查后视镜外观。　　　　　　□完成

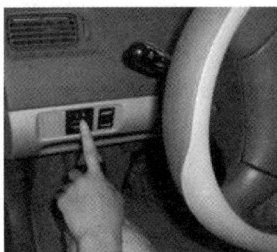

图 5-3　验证故障

3．验证故障情况

如图 5-3 所示，操作后视镜开关，验证故障情况。

故障现象。_____

_____。

图 5-4　检测熔丝，完好

4．故障检测步骤（将数据填入表 5-2 中）

（1）两个电动后视镜都不工作。

① 先检查熔丝是否熔断。关闭点火开关，取下控制后视镜工作的熔丝，用万用表检测熔丝的电阻，应小于 1Ω，如图 5-4 所示。

图 5-5　检测熔丝，熔断

② 如万用表显示为"1"（无穷大，如图 5-5 所示），则应更换熔丝。更换时要注意新的熔丝的额定电流要和原来的相符。

注意：更换熔丝前应找出烧熔丝的原因并排除。

图 5-6　后视镜调整开关插接器检查

③ 如果熔丝完好，再检查后视镜调整开关的插接器是否松脱（见图 5-6）。

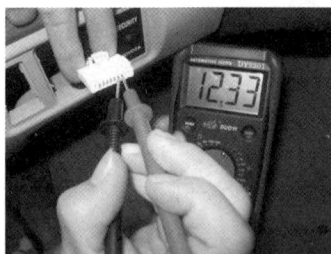

图 5-7　插接器端电压检测

④ 如果插接器连接良好，则向外取下后视镜调整开关，取下插接器，打开点火开关，用万用表测量插接器 7 和 8 端子之间应有 12V 电压（见图 5-7）。

如果电压低于 10V 以下，则应检查蓄电池是否良好，容量是否充足。

如果电压为 0V，则应重点检查两方面：一是检查 8 号端子到后视镜控制熔丝之间的线路是否有断路；二是 7 号端子的搭铁是否良好，视情况进行修理。

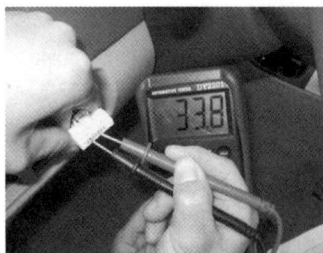

图 5-8　插接器端子间电阻检测

⑤ 如果插接器 7 和 8 端子之间有 12V 电压，则进一步检查电动机是否正常。分别检查插接器端 5 和 6 端子、4 和 6 端子、2 和 6 端子、3 和 6 端子之间的电阻值，阻值应在 30～40Ω 之间，如图 5-8 所示。（参考值，车型不同，阻值不一样）。

⑥ 如果后视镜电动机电阻为无穷大，则检查插接器到后视镜电动机之间的线路是否有断路现象。

图 5-9　更换后视镜调整开关

⑦ 如果后视镜电动机电阻正常，则更换后视镜调整开关（见图 5-9）。

⑧ 如果更换后视镜调整开关后后视镜仍然不能正常工作，那说明电动机损坏或与之相连接的传动和执行机构卡死，不能正常工作，只有更换电动机或后视镜总成。

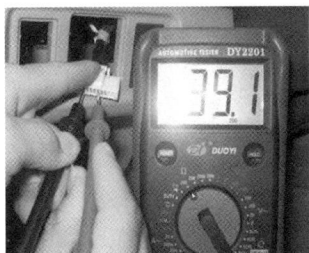

图 5-10　测量电动机电阻值

（2）一侧电动后视镜不工作。

① 先从后视镜调整开关插接器端检测电动机的电阻，看其阻值是否在正常范围之内（见图 5-10）。

② 如果电阻为无穷大，则检查插接器到后视镜电动机之间的线路是否有断路现象。

③ 如果后视镜电动机电阻正常，则更换后视镜调整开关。如果还不行，按上述第（1）项第⑧步进行检查。

（3）一侧电动后视镜左右或上下方向不工作。

原因多为电动机损坏或调整开关失效，检测方法跟以上类似，不再重复。

图 5-11　完工交车

5. 现场 5S，完成任务，交车

如图 5-11 所示，

（1）收集整理车辆护套和工具；

（2）清洁车辆，清理现场；

（3）车辆开出工位，交车。

表 5-2　后视镜故障诊断记录表

检 查 项 目	技 术 状 况		
	标准值（要求）	测量值（现状）	评价
熔丝电阻值检查			□合格　□不合格
蓄电池电压的检查			□合格　□不合格
插接器 7、8 号端子间电压检查			□合格　□不合格
插接器 5、6 号端子间电阻检查			□合格　□不合格
插接器 4、6 号端子间电阻检查			□合格　□不合格
插接器 3、6 号端子间电阻检查			□合格　□不合格
插接器 2、6 号端子间电阻检查			□合格　□不合格
线路通断检查			□合格　□不合格
综合评定：			

 图 5-12　用手取出镜片	**6. 后视镜电动机的拆卸** 　　以丰田威驰轿车为例，介绍后视镜电动机的拆卸步骤。 　　（1）用手将镜片由底部向外用力取出，向下取下后视镜镜片，如图 5-12 所示。
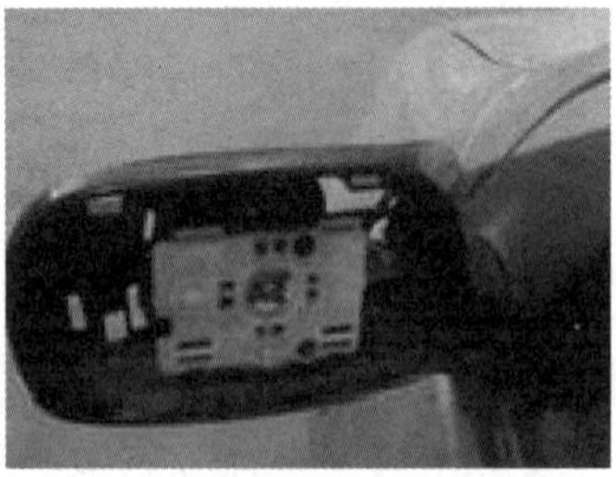 图 5-13　电动后视镜的传动机构	（2）取下后视镜镜片后即可看见电动后视镜的传动机构，如图 5-13 所示。
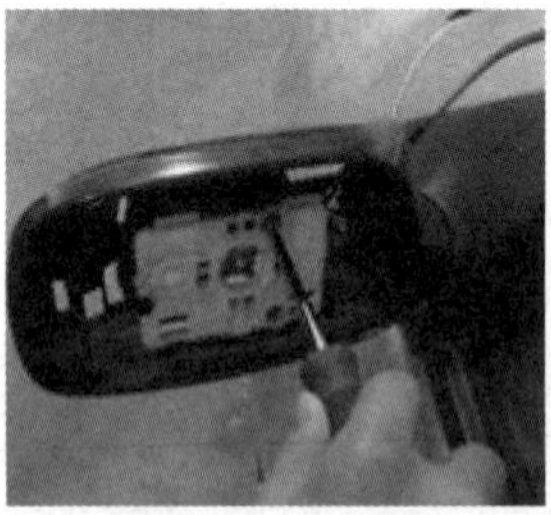 图 5-14　拧松传动机构的固定螺钉	（3）用十字螺丝刀拧松传动机构总成的 3 个固定螺钉，如图 5-14 所示。
 图 5-15　取下传动机构总成	（4）取下传动机构总成，如图 5-15 所示。

图 5-16　取下电动机

（5）从后面取下一个电动机的插接器，并取下电动机，如图 5-16 所示。

图 5-17　拆卸前门内部装饰板

7．后视镜总成的更换

以丰田威驰轿车为例介绍后视镜总成的更换步骤。

（1）拆下前门内部装饰板，如图 5-17 所示。

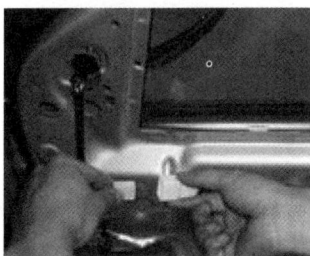

图 5-18　分离后视镜插接器

（2）将后视镜插接器分离，如图 5-18 所示。

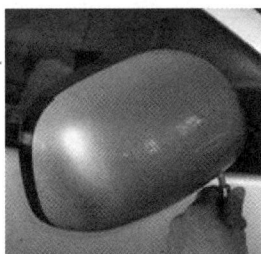

图 5-19　拆卸后视镜固定螺钉

（3）从车门外部取下后视镜固定螺钉，即可取下后视镜总成，如图 5-19 所示。

实训报告 5-1　电动后视镜故障的检查与排除

表 5-3

实训车型			实训任务	电动后视镜故障的检查与排除	
基 本 步 骤			观察与测量结果	分析与处理意见	完成情况
1	把车开进工位中停好车				□是 □否
2	安装车轮挡块				□是 □否
3	安装方向盘套、座椅套				□是 □否
4	检查电动后视镜外观				□是 □否
5	验证故障情况				□是 □否
6	检查熔丝的通断				□是 □否
7	检查调整开关插接器是否松脱				□是 □否
8	检查线路电压				□是 □否
9	检查电动机电阻				□是 □否
10	检查线路通断				□是 □否
11	故障排除				□是 □否
12	5S				□是 □否
教师评语					
成绩		指导教师签名		日期	

任务考核单 5-1　电动后视镜故障的检查与排除

表 5-4

班级			姓名		学号	
考核内容		电动后视镜故障的检查与排除		规定考核时间	20 分钟	
				实际考核时间		
序号		检查维修内容/评分标准	配分	考核及评分记录		得分
1	准备	安装座椅套等防护用品及车轮挡块	5			
		检查外观	3			
2	检查排除	验证故障情况	5			
		检查熔丝的通断	10			
		检查调整开关插接器是否松脱	5			
		检查线路电压	10			
		检查电动机电阻	15			
		检查线路通断	10			
		故障排除	20			
3	安全文明	防护措施得当，作业规范安全整洁	2			
		工具、零件不落地	5			
4	工具使用	工具选用合理	5			
		工具使用规范	5			
5	考核时间	每超 1 分钟扣 3 分，超时 3 分钟终止考核				
合计			100			
监考教师			考核日期		年　月　日	

1. 电动后视镜的作用

为了便于驾驶员调整后视镜的角度，很多轿车安装了电动后视镜，驾驶员在行车时可方便地对左右后视镜的角度进行随时调节。

2. 组成与原理

电动后视镜主要由调整开关、驱动电动机、传动和执行机构、外壳及连接件等组成，如图 5-20 所示。反射镜的背后装有两套电动机和驱动器，可操纵反射镜上下及左右转动。通常上下方向的转动用一个电动机控制，左右方向的转动用另一个电动机控制。通过改变电动机的电流方向，就可完成对后视镜的上、下、左、右方向的调整。

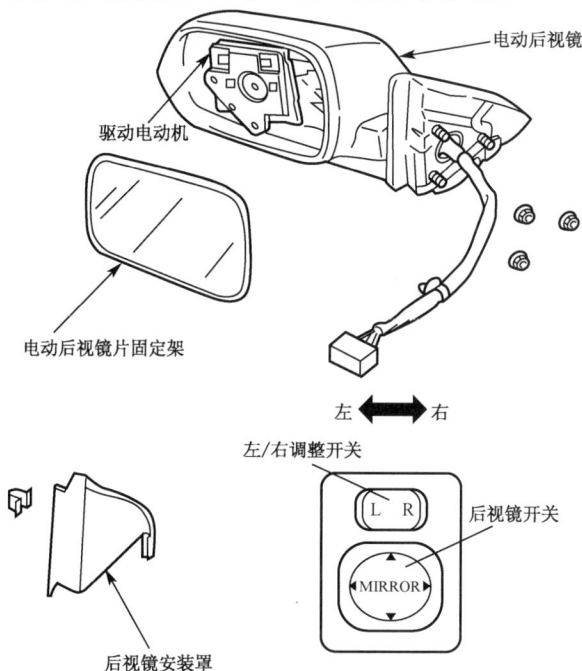

图 5-20 电动后视镜的组成

为了使汽车能够获得最大的驻车间隙，通过尽可能狭小的路段，有的电动后视镜还带有伸缩功能，由伸缩开关控制伸缩电动机工作，使两个后视镜整体回转、伸出或缩回。

3. 操作

在进行调整时，首先通过左/右调整开关选择好要调整的后视镜，再通过方向控制开关即可进行该镜的上/下或左/右调整。

4. 控制电路

图 5-21 所示为丰田威驰轿车电动后视镜控制电路，图中箭头所示为选择左边后视镜，操纵方向控制开关，使镜片向左倾斜时电路中电流的流向。其他方向电流的流向请同学们自己分析。

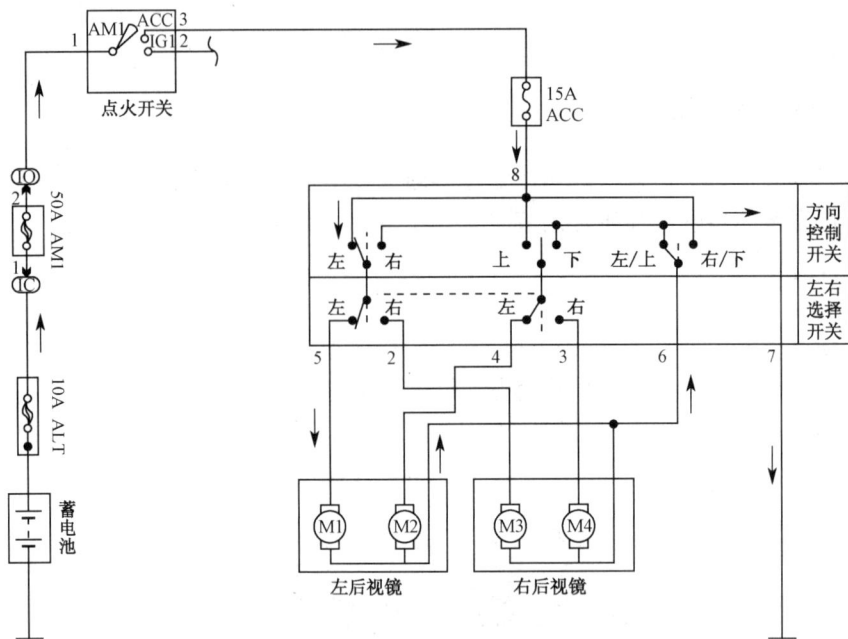

图 5-21　丰田威驰轿车电动后视镜控制电路

5. 故障诊断思路

电动后视镜常见故障的诊断思路如表 5-5 所示。

表 5-5　电动后视镜常见故障

故　障　现　象	故　障　原　因	故　障　诊　断　思　路
电动后视镜均不能动	熔丝熔断	检查确认熔断后更换
	搭铁不良	修理
	后视镜开关损坏	更换
	后视镜电动机损坏	更换
一侧电动后视镜不能动	后视镜开关损坏	更换
	电动机损坏	更换
	搭铁不良	修理
一侧电动后视镜上/下方向不能动	上/下调整电动机损坏	更换
	搭铁不良	修理
一侧电动后视镜左/右方向不能动	左/右调整电动机损坏	更换
	搭铁不良	修理

任务 2　电动座椅的诊断与维修

任务要求

要求选用万用表、试灯等工量具，就车检查判断电动座椅的故障。

完成检查更换作业后，电动座椅能正常工作。

作业时间：15 分钟。

老师把有故障的汽车开过来，说明是电动座椅出现故障，要求学生就车检查修复，引导学生按汽修厂的工作过程完成电动座椅的检查、修复工作，从而在完成任务的过程中学习电动座椅的检查诊断技能、更换方法，以及相关的理论知识。

也可以播放电动座椅的检查与更换案例视频，激发学生学习的兴趣。

教学资料准备：教学用车使用说明书、维修手册等。

任务引导

相关知识点学习： 要求学生实训课前参考"知识链接"独立完成。

1．电动座椅及其调整开关的认识：在图 5-22 的方框中填入座椅部件名称。

2．电动座椅是指以_____为动力，通过_____和_____来调节座椅的各种位置，使驾驶员或乘员乘坐舒适的座椅。

3．电动座椅一般由_____、_____和_____组成。

4．电动座椅的调节位置一般可分为_____调节、_____调节　、和_____调节。

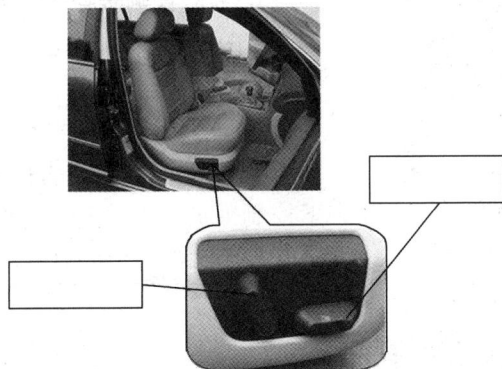

图 5-22　帕萨特轿车电动座椅

任务实施

1．工作安排

养成合作完成工作任务的习惯，请你将工作分工与完成时间记录在表 5-6 中。

表 5-6　组员工作分工表

姓　　名	任　务　分　工	完　成　时　间	备　　注

图 5-23　工位准备

2. 准备工作（以帕萨特 1.8T 轿车为例）

如图 5-23 所示，
（1）车辆开进工位；　　　　　　　□完成
（2）停车，在车轮前后安装好车轮挡块（三角木），并安装方向盘套和座椅套。　□完成

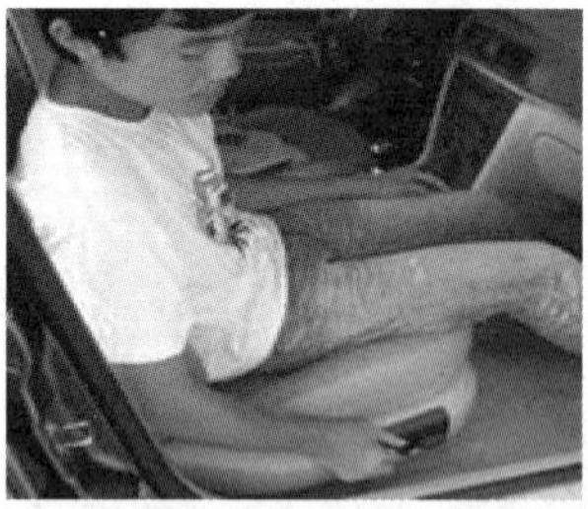

图 5-24　验证故障

3. 验证故障情况

如图 5-24 所示，操作电动座椅控制开关，验证故障情况。

故障现象＿＿＿＿＿＿＿＿＿＿＿＿＿＿

＿＿＿＿＿＿＿＿＿＿＿＿＿＿＿＿＿＿。

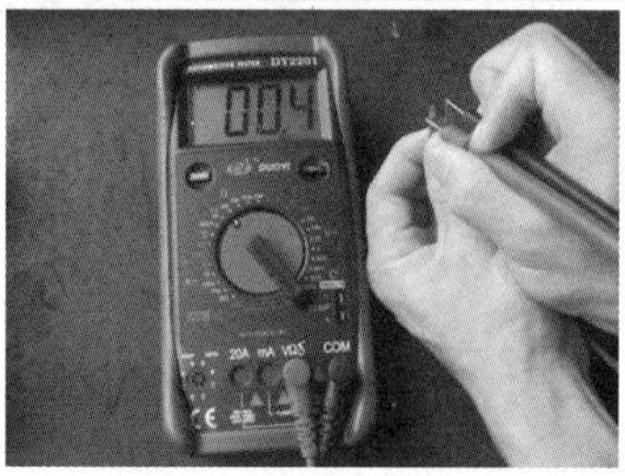

图 5-25　检测熔丝，完好

4. 故障检测步骤（将数据填入表 5-7 中）

以帕萨特 1.8T 轿车乘员侧电动座椅为例，讲述故障的诊断方法。

（1）座椅完全不能动作。

① 先检查熔丝是否熔断，如图 5-25 所示，取下控制乘员侧电动座椅工作的熔丝，用万用表检测熔丝的电阻，应小于 1Ω。

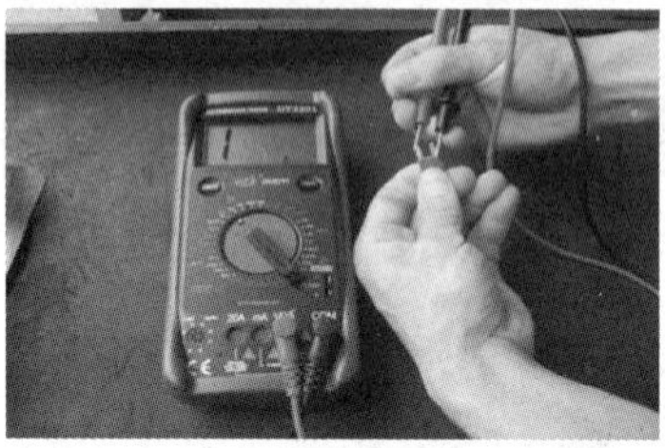

图 5-26　检测熔丝，熔断

如万用表显示为无穷大（见图 5-26），则应更换熔丝。更换时要注意新的熔丝的额定电流要和原来的相符，并且查找熔丝烧断的原因。

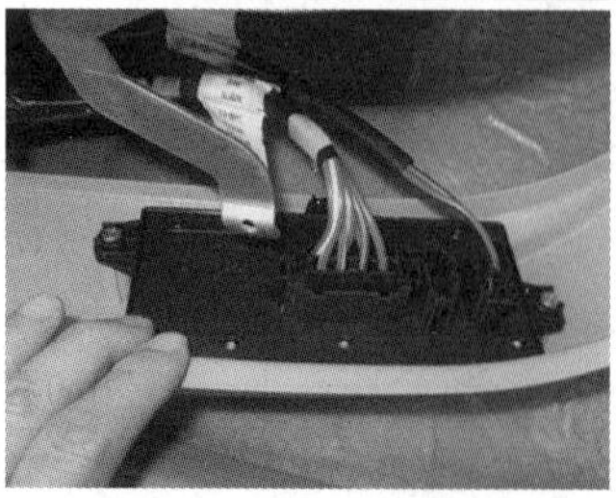

图 5-27　电动座椅控制开关插接器检查

② 如果熔丝完好，再检查电动座椅控制开关的插接器是否松脱，如图 5-27 所示。

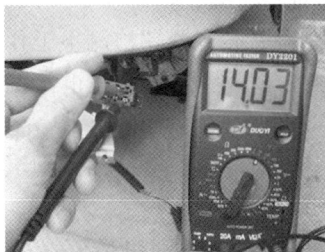

图 5-28　插接器端电压检测

③ 如果插接器连接良好，则取下插接器，打开点火开关，用万用表测量插接器 1 和 2 端子之间应有 12V 电压（见图 5-28）。

如果电压低于 10V 以下，则应检查蓄电池是否良好，容量是否充足。

如果电压为 0V，则应重点检查两方面：一是检查 1 号端子到电动座椅控制熔丝之间的线路是否有断路；二是 2 号端子的搭铁是否良好，视情况进行修理。

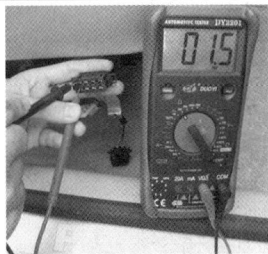

图 5-29　插接器端电动机电阻检测

④ 如果插接器 1 和 2 端子之间有 12V 电压，则进一步检查电动机是否正常。分别按图 5-29 和图 5-30 所示，检查插接器 3 和 4 号端子、5 和 6 号端子、7 和 8 号端子、9 和 10 号端子之间的电阻值，阻值应在 1～3Ω 之间。（参考值，车型不同，阻值不一样）。

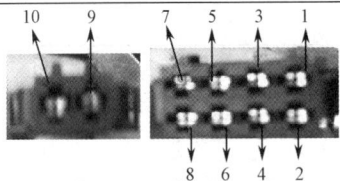

图 5-30　座椅开关插接器端子编号

⑤ 如果电动座椅电动机电阻为无穷大，则检查插接器到电动座椅电动机之间的线路是否有断路现象。

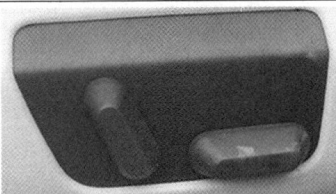

图 5-31　电动座椅控制开关

⑥ 如果电动机电阻正常，则更换电动座椅控制开关（见图 5-31）。

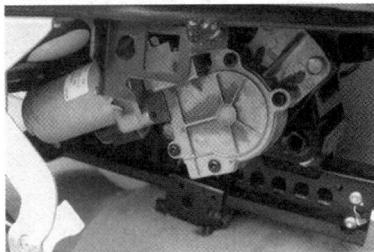

图 5-32　电动座椅的电动机及传动、执行机构

⑦ 如果更换电动座椅控制开关后电动座椅仍然不能正常工作，说明电动机损坏或与之相连接的传动和执行机构卡死不能正常工作，只有更换电动机或维修传动和执行机构（见图 5-32）。

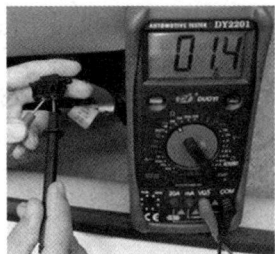

图 5-33　电动座椅的电动机检测

（2）座椅某个方向不能动作。

① 先从座椅控制开关插接器端检测不工作方向对应的电动机的电阻，看其阻值是否在正常范围之内（见图 5-33）。

② 如果电阻为无穷大，则检查插接器到电动机之间的线路是否有断路现象。

③ 如果电动机电阻正常，则更换座椅控制开关。如果还不行，那说明电动机损坏或与之相连接的传动和执行机构卡死不能正常工作，只有更换电动机或维修传动和执行机构。

图 5-34　完工交车

5. 现场 5S，完成任务，交车

如图 5-34 所示。

（1）收集整理车辆护套和工具；

（2）清洁车辆，清理现场；

（3）车辆开出工位，交车。

将电动座椅故障诊断记入表 5-7 中。

表 5-7　电动座椅故障诊断记录表

检 查 项 目	技 术 状 况		
	标准值（要求）	测量值（现状）	评价
熔丝电阻值检查			□合格　□不合格
蓄电池电压的检查			□合格　□不合格
插接器 1、2 号端子间电压检查			□合格　□不合格
插接器 3、4 号端子间电阻检查			□合格　□不合格
插接器 5、6 号端子间电阻检查			□合格　□不合格
插接器 7、8 号端子间电阻检查			□合格　□不合格
插接器 9、10 号端子间电阻检查			□合格　□不合格
线路通断检查			□合格　□不合格
综合评定：			

实训报告 5-2　电动座椅故障的检查与排除

表 5-8

实训车型		实训任务	电动座椅故障的检查与排除	
基 本 步 骤		观察与测量结果	分析与处理意见	完成情况
1	把车开进工位中停车			□是 □否
2	安装车轮挡块			□是 □否
3	安装方向盘套、座椅套			□是 □否
4	验证故障情况			□是 □否
5	检查熔丝的通断			□是 □否
6	检查座椅控制开关插接器是否松脱			□是 □否
7	检查插接器线路电压			□是 □否
8	检查座椅电动机电阻			□是 □否
9	检查线路通断			□是 □否
10	故障排除			□是 □否
11	5S			□是 □否
教师评语				
成绩		指导教师签名		日期	

任务考核单 5-2　电动座椅故障的检查与排除

表 5-9

班级		姓名			学号		
考核内容		电动座椅故障的检查与排除			规定考核时间		15 分钟
					实际考核时间		
序号		检查维修内容/评分标准		配分	考核及评分记录		得分
1	准备	检查工具是否齐全		3			
		安装座椅套等防护用品及车轮挡块		5			
2	检查排除	验证故障情况		5			
		检查熔丝的通断		10			
		检查座椅控制开关插接器是否松脱		5			
		检查线路电压		10			
		检查电动机电阻		15			
		检查线路通断		10			
		故障排除		20			
3	安全文明	防护措施得当，作业规范安全整洁		2			
		工具、零件不落地		5			
4	工具使用	工具选用合理		5			
		工具使用规范		5			
5	考核时间	每超 1 分钟扣 3 分，超时 3 分钟终止考核					
合计				100			
监考教师			考核日期			年　月　日	

知识链接

电动座椅是指以电动机为动力，通过传动装置和执行机构来调节座椅的各种位置，使驾驶员或乘员乘坐舒适的座椅。

1. 功用

为驾驶员提供便于操作、舒适而又安全的驾驶位置，为乘员提供不易疲劳、舒适而又安全的乘坐位置。

汽车座椅在车箱内布置要合适，尤其是驾驶员的座椅，必须处于最佳的驾驶位置。

2. 形式

电动座椅的形式有：带电子控制调节系统的电动座椅和不带电子控制调节系统的座椅。

3. 组成

电动座椅一般由电动机、传动和执行机构、控制开关等组成。

1）电动机

电动机的作用是为电动座椅的调节机构提供动力。此类电动机多采用双向电动机。即电枢的旋转方向随电流的方向改变而改变，使电动机按不同的电流方向进行正转或反转，以达到座椅调节的目的。为防止电动机过载，电动机内装有熔丝，以确保电气设备的安全。由于座椅的类型不同，一般一个座椅可装 2 个、3 个、4 个或 6 个电动机。图 5-35 所示为装有 4 个电动机的电动座椅调节示意图。有些还有头枕调节电动机等。

2）传动和执行机构

传动和执行机构的作用是把电动机的旋转运动转变成座椅的上下、前后移动或靠背的倾斜摆动。蜗轮蜗杆机构是其核心部件，它具有较大的传动比且自锁性能良好，如图 5-36 所示。

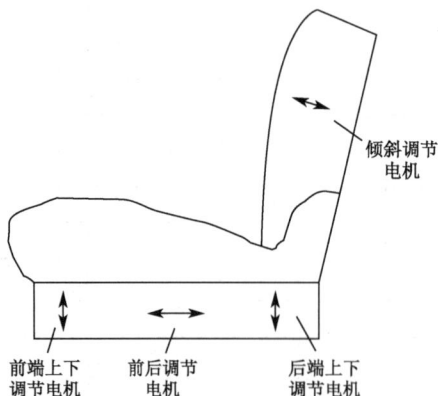

图 5-35　装有 4 个电动机的电动座椅调节示意图

图 5-36　电动座椅的传动和执行机构

3）控制开关

控制装置接受驾驶员或乘员输入的命令，控制执行机构完成电动座椅的调整。有的汽车电动座椅控制开关安装在车门上，有的汽车安装在座椅旁边，使驾驶员或乘员操纵方便，如图 5-37 所示。

有些汽车司机侧的电动座椅带有记忆功能，调整好之后按下相应的记忆位置如"1"，再按下设置键"SET"完成设置，下次只要按下记忆位置"1"，电动座椅将自动调整到原来设置好的位置。图 5-38 所示为迈腾轿车的电动座椅控制开关，有 3 个记忆位置。

图 5-37 电动座椅控制开关

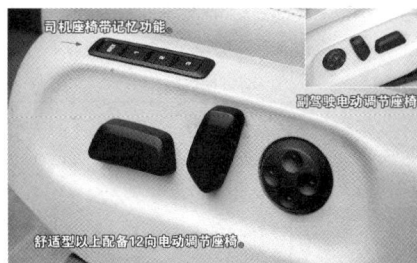

图 5-38 迈腾轿车的电动座椅控制开关

4．控制电路

图 5-39 所示是帕萨特 1.8T 轿车电动座椅电路图。它由前端高度调节电动机、后端高度调节电动机和前后调节电动机及靠背的倾斜调节电动机组成。图中箭头所示为当驾驶员操纵调整开关使座椅前部上升时电路中的电流方向。座椅其他方向调整的电路分析请同学们自己做做。

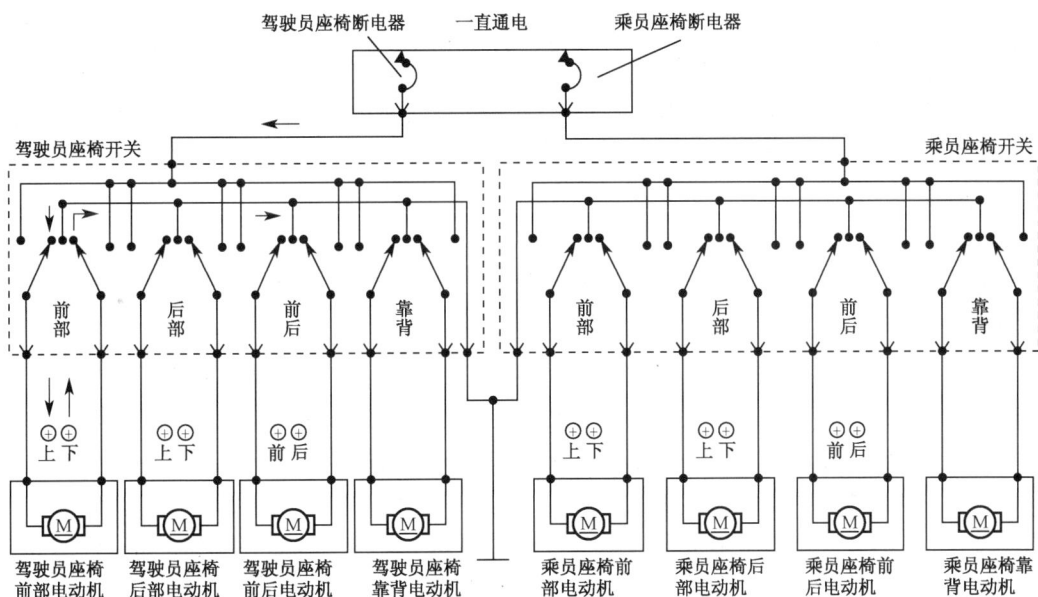

图 5-39 帕萨特 1.8T 轿车电动座椅电路图

5．故障诊断思路

电动座椅常见故障的诊断思路如表 5-10 所示。

表 5-10　电动座椅常见故障的诊断思路

常 见 故 障	故 障 原 因	故 障 诊 断 思 路
电动座椅无调整动作	熔丝被烧断 开关故障 电动机故障 搭铁连接不良 控制电路连接不良 传动机构故障	1）熔丝被烧断 检查熔丝，必要时更换并排除烧熔丝原因。 2）开关接触不良 电动座椅的开关接触不良，会造成电动座椅调整失效或不灵。检测时若发现导通状态不符合标准，则应修理或更换电动座椅的开关。 3）控制电路故障 根据电路图检查电动座椅的控制电路，若有断路、短路或搭铁不良现象，均会使电流不能通过电动机，使电动座椅调整失效。修复线路，故障即可排除。 4）电动机故障 电动座椅的电动机失灵，如电刷磨损及转子定子断路、短路等，均会使电动机不能正常工作。若电动机有故障，则应修理或更换
电动座椅间歇性调整动作	开关故障 电动机故障 搭铁连接不良 控制电路连接不良 连杆故障	
电动座椅调整动作慢	控制电路电阻值大 电动机故障 搭铁连接不良 连杆故障 传动机构故障	

任务3　电动车窗的诊断与维修

任务要求

要求选用万用表、试灯等工量具，就车检查判断电动车窗的故障。

完成检查更换作业后，电动车窗能正常工作。

作业时间：20分钟。

情境创设

老师把有故障的汽车开过来，说明是电动车窗出现故障，要求学生就车检查修复，引导学生按汽修厂的工作过程完成电动车窗的检查、修复工作，从而在完成任务的过程中学习电动车窗的检查诊断技能、更换方法，以及相关的理论知识。

也可以播放电动车窗的检查与更换案例视频，激发学生学习的兴趣。

教学资料准备：教学用车使用说明书、维修手册等。

任务引导

相关知识点学习：要求学生实训课前参考"知识链接"独立完成。

1. 电动车窗，是指以 _____ 为动力使车窗玻璃自动升降的装置。

2. 电动车窗主要由_____ 、_____ 和_____等组成。

3. 电动车窗升降器的类型主要有_____升降器、_____升降器及_____升降器等。

4. 电动车窗一般有_____套控制开关。

5. 电动车窗控制开关认识：填写图 5-40 中的方框。

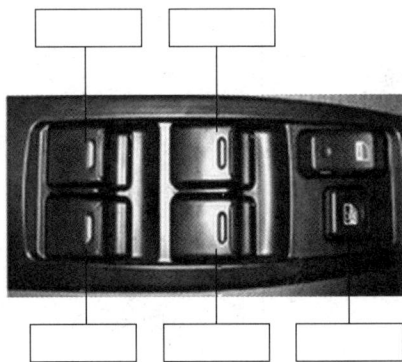

图 5-40 电动车窗控制开关

任务实施

1. 工作安排

养成合作完成工作任务的习惯，请你将工作分工与完成时间记录在表 5-11 中。

表 5-11 组员工作分工表

姓　　名	任 务 分 工	完 成 时 间	备　　注

图 5-41 工位准备

2. 准备工作（以五菱鸿途汽车为例）

（1）车辆开进工位，如图 5-41 所示。

□完成

（2）停车，在车轮前后安装好车轮挡块（三角木），并安装方向盘套和座椅套。

□完成

（3）检查电动车窗外观是否完好。

□完成

图 5-42　验证故障

3. 验证故障情况

操作电动车窗控制开关，验证故障情况，如图 5-42 所示。

故障现象＿＿＿＿＿＿＿＿＿＿＿＿

＿＿＿＿＿＿＿＿＿＿＿＿＿＿＿。

图 5-43　拆下前门扶手

4. 电动车窗的拆卸

以五菱鸿途汽车为例，介绍电动车窗电动机的拆卸步骤。

（1）将前门扶手拆下，并取下车窗开关插接器（见图 5-43）。

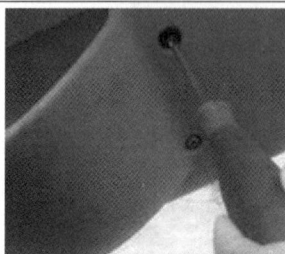

图 5-44　拆下内饰板螺钉

（2）拆下前门内饰板螺钉（见图 5-44）。

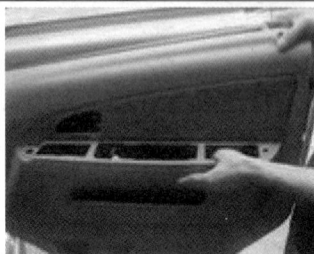

图 5-45　取下内饰板

（3）取下前门内饰板（见图 5-45）。

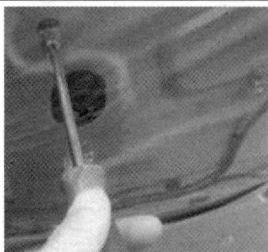

图 5-46　拆下玻璃升降器固定螺钉

（4）拆下玻璃升降器的固定螺钉（见图 5-46）。

图 5-47　拆下电动机固定螺钉

（5）从玻璃升降器中拆下电动机固定螺钉，取下电动机（见图 5-47）。

图 5-48　检测熔丝，完好

5. 故障检测步骤（将数据填入表 5-12 中）

1）所有电动车窗都不工作

（1）先检查熔丝是否熔断，关闭点火开关，取下控制电动车窗工作的熔丝，用万用表检测熔丝的电阻，应小于 1Ω（见图 5-48）。

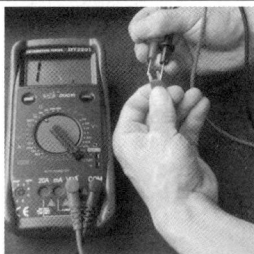

图 5-49　检测熔丝，熔断

如万用表显示为无穷大，如图 5-49 所示，则应更换熔丝。更换时要注意新的熔丝的额定电流要和原来的相符。

注意：更换熔丝前应找出烧熔丝的原因并排除。

图 5-50　电动车窗开关的插接器检查

（2）如果熔丝完好，拆下左前门扶手，检查电动车窗开关的插接器是否松脱，如图 5-50 所示。

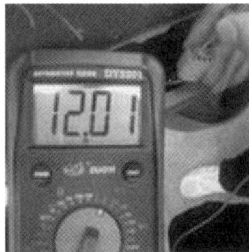

图 5-51　插接器端电压检测

（3）如果插接器连接良好，则取下插接器，打开点火开关，用万用表测量插接器 3 和 6 端子之间应有 12V 电压（见图 5-51）。

如果电压低于 10V 以下，则应检查蓄电池是否良好，容量是否充足。

如果电压为 0V，则应重点检查两方面：一是检查 3 号端子到电动车窗控制熔丝之间的线路是否有断路；二是 6 号端子的搭铁是否良好，视情况进行修理。

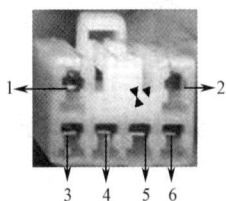

图 5-52 五菱鸿途汽车左电动窗插
接器端子编号

左前车窗开关插接器端子编号如图 5-52 所示。

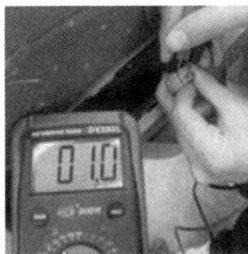

图 5-53 插接器端电动机电阻检测

（4）如果插接器 3 和 6 端子之间有 12V 电压，则进一步检查电动机是否正常。分别检查插接器 1 和 4 端子、2 和 5 端子之间的电阻值，阻值应在 1Ω左右，如图 5-53 所示。（参考值，车型不同，阻值不一样）。

（5）如果电动机电阻为无穷大，则检查插接器到电动机之间的线路是否有断路现象。

图 5-54 更换左前电动车窗开关

（6）如果电动机电阻正常，则更换左前电动车窗开关（见图 5-54）。

（7）如果更换车窗开关后电动车窗仍然不工作，那说明电动机损坏或与之相连接的传动装置有故障，只有更换电动机或视情况修理。

图 5-55 插接器端电压检测

2）某车窗不能升降或只能一个方向运动

（1）左车窗不能升降而右车窗正常，检测步骤：

① 出现这种故障可以肯定蓄电池电压正常，熔丝完好。取下左前车窗开关插接器，打开点火开关，测量插接器端子 3 和 6 之间应有 12V 电压（见图 5-55）。

如果电压为 0V，则应重点检查两方面：一是检查 3 号端子到电动车窗控制熔丝之间的线路是否有断路；二是 6 号端子的搭铁是否良好，视情况进行修理。

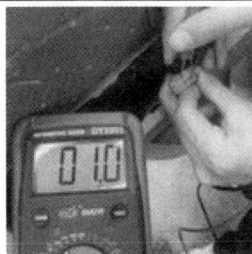图 5-56　电动机电阻检测	② 如果插接器 3 和 6 端子之间有 12V 电压，则进一步检查电动机是否正常。测量插接器 1 和 4 端子之间的电阻值，阻值应在 1Ω左右，（见图 5-56）。 ③ 如果电动机电阻为无穷大，则检查插接器到电动机之间的线路是否有断路现象。
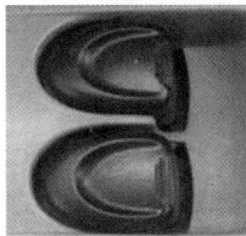图 5-57　更换左前电动车窗开关	④ 如果电动机电阻正常，则更换左前电动车窗开关（见图 5-57）。 ⑤ 如果更换车窗开关后电动车窗仍然不工作，那说明电动机损坏或与之相连接的传动装置有故障，只有更换电动机或视情况修理。
图 5-58　电阻检测	（2）左车窗正常但左前车窗开关不能控制右前门车窗升降，而右前车窗开关可以控制右前门车窗升降。检测步骤： ① 取下左前车窗开关插接器，测量插接器 2 和 5 端子之间的电阻值，应在 1Ω左右（见图 5-58）。如果电阻正常，则更换左前车窗开关。
图 5-59　开关插接器检查	② 如果电阻为无穷大，则拆下右前门扶手，检查右前车窗开关插接器是否松脱（见图 5-59）。 ③ 如果右前车窗开关插接器连接良好，进一步检查左前车窗开关插接器 2 和 5 端子到右前车窗开关插接器 3 和 6 端子之间的线路是否断路。 ④ 无断路，说明左前车窗开关内部损坏，更换左前车窗开关。
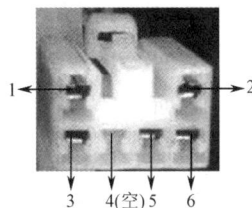图 5-60　五菱鸿途汽车右前车窗插接器端子编号	（3）右前车窗开关插接器端子编号如图 5-60 所示。左前车窗开关控制正常，而右前车窗开关不能控制右前车窗升降，检测步骤： ① 检查右前车窗开关插接器是否松脱。 ② 检查右前车窗开关插接器 5 号端子与车身搭铁是否有 12V 电压。 ③ 以上两项检查正常，说明右前车窗开关内部损坏，更换。

 图 5-61　紧固、调整	3）升降器工作时有异响 主要原因：安装时未调整好；传动装置润滑不当；电动机盖板或固定架与玻璃碰擦等机械故障。 诊断与排除：这类机械故障一般是由于传动部分缺少润滑、安装位置或精度偏差所致，只需对所在部位进行润滑、螺钉重新调整或紧固、矫正即可，如图 5-61 所示。
 图 5-62　完工交车	**6．现场 5S，完成任务，交车**（见图 5-62） （1）收集整理车辆护套和工具； （2）清洁车辆，清理现场； （3）车辆开出工位，交车。

表 5-12　电动车窗故障诊断记录表

检 查 项 目	技 术 状 况		
	标准值（要求）	测量值（现状）	评价
熔丝电阻值检查			□合格　□不合格
蓄电池电压的检查			□合格　□不合格
左前车窗开关插接器 3、6 号端子间电压检查			□合格　□不合格
左前车窗开关插接器 1、4 号端子间电阻检查			□合格　□不合格
左前车窗开关插接器 2、5 号端子间电阻检查			□合格　□不合格
右前车窗开关插接器 5 号端子与车身搭铁间电压检查			□合格　□不合格
线路通断检查			□合格　□不合格
综合评定：			

实训报告 5-3　　电动车窗故障的检查与排除

表 5-13

实训车型		实训任务	电动车窗故障的检查与排除	
基 本 步 骤		观察与测量结果	分析与处理意见	完成情况
1	把车开进工位中停车			□是　□否
2	安装车轮挡块			□是　□否
3	安装方向盘套、座椅套			□是　□否
4	检查电动车窗外观			□是　□否
5	验证故障情况			□是　□否
6	检查熔丝的通断			□是　□否
7	检查车窗开关插接器是否松脱			□是　□否
8	检查线路电压			□是　□否
9	检查电动机电阻			□是　□否
10	检查线路通断			□是　□否
11	故障排除			□是　□否
12	5S			□是　□否
教师评语				
成绩		指导教师签名		日期	

任务考核单 5-3　　电动车窗故障的检查与排除

表 5-14

班级			姓名		学号	
考核内容		电动车窗故障的检查与排除		规定考核时间	20 分钟	
				实际考核时间		
序号		检查维修内容/评分标准	配分	考核及评分记录	得分	
1	准备	安装座椅套等防护用品及车轮挡块	5			
		检查外观	3			
2	检查排除	验证故障情况	5			
		检查熔丝的通断	10			
		检查车窗开关插接器是否松脱	5			
		检查线路电压	10			
		检查电动机电阻	15			
		检查线路通断	10			
		故障排除	20			

班级			姓名		学号		
考核内容			电动车窗故障的检查与排除		规定考核时间		20分钟
					实际考核时间		
序号		检查维修内容/评分标准		配分	考核及评分记录		得分
3	安全文明	防护措施得当，作业规范安全整洁		2			
		工具、零件不落地		5			
4	工具使用	工具选用合理		5			
		工具使用规范		5			
5	考核时间	每超1分钟扣3分，超时3分钟终止考核					
		合计		100			
监考教师			考核日期		年 月 日		

知识链接

电动车窗是指以电为动力使车窗玻璃自动升降的装置。它是由驾驶员或乘员操纵开关接通车窗升降电动机的电路，电动机产生动力通过一系列的机械传动，使车窗玻璃按要求进行升降。其优点是操作简便，有利于行车安全。

1. 作用

电动车窗用电动机驱动车窗玻璃升降，以代替手摇操作，可以使驾驶员更加集中精力驾车，方便驾驶员及乘客的操作。驾驶员操作时，可以使四个车窗中的任意一个上升或下降，乘员只能使所在的车窗上升或下降。

2. 特点

（1）每个车窗都装有一台电动机，通过开关控制其电流方向，使车窗玻璃实现上升或下降。

（2）一般有两套控制开关。

① 主开关：仪表板或左侧车门扶手上；

② 分开关：在每个乘客门上。

主开关上装有断路装置，其断开时，分开关不起作用。

（3）装有一个或多个热敏开关，防止电路过载。

（4）有的专门装有一个延迟开关，使点火开关断开后仍能提供电源以供关闭车窗（10min内）。

（5）有些具有一触式上升或下降功能。

3. 组成

电动车窗主要由车窗、车窗升降器、电动机、继电器、开关等组成。

1）车窗升降器

车窗升降器主要有钢丝滚筒式升降器、齿扇式升降器及齿条式升降器等类型。

（1）钢丝滚筒式，如图 5-63 所示。

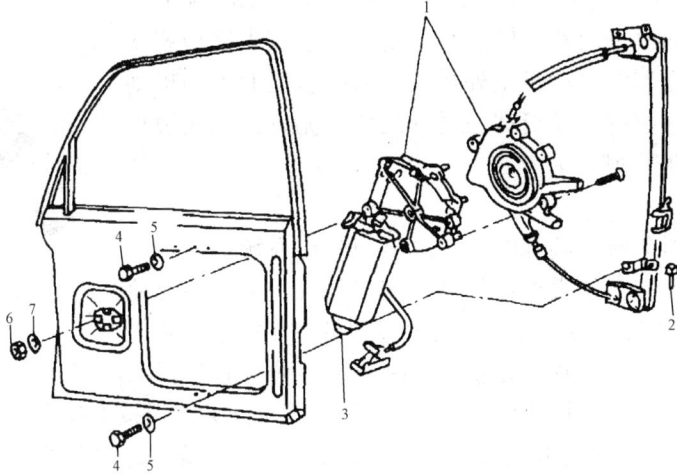

1—升降器总成；2—橡胶缓冲块；3—电动机；4—六角螺栓；5—垫圈；6—六角螺母；7—蝶形弹簧垫圈

图 5-63　钢丝滚筒式电动车窗升降器

（2）齿扇式，如图 5-64 所示。

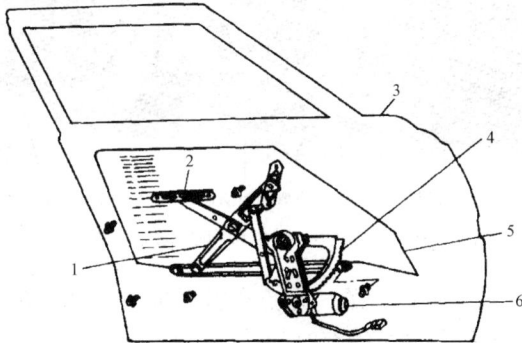

1—调整杆；2—支架和导轨；3—车门；4—驱动齿扇；5—车窗玻璃；6—电动机

图 5-64　齿扇式电动车窗升降器

（3）齿条式，如图 5-65 所示。升降器采用柔性齿条和小齿轮。

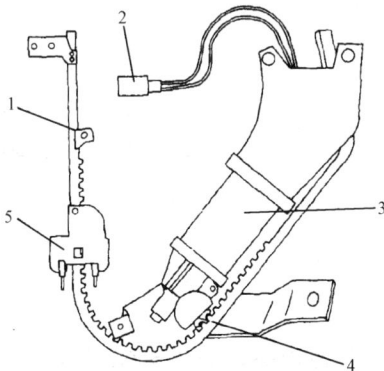

1—齿条；2—电源接头；3—电动机；4—小齿轮；5—凸片

图 5-65　齿条式电动机车窗升降器

2）电动机

电动机是用来为车窗的升降提供动力的装置，如图 5-66 所示。车窗升降电动机采用双向转动的电动机。它有永磁型和双绕组型两种。永磁型的电动机是外搭铁，双绕组型的电动机则是各绕组搭铁。这两种电动机都是通过改变电流方向来实现正反转以实现车窗的升或降的。

3）开关

开关用来控制车窗玻璃升降。一般电动车窗系统都装有两套控制开关。一套装在仪表板或驾驶员侧车门扶手上（即方便于驾驶员操纵的位置），为主开关，它由驾驶员控制每个车窗的升降，如图 5-67 所示。另一套分别装在每一个乘员的车门上，它为分开关，可由乘员操纵。为了安全起见，有些车型主开关上还有一个锁止开关，当按下锁止开关时，便切断各分开关的电路，此时只能用主开关升降各车门车窗，分开关就不起作用了。

图 5-66　车窗升降电动机

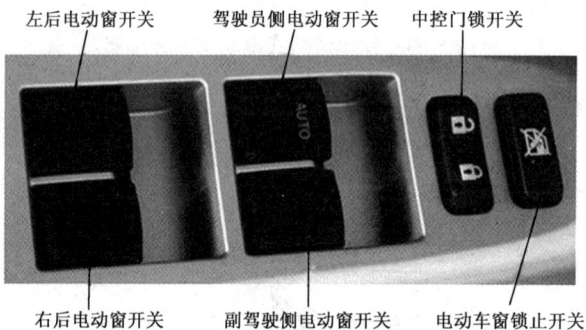

图 5-67　威驰轿车电动车窗主开关

有的车上还专门装有一个延迟开关，在点火开关断开后约 10min 内，或在打开车门以前，仍有电源提供，使驾驶员和乘员能有时间关闭车窗。

有些车型为了降低驾驶员的劳动强度，在驾驶员侧的电动窗开关上设有一触式自动上升/下降功能，这类开关一般标有"AUTO"字样。

有些车型还增加了其他安全措施，只有当点火开关在 ON 或 ACC 挡时，分开关才能起作用。

4．可控防夹车窗升降系统

有些车型的电动车窗系统带有防夹紧装置，这种车窗升降系统，带有探测装置，当发现有障碍物时，电子控制系统可以令升降电动机反向旋转，从而使车窗保持在开启状态，免除了夹紧损伤事故。

5．控制电路

（1）五菱鸿途汽车电动车窗控制电路，如图 5-68 所示。

如图 5-68 所示，不使用电动车窗时，开关触点始终与搭铁连接。以左车窗上升为例进行电路分析，其余方向电路分析请同学们自己完成。

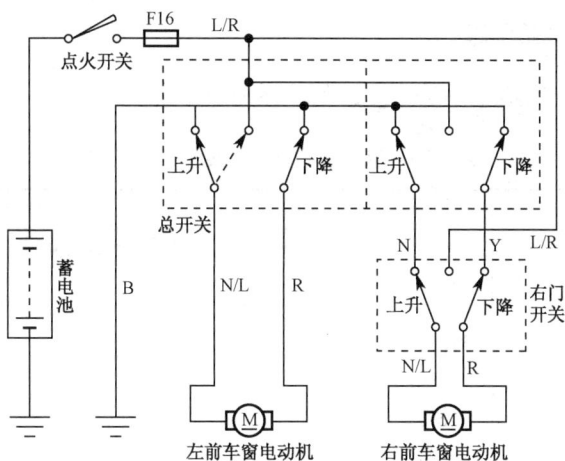

图 5-68　五菱鸿途电动车窗电路

当把左车窗开关往上抬（上升）时，左车窗开关上升触点与电源接触（图 5-68 中虚线所示），这时电流流向为：蓄电池正极→点火开关→F16 熔丝→左前电动窗开关→左前车窗电动机→左前电动窗开关→搭铁→蓄电池负极。

（2）别克凯越电动车窗电路，如图 5-69 所示。电路原理请同学们自己分析。

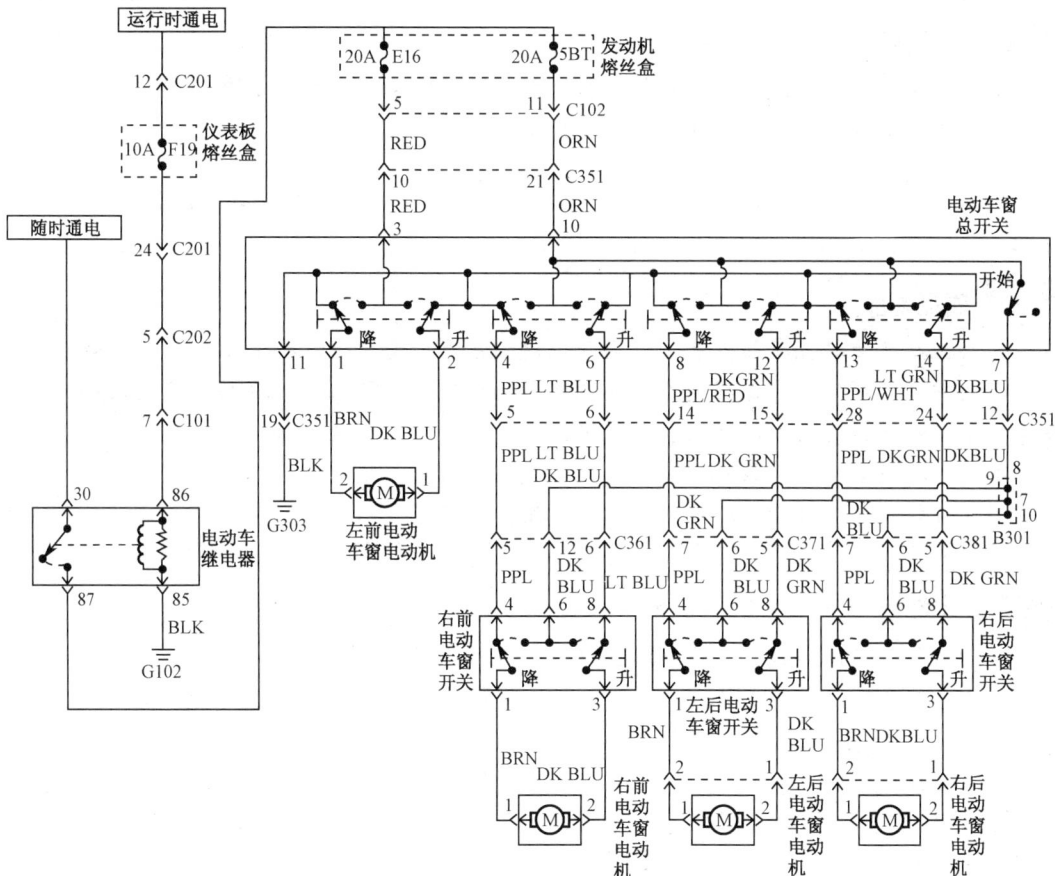

图 5-69　别克凯越电动车窗电路

6. 电动车窗故障诊断思路

电动车窗常见故障诊断的一般思路如表5-15所示。

表5-15　电动车窗故障诊断的一般思路

常　见　故　障	故　障　原　因	诊　断　思　路
某个车窗只能向一个方向运动	分开关故障或分开关至主开关可能出现断路	检查分开关导通情况及分开关至主开关控制导线导通情况
某个车窗两个方向都不能运动	传动机构卡住 车窗电动机损坏 分开关至电动机断路	检查传动机构是否卡住 测试电动机工作情况，包括断路、短路及搭铁情况检查 查分开关至电动机电路导通情况
所有车窗均不能升降或偶尔不能升降	熔丝被烧断 搭铁不实	检查熔丝 检查、清洁、紧固搭铁
两个后车窗分开关不起作用	总开关出现故障	检查总开关导通情况

任务4　电动刮水器的诊断与维修

任务要求

要求选用万用表、试灯等工量具，就车检查判断电动刮水器的故障。

完成检查更换作业后，电动刮水器能正常工作。

作业时间：20分钟。

情境创设

老师把有故障的汽车开过来，说明是电动刮水器出现故障，要求学生就车检查修复，引导学生按汽修厂的工作过程完成电动刮水器的检查、修复工作，从而在完成任务的过程中学习电动刮水器的检查诊断技能、更换方法，以及相关的理论知识。

也可以播放电动刮水器的检查与更换案例视频，激发学生学习的兴趣。

教学资料准备：教学用车使用说明书、维修手册等。

任务引导

相关知识点学习：要求学生实训课前参考"知识链接"独立完成。

1. 目前在汽车上广泛采用的电动刮水器，普遍具有_____、_____及_____三个工作挡位，而且除了变速之外，还有_____的功能。

2. 电动刮水器的电动机一般有_____和_____两种，而_____电动机结构简单、体积小、可靠性好，被广泛采用。

3. 电动刮水器是由_____、_____和_____三部分组成的。

4. 风窗玻璃洗涤器主要由_____、_____、_____、软管和刮水器开关等组成。

5．电动刮水器零部件认识：填写图 5-70、5-71、5-72 中的方框。

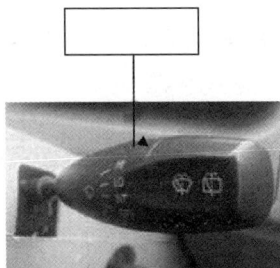

图 5-70　电动刮水器 1

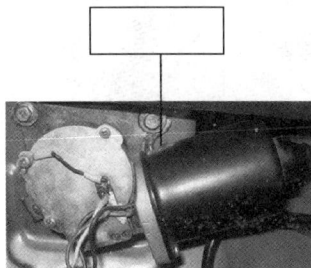

图 5-71　电动刮水器电动机

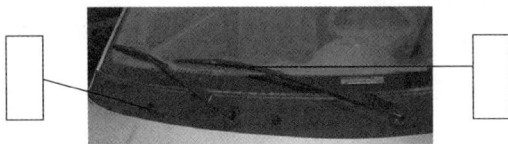

图 5-72　电动刮水器 2

任务实施

1．工作安排

养成合作完成工作任务的习惯，请你将工作分工与完成时间记录在表 5-16 中。

表 5-16　组员工作分工表

姓　　名	任 务 分 工	完 成 时 间	备　　注

图 5-73　工位准备

2．准备工作（以五菱鸿途汽车为例）

（1）车辆开进工位，如图 5-73 所示。
□完成

（2）停车，在车轮前后安装好车轮挡块（三角木），并安装方向盘套和座椅套。□完成

（3）检查雨刮臂和刮水片外观是否完好。
□完成

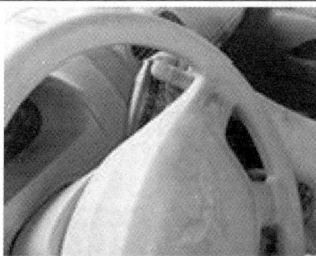

图 5-74　验证故障

3. 验证故障情况

操作刮水器控制开关，验证故障情况，如图 5-74 所示。

故障现象_____

_____。

图 5-75　雨刷片停在规定位置

4. 刮水器电动机总成的更换

以五菱鸿途汽车为例，介绍刮水器电动机的更换步骤。

（1）确保雨刷片停在规定位置（见图 5-75）。

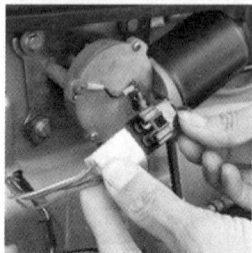

图 5-76　取下刮水器电动机插接器

（2）取下刮水器电动机线束插接器（见图 5-76）。

图 5-77　拆下底板上的固定螺栓

（3）拆下电动机底板上的固定螺栓，将电动机拉出（见图 5-77）。

图 5-78　拆下曲柄锁紧螺帽

（4）拆下曲柄锁紧螺帽，将曲柄与电动机分离，取下电动机（见图 5-78）。

安装过程与拆卸过程相反。

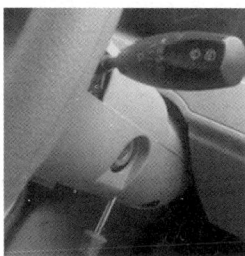

图 5-79 拆下装饰盖上的螺钉

5. 刮水器开关的更换

以五菱鸿途汽车为例，介绍刮水器开关的更换步骤。

（1）拆下转向管柱装饰盖上的螺钉，分离上下装饰盖（见图 5-79）。

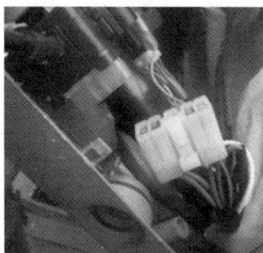

图 5-80 取下插接器

（2）取下刮水器开关插接器（见图 5-80）。

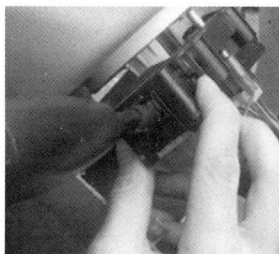

图 5-81 压下锁紧装置

（3）用手压下开关两旁的锁紧装置（见图 5-81）。

图 5-82 刮水器开关形状

（4）取下刮水器开关（见图 5-82）。

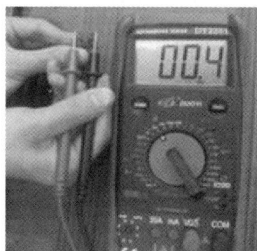

图 5-83 检测熔丝，完好

6. 故障检测步骤（将数据填入表 5-17 中）

以五菱鸿途汽车为例，介绍前刮水器故障的诊断及排除方法。

1）刮水器各挡都不工作

（1）先检查熔丝是否熔断，关闭点火开关，取下控制刮水器工作的熔丝，用万用表检测熔丝的电阻，应小于 1Ω（见图 5-83）。

图 5-84　检测熔丝，熔断

　　如万用表显示为无穷大，如图 5-84 所示，则应更换熔丝。更换时要注意新的熔丝的额定电流要和原来的相符。

　　注意：更换熔丝前应找出烧熔丝的原因并排除。

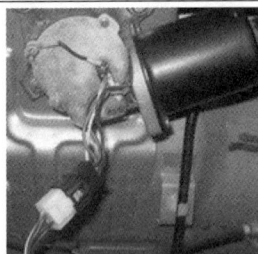

图 5-85　电动机插接器检查

　　（2）如果熔丝完好，打开发动机引擎盖，检查刮水器电动机插接器是否松脱（见图 5-85）。

图 5-86　插接器端电压测量

　　（3）如果刮水器开关插接器连接良好，打开点火开关，检查线束端 3 号端子和 8 号端子分别与车身搭铁间的电压，应有 12V（见图 5-86）。

　　如果电压低于 10V 以下，则应检查蓄电池是否良好，容量是否充足。

　　如果电压为 0V，则应重点检查 3 号端子和 8 号端子到刮水器控制熔丝之间的线路是否有断路，视情况进行修理。

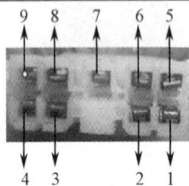

图 5-87　五菱鸿途汽车刮水器开关
插接器端子编号

　　注意：刮水器开关插接器端子编号如图 5-87 所示。

图 5-88　五菱鸿途汽车刮水器电动机
插接器端子编号

　　（4）如果电压正常，则分别检查刮水器开关插接器 5 号端子、9 号端子到刮水器电动机插接器 2 号端子、1 号端子之间的线路是否存在断路现象，有断路则修复。

　　刮水器电动机插接器端子编号如图 5-88 所示。

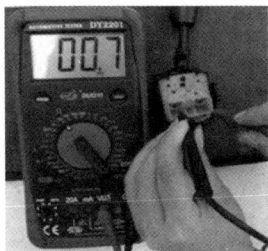

图 5-89　开关导通情况测量

（5）如果刮水器开关插接器到电动机插接器之间的线路正常（电阻值小于 1Ω），则检查刮水器开关是否完好。

将刮水器开关置于低速（LO）位置，测量开关 8 号端子与 5 号端子之间的电阻值，应小于 1Ω（见图 5-89）。

将刮水器开关置于高速（HI）位置，测量开关 8 号端子与 9 号端子之间的电阻值，应小于 1Ω。

电阻值不在规定范围，说明开关内部有故障，更换刮水器开关。

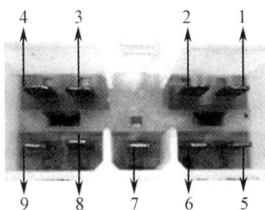

图 5-90　五菱鸿途汽车刮水器开关端子编号

刮水器开关端子编号如图 5-90 所示。

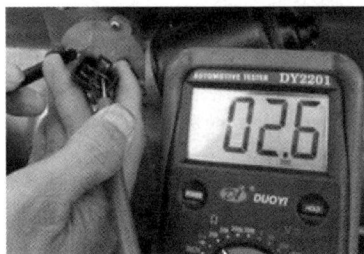

图 5-91　电动机电阻检测

（6）如果刮水器开关正常，则检查刮水器电动机是否完好。分别检查电动机端插接器 1 号端子、2 号端子与电动机外壳之间的电阻，阻值应在 2.5Ω左右（见图 5-91）。

如果阻值异常，则更换刮水器电动机。

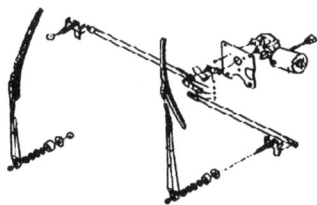

图 5-92　刮水器机械传动机构

（7）如果刮水器电动机电阻正常，则检查刮水器机械传动机构运动是否灵活，有无卡滞现象（见图 5-92）。

如果有异常，则视情况修复；如果运动灵活，则说明电动机已损坏，更换刮水器电动机。

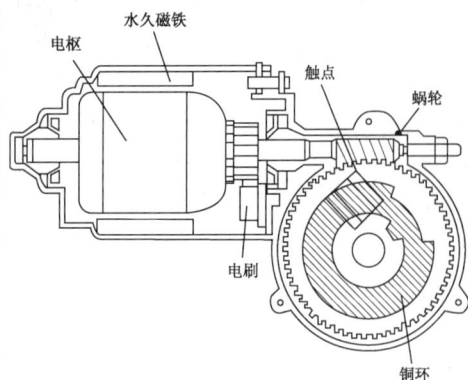

图 5-93　电动机内部结构图

2）个别挡位不工作

（1）低速挡或高速挡不工作，但间歇挡和雨刮片回位正常。

出现这种故障可以肯定蓄电池电压正常，熔丝完好，故障原因主要出在三方面：

① 刮水器开关损坏；

② 刮水器电动机内部损坏；内部结构如图 5-93 所示.

③ 刮水器开关到刮水器电动机之间的线路断路。

图 5-94　开关导通情况测量

故障诊断方法与上述各挡位不工作时的诊断方法类似，不再重复。

（2）间歇挡不工作，其他挡位正常。

① 将刮水器开关置于间歇挡（INT）位置，测量开关 8 号端子与 7 号端子之间的电阻值，应小于 1Ω（见图 5-94）。

如果电阻值不在规定范围，说明开关内部有故障，更换刮水器开关。

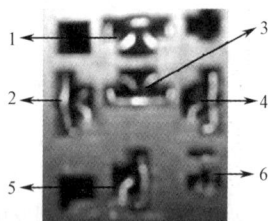

图 5-95　刮水器继电器插座端子编号

② 如果开关完好，则分别测量开关插接器 7 号端子与刮水器继电器插座 6 号端子、开关插接器 6 号端子与刮水器继电器插座 5 号端子之间的电阻值，应小于 1Ω。

如果电阻值为无穷大，说明开关插接器到刮水器继电器插座之间的导线有断路，应检查修复。

刮水器继电器插座端子编号如图 5-95 所示。

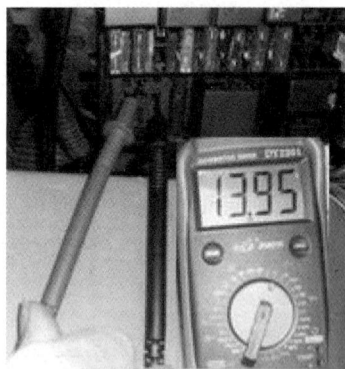

图 5-96　继电器插座电压检测

③ 如果插接器 6 和 7 端子到继电器插座 5 和 6 端子之间线路正常，则进一步检查继电器插座 1 号端子与 4 号端子之间是否有 12V 电压（见图 5-96）。

如果电压正常，说明刮水器继电器损坏，应更换。如果电压为 0V，检查继电器插座 1 号端子到刮水器熔丝之间、继电器插座 4 号端子到车身搭铁之间的线路是否有断路现象，视情况进行修复。

图 5-97　刮水臂安装位置检查

3）刮水器开关断开或间歇工作时，雨刮片不能停在规定位置

（1）先检查刮水臂的安装位置是否正确，如果不正确则先进行调整（见图 5-97）。

图 5-98　开关导通情况测量

（2）将刮水器开关置于关闭（OFF）位置，测量开关 6 号端子与 5 号端子之间的电阻值，应小于 1Ω（见图 5-98）。

如果电阻值不在规定范围，说明开关内部有故障，更换刮水器开关。

（3）如果开关完好，则测量开关插接器 6 号端子到继电器插座 5 号端子之间的电阻值，应小于 1Ω。

如果电阻值为无穷大，说明开关插接器到刮水器继电器插座之间的导线有断路，应检查修复。

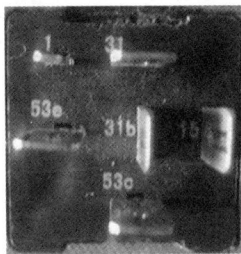

图 5-99　五菱鸿途刮水器继电器

（4）如果线路正常，测量刮水器继电器 53e 端子与 31b 端子之间的电阻值，应小于 1Ω。

如果电阻值不在规定范围，说明刮水器继电器内部有故障，更换刮水器继电器。

刮水器继电器形状及端子编号如图 5-99 所示。

（5）如果继电器完好，测量继电器插座 3 号端子到刮水器电动机插接器 4 号端子之间的电阻值，应小于 1Ω。

如果电阻值为无穷大，说明继电器插座到刮水器电动机插接器之间的导线有断路，应检查修复。

（6）如果线路正常，测量刮水器电动机插接器 3 号端子是否有 12V 电压。

如果电压为 0V，检查电动机插接器 3 号端子到刮水器控制熔丝之间的线路是否有断路，视情况进行修复。

图 5-100 电动机回位机构检查

（7）如果电压正常，说明刮水器电动机回位机构有故障，检查触片和滑片的接触是否良好，如果有异常，修复或更换电动机（见图 5-100）。

4）后刮水器不工作或后雨刮片不能停在规定位置

故障的诊断及排除方法跟上述所讲的前刮水器故障的诊断及排除方法相似，在此不再重复。

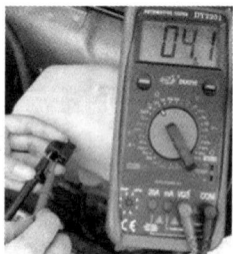

图 5-101 喷水电动机电阻检测

5）风窗清洗系统所有喷嘴都不工作或个别喷嘴不工作

故障原因：清洗电动机或开关损坏；线路断路或插接器松脱；清洗液液面过低或连接管脱落；喷嘴堵截。

诊断与排除：如果所有喷嘴都不工作，先检查清洗液液面和连接管是否正常；然后检查清洗电动机电路及插接器是否有断路及松脱处；再检查开关和电动机是否正常。如个别喷嘴不工作，则是喷嘴堵塞或输液支管出现问题。

清洗电动机及开关的检测方法与刮水器电动机及刮水器开关的检测方法类似，不再重复。图 5-101 所示为喷水电动机电阻检测。

图 5-102 完工交车

7. 现场 5S，完成任务，交车（见图 5-102）

（1）收集整理车辆护套和工具；
（2）清洁车辆，清理现场；
（3）车辆开出工位，交车。

表 5-17 电动刮水器故障诊断记录表

检查项目	技术状况		
	标准值（要求）	测量值（现状）	评价
刮水器熔丝电阻值检查			□合格 □不合格
蓄电池电压的检查			□合格 □不合格
刮水器开关插接器 3、8 号端子与车身搭铁间电压检查			□合格 □不合格
刮水器开关在低速挡时，开关 8、5 端子间电阻检查			□合格 □不合格

续表

检 查 项 目	技 术 状 况		
	标准值（要求）	测量值（现状）	评价
刮水器开关在高速挡时，开关 8、9 号端子间电阻检查			□合格　□不合格
刮水器开关在间隙挡时，开关 8、7 号端子间电阻检查			□合格　□不合格
刮水器开关在关闭挡时，开关 6、5 号端子间电阻检查			□合格　□不合格
刮水器电动机电阻检查			□合格　□不合格
刮水器继电器 53e 端子与 31b 端子间电阻检查			□合格　□不合格
刮水器继电器插座 1、4 号端子间电压检查			□合格　□不合格
喷水电动机电阻检查			□合格　□不合格
线路通断检查			□合格　□不合格
综合评定：			

图 5-103　53e 端子与 31b 端子间电阻检测

8. 刮水器继电器好坏检测

以五菱鸿途刮水器继电器为例，介绍检测步骤。

（1）测量继电器 53e 端子与 31b 端子之间的电阻值，应小于 1Ω（见图 5-103）。

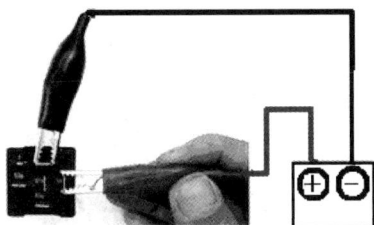

图 5-104　继电器与蓄电池连接

（2）将继电器 15 号端子接蓄电池正极，31 号端子接蓄电池负极（见图 5-104）。

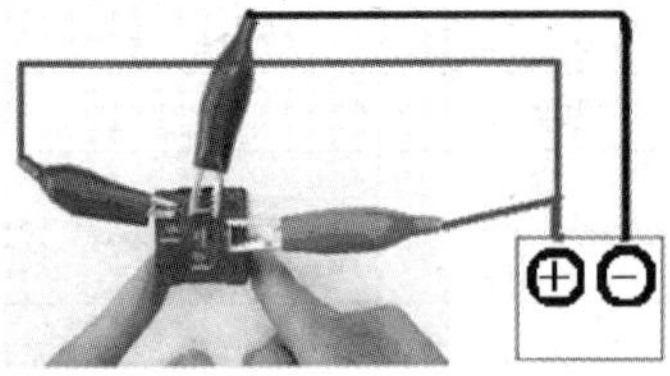

图 5-105　继电器 1 端子接蓄电池正极

（3）将继电器 1 号端子接蓄电池正极（见图 5-105）。

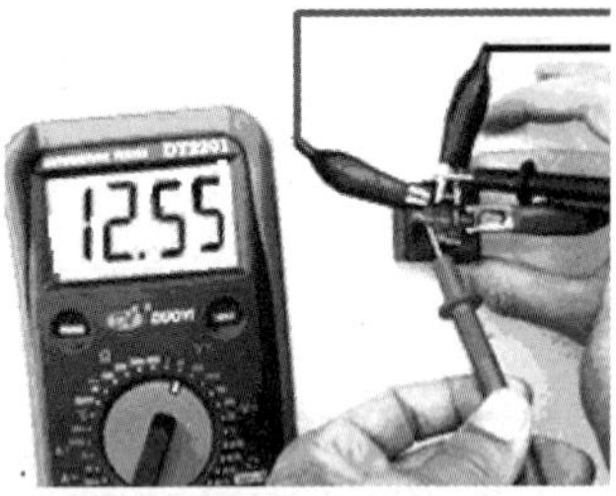

图 5-106　53e 端子与 31b 端子间电压检测

（4）测量继电器 53e 端子与 31 端子之间的电压，应有 12V（见图 5-106）。

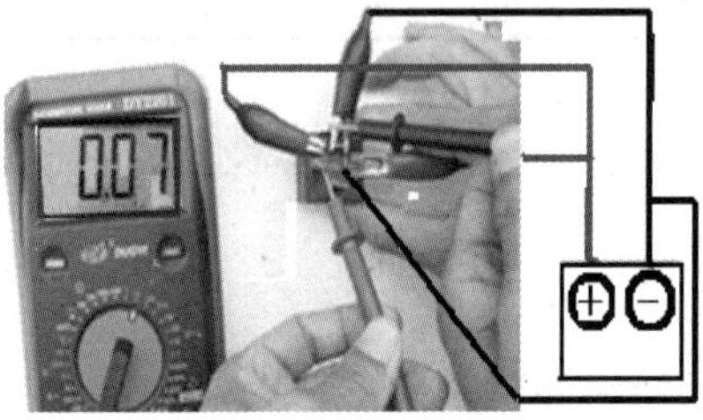

图 5-107　53e 端子与 31b 端子间电压检测

（5）接着用导线将 31b 端子接蓄电池负极，电压将降至 0 伏（见图 5-107）。

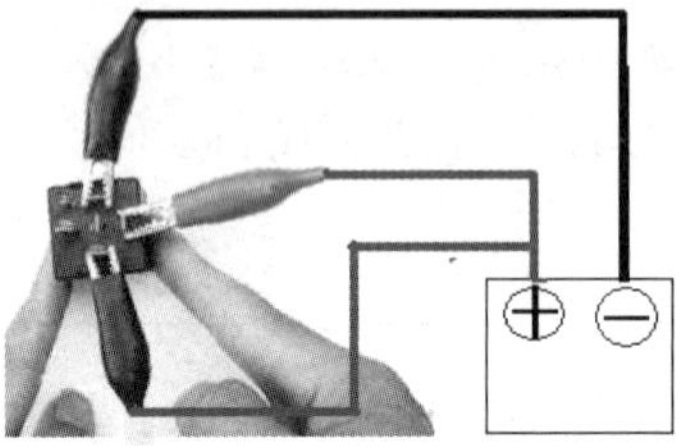

图 5-108　继电器 53c 端子接蓄电池正极

（6）断开继电器 1 号端子与蓄电池正极的连接，31b 端子与蓄电池负极的连接，将继电器 53c 端子接蓄电池正极（见图 5-108）。

图 5-109　53e 端子与 31b 端子间电压检测

（7）测量继电器 53e 端子与 31b 端子之间的电压，应有 12V（见图 5-109）。

检测结果和以上一致，说明继电器工作正常。

实训报告 5-4　电动刮水器故障的检查与排除

表 5-18

实训车型			实训任务	电动刮水器故障的检查与排除	
	基　本　步　骤		观察与测量结果	分析与处理意见	完成情况
1	把车开进工位中停车				□是　□否
2	安装车轮挡块				□是　□否
3	安装方向盘套、座椅套				□是　□否
4	检查雨刮片停在的位置				□是　□否
5	验证故障情况				□是　□否
6	检查熔丝的通断				□是　□否
7	检查电动机插接器是否松脱				□是　□否
8	检查刮水器开关插接器是否松脱				□是　□否
9	检查线路电压				□是　□否
10	检查线路通断				□是　□否
11	检查刮水器开关各挡位导通情况				□是　□否
12	检查刮水器电动机电阻				□是　□否
13	检查刮水器继电器				□是　□否
14	检查刮水器电动机回位装置				□是　□否
15	故障排除				□是　□否
16	5S				□是　□否
教师评语					
成绩		指导教师签名		日期	

任务考核单 5-4　电动刮水器故障的检查与排除

表 5-19

班级			姓名		学号	
考核内容		电动刮水器故障的检查与排除			规定考核时间	20分钟
					实际考核时间	
序号		检查维修内容/评分标准		配分	考核及评分记录	得分
1	准备	安装座椅套等防护用品及车轮挡块		3		
		检查雨刮片停在的位置		3		
2	检查排除	验证故障情况		5		
		检查熔丝的通断		5		
		检查电动机插接器是否松脱		3		
		检查刮水器开关插接器是否松脱		3		
		检查线路电压		5		

班级		姓名		学号		
考核内容	电动刮水器故障的检查与排除			规定考核时间		20分钟
				实际考核时间		
序号	检查维修内容/评分标准		配分	考核及评分记录		得分
2	检查排除	检查线路通断	6			
		检查刮水器开关各挡位导通情况	10			
		检查刮水器电动机电阻	5			
		检查刮水器继电器	10			
		检查刮水器电动机回位装置	10			
		故障排除	20			
3	安全文明	防护措施得当，作业规范安全整洁	3			
		工具、零件不落地	3			
4	工具使用	工具选用合理	3			
		工具使用规范	3			
5	考核时间	每超1分钟扣3分，超时3分钟终止考核				
合计			100			
监考教师		考核日期			年 月 日	

知识链接

一、电动刮水器

为了保证汽车在雨天或雪天时有良好的视线，确保行车安全，在汽车挡风玻璃装有刮水器。一般汽车的前风窗上装有两个刮水片，有些汽车后窗也装有一个刮水片，有些高级轿车的前大灯上也装有刮水片。

1. 作用

用来清除风窗上的雨水、雪和尘土，以确保驾驶员有良好的视线。

2. 特点

目前在汽车上广泛采用的电动刮水器。普遍具有高速、低速及间歇三个工作挡位，而且除了变速之外，还有自动回位的功能。

3. 组成

电动刮水器是由电动机、传动机构和刮水片三部分组成的。下面以上汽通用五菱汽车电动刮水器为例进行介绍，结构如图5-110所示。

（1）刮水器电动机：如图5-111所示，刮水器电动机是产生动力的装置，一般有永磁式和励磁式两种，永磁式电动机由于结构简单、体积小、可靠性好，被广泛采用。

包括蜗轮箱、回位装置、直流电动机等部分。

① 蜗轮箱：由蜗轮、蜗杆组成，起到降速增扭和改变动力传递方向的作用。

② 回位装置：作用是保证驾驶员在任意时刻关闭刮水器开关，都能保证刮水片自动回到规定位置。实物结构如图5-112所示，弹性接触片固定安装在底板上，回位铜片安装在蜗轮箱的蜗轮上，能随着蜗轮一起转动。

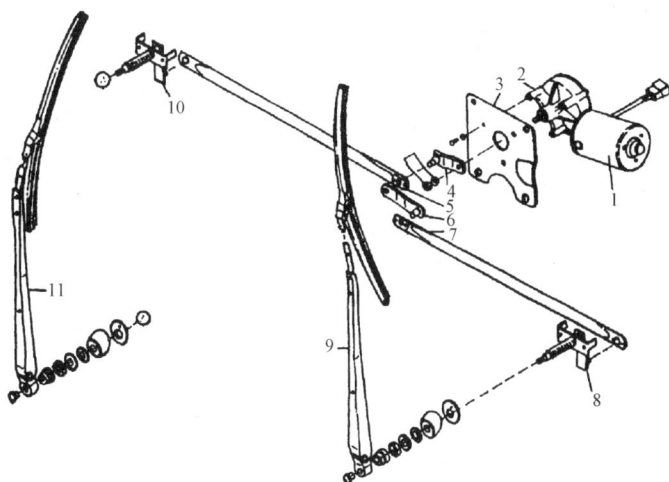

1—直流电动机；2—蜗轮箱；3—底板；4—曲柄；5、6、7—连杆；8、10—摆臂；9、11—摆臂

图 5-110　电动刮水器的组成结构图

图 5-111　刮水器电动机实物图

1—电源接柱弹片触点；2—回位控制弹片触点；3—负极控制接柱弹片触点

图 5-112　回位装置结构图

图 5-113 所示为五菱之光汽车回位装置的工作原理图。当刮水器开关关闭（拨到 OFF 挡）时，如果雨刮片在规定位置图 5-113（a），触点 2 和触点 1 接触，触点 2 变成正极，刮水器电动机电路不通，电动机停转；如果雨刮片不在规定位置图 5-113（b），触点 2 和触点 3 接通，触点 2 变成负极，使刮水器电动机低速挡电路接通，电动机转动，直至雨刮片回到规定位置。

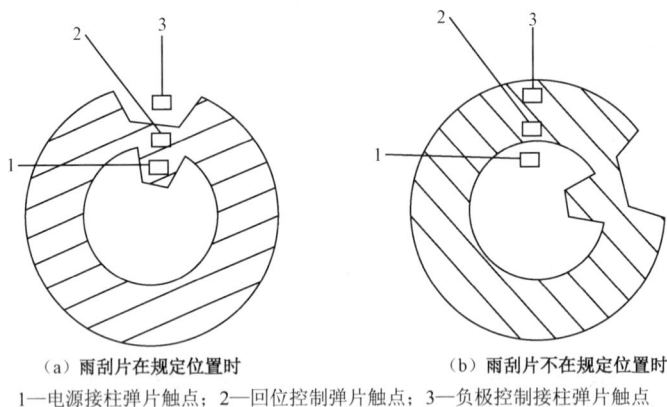

（a）雨刮片在规定位置时　　　　　　　（b）雨刮片不在规定位置时

1—电源接柱弹片触点；2—回位控制弹片触点；3—负极控制接柱弹片触点

图 5-113　回位开关示意图

（2）传动机构：把动力传递到刮水片的装置，包括连杆、摆臂。

4. 原理

通过开关控制使刮水电动机工作，当刮水电动机工作时，通过蜗轮箱输出动力，带动曲柄旋转，带动连杆运动，带动摆臂运动，摆臂上的胶片就可以把玻璃上的雨或积雪刮掉，使玻璃保持干净。可以根据雨量的大小调节刮水电动机的转动速度从而改变刮水片的摆动速度。

二、洗涤装置

1. 作用

为了更好地消除附在风挡玻璃上的污物，在汽车上增设了风挡玻璃洗涤器，与刮水器配合工作，保证驾驶员有良好的视野。

2. 组成

风挡玻璃洗涤器的组成如图 5-114 所示，它由洗涤液罐、洗涤液泵、软管、三通、喷嘴和刮水器开关等组成。

洗涤液泵一般由永磁直流电动机和离心叶片泵组成一体，喷射压力可达 70kPa～88kPa。电动泵有的直接装在储液罐上，有的装在管路内，离心泵的进口处有滤清器。

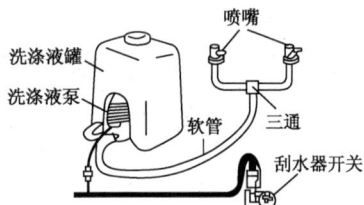

图 5-114　挡风玻璃洗涤器的组成

洗涤泵喷嘴安装在风挡玻璃下面，其喷嘴方向可以根据使用情况调整，喷水直径一般 0.8～1.0mm，能使洗涤液喷射在风挡玻璃的适当位置。洗涤泵连续工作时间不应超过一分钟，而且应先开洗涤泵后接通刮水器，喷水停止后，刮水片应继续刮动 3～5 次，经这样配合，可以达到良好的清洁效果。

常用的洗涤液是硬度不超过 205ppm 的清水。为了能刮掉风挡玻璃上的油、蜡等物，可在水中添加少量的去垢剂和防锈剂。冬季使用洗涤器时，为了防止洗涤液的冻结，应添加甲醇、异丙醇、甘醇等防冻剂，再加少量的去垢剂与防锈剂，即成为低温洗涤液，可使凝固温度下降到-20℃以下。如冬季不用洗涤器时，应将洗涤罐中的水倒掉。

三、电动刮水器控制电路

（1）五菱鸿途汽车电动刮水器控制电路，如图5-116所示。

以刮水器电动机低速工作为例，进行电路分析，其余挡位的电路分析请同学们用不同颜色的箭头在电路图上标注出来。

刮水器开关置于低速位置时电流流向：蓄电池正极→点火开关 ACC 挡→F14 熔丝→雨刮开关（8→5）→前雨刮电动机→搭铁→蓄电池负极。

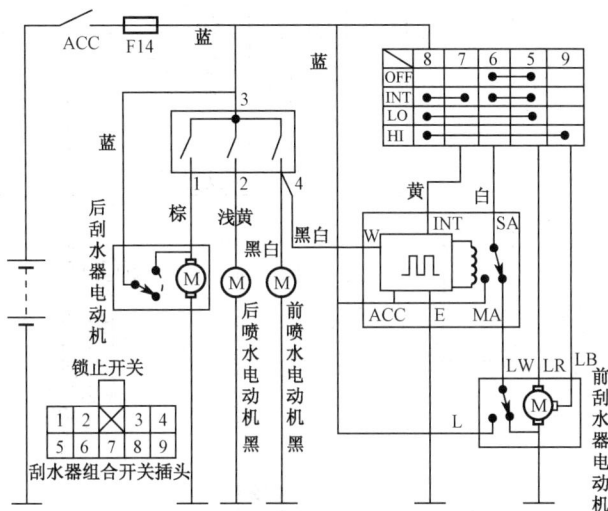

图 5-115　五菱鸿途汽车电动刮水器控制电路

（2）五菱之光汽车电动刮水器控制电路，如图5-116所示。

请同学们分析其与五菱鸿途汽车电动刮水器控制电路有何异同，并用不同颜色的箭头在电路图上标注出各挡位电流的流向。

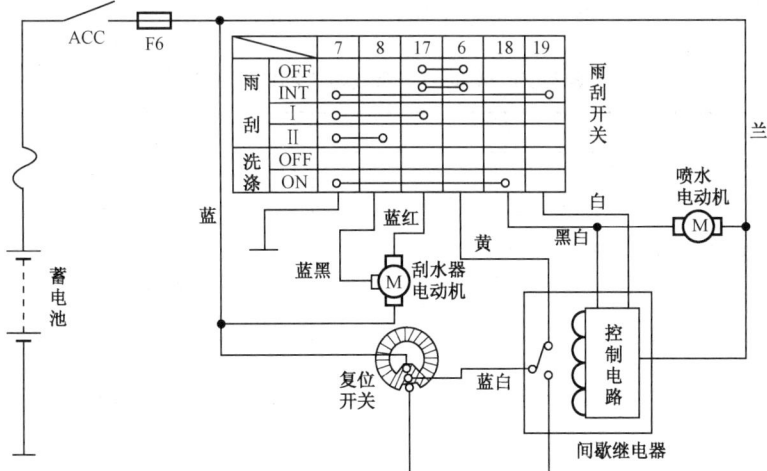

图 5-116　五菱之光汽车电动刮水器控制电路

（3）丰田威驰汽车电动刮水器控制电路，如图 5-117 所示。

与五菱汽车相比多了个 MIST（点动挡），MIST 挡的控制方法：向前推刮水器开关，电动机以低速挡速度转动，松手后雨刮片回位电动机停止转动。各挡位的电流流向请同学们自己分析。

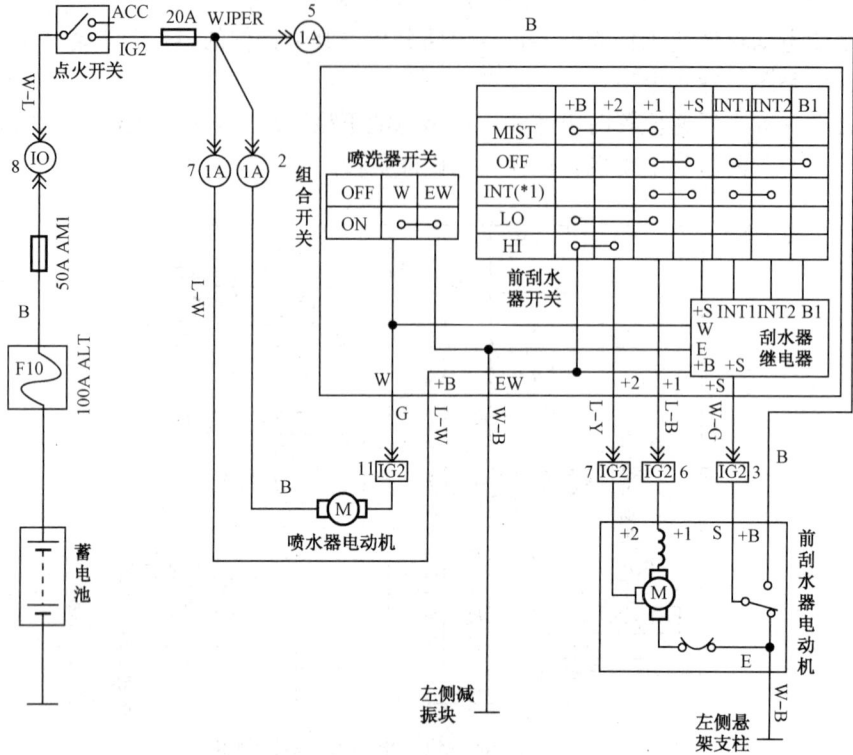

图 5-117　丰田威驰汽车电动刮水器控制电路

四、电动刮水器故障诊断思路

电动刮水器常见故障诊断的一般思路如表 5-20 所示。

表 5-20　电动刮水器故障诊断的一般思路

常 见 故 障	故 障 原 因	诊 断 思 路
刮水器各挡都不工作	熔丝熔断	检查熔丝是否熔断，插接件是否松脱，线路有无故障
	刮水电动机故障	
	刮水器开关故障	检查刮水器开关是否正常
	机械传动机构故障	检查刮水电动机
	线路断路或插接件松脱	检查机械传动部分
个别挡位不工作	刮水电动机故障	检查对应挡位的开关、线路是否正常
	刮水器开关故障	检查刮水电动机
	刮水器继电器故障	如是间隙挡不工作，还应检查刮水器继电器是否
	线路断路或插接件松脱	正常

常见故障	故障原因	诊断思路
刮水片不回位	回位装置故障 刮水器开关故障 刮水臂调整不当 线路故障	检查刮水臂安装是否正确 检查刮水器开关及连接线路 检查回位装置
风窗洗涤装置不工作	洗涤泵故障 刮水器开关故障 线路断路或插接件松脱 清洗液液面过低或连接软管脱落 喷嘴堵塞	检查清洗液面和连接软管是否正常 检查线路有无断路及插接件是否松脱 检查刮水器开关 检查洗涤泵 检查喷嘴是否堵塞

思考与练习

一、判断题

1．电动后视镜的伸缩是通过左右选择开关来进行控制的。（　　　）

2．电动后视镜一般由调整开关、驱动电动机、控制电路及操纵开关等组成。（　　　）

3．每个电动后视镜的镜片后面都有 4 个电动机来实现后视镜的调整。（　　　）

4．电动座椅一般由双向电动机、传动和执行机构、控制开关等组成。（　　　）

5．电动窗主要由车窗升降器、电动机、继电器、开关等组成。（　　　）

6．电动窗的升降机构常见的有钢丝滚筒式、齿扇式、齿条式三种。（　　　）

7．电动车窗使用的电动机是单向的。（　　　）

8．电动车窗一般有两套控制开关。（　　　）

9．现代小轿车的车窗都装有两个电动机，可以通过开关控制车窗上下运动。（　　　）

10．永磁式电动刮水器的变速是通过变速电阻的串入或隔除来实现的。（　　　）

11．使用风窗玻璃洗涤器时，应先开动刮水器，然后再开动洗涤液泵。（　　　）

12．间歇电动刮水器上有一专门的继电器来控制电动机的工作。（　　　）

13．刮水器的电动机由磁场、电枢和电刷组成，其中电刷有一只。（　　　）

14．电动刮水器由刮水电动机和一套传动机构组成，刮水电动机有永磁式和电磁式两类。（　　　）

15．汽车目前使用较多的是永磁式电动刮水器。（　　　）

16．具有自动复位装置的刮水器系统，无论何时关刮水器，刮水片最终能落在风窗玻璃下部不挡驾驶员视线的位置。（　　　）

17．五菱鸿途电动刮水器装置，刮水器开关控制的是电动机的负极。（　　　）

18．五菱鸿途电动刮水器装置，如果刮水器继电器损坏将会造成刮水器装置无慢挡。（　　　）

19．五菱鸿途电动刮水器装置，如果刮水器继电器损坏将会造成刮水器装置无间隙挡。（　　　）

20．五菱鸿途电动刮水器装置，若间歇继电器损坏将会造成雨刮片不能复位。（　　　）

二、选择题

1. 对于汽车单个门玻璃升降有故障时，下列说法哪个是错误的（　　　）。

    A. 应先检查熔丝　　　　　　　　　　B. 应先检查继电器

    C. 应先检查该车门的玻璃升降开关　　D. 应先检查该车门的玻璃升降电动机

2. 对于门玻璃升降电路来说，下列说法哪个是错误的（　　　）。

    A. 每个车门必须设有一个分控开关，但主控开关可不设

    B. 在电路中必须设有断电器，当玻璃达到上下限位置时，自动切断电路

    C. 玻璃升降电动机是可逆的，改变通电方向，就可以改变转动方向

    D. 多数车型的玻璃升降电路还由点火开关来控制

3. 电动车窗中某个车窗的两个方向都不能运动的故障原因有（　　　）。

    A. 传动机构卡住　　　B. 搭铁不实　　　C. 车窗电动机损坏

    D. 分开关至电动机断路　E. 熔丝被烧断

4. 每个电动后视镜的后面都有＿＿＿＿＿电动机驱动（　　　）。

    A. 1个　　　B. 2个　　　　　C. 3个　　　　　D. 4个

5. 汽车在大雨天行驶时，刮水器应工作在：（　　　）

    A. 点动挡　　　B. 间歇挡　　　　C. 快速挡

6. 刮水器不工作的电路故障原因有（　　　）

    A. 刮水器电动机断路　　　B. 熔丝烧毁　　　　C. 电动机失效

    D. 线路连接松动、断线或搭铁不良　E. 刮水器开关或继电器触点接触不良

7. 带有间歇挡的刮水器在下列情况下使用间歇挡（　　　）。

    A. 大雨天　　　　　　　B. 中雨天　　　　　　C. 毛毛细雨天

8. 对于雨刷器来说，下列说法哪个是错误的（　　　）。

    A. 雨刷器应该有高、低速挡　　　B. 雨刷器应该有间歇挡

    C. 雨刷器应该能自动回位　　　　D. 雨刷器应该能自动开启

9. 汽车电动刮水器由（　　　）驱动。

    A. 发电机　　　B. 发动机　　　C. 微型直流电动机　　　　D. 启动机

10. 五菱鸿途刮水器电路中，若刮水器间歇继电器常闭触点接触不良，刮水器系统将不能（　　　）。

    A. 实现间歇和喷水挡时慢速刮动　　　B. 复位　　　C. 有快、慢挡控制

三、电路分析题

1. 图 5-118 所示是丰田威驰后视镜控制电路，请用箭头在图上标出当选择右边后视镜，并使镜片向上倾斜时的电流流向。

2. 图 5-119 所示是帕萨特 1.8T 轿车电动座椅控制电路，请用红笔在图上标出当驾驶员操纵调整开关使座椅后部下降时的电流流向。

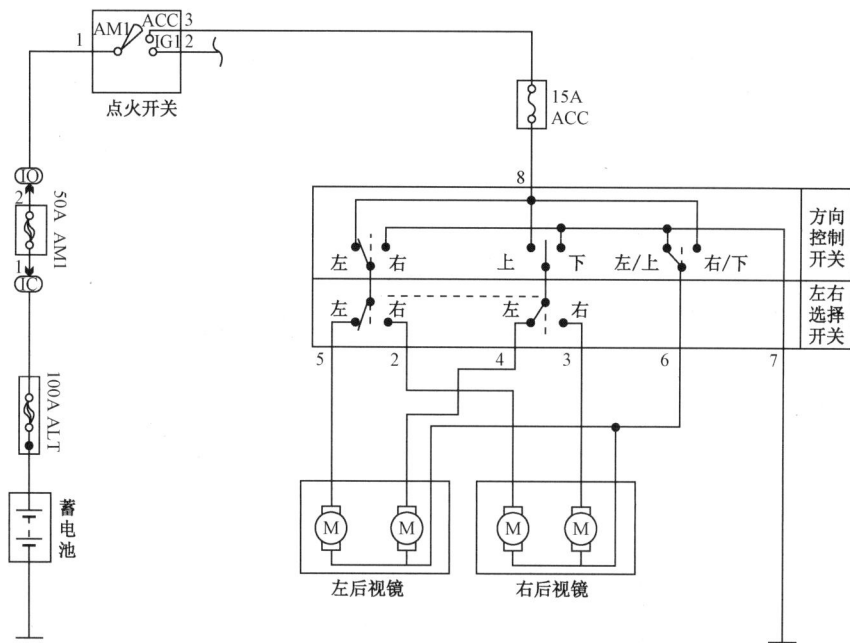

图 5-118　丰田威驰后视镜控制电路

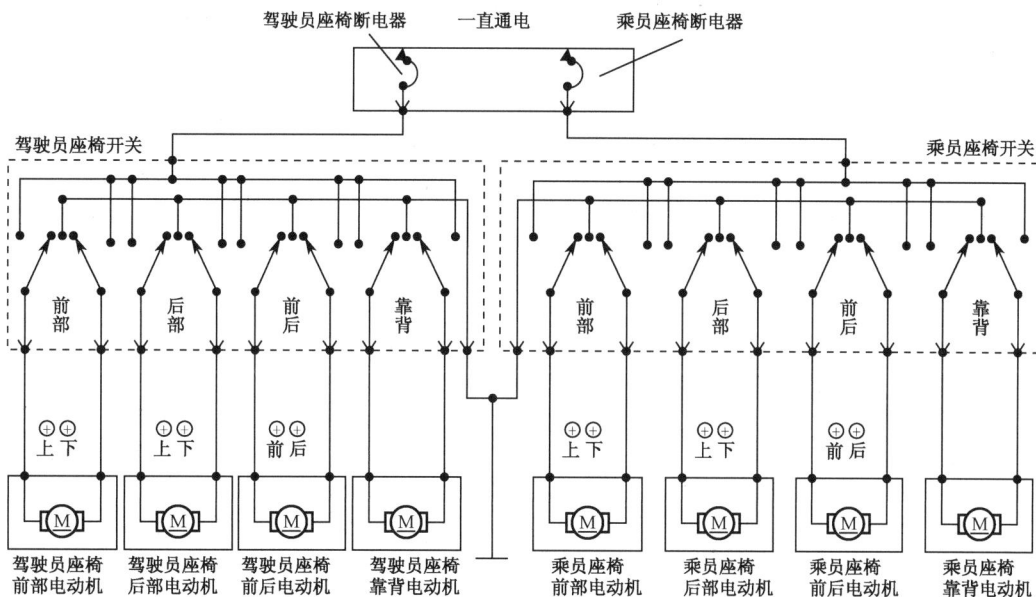

图 5-119　帕萨特 1.8T 轿车电动座椅控制电路，

3．图 5-120 所示是雪佛兰 spark 轿车电动刮水器控制电路，请分析：

（1）当关闭刮水器开关，电动机自动复位时的电流流向（用红笔描出）；

（2）当刮水器开关处在间歇挡位置时的电流流向（用蓝笔描出）。

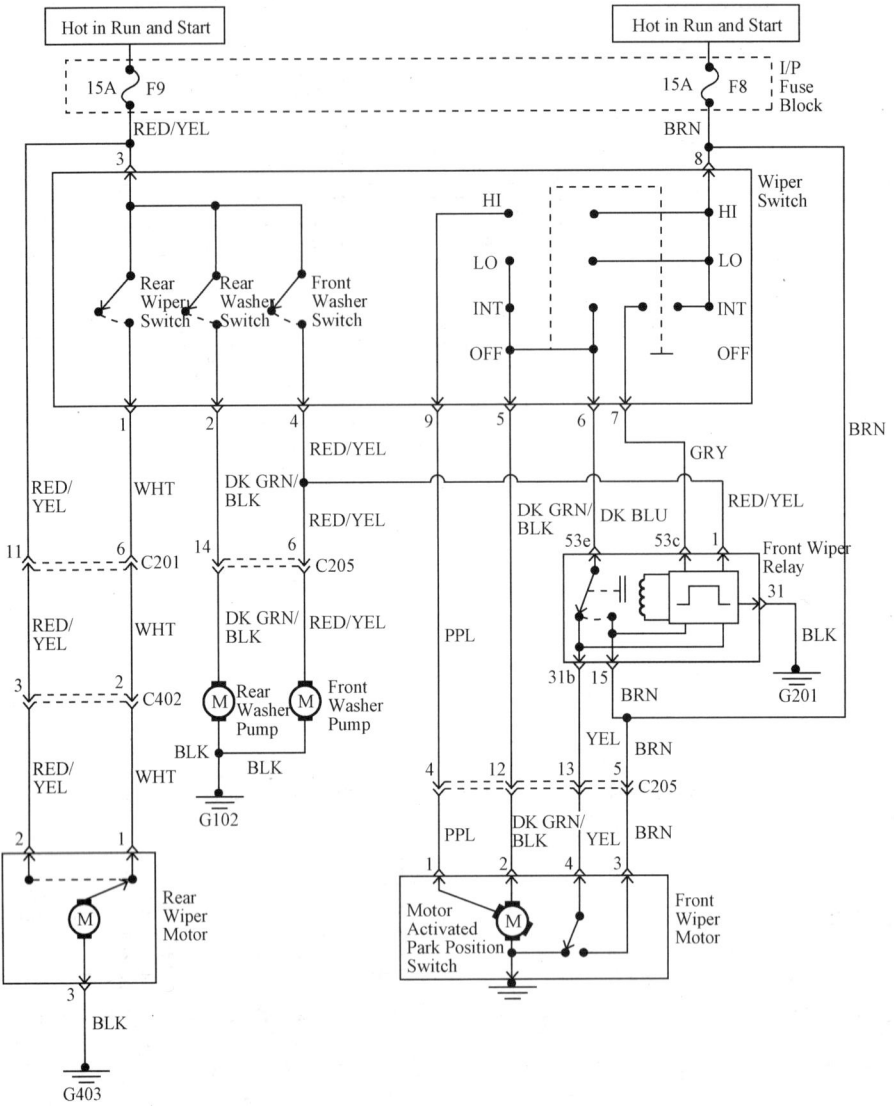

图 5-120 雪佛兰 spark 轿车电动刮水器控制电路